当代旅游研究译丛

旅游影响研究与管理
——一种综合方法

C. Michael Hall and Alan A. Lew
〔新西兰〕C. 迈克尔·霍尔 著
〔美〕刘德龄

陈钢华 翁时秀 梁增贤 译

Understanding and Managing Tourism Impacts:
An Integrated Approach

商务印书馆
The Commercial Press

Understanding and Managing Tourism Impacts: An Integrated Approach
C.Michael Hall and Alan A. Lew
Original work copyright ©2009 C.Michael Hall and Alan A. Lew
All rights reserved. Authorized translation from the English language edition published by Routledge, a member of the Taylor & Francis Group.
Copies of this book sold without a Taylor & Francis sticker on the cover are unauthorized and illegal.

本书中文简体翻译版授权由商务印书馆有限公司独家出版并限在中国大陆地区销售。未经出版者书面许可，不得以任何方式复制或发行本书的任何部分。本书封面贴有泰勒·弗朗西斯集团防伪标签，无标签者不得销售。

刘德龄将此书献给杰西·维（Jessie Wee）和波莉·维（Polly Wee）。当刘德龄在新加坡时，他们经常给予他热情的欢迎和支持。

C. 迈克尔·霍尔将此书献给库珀（Cooper）一家人和詹姆斯（James）一家人，以及所有支持他的朋友们。

序一
（中文版序）

在全球范围内，旅游影响已经成为旅游业所面临的诸多核心议题之一。在许多国家，旅游业一直以来都被视为一个相对"温和"的经济部门——它能鼓励游客数量增长并促进与旅游相关的发展。现在，随着目的地社区越来越开始质疑从旅游业中所获得的效益，旅游业也吸引着广泛的媒体报道。对当前被描述为"过度旅游"的关注并非新鲜事。过度旅游是个常规概念。人们可以轻易地回溯到旅游的学术文献中来审视在20世纪60年代和70年代的学术文献中已广为讨论的对旅游开发水平的关注。但如今不同的是，当代旅游的规模——每年的国际和国内旅游总人次数——已经超过地球上的总人口规模。旅游业的这种爆炸式增长与全球人口的增长、城市化的推进和消费主义的加剧直接相关。近年来，亚洲大部分地区庞大的中产阶级的增长便是这一趋势很好的例证。这并不是说每个人都是游客。但它的确强调了全球范围内不断增加的个人移动性正在如何导致出于游憩和旅游目的的旅行需求的增加。

写就本书的目的是为了向学生们介绍一些与旅游相关的影响研究的重要主题。我们对旅游影响的理解，其核心是我们需要意识到我们对影响的感知是有特定的时空情境的：我们在特定的时空情境下感知到影响，并且我们在时空中"划定"界限以测量影响的属性和规模。从历史的角度来看，这意味着，我们对影响的理解通常是非常本地化的——通常仅限于某个特定的目的地、地点甚至景点的情境下。然而，这么做会使得我们通常看不到影响的全貌。例如，如果我们只审视与目的地有关的影响，那么我们就会就会错失输送游客往返目的地所产生的巨大的环境效应以及由此产生的旅游业对气候变化带来的温室气体排放。因此，时间跨度和空间情境议题对我们思考影响是至关重要的。

为回应上述议题，本书的每一章都有意地从地理尺度的视角——从全球尺度开始并向下拓展至地方尺度——来审视旅游影响议题。这一做法也运用在影响管理与规划这一章。例如地方营造（placemaking）是一种近年来已经在地方层面获得可观的全球知名度的新的规划范式。地方营造是一个城市规划和开发过程，它涉及诸多技能的组合。这些技能涉及城市规划、城市设计、建筑、风景园林和营销等学科。旅游和游憩通常是这一过程的基本目标。事实上，地方营造是一项与生俱来的人类活动和情感，因为所有地方都是人类营造出来的。然而，作为一个有意而为之的规划过程，地方营造变得越来越常见——它尝试着对旅游如何被整合进本地社区肌理中进行管理。

这样一种整合反映出本书的第二个主要主题，即我们需要一种综合方法。这意味着旅游影响的经济、社会和环境维度是互相关联的，尽管出于政策和决策的便利，它们常常被单独审视。因此，有效的旅游管理和规划需要一个综合的视角。这个视角致力于在不同的研究旨趣、学科和领域之间创造共同点和关联。的确，大部分的可持续旅游战略都立基于这样一种综合思维，以在经济、社会和环境目标之间达成某种平衡。

本书第三个主题是，综合思维要求我们对旅游系统有所了解。这意味着从系统的不同构成要素（诸如不同的经济部门、企业、组织以及它们之间的各种经济和社会关系）之间的连通性（connectivity）和反馈关系来看待旅游。非常重要的是，我们能在不同的尺度上——从地方尺度到全球尺度——理解旅游系统。这些尺度又是彼此关联的，变化的影响在旅游系统内上下移动，也在同一尺度内移动。因为我们所生活其间的世界已全球化且相互连接，这种思维是极为重要的，且对于我们理解旅游业的商业和竞争环境是必不可少的。如果一国以贸易和旅行限制来威胁另一国，对于另一国而言，这一威胁对旅游业的影响则不仅局限于这两国，而是可能会产生更宽泛的波及效应，因为其他国家或得到或失去了市场机会。的确，世界越紧密相连，危机事件对旅游业的影响则越大。

近年来，"恢复力"这一概念已成为一种审视旅游及相关系统如何回应它们所遭遇的变化以及它们如何在这一进程中演化的重要的新方式。与可持续性一样，人们对恢复力有不同的界定和理解的进路，但根本的理念都是理解系统如何回应外部变化的压力。恢复力在旅游中的应用是显而易见的，因为游客很容易被概念化为目的地社会和生态系统（它们是目的地系统和更大尺度的旅游系统的一部分）的外来物。理解旅游恢复力的系统方法强调各尺度间的交互关系和不同子系统间的交互关联。尽管它在帮助我们更好地理解旅游影响方面体现出了可观的前景，但它依然处于一个概念化的兴起阶段。

然而，也许有点讽刺的是，连通性议题也让我们有理由停顿下来并更多地思考到底影响是什么。不管我们经常如何设想它，影响——从旅游系统中的一个因素到另一个因素——经常不是单向度的。相反，各因素之间实际上是相互关联的。这也是为什么致力于理解这些关系是如何逐渐形成的，对于我们理解旅游系统中的各种不同因素如何彼此调适和回应显得如此重要。因此，旅游系统的方法不仅使得我们可以在旅游和其他能动者中以及它们之间识别出变化，也让我们可以发展出可用于减少不良影响的机制。例如，在许多城市，有关旅游发展对本地居民经济适用房可得性的影响的关切不仅与旅游政策相关，也与住房政策相关。如果本地居民负担不起经济适用房，那么很显然的是，人们就会担忧现有住房存量变成面向游客的短租房和第二居所时所带来的损失。这正是巴塞罗那、冰岛和威尼斯等各类目的地以及其他许多欧洲城市的居民近年来开始抗议"过度旅游"影响的主要原因之一。在这些情况下,理解和管理旅游影响的综合方法强调了我们需要理解不同的政策领域是如何影响旅游业的,而不是单一地聚焦在旅游政策上。此外,为减少旅游的不良影响并最大化其效益,我们可能需要采取一系列的干预措施——从行为变化和社会影响到规制和立法。然而,不管我们采取哪种干预,综合方法都致力于监控和评估干预措施的有效性,以便随着旅游影响属性的变化,我们的回应也能相应地调整。

据预测,在世界范围内和在可预见的未来,旅游业将继续增长,但大部分的增长将发生在东亚地区。"新丝绸之路"沿线新航线的开辟和交通系统的发展也突显了这一地区旅游业发展的新机遇。然而,随之而来的还有对旅游经济效益的分配和与之相关的社会和环境议题的关注。特别是,随着全球致力于发展更绿色的旅行方式并调适和减少环境变化,减少旅游业的温室气体排放、废物排放以及资源利用将会成为重要的政策领域和研究领域。

但也许更重要的是,减少旅游业所带来的大量的环境影响突显了综合方法的重要性。原因在于,旅游业不仅是引致气候变化的重要的"贡献者",而且也被认为极易受到气候变化的影响。这些风险,随着海平面上升和海洋酸化,威胁到海滨度假区和目的地;随着生物多样性的损失,威胁到生态旅游目的地;随着降雪量的减少,威胁到滑雪度假区和冬季目的地;随着更强烈的和潜在地更频繁的、更高量级的天气事件的出现,威胁到所有旅游目的地。因此,旅游业自身的未来不可避免地取决于我们如何处理它作为一种经济活动的影响以及全球变化的总体影响。我们希望本书的读者将有所启发,从而开始应对摆在旅行、旅游和全世界面前的全球的、区域的和地方的挑战。

C. 迈克尔·霍尔和刘德龄

2018 年 8 月

序二

我最早接触到的旅游影响的专著是阿利斯特·马西森和杰夫里·沃尔撰写的《旅游：经济、自然和社会影响》（1982年出版）一书[①]。1991年，国内有了该书可能最早的中文译本——《旅游业效益学：旅游地经济、自然和社会影响研究》（郑利平、邓善译，广东旅游出版社出版）。应该说，《旅游：经济、自然和社会影响》一书通过将旅游影响归纳为经济、环境和社会三个方面，为全球旅游影响研究和评估实践奠定了良好的框架。此书出版之后，重印了超过20次，可能是旅游著作中重印最多的著作了。1996年底，杰夫里·沃尔教授邀请我到他家小聚时，在他家看到了一排该书（西方出版商每重印一次都会给作者寄一本样书）。我曾请了近10位西方旅游学者推荐重要旅游著作，好几位不约而同地推荐了该书。可以肯定的说，该书已是旅游研究的经典著作。我1990年主持编著《旅游地理学》的旅游影响一章时，用的就是这个框架。20多年后的2006年，杰夫里·沃尔和阿利斯特·马西森出版了有关旅游影响第二本专著——《旅游：变化、影响与机遇》[②]（肖贵蓉译，高等教育出版社，2007）。这一专著在第一本的基础上不断完善和补充新内容，并加入了对变化的解读和对可持续发展的论述。

那么，在已经有了这样一本经典著作的情况下，为什么还要推荐翻译

[①] Mathieson, A. and Wall, G. (1982) *Tourism: Economic, Physical and Social Impacts*, Harlow: Longman.
[②] Wall, G. and Mathieson, A. (2006) *Tourism: Change, Impacts and Opportunities*, London: Pearson Education Limited.

霍尔和刘德龄（Alan Lew）撰写的有关旅游影响的专著呢？我与两位作者都认识，与刘德龄更熟悉一些。刘德龄的父亲是广东台山人。他对中国研究一直非常有兴趣。早在1995年，他就与于良（Larry Yu）合编了 Tourism in China: Geographic, Political, and Economic Perspectives 一书。2001年开始，我们一起合作在桂林（2001年）、宜昌（2003年）、西双版纳（2005年）、广州（2007年）、阳朔（2009年）、张家界（2011年）、喀纳斯（2013年）主办了7届旅游地理国际会议，为推动国内学者与国际学者的交流起到了重要作用。他还是 Tourism Geographies 创刊主编，为全球旅游地理的发展构建了一个学术的平台。刘德龄是一位将旅游研究作为自己生活一部分的人，研究涉猎的范围非常广泛，并有不少建树。2011年，他在 International Academy for the Study of Tourism 双年会上做候选人报告时，他的研究工作之广、发表之多，并且他所在的大学不是研究型大学，学校对教授的科研要求不高，完全是自己的爱好驱使，给所有到会Fellow留下深刻印象。当年，他毫无悬念当选Fellow。

推荐翻译此书的原因在于以下几点：第一，本书涉及旅游的经济影响、社会—文化影响、自然环境影响以及旅游影响的规划和管理的四章，都有意地从地理尺度的视角（从全球和超国家尺度到区域尺度、社区尺度和个体尺度）来审视旅游影响的诸多议题；第二，本书坚持一种综合思维/方法，从旅游系统的角度来审视旅游影响的经济、社会—文化和自然环境维度，并从旅游系统的不同构成要素之间的连通性和反馈关系来看待旅游、旅游影响以及它们之间的关系；第三，本书更加详细地从全球、全国、地区、社区和企业尺度阐述了旅游影响的规划和管理，并从正面前景和负面前景两个方面展望了旅游业的未来；第四，本书运用大量最新的案例和资料（照片、图、表格、推荐阅读文献等）来解释、论述有关旅游影响的分析框架和理论。总之，看得出来，两位作者在汲取以往有关旅游影响的经典著作之所长的基础上，有意地且成功地使这本书与众不同。

序二

  尽管今天我们相当多的老师、学生可以直接读英文原著，但好的著作翻译成中文还是非常有必要的。在今天中国的"985"大学，翻译作品不算提职称的成果。翻译既劳心劳力，又吃力不讨好，不是一件容易的事情，尤其是对青年教师而言，更加不易。他们在科研、教学、社会服务和家庭等诸多事务缠身的情况下，挤出时间来做翻译工作，实属难能可贵。

  我们所有的读者，都应该感谢他们付出的努力。我相信，此书的翻译出版，对国内旅游影响的研究会起到积极的推动作用。

保继刚

2018 年 9 月 9 日写于广州

前言和致谢

刘德龄（当时还是俄勒冈大学的研究生）第一次讲授旅游的课程时，所使用的书中，有一本是阿利斯特·马西森（Alister Mathieson）和杰夫里·沃尔（Geoff Wall）的《旅游：经济、自然和社会影响》（1982年出版）。当时，这本书刚出版。它在时效性、内容和综合性方面恰到好处地取得了平衡。此后，其他任何一本有关旅游影响的书都没能做到这一点。虽然没有哪本书可以单一地满足他的需求，但是，多年来，他一直讲授旅游影响的课程，并使之成为他在北亚利桑那大学（Northern Arizona University）所讲授的旅游地理课程和可持续旅游课程的重点领域。他在本书中的视角源自他多年来通过这些课程所收集的材料和内容。因此，基于他的城市规划背景，他想写一本既能反映我们对旅游影响的理解，又能反映应对旅游影响的社区规划方法的书。这与C.迈克尔·霍尔的公共政策背景以及他在环境、经济和社会变迁方面的全球视角一拍即合。迈克尔想写一本书，以尝试：（1）涵盖各个地理尺度（从全球到个体）上与旅游相关的影响；（2）识别出与旅游相关的、且引致变化的力量的复杂性与内在关联性。诚然，旅游发展影响目的地，但是，更宏大的经济、社会和环境方面的变化也影响旅游发展。在本书中，尽管我们沿用传统的方法，将旅游影响划分为经济的、社会——文化的和环境的，但我们也承认，这些划分大多是人为的，掩盖了旅游与我们所生活其中的、变化着的世界之间存在的真实的复杂性。在一定程度上，这也是为什么本书有四章提供了更广泛的视角，而未受

"三重底线"（旅游影响的三维划分）的制约。

许多同事、学生和朋友对荟萃于本书的观点的发展过程作出了贡献。迈克尔想向马西森和沃尔的书（Mathieson and Wall 1982）致谢。一是因为当他在滑铁卢大学修读地理学硕士学位时，在杰夫里·沃尔的课上，迈克尔曾使用过该书。二是因为该书给予了迈克尔在旅游教学与研究中的一个"跳板"。与北欧国家诸多同事共事的经历，使迈克尔近年来在诸多议题（影响以及与旅游相关的环境的、区域的和政治的变化）上的研究兴趣产生了影响。特别地，迈克尔想感谢瑞典隆德大学（Lund University）的斯蒂芬·格斯林（Stefan Gössling）、瑞典于默奥大学（Ume University）的迪特·米勒（Dieter muller），以及芬兰奥卢大学（University of Oulu）的贾科科·萨里宁（Jarkko Saarinen）。感谢他们为迈克尔提供的食宿、研究合作和热情款待。此外，与如下学者们的共事经历也极大地增加了迈克尔对旅游与变化的理解：在英国的提姆·科尔斯（Tim Coles）、史蒂芬·佩奇（Stephen Page）、默里·辛普森（Murray Simpson）和艾伦·威廉姆斯（Allan Williams）；在加拿大的哈维·莱梅林（Harvey Lemelin）和丹尼尔·斯科特（Daniel Scott）；在新西兰的大卫·杜瓦尔（David Duval）、汉纳·让·布莱斯（Hannah Jean Blythe）、尼古拉·范蒂尔（Nicola van Tiel）和桑德拉·威尔逊（Sandra Wilson）；在新加坡的张道泉（T. C. Chang）；在南非的古斯塔夫·维塞尔（Gustav Visser）和罗伯特·普雷斯顿－怀特（Robert Preston-Whyte）；以及在澳大利亚的蒂姆·温特（Tim Winter）。最后，迈克尔还想感谢乔迪（Jody）、JC 和库珀（Cooper）。感谢他们容忍他在用电脑写作上、在路上或田野里度过了太多的时光。

当时作为美国夏威夷大学希罗分校的一名本科生，刘德龄最想接触的人群是游客。即便如此，他还是很感激地理学的老师们。从他们身上，他建立起了对自然景观、文化景观以及地方的学术兴趣。他在旅游方面的研究专长是后来在俄勒冈大学城市规划硕士课程中，在旅游规划师迪安·鲁尼恩（Dean Runyan）和大卫·波维（David Povey），以及他的博士论文指导小组组长（PhD dissertation chair）、同在俄勒冈大学的地理学家埃夫·史密斯（Ev Smith）的指导下形成的。在北亚利桑那大学地理和公共规划课程中，他的学生、同事和后勤人员，以及专业规划师们（包括在亚利桑那州的以前的学生），都帮助他保持学术兴趣并不断拓展旅游规划领域的知识储备。他还希望感谢为《旅游地理》（Tourism Geographies）这本杂志的成功作出贡献的许多同事。这本杂志最近刚迎来第一个十年。这本杂志的众多编辑和作者也都为本书的写作提供了素材。他还想感谢新加坡国立大学地理学系的教员，尤其是张道泉和黄瑞莲（Shirlena Huang），以及新加坡国立大学地理系的荣誉学位学生。最近，在那里，他度过了一段学术假期，并利用这段时光，写就了本书的部分内容。最后，他感谢他的夫人——梅布尔（Mable）和他的三个小孩。感谢他们对他的职业生涯和学术活动所提供的支持——这通常意味着"拽着"他们满世界跑。

部分缩略语

ACR	Accommodation, Cafes and Restaurant industrial category	住宿、咖啡馆和餐厅产业类别
CBD	Convention on Biological Diversity	生物多样性公约
COHRE	Centre on Housing Rights and Evictions	居住权与反迫迁中心
CPC	Central Product Classification	核心产品分类目录
EEA	European Economic Area	欧洲经济区
EU	European Union	欧盟
GATS	General Agreement on Trade in Services	服务贸易总协定
GDP	gross domestic product	国内生产总值
GHG	greenhouse gas	温室气体
IATA	International Air Transport Association	国际航空运输协会
ICT	Information and Communication Technology	信息和通信技术
ISIC	International Standard Industrial Classification	国际标准产业分类
MNC	multinational corporation	多国公司
NTO	National Tourism Organization	国家旅游组织
OECD	Organization for Economic Co-operation and Development	经济合作与发展组织
Pkm	Passenger kilometres	乘客里程数
R&D	research and development	研发
SAR	Special Autonomous Region	特别行政区

续表

SME	small and medium-sized enterprise	中小企业
SNA	System of National Accounts	国民经济核算体系
TNC	transnational corporation	跨国公司
TSA	Tourism Satellite Account	旅游卫星账户
UNWTO	United Nations World Tourism Organization	联合国世界旅游组织
VFR	visiting friends and relations	探亲访友
WTO	World Trade Organization	世界贸易组织
WTTC	World Travel and Tourism Council	世界旅游理事会

目 录

第一章 引言——旅游的概念化 …………………………………… 1
第二章 理解影响 ………………………………………………… 43
第三章 旅游的经济影响 ………………………………………… 91
第四章 旅游的社会—文化影响 ………………………………… 152
第五章 旅游的自然环境影响 …………………………………… 203
第六章 旅游影响的规划与管理 ………………………………… 252
第七章 旅游的未来 ……………………………………………… 313
参考文献 …………………………………………………………… 364
译后记 ……………………………………………………………… 418

第一章 引言——旅游的概念化

【学习目标】

学习本章后,学生将:
- 能够分别从专业和业余的视角理解旅游的定义。
- 了解有关旅游产业界定的议题。
- 能够鉴别联合国世界旅游组织旅游和旅行统计中的各个类别。
- 识别旅游运营的服务维度。
- 能够识别旅游服务中不同的国际贸易模式。
- 理解影响的概念及其与变化的关系。

第一章详细论述旅游的核心概念及这些概念对评估影响和变化的重要性。

一、引言

旅游影响正受到公众前所未有的关注。媒体关注的问题很多样,例如,气候变迁滨海城市化、度假村和高尔夫球场的水需求、农业用地减少、外来入侵病虫害的传播和扩散(见案例1.1)、经济和产业变化、化石燃料消耗、能源消耗增加、住房与社区变迁、性旅游等。这些问题都关注到旅游在当今社会中扮演的愈加复杂的角色。在2008年斯洛文尼亚的一次皇家之旅中,菲利普王子[①]反复强调旅游业是"全国性的性交易活动",他进而

---
① 译者注:这里是指英国王室菲利普王子。

宣称"我们不需要任何游客。他们会毁灭我们的城市"（Royal Watch News 2008）。然而，旅游业究竟在多大程度上造成了这些问题？我们又需要如何理解这些问题？

本书旨在强调以上问题，并让旅游专业的学生进一步了解旅游有哪些影响，如何评估这些影响，如何管理这些影响。我们希望强调的第一个概念是"影响"。这一术语被使用的方式体现了旅游的确对某些事物，无论是某个地方、人、环境还是经济体，都产生了影响。这一术语也表明，这种影响是一维的或"单向"的（图 1.1）。然而，旅游影响很少是一种单向的关系。实际上，旅游与人和事物是相互影响的。另外，旅游影响也很少只是单纯的环境、社会、经济或政治影响。相反，旅游影响的研究表明，旅游至少在两个以上维度上带来了不同程度的影响。旅游业既影响物理环境，也影响人、社区以及更广泛意义上的社会环境，同时产生经济影响；此外，旅游业的影响也可以是非常政治性的，特别是牵涉到目的地如何吸引和管理旅游业时（见案例 1.2 和案例 1.4）。因此，对旅游影响进行管理需要一种能兼顾多个影响维度的综合方法。

"旅游影响"这个词语经常作为替代词出现（并且是一个不太确切的替代词），用于描述与旅游相关的事物在一段时间内产生的变化。诸如"与旅游相关的变化"的术语，能够更好地描述人们意指的旅游影响。但是，由于人们通常比较懒惰，所以除了少数旅游学者讨论时会使用外，"影响"一词的使用更加大众化。因此，在全书中，我们在使用"影响"一词时，我们是将其作为"改变"的替代词使用的。实际上，"影响"的概念——作为"一段时间内给定状态的变化"——是本书的重点之一，旨在为旅游在文化、经济和环境变化中的角色提供新的洞见。

在对如何理解、评估和管理影响进行细致的分析前，第一章为旅游的核心概念提供背景介绍，说明为什么旅游的本质属性导致其难以被监督和管理。

第一章 引言——旅游的概念化

旅游影响通常被认为是单向或一维的影响

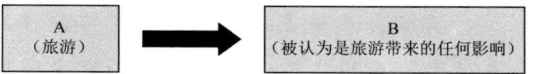

旅游影响是一种双向关系，表明旅游不仅仅对某些事物产生影响，也会受到某些事物的影响

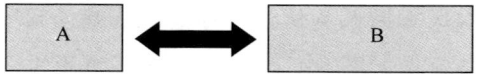

旅游影响是历时变化的。A和B时刻互相影响对方（共演），每一个时间节点观察到的结果都是它们之间不同的关系

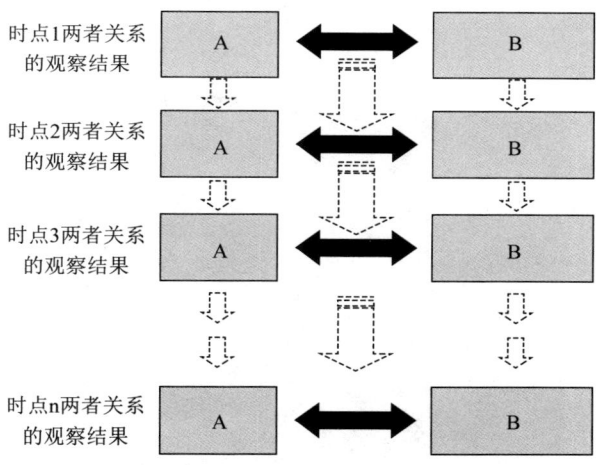

图 1.1 影响的本质

【案例1.1】

生态旅游及害虫和疾病的引入

生态旅游被广泛地界定为对环境和当地人友好的、对环境保护有利的旅游形式。然而，旅游正越来越与害虫和疾病的引入联系在一起；而这些害虫和疾病对生态旅游试图保护的物种和环境带来了危害（见第五章）。这个案例证实了旅游活动及自然环境中的其他任何人类介入是如何产生无法预料的影响的。

巨猿旅游，即到大猩猩和红毛猩猩的原生栖息地参观，是一种非常流行的生态旅游形式。游客愿意花费一大笔钱去获得这样的体验。每年，数以万计的游客会支付大笔费用去观赏大猩猩；而发达国家的大多数人只能通过造访动物园或者观看电视节目，如《动物星球》，获得类似的体验。然而，有证据表明类人猿正因人类传播的呼吸道疾病而死亡，这让科学家开始担忧。他们害怕目前保护类人猿的安全措施不够有效。类人猿在基因上与人类非常相似，因而易受同样疾病的伤害。科学家正在呼吁更加严格的保护措施，包括强制所有与猩猩有亲密接触的人类戴上口罩（Köndgen et al. 2008）。

照片1.1　一只在印度尼西亚婆罗洲岛巴厘巴板（Balikpapan）封闭式康复中心的猩猩。这些猩猩大多在小时候就被当宠物饲养，长大后由于身形太庞大变得难以驯养。康复中心会帮助它们提前做一些野外生活的准备。大部分的康复中心对通过购买门票和长期捐赠项目来资助其工作的游客开放。（Alan A. Lew 摄）

科学家们的担心源自西非象牙海岸塔伊黑猩猩研究站的死于HRSV病毒（人类呼吸道合胞病毒）和HMPV病毒（人类偏肺病毒）的黑猩猩。在黑猩猩身上采集的病毒株与当代全球人类流行病病毒密切相关。这一研究使用了包括行为生态学、兽医学、病毒学和种群生物学的跨学科方法，对塔伊国家公园两个大猩猩种群的人类疾病引入进行了追踪。1982年，在塔伊国家公园，研究者首次尝试让大猩猩习惯人类的存在（Max Planck

Society 2008）。

连续 24 年的黑猩猩死亡率数据表明，可能很早以前进行的各种研究活动就导致了这类呼吸道疾病的爆发。同时，调查数据也表明，研究者的出现对抑制研究地点附近的偷猎行为有积极作用（Köndgen et al. 2008）。

目前的研究发现为数量不断下降的大猩猩的保护工作带来了难题。在乌干达、卢旺达和刚果民主共和国，大猩猩数量少于 650 只；在印尼婆罗洲和苏门答腊岛，大猩猩数量也仅在 15,000 只左右。旅游收入在保护濒危类人猿免于遭受偷猎者的伤害方面是至关重要的。旅游收入还能资助旨在阻止商业偷猎的活动，从而阻止类人猿数量下降和栖息地减少。新的研究表明，将研究与旅游对大猩猩的积极作用最大化的同时将其负面影响最小化是困难的。

《观察者时报》中摘录了英国达勒姆大学（Durham University）灵长类动物学家和英国灵长类动物学会会员乔·塞切尔（Jo Setchell）博士对更严格的防范措施的呼吁。他提到：

> 这是非常令人忧心的。这以前也被提出过，但这是第一份真正说明这些疾病是由人类传播的报告……我认为口罩是非常必要的……一个主要的问题是，当人们准备要到某地度过一个相当短的假期，比如说乌干达，且已经为进入许可支付了一大笔钱，此时如果患上一点感冒，大多数人都不会放弃那些钱。他们会通过吃药来掩饰他们的症状——因为这是一次盛大的旅游体验，他们已经等待了很长时间了，而且这次体验极其昂贵。

（转引自：Davies 2008）

来源：普朗克社会新闻稿：http://www.mpg.de/english/illustra-tions Documentation/documentation/pressReleases/2008/pressRelease 20080125/index.html

（一）旅游的定义

定义对于任何学科而言都是基础性的。每一个研究领域的第一项工作就是确定该领域研究的焦点问题。在旅游研究中，我们需要明确四个相互联系的概念——旅游、游客、旅游产业、旅游资源——它们以一种或多种形式组成了我们研究的核心（Hall 2005a；Hall and Page 2006）。这些问题并不抽象，不论看起来多么令人厌烦或看似学究，它们都是理解"影响"及如何管理"影响"的基础。如果你不能定义什么是旅游，你如何能评估旅游的影响呢？如果你不能定义你正在尝试规范的事物，你如何能对旅游进行管理和规范呢？

旅游是一个"多变"的[①]（有关其他"多变"的概念，见 MacNab 1985；Eden 2000；Wincott 2003）、模糊（Markusen 1999）的概念。它非常容易被形象化，但是难以被精确地定义。原因是它的意义将会随着对它的分析、目的和使用方式的变化而变化。

因此，尽管旅游是一个乍看起来非常容易被定义的概念，但事实上相当复杂。目前，有大量文献专门讨论旅游定义问题（见 Smith 2004，2007）。主要问题在于大多数人们都会将旅游定义为休闲或者度假。然而，事实上，旅游的概念相当宽泛（图 1.2），并且可以从多个学术或技术的角度进行解读。

在区分旅游与其他形式的人类移动时，以下几点很重要。首先，旅游是自愿的，不包含任何因政治或环境原因产生的强制性的人类活动，即游客不是难民。实际上，越贫困的人越不可能为了休闲而出行；如果穷人必须跨越国界，他们不太可能受到欢迎。反之，富人则经常受到热烈的欢迎，而且在跨越国界时能够得到比穷人更多的特权。

第二，旅游可以与迁移区别开来，因为游客会返回客源地，但是移民通常永久搬离了他们原先的常住环境。迁移代表了一种自愿的、单向的人类流动，旅游则代表了一种自愿的、双向流动。

第三，旅游与迁移的区别有时候会比较模糊，因为一些人会较长时间地离开他们的惯常环境（比如间隔年或海外经历的获取，尽管他们仍然有回家的意向），或因为一些人暂时在另一个国家工作。在这些情况下，时间

---

① 译者注：英文原文为"slippery"，意为"圆滑的""狡猾的""滑的"。此处，作者的意思应是指旅游这一概念的不确定性和多变性。故翻译为"多变"。

（他们远离自己惯常或永久居住地的时长）以及距离（他们旅行的距离以及他们是否跨越了国界）成为定义旅游和迁移的决定性因素。

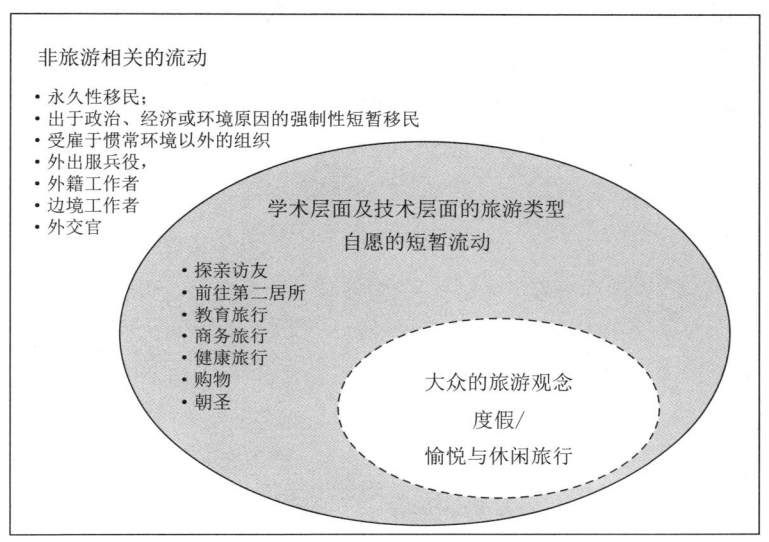

图 1.2　旅游的大众观念与学术定义

根据上述因素，旅游包括各种形式的自愿旅行。在这些自愿旅行中，人们从他们的惯常居住环境旅行到另一个地方，并以相比于非旅游形式的人类移动更短的时间和更长的距离返回惯常居住环境（图 1.3）。根据这一更加宽泛的定义，并出于学术、统计和研究的考虑，除了将重点放在度假的较为狭隘的理解外，旅游还包括其他类型的出行，包括：

- 探访亲戚、朋友（VFR）；
- 商务旅行；
- 第二居所旅行；
- 健康和医疗旅行；
- 教育旅行；
- 宗教和朝圣旅行；
- 购物和零售旅行；
- 志愿者旅游。

有关旅游定义的迷惑并不止于此。同一个词语——"旅游"——还被用于描述"游客"（自愿参与往返移动的人）以及"旅游产业"（用于描述促成游客出行的企业、组织和个人的术语）。同时，使这一概念更为复杂的是，"旅游"一词也用于指所有与旅游相关的经济和社会现象，包括游客、旅游产业以及组成旅游目的地和旅游景观的人和地点。

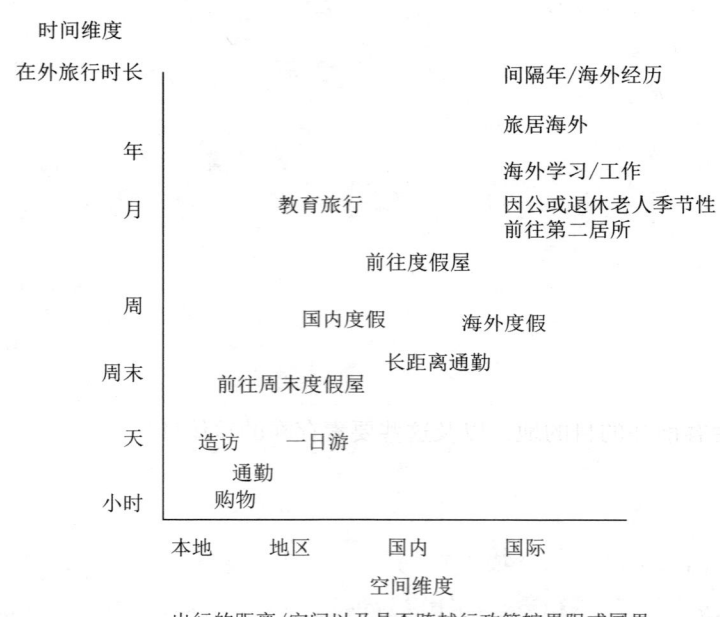

图 1.3　在时空中的短暂流动（修改自：Hall 2003）

旅游产品及其消费也加剧了定义的复杂性，因为许多产品既为游客也为非游客提供（Smith 2004）。特别是：
- 游客同时消费旅游的和非旅游的产品和服务；
- 本地人（非游客）同时消费旅游和非旅游的产品和服务；
- 旅游产业制造（也通常消费）旅游和非旅游产品和服务；
- 非旅游产业生产（也通常消费）旅游和非旅游产品和服务。

除了游客和旅游的基本概念外，其他一些看似简单的术语也需要出奇复杂的定义才能理解旅游对目的地和社会的积极和消极影响。

游客的"常住或惯常环境"这一概念是旅游定义和旅游统计中非常重要的维度,指的是个人在他们日常生活中惯常移动的地理范围(空间的或是行政管辖意义上的)。根据联合国(UN)和联合世界国旅游组织(UNWTO)的定义(UN & UNWTO 2007:16):

> 个体的惯常环境包括他/她所属家庭的惯常居住场所、他/她自己的工作或学习场所,以及他/她在目前的日常生活中定期或频繁造访的其他地方,即便这个地方远离他/她的惯常居住场所。

"旅程"(trip)这一词也被广泛地应用于旅游研究中,指一个人到其惯常环境之外直至返回惯常环境的移动过程。因此,这个词事实上指"往返旅程"。旅程的概念及其对理解影响的启示可以通过学术界提出的"旅游系统"来理解。旅游系统通常指一个地理的或者空间的系统(Hall and Page 2006)。旅游系统包括了许多组成"旅程"的要素:旅游客源地、游客旅行经过的过境地、游客前往的目的地,以及这些要素存在的整体环境(图1.4)。

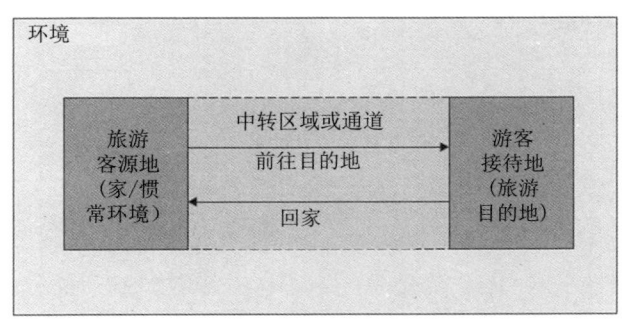

图1.4　地理视角下的旅游系统的地理要素

一次旅程也可以造访多个目的地。为了简化统计数据的收集,国家通常会以下两种方式之一对多重目的地旅程进行定义:
● 基于离开居住环境后的第一个到达点。例如乘坐国际航班时,第一个到达点可能是你降落抵达的城市,虽然你可能还要去别的地方。
● 基于旅程中的主要目的地。这个目的地是离开惯常环境后待得较长时间的一个地方,或者是对此次出行造成最大影响的地方(图 1.5)。如果在一次旅程中,游客在两个或多个地方花费同样的时间,那么主要的目的地则被界定为距离惯常居住地最远的地方(UN and UNWTO 2007)。

"旅程"的概念及其通过旅游系统模型的表征非常重要。因为它表明,旅游可能不仅仅对目的地有影响,而且对旅游通道、更广泛的环境和客源地都有影响。这是一个为测量和理解旅游影响的范围提供实质性理解的视角。

国际旅程是指主要旅游目的地在旅行者居住国家境外的旅行。国内旅程是主要旅游目的地在旅游者居住国家境内的旅行(UN and UNWTO 2007)。然而,尽管国内旅程和国际旅程的定义已经很明确,但一次国际旅程也可能涉及在旅行者所居住国家境内的行程,国内旅程也可能有跨越国界的行为和到旅行者居住国家境外的造访。

根据国际普遍认可的旅游统计数据的采集和比较方法,"旅程"(tourism trip)主要指不超过 12 个月且主要目的不是在目的地就业的旅行(UN and UNWTO 2007)。然而,除了联合国和联合国世界旅游组织的定义外,不同国家在界定游客和就业时所依据的时长有重大差异(Lennon 2003;Hall and Page 2006)。

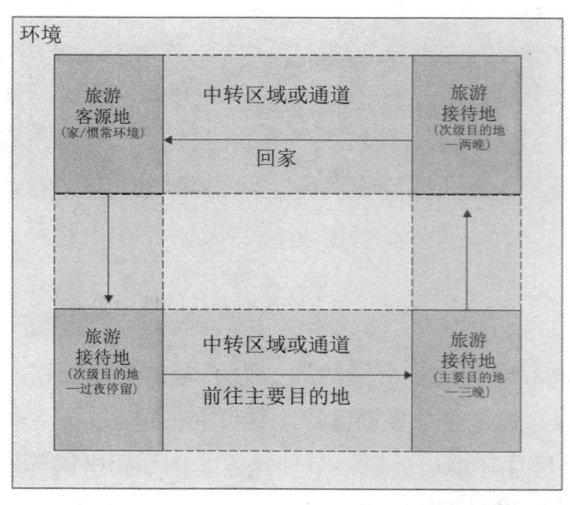

图 1.5　一次途径多个目的地的七天的旅程在地理视角下的旅游系统中的表征

第一章 引言——旅游的概念化

三种主要的旅游类型包括：

1. 国内旅游：本国或特定经济体居民于本国境内或特定经济体范围内开展的旅游活动，作为国内旅程或国际旅程的一部分；

2. 入境旅游：非本国或非特定经济体居民于目的地国家或特定目的地经济体范围内开展的旅游活动，作为国内旅程或国际旅程的一部分（以旅行者所居住的国家的视角）；

3. 出境旅游：本国或特定经济体居民离开本国或特定经济体范围开展的旅游活动，作为国内旅程或国际旅程的一部分。

照片 1.2 本地厂商在墨西哥南下加利福尼亚州的洛斯卡沃斯海滩上向来自边界以北的游客出售他们的器具。绳子标定了供应商和游客（度假区）的界线。（Alan A. Lew 摄）

"特定经济体"这一术语通常适用于特殊情况。比如香港，它是中国领土的一部分，却是一个独立的特定经济体。因此，中国内地和香港之间的旅行被视作国际旅行。然而，出于统计目的，联合国和联合国世界旅游组织（UN and UNWTO 2007：21-22）推荐采用以下概念，尽管它们还没有被广泛采用：

● 内部旅游：包括国内旅游和国际入境旅游，包含居民作为访客和非居民作为访客在特定经济体范围内的活动（作为国内旅程或国际旅程的一部分）；这是在一个国家或一个经济体内的所有旅游花费的总和。

● 国民旅游：包括国内旅游和国际出境旅游，包含居民作为访客在特定经济体范围内外的活动（作为国内旅程或国际旅程的一部分）；这是国内游客在他们国家或经济体内外的所有旅游花费的总和。

● 国际旅游：包括入境旅游和出境旅游，包含本国居民作为访客在特定经济体范围之外的活动（作为国内旅程或国际旅程的一部分），以及非本国居民作为访客在特定经济体范围内的活动（作为国内旅程或国际旅程的一部分）（从他们居住的国家的视角）；这是游客在他们国家或经济体之外的旅游花费的总和。

"造访"一词指的是前往非惯常环境停留（过夜或当日往返）。造访并不必然需要过夜。然而，逗留的概念假定有某种未知时长的停顿存在。进入一个地理区域，例如一个县或镇，如不停留则通常不能被算作造访了该地（UN and UNWTO 2007）。

明确这一特点对于评估目的地的游客接待量极其重要。例如，你可以假设这样一个场景，其中，位于某主干道上的某个乡村小镇吸引了大量驾车途径的旅行者，但是仅有少量游客仅为加油而在此处停留。那些将所有经过这样一个小镇的人（而不是真正停留和造访的人）描述为游客或访客的研究是极具误导性的。

为了优化数据采集和加深对旅游的理解，许多年前，联合国和联合国世界旅游组织就已经提议要区分访客、游客和短途游客[①]。例如，联合国世界旅游组织（UNWTO 1991）建议，国际游客可以被定义为：

离开惯常居住国到别国访问，停留至少一晚但不超过12个月，并且其主要访问目的不是通过所从事的活动从该目的地获取报酬的访客。

并且，国际不过夜旅游者（例如邮轮游客）可以被定义为：

在一个国家长期居住，造访另一个国家但连续停留时间不超过24小时、不做过夜停留，并且其主要访问目的不是通过所从事的活动从该目的地获取报酬的访客。

---

① 译者注：一日游游客/不过夜游客。

国际不过夜游客也被称为一日游游客。在国内的这种类型的旅行通常被认为是游憩的一种形式,而不是旅游——尽管这样做会混淆游客的定义,尤其是一些政府机构将一日游游客也纳入旅游统计数据中(Hall 2005b)。

为了进一步澄清日渐复杂的旅行分类,联合国和联合国世界旅游组织提倡使用"访客"而不是"游客"。只有当满足一定的要求时,国际旅行者才能被算作国际访客,尽管国际访客和国际游客在日常生活中经常被交替使用:

- 所造访国家内的目的地是在旅行者的惯常环境外。
- 在所造访国家的停留或停留的意愿不能超过 12 个月,否则这个地方将变成他/她的惯常环境的一部分。超过十二个月,旅行者会被归入移民或者永久性居民的类别。联合国和联合国世界旅游组织认为,这一标准也应该适用于长期居住的学生和病人,尽管他们的停留可能会被他们在客源国或其他地方的短暂停留所打断。
- 旅程的主要原因不是受所造访国家的组织或个人的雇佣。
- 旅行者不是出于服兵役而出行,也不属于外交团成员。
- 旅行者不是游牧者或难民。根据联合国和联合国世界旅游组织的定义(UN and UNWTO 2007: 21),"对于游牧民族而言,按照惯例,他们到过的所有地方都是他们惯常环境的一部分,因此也就避免了在某些情况下难以确定他们常住国的困境……对于难民或流离失所者,他们不再有任何长期居住的惯常环境,所以他们停留的地方被认为是他们的惯常环境。"

与之相似,国内访客也可以按照以上标准进行分类。因此,一个旅行者需要满足以下的条件才能被视作其所居住国家的国内访客:

- 他们造访的地方(区域)应在访客的惯常环境以外。尽管联合国和联合国世界旅游组织(UN and UNWTO 2007)认为到度假居所的旅行也应被算作旅游,但频繁出差不属于其中。
- 在某地方(区域)的停留或停留的意愿不能超过十二个月。超过十二个月,则这个地方(区域)将会成为他/她惯常环境的一部分。与国际访客相一致,联合国和联合国世界旅游组织认为,这一标准也应该适用于长期居住的学生和病人,尽管他们的停留可能会被他们在客源地或其他地方的短暂停留所打断。

● 造访的主要原因不是受所造访地方的组织或个人的雇佣。

然而，在游客一词被广泛应用的情况下，改变相关术语使用的建议究竟能有多成功还存在争议。此外，长远来看，如果改变相关术语的使用被广泛接受了，这对于理解旅游如何被界定为产业部门和如何制定公共政策有着重要意义。

（二）对国际旅游接待量增长的理解

自有统计数据以来，国际旅游就经历了显著增长，且在可预见的未来还会继续增长（表1.1）。尽管在某些年份出现下降，比如2001年纽约世贸中心遭受袭击，或20世纪70年代早期不断上涨的油价以及与之关联的发达国家的经济衰退，但对于世界各国/地区而言，自"二战"末以来，国际旅游总体上仍然经历了平稳的增长。那么，这些国际旅游数字从何而来？这些数据又有多精确呢？

表1.1中的国际旅游接待量，涉及那些赴常住国家以外的地方停留至少一晚但不超过一年（前文已讨论过）的人。联合国世界旅游组织要求其成员国根据这一定义进行国际旅游接待量数据的收集。不幸的是，不同的国家通常采用不同的方式来收集数据。在旅行者看来，大多数西欧国家之间的国界通常没有实质意义，因为欧盟——欧洲经济区申根协议废除了成员国之间的系统的边界控制（Hall 2008a）。对欧盟来说，只能基于调查数据对国际游客接待量进行大致估算。其他国家没有相应的技术和人力去核对他们收集到的数据。在缺少边界监控的边远地区，例如中亚的大部分地区，跨越国界及几乎所有的非法跨界的数据，要么是估算的，要么就不会出现在该国上报的数据中。

其他数据收集和比较的问题也出现在中国香港和中国澳门。这两个地区是中国的特别行政区，但来自中国内地的游客被算作国际游客。中国香港有超过一半的国际游客都来自中国内地，中国内地大部分的国际游客也来自中国香港。还有不少地区，例如西非和欧洲，在地理上包括许多小国家，所以游客可以在一天内轻松地穿越多个国家。这一状况导致欧洲的国际旅游接待量非常高。相反，加拿大、澳大利亚、美国和其他大国的游客可以按照一条直线旅行多日但是不穿越国界。

表 1.1　国际旅游接待量及预测（1950—2020）

年份	世界	非洲	美国	亚洲和太平洋	欧洲	中东
1950	25.3	0.5	7.5	0.2	16.8	0.2
1960	69.3	0.8	16.7	0.9	50.4	0.6
1965	112.9	1.4	23.2	2.1	83.7	2.4
1970	165.8	2.4	42.3	6.2	113.0	1.9
1975	222.3	4.7	50.0	10.2	153.9	3.5
1980	278.1	7.2	62.3	23.0	178.5	7.1
1985	320.1	9.7	65.1	32.9	204.3	8.1
1990	439.5	15.2	92.8	56.2	265.8	9.6
1995	540.6	20.4	109.0	82.4	315.0	13.7
2000	687.0	28.3	128.1	110.5	395.9	24.2
2005	806.8	37.3	133.5	155.4	441.5	39.0
以下为预测						
2010	1006	47	190	195	527	36
2020	1561	77	282	397	717	69

数据来源：联合国世界旅游组织（UNWTO 1997，2006）。

照片 1.3　正在纽约肯尼迪国际机场排队起飞的飞机。超额运作的机场、美国过时的空中交通管制系统以及偶尔出现的极端天气都会给出行乘客造成长达数小时的延误。对于某些人来说，由此产生的不适构成了他们出行的最大障碍。（**Alan A. Lew** 摄）

另外，一些国家使用不同于联合国世界旅游组织所建议的国际旅游接待数据。例如中国喜欢把国际一日游游客纳入国际旅游接待量的统计中。这一数据也被中国媒体广泛使用。这一做法使得中国的国际游客接待量翻了三倍。（算上一日游游客，国际旅游接待量约为1.25亿；不算上一日游游客，国际旅游人数则为4200万）（Lew 2007a）。当你看到联合国世界旅游组织、国家旅游组织以及其他旅游组织（包括当地商会）发布的国际旅游接待量时，都需要将如上所述的注意事项考虑进来。游客定义的模糊性对我们理解哪些活动是否属于旅游产业的一部分以及哪些变化或影响是否与旅游相关都有重要的意义。

【案例1.2】

加拉帕戈斯群岛

东太平洋的加拉帕戈斯群岛是世界上最著名的群岛之一，且旅游业十分发达。这个火山群岛上的植物群和动物群十分奇特，不同的岛上分布着不同的雀类，还有不会飞的鸬鹚、大海龟、蓝脚鲣鸟、海鬣蜥。这些动植物启发了达尔文的自然选择理论。由于人们对于自然环境的兴趣增加，加上电视上出现的大量关于该群岛的纪录片，以及不断提升的航空和航海可达性，加拉帕戈斯群岛在国际游客接待量上实现了实质性的增长，并被作为领先的生态旅游目的地在全球推广。这个案例研究主要体现了游客数量增长与当地居民人口增长的关系及与之伴随的旅游发展对自然环境的影响。

在1959年，查尔斯·达尔文的《物种起源》出版100周年之际，厄瓜多尔政府正式宣布将加拉帕戈斯群岛97%的陆地面积开辟为国家公园（加拉帕戈斯国家公园），剩余3%的陆地分布在圣克鲁斯、圣克里斯托瓦尔、弗雷里安纳和伊莎贝拉这些居民区中。1978年，加拉帕戈斯群岛成为第一个被联合国教科文组织列入世界遗产名录的群岛。1986年，包括70,000 km^{2}海域的加拉帕戈斯海洋保护区，被正式宣告成为海洋保护区，并成为世界上最大的海洋保护区之一［其他海洋保护区还有澳大利亚的大堡礁、基

第一章 引言——旅游的概念化

里巴斯的凤凰岛保护区（它属于"太平洋核心海域世界遗产项目"[①]的一部分，旨在建立一个超越国界的连续的世界遗产地）]。2001年，加拉帕戈斯群岛世界遗产地得以拓展，将加拉帕戈斯海洋保护区正式纳入世界遗产地的范畴。然而，由于入侵物种、不断增长的旅游活动及移民带来的威胁，加拉帕戈斯群岛世界遗产地于2007年被列入世界濒危遗产名录。

加拉帕戈斯群岛为理解为什么旅游影响的调控需要综合的解决方案提供了良好的范例。旅游业增长显著，比如从1992年到2007年，邮轮游客的停留天数增长了150%。旅游业的增长创造了许多经济机会，这也加速了从厄瓜多尔大陆向群岛移民的热潮。加拉帕戈斯群岛旅游业的年收入估计为2亿美元，但是大部分的收入被在厄瓜多尔大陆的航空公司及旅行运营商攫取了。

1972年，加拉帕戈斯群岛的人口为3,488人。到20世纪80年代，人口已经增至超过15,000人；据估计，2006年的人口约为40,000人。

根据卡罗尔（Carroll 2008）的报告，"在过去的几十年，数千人从贫穷的厄瓜多尔大陆迁移到加拉帕戈斯群岛，在旅游行业找到了工作；他们从事仆人、侍应、清洁工和店员等职位"。人口的增长也加剧了保护活动和食物生产相关活动[包括蔬菜种植、畜牧养殖（鸡、牛、猪和羊）和渔业]之间对土地使用的竞争。受保护的野生动物遭猎杀的事件也不断增加。人口和耕畜的增加以及岛屿之间流动性的增加，激起了人们对于害虫、疾病和入侵性物种进入和传播的恐惧。

然而，加拉帕戈斯群岛的问题不仅局限于环境方面，还涉及政治、社会和经济方面。2008年，厄瓜多尔政府开始打击非法移民。"这是一项将所有没有合法地位或有效证件的人送回家的政策……'我们在执法。'区域规划局（Ingala）的发言人卡洛斯·梅瑟斯说道。"（转引自：Carroll 2008）截至2008年10月，在过去的12个月内，已经有1000人被遣返回大陆；同时，另外的有2000人也被勒令在12个月内离开。然而，根据卡罗尔所言，"现在仍然没有计划来遏制高速增长的游客量（大部分是富有的欧洲人和美国

[①] 译者注："World Heritage Central Pacific project"是指将包括基里巴斯共和国的岛礁和环礁、库克群岛、法属波利尼西亚以及美国在太平洋的部分领土在内的区域列入世界遗产名录的一项工程。

人，他们通常旅游好几天）。今年的游客量将达到180,000人次"。梅瑟斯对此评论道："游客量当然会对环境产生影响，但我们不能放弃发展经济的机会。"（转引自：Carroll 2008）

然而，厄瓜多尔政府正在为加拉帕戈斯群岛发展新的旅游模式而良好地协调旅游带来的经济利益及环境问题。新模式中，遣返厄瓜多尔大陆非法移民将成为战略重点。尽管厄瓜多尔环境部部长马塞拉·阿吉纳加在2008年9月对《洛杉矶时报》表示旅游业还没有过度饱和的迹象，但对新模式的探索已经开始了。这一想法旨在维持旅游的经济影响，但同时通过缩减需要引进劳动力的辅助活动来降低环境影响——"这是一个由政府主导的、与自然选择相悖的、淘汰穷人以给富人腾空间的过程"（Carroll 2008）。环境学家则认为这样的方案很好，但他们都担心难以很好地实施。据加拉帕戈斯管理局主席约翰纳·巴里所说，"这个系统现在已经崩溃了，或肯定是停滞了……问题不在于游客量，而在于围绕游客量不断增长的辅助经济。缓解环境压力是讲得通的"。其中一种做法是改变旅游产品供给，包括包价产品（涵盖皮划艇、骑马、潜水、深海垂钓等破坏群岛生态的活动）。巴里提到："你可以在夏威夷群岛上开展这些活动，但没有必要在加拉帕戈斯群岛上做这些活动。"

来源：

Carroll, R. (2008) Tourism curbed in bid to save Galapagos haven. The Observer, Sunday October 12, http://www.guardian.co.uk/travel/2008/oct/12/galapagosislands–travelnews

Galapagos Conservancy (formerly the Charles Darwin Foundation): http://www.galapagos.org/

World Heritage List, Galápagos Islands: http://whc.unesco.org/en/list/1/

二、旅游产业和贸易的定义

如前所述，旅游这一术语经常被等同于旅游产业。旅游的服务产业特性加剧了这一定义的复杂性。这意味着我们更应该从消费而不是商品生产活动的角度对旅游进行定义。对诸如旅游产业等服务产业进行定义是一件极其困难的工作。服务产业最为核心的特点是它们的生产需要消费者的同意和合作。此外，旅游业创造的产品（例如探险体验）绝对不是独立于生产者或消费者而存在的单独物品。

在旅游业中，生产和消费通常是在消费者的日常居住环境外产生的。近年来，信息和通信技术（ICTs）的发展改变了旅游分销渠道的性质，使通过使用家庭电脑从因特网上购买旅游产品成为可能，尽管最终的消费仍然发生在消费者的居住环境以外。

从20世纪80年代开始，国际和全国性的旅游政府机构和产业组织都在探索生产或供应视角的方法，以便对旅游与其他部门和行业进行经济层面的比较。这种方法重点聚焦于目的地的有形旅游产品，例如酒店和餐厅。这一方法的发展也尤其得益于旅游卫星账户（TSAs）这一概念。包括加拿大、新西兰、挪威和澳大利亚在内的许多国家建立了旅游卫星账户（详见第三章）。与其他国际旅游统计一样，国际旅游卫星账户的数据不是标准化的，但是它们通常会包括如下一个或多个账户：

- 商品性旅游消费；
- 旅游消费对供给的影响；
- 旅游产业的生产账目；
- 与旅游相关的固定资本形成总值；
- 与旅游相关的就业；
- 与旅游相关的固定资产的存量和流量；
- 旅游业产生的货物和服务进出口；
- 旅游业的收支平衡；
- 由商品和活动引致的旅游增加值（对GDP的贡献）。

从供给角度看，旅游业可以被定义为：直接为自愿离开惯常环境的人提供物品和服务以促成他们的商务、愉悦和休闲活动的所有企业的总和。据史密斯（Smith 2004：31）的定义，当使用供给角度的方法时，"生产旅游产品的任何产业都算是旅游业"。这一定义包括了如下三个主要特点：

- 旅游业生产的旅游产品可以被定义为主要需求来自旅游消费者的"任

何物品和服务"。

- 这一定义将商务、愉悦和休闲活动纳入其中，强调了旅行者在一次旅程中所需要的所有物品和服务。
- 这一定义纳入了"惯常环境"的概念（上文已经讨论过），这就要求对空间距离或时间阈值界分，例如是否过夜（Hall 2005a）。

史密斯（Smith 2004）认为，上述三个要素可以被整合在一起，从而能够以一种与其他产业相一致的定义和测量方式，对旅游业进行定义和测量。然而，当史密斯的方法应用于旅游卫星账户时，虽然能够有助于我们理解旅游消费的经济影响，但对于理解企业针对旅游业所采取的战略则没有太大的帮助（尽管有一些企业向游客销售产品，但是它们并没有将游客视作独立的市场）。史密斯的方法也并不必然有助于地方制定与经济发展相关的政策和战略，尽管他的方法经常被用于论证支持旅游业发展的政策（Hall 2007b）。

此外，有一些企业为游客提供产品并清晰地将游客视为直接（游客作为终端消费者）或间接（企业对企业）产品和服务市场。这些企业属于为游客提供产品的公司集的子集，因此也被纳入了旅游卫星账户中（图1.6）。前者属于旅游企业，因为它们有意识地确认它们全部或部分业务是针对游客的，并会发展迎合游客市场的策略。这些企业正是大多数人所感知到的组成旅游业的以及活跃在旅游业组织中的企业。通常被确认为旅游企业，并被视作旅游产的主要贡献者的企业包括：

- 国际和国内交通运输商和交通运营商；
- 住宿运营商，包括酒店、汽车旅馆、大篷车公园和野营地；
- 餐厅和其他餐饮场所；
- 旅游运营商、批发商、旅行和预订代理；
- 旅游吸引物、娱乐项目和活动设施运营商；
- 国家公园；
- 纪念品制造商；
- 专门的旅行信息供应商；
- 专业的活动、会议中心运营商；
- 专业零售商，例如纪念品商店。

第一章 引言——旅游的概念化

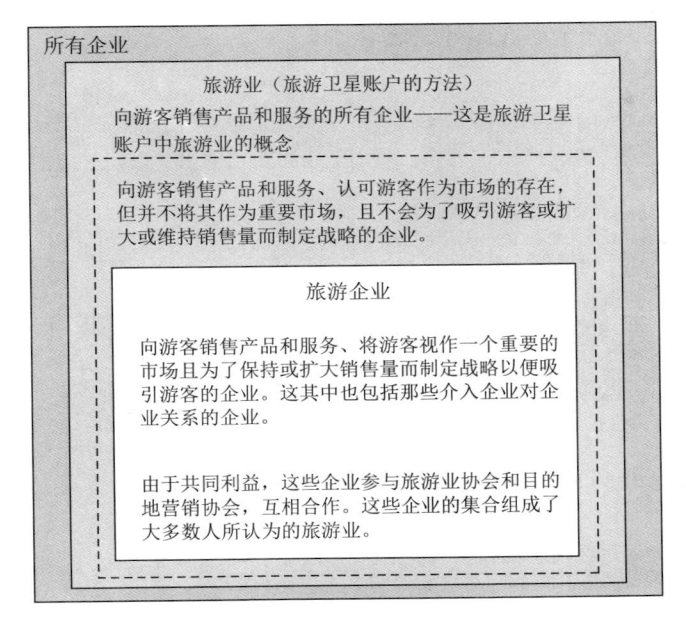

```
所有企业
  旅游业（旅游卫星账户的方法）
  向游客销售产品和服务的所有企业——这是旅游卫星
  账户中旅游业的概念

    向游客销售产品和服务、认可游客作为市场的存在，
    但并不将其作为重要市场，且不会为了吸引游客或扩
    大或维持销售量而制定战略的企业。

      旅游企业

      向游客销售产品和服务、将游客视作一个重要的
      市场且为了保持或扩大销售量而制定战略以便吸
      引游客的企业。这其中也包括那些介入企业对企
      业关系的企业。

      由于共同利益，这些企业参与旅游业协会和目的
      地营销协会，互相合作。这些企业的集合组成了
      大多数人所认为的旅游业。
```

图 1.6 旅游产业和旅游企业的分类

对不同企业的进一步区分十分重要，因为一些企业，例如餐厅，在某些地点会视自己为旅游业的一部分，在另一些地点它们则不这么认为。因此，将游客视作市场很大程度上影响这些个体企业的合作、组织和商业策略制定，以及更广泛的公共旅游政策。

霍尔和科尔斯（Hall and Coles 2008a）通过强调世界贸易组织（WTO）框架中，尤其是《服务贸易总协定》（GATS）（UN et al. 2002）中旅游的国际商务属性，对国际旅游进行了进一步的概念化。《服务贸易总协定》（GATS）认定了四种不同的国际服务供给模式（见图1.7）。

● 跨境交付（《服务贸易总协定》下的模式1）：指某成员国境内的服务提供者向另一成员国境内的消费者提供服务。这一模式与传统的物品贸易概念相似。当产品传送时，消费者和供应商都在他们各自国家内，而产品或服务跨越了行政管辖边界。服务的传送可以通过各种各样的电信技术（ICTs）、传统的邮件或货物运输来实现。在线门票也通常通过这些方式被购买和消费，但这并不是旅游零售中的重要部分，因为大多数的国际旅游消费都部分地或完全地在国外完成。

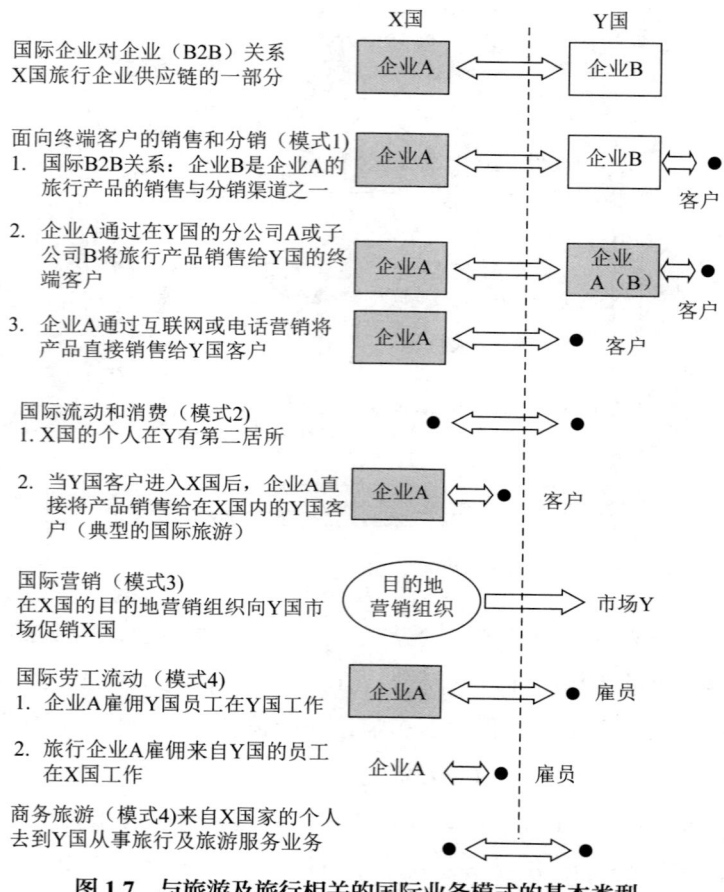

国际企业对企业（B2B）关系
X国旅行企业供应链的一部分

面向终端客户的销售和分销（模式1）
1. 国际B2B关系：企业B是企业A的旅行产品的销售与分销渠道之一
2. 企业A通过在Y国的分公司A或子公司B将旅行产品销售给Y国的终端客户
3. 企业A通过互联网或电话营销将产品直接销售给Y国客户

国际流动和消费（模式2）
1. X国的个人在Y有第二居所
2. 当Y国客户进入X国后，企业A直接将产品销售给在X国内的Y国客户（典型的国际旅游）

国际营销（模式3）
在X国的目的地营销组织向Y国市场促销X国

国际劳工流动（模式4）
1. 企业A雇佣Y国员工在Y国工作
2. 旅行企业A雇佣来自Y国的员工在X国工作

商务旅游（模式4） 来自X国家的个人去到Y国从事旅行及旅游服务业务

图1.7 与旅游及旅行相关的国际业务模式的基本类型

来源：Hall and Coles 2008a：9。

● 境外消费（模式2）：指服务消费者离开其常住国、去到另一国家境内消费服务和产品。国际旅游是境外消费的经典示例。但是，与休闲消费一样，国际旅游也包括了医疗旅行和与教育、语言课程相关的旅行。根据《服务贸易总协定》的统计指南，境外旅游消费指停留时长少于12个月的旅程。根据不同的监管和签证要求，不同的国家对境外消费采用不同的分类方案。

- **商业存在（模式 3）**：一国的服务供给商，在生产和交付的不同阶段以及在交付结束后，通过商业存在的方式在别国领土上提供服务。据《服务贸易总协定》，"服务供给"包括生产、分销、营销、促销、销售和运输。例如交通票务可以通过国外的旅行机构实现，而住宿可由外资酒店提供。

- **自然人流动（模式 4）**：当一个个体（不是一个公司或组织）进入消费者所在国境内，代表自己或者代表他们的雇主为消费者提供服务时，就会出现自然人流动。自然人包括个体经营的个人以及雇员。这一类别仅涵盖在消费者所在国的非永久性就业。然而，使事情复杂的是，《服务贸易总协定》或其他国际协定对"非永久性"就业并没有统一的界定。虽然在每个国家的《服务贸易总协定》承诺中，临时状态通常涉及 2—5 年的时间，但会因自然人的类别而有所不同。季节性国际劳工和其他短期劳工移民的增长，以及打工度假概念的发展，分别在实践和概念层面使得模式 4 对国际旅游越来越重要。

照片 1.4　从美国密歇根州北部向加拿大海关和移民站靠近。国家间良好的政治关系和特殊的协议可以显著地增加国家间的出行量；相反，关系不佳则会有反效果。（Alan A. Lew 摄）

（一）旅游流动性

如前所述，旅游仅仅是人类流动的一种形式。然而，自 20 世纪 90 年代以来,"流动性"的诸多概念以及它们之间的相关度越来越受到重视。特别是这些概念的产生被视作全球化过程的一种结果。全球化的结果包括交通与通信技术、不断扩张的国际劳工市场和休闲市场所带来的影响。之前需要 2–3 天完成的旅行现在一天就可以完成了。这一因素很明显地挑战了我们对家和日常生活环境的构想。个体在一段时间内可能拥有多处居所;同时,出于教育、就业和社会关系的原因,在一生中可能有许多居所。上述两点使得我们对家和日常生活环境的构想更加复杂化(Hall 2005a)。还有一种存在主义的旅游形式,即个人与某些特定的地方有着特殊的生活和身份联系;这些地方是指他们有过改变人生经历的地方或是他们祖先的根之所在(Lew and Wong 2003,2005)。这种流动性的变化以及与不同地方微妙联系的变化,不仅对旅游业,而且对广泛的人类活动以及可进入性、距离、可延展性、家、身份和网络等都有重要的启示(参见:Frändberg and Vilhelmson 2003;Coles and Timothy 2004;Coles et al. 2004,2005;Hall 2005b)。

在图 1.3 的基础上(包含时间和空间维度),图 1.8 增加了第三个维度,即出行次数,以描述不同形式的短期流动的模式,例如短期工作旅行、间隔年、教育或健康旅行、到第二居所的旅行、离散群体的返回迁移与旅行(Hall 2003)。图 1.8 展现了随着与中心点(往往被定义为"家")的距离增加,出行或流动的总数降低的过程。人们远离原点的时间越长、距离越远,则流动的次数越少。这一事实在旅行行为的研究中广为接受,并对于旅游影响有许多启示(McKercher and Lew 2003),例如与气候变迁(见案例 1.3)相关的、由游客出行产生的温室气体(GHG)排放。图 1.8 所展现的"距离衰减"关系可以有效兼容以下两种情况:(1)描述一个个体在毕生历程中从中心点(家)出发的所有移动的总和;(2)描述一个更大规模群体的全部行为(Hall 2005a)。

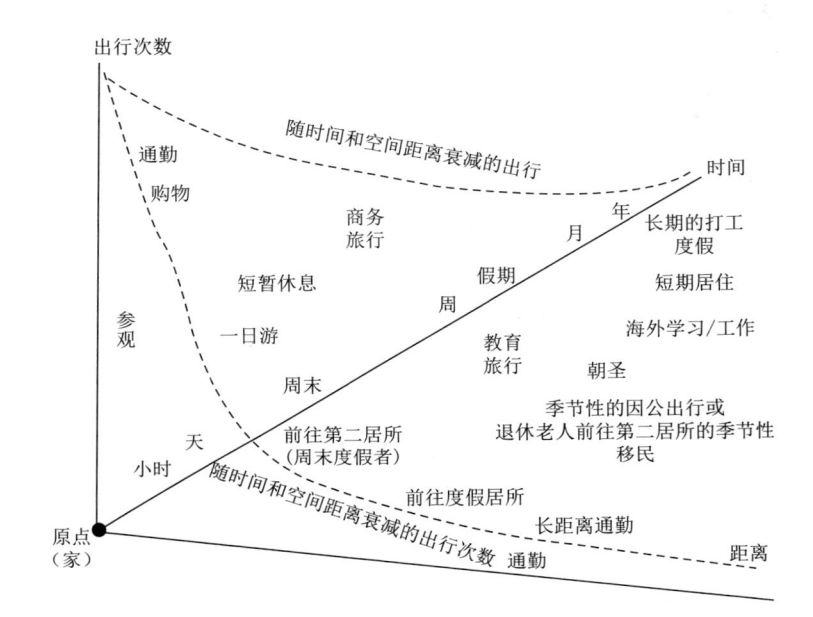

图 1.8　旅游相关的流动性在时间和空间上的程度（据 Hall 2003a 修改）

【案例1.3】

游客出行与二氧化碳排放

二氧化碳（CO_2）是影响最大的温室气体（Greenhouse Gas）。在人为造成的全球变暖中，有77%是由二氧化碳引起的（Stern 2006）。自20世纪50年代以来，旅游业的二氧化碳排放量稳步增长；目前的估计值为全部人为二氧化碳排放量的5.0%。从全球范围来看，每个旅行者每次出行平均持续时间为4.15天（涵盖所有国际与国内旅行的平均时长），二氧化碳平均排放量为0.25吨。本案例将展示作为旅游业基础的交通运输业是如何成为如今全球气候变迁的罪魁祸首的。

绝大部分出行都产生较低的排放量，然而小部分出行的排放量极高。例如一次从欧洲前往泰国的历时14天的假期产生的人均二氧化碳排放量为2.4吨；一次从荷兰前往南极洲的典型的飞机＋邮轮旅行产生的人均二氧化碳排放量大约为9吨（Lamers and Amelung 2007）。甚至连所谓的环境友好型假期，例如潜水，也会由于乘坐飞机、汽车和轮船出行而产生1.2—6.8吨的高排放量（Gossling et al.2007）。因此，一些旅行方式的单次旅程的人均排放量远远超过全球人均年排放量（4.3吨二氧化碳），甚至超过欧洲人均年排放量（9吨二氧化碳）［见皮特等人（Peeter et al. 2007）对欧洲旅游交通产生的环境影响的讨论］。

交通运输业产生的二氧化碳排放量在旅游业中的占比最高（75%），其次是住宿业（21%）和旅游活动（3%）。在辐射效应（进出大气层的辐射均衡的变化）方面，交通运输业造成的影响更为显著，占比为82%—90%；其中，航空运输业的占比就达到了54%—75%。不同类型的旅行产生的排放量也大有不同。如上所述，虽然平均每个旅行者排放0.25吨二氧化碳，但在长途旅行和高端豪华的邮轮旅行中，每人每次旅行可最多产生9吨二氧化碳（是一般旅行二氧化碳排放量的35倍）（UNWTO and UNEP 2008）。

然而，大多数的旅游出行带来的排放量只占少数。例如汽车出行总量和铁路出行总量占世界出游总量的34%，但它们产生的二氧化碳排放量仅占全球（包括来自住宿和旅游活动的排放量）的13%。与此相反，小部分高耗能出行则导致大量排放量。例如乘飞机的旅游出行总量占全世界旅游出行总量的17%，却分别占全球与旅游相关的二氧化碳排放量和辐射效应的40%和54%—75%。同样，联合国世界旅游组织（UNWTO）统计的跨地区长途旅行（非洲、美洲、亚太、欧洲和中东）仅占全部旅游出行的2.7%，却产生了全球17%的二氧化碳排放量（UNWTO and UNEP 2008）。

经济发达地区之间及其内部的旅行（欧洲，美洲地区的部分和亚太地区的部分）占全球国际旅行的67%，占全球乘客里程数的50%，其所造成的排放量最多。相反，非洲对于发达国家的游客来说吸引力最小，仅吸引了欧美出行总数的2.2%，其旅游业产生的二氧化碳排放量仅占欧美出行游客产生排放量的3.3%。而从欧洲出发的长途旅行（跨地区旅行）占全部国际旅行的18%，由此产生的二氧化碳排放量占旅行产生的全部二氧化碳排放量的49%。因此，大部分与旅游相关的温室气体的排放是由世界上最发达国家之间或内部的长途旅行造成的（UNWTO and UNEP 2008）。因此，关于如何将国际运输的排放量整合进气候变迁的缓解与调试方案、谁应该支付相关的成本、未来的交通基础设施该如何发展,各界已经开始了激烈的争论(见第五章与第七章中关于气候变迁和未来旅游的讨论)。

(二)旅游生命历程

图 1.8 强调了评价旅游影响时的重要议题——时间的角色。正如图 1.4 和 1.5 所展示的,地理视角下的旅游系统展现了游客出行的时空进程。旅游系统的每一个阶段与消费者旅行体验的心理都是匹配的,因为在每个阶段,身处不同环境和场地的游客会处于不同的心理状态,对新体验和见识的阅历也不断增加,并随之改变他们的动机和期望(Hall 2005a;Lew and McKercher 2002)。

因此,在地理视角下的旅游系统中,游客的出行经历可以被分为五个阶段(Fridgen 1984):

- 旅行决策和预期;
- 前往旅游目的地或旅游吸引物;
- 现场体验或目的地体验;
- 回程;
- 对该经历的回忆及对未来决策的影响。

在某种程度上,旅行行为和动机是由先前的经历决定的。因此,使用"旅行生涯"(Pearce 1988,2005;Pearce and Lee 2005)来描述个人旅行经历的历时发展是可行的。奥普曼(Oppermann 1995)发展了"旅行生涯"这一概念,将旅行与生命周期的概念关联起来,以此描述人的一生中旅行行为的变化。正如其最初的构想,生命周期这一概念指涉个体在不同的年龄经历不同的生命阶段(例如中学、大学、工作、结婚、育儿、退休),并且这些生命阶段将会影响他们的消费结构和总体幸福感。

然而,一般化的生命周期概念经常被批评为在时间和空间上所指太具体("二战"之后、白色人种、美国),并产生了更哲学的问题——生命是否真的存在循环,即是否生命结束之时又是生命开始之时(即"循环"的本意)。人类的生命路径不是对有序的事物无止境的重复,"可以确定的是，生命不可逆转地把事物带回到它起始的地方"（Bryman et al 1987：2）。个人的时间，像历史的时间一样，是线性的而非循环的。因此，出现了代替"生命周期"的、形容个体生命路径的另一概念——"生命历程"。由于更适合当代社会并且体现了流动性，"生命历程"在社会科学中越来越受到认可。

在"生命历程"方法中，分析单位是置身于地理、社会、历史、政治的时空情境的个体。对个体、家庭或家族的研究变为对相互联系或相互依赖的生命过程的研究。这认可了社会关系影响流动性行为决策，而非彼此孤立。生命历程方法并不将正常生活路径或理想生活路径强制性地分为不同阶段。相反，生命历程概念的核心在于事件或转变（Boyle et al 1998）。

早期的转变对后期发生在"个人时间""历史时间"和"家庭时间"的转变有启示意义。因此，生命历程的范式强调，一方面的变化是与其他方面的变化联系在一起的，例如家庭的老化过程。这样的分析对了解旅游行为有明确的启发（图1.9）。

生命历程的方法认为，不应该孤立地检视旅游动机和活动；我们不仅应在先前旅行经历的情境下来理解游客的行为和需求——这是"旅行生涯"的概念，还应该从影响个人决策的其他的社会、经济、政治、甚至环境等情境因素来理解，例如生活质量（见第三章）。因此，生命历程法强调了识别那些影响生命路径的事件或转变的重要性。沃恩斯（Warnes 1992）识别了会影响旅行生涯的生命历程中的转折：

- 离开儿童教养院；
- 性行为；
- 职业；
- 家庭；
- 子女；
- 职业晋升；
- 离婚或分居；
- 同居和再婚；
- 退休；

- 移民；
- 丧亲或破产；
- 意志薄弱或慢性疾病。

在理解个体毕生中的旅游和旅行行为方面，霍尔（Hall 2005a）利用生命历程法，从以下三个方面来看待旅游与移动：

- "生活方式"：包括同期组群特征、人口特征以及涉及雇佣关系、人际关系、闲暇和消费的不同类型的职业；
- "可进入性"：住处到目的地的可进入性；
- "流动性"：经常被称作旅行生涯；用于识别旅行能力和旅行模式。

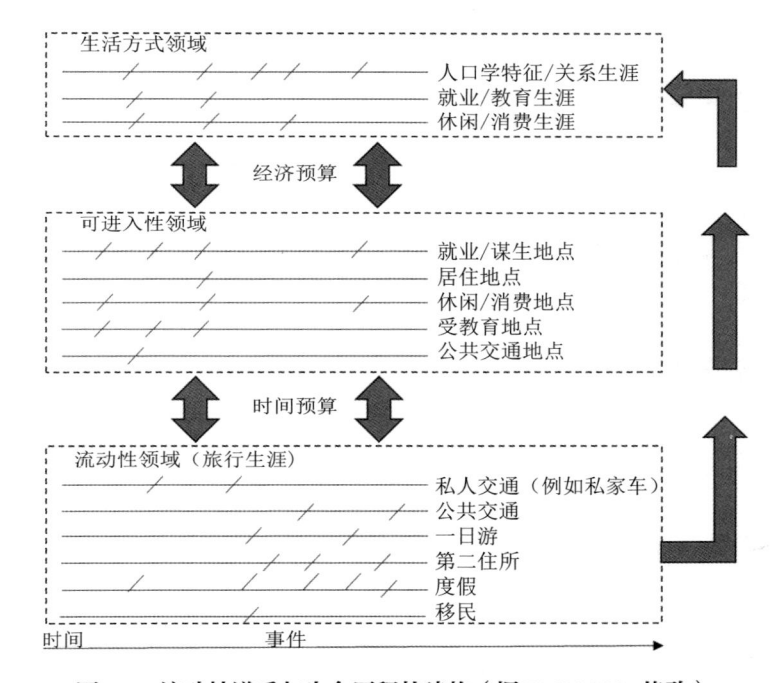

```
生活方式领域
    ——— 人口学特征/关系生涯
    ——— 就业/教育生涯
    ——— 休闲/消费生涯
         ↕ 经济预算
可进入性领域
    ——— 就业/谋生地点
    ——— 居住地点
    ——— 休闲/消费地点
    ——— 受教育地点
    ——— 公共交通地点
         ↕ 时间预算
流动性领域（旅行生涯）
    ——— 私人交通（例如私家车）
    ——— 公共交通
    ——— 一日游
    ——— 第二住所
    ——— 度假
    ——— 移民
时间          事件
```

图 1.9　流动性谱系与生命历程的建构（据 Hall 2004a 修改）

以上三个领域都受到经济预算和时间预算的约束。时间预算即进行旅行的可用时间。

谢弗（Schafer 2000：22）指出："旅行行为总体上主要由两种预算决定：货币支出所占份额和个体在交通上消耗的时间，并且两者缺一不可。"

旅行花费预算是指可支配收入中用于旅行的部分。如果人均交通成本不变，在固定的旅行花费预算中，旅行距离与可支配收入直接相关（Schafer and Victor 2000）。

在时间预算给定的情况下，愿意支付更高成本的人会转换交通模式以提升出行速度且减少出行时间，从而在总时间预算的约束下将更多的时间用于参加其他活动（Hall 2005a）。这些观念可以通过时空棱柱来展示。在棱柱中，潜在路径空间取决于所选择的交通方式以及相应路线（图1.10）。

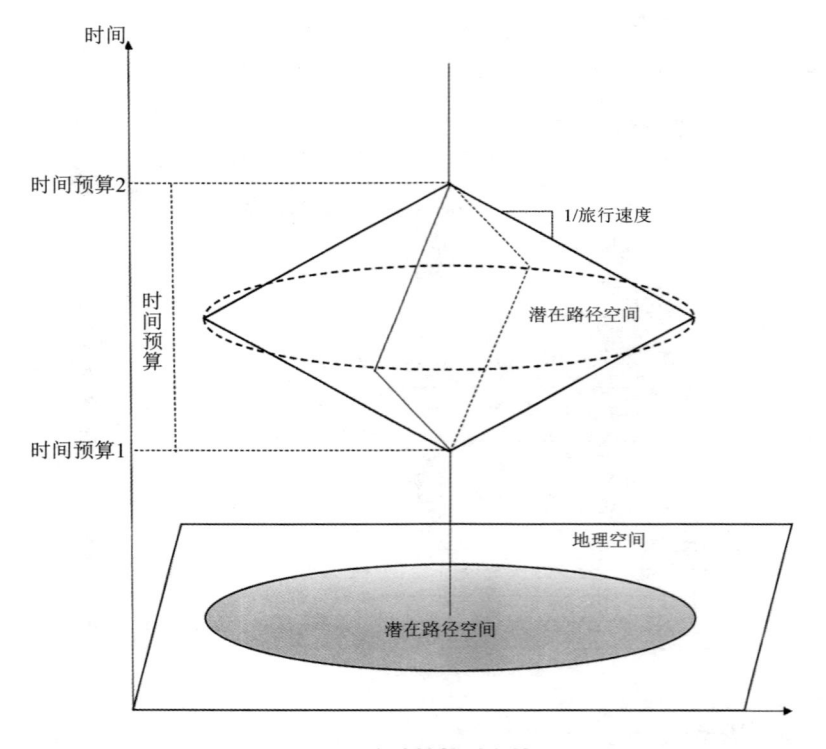

图1.10 流动性的时空棱柱

霍尔（2005a）认为，对于世界上大多数人来说，在这一棱柱里的流动性是十分受限的。人们不仅需要花费金钱来使用交通方式以使其流动性快于步行，而且还需要足够的时间资源来完成特定的任务。这也是为什么有人认为旅游，特别是与国际旅游相关的长途旅行是富裕阶层的"专利"——

因为他们有充裕的时间和金钱，从而能大量地参与到休闲相关的流动性实践中。

生命历程的取向之所以有用，是因为它强调了在特定时点和时期上加诸于旅游与旅行的诸多限制。例如，旅游决策经常是一个涉及父母、家人和朋友的共同过程。即便有人决定单独出行，他们也会事先和别人说起这件事——然而，有关旅行决策的很多研究似乎表明这样的决策是独自决定的。另外，生命历程的取向也强调金钱预算和时间预算的限制，以及文化、宗教、种族、语言、体质、过去的经历和可进入性等约束。因此，旅行中的约束和旅行动机一样重要。

照片 1.5　在比利时历史文化名城布鲁日的运河享受乘船的家庭。得到悉心保护和重建的建筑遗产成为许多欧洲城市的主要旅游吸引物。与遗产所在地相关的游憩和休闲活动不仅是旅游吸引物，也提高了当地居民的生活质量。（Alan A. Lew 摄）

三、旅游产品和服务

如前所述，旅游业经常被划分为服务业。这意味着旅游服务在生产、消费以及产品性质方面有一些鲜明的特点。服务业被广为接受的特征有：

● 无形性：服务是一种体验；人们可以通过纪念品和照片留住这些体验的回忆。

- 不可分割性：旅游服务（体验）的生产和消费同时发生。
- 多变性（也称作不一致性或异质性）：由于旅游企业实际上是出售体验，所提供的服务彼此差异很大。
- 易逝性：旅游产品无法隔夜保存。一间酒店客房如果当晚未被出售，则其销售机会一去不复返；体验只能储存在人们心中。

普赖德和芬瑞尔（Pride and Ferrell 2003：325）认为，服务也意味着以顾客为基础的关系和顾客接触（见表1.2）。然而，由于通讯技术和所谓的知识经济的快速发展，人们开始广泛地质疑服务业的特点在多大程度上是可推广的（Boden and Miles 2000；Lovelock and Gummesson 2004）。表1.3展示了服务业的特点在旅游业的适用性。

希尔（Hill 1999：426）提出，"产品与服务之间的界分已经错误地且不必要地与其他的界分混淆在了一起，例如有形产品与无形产品的界分"。希尔将服务与有形产品和无形产品区别开来。有形产品是独立于其所有者而存在的实体，且所有权的变更或转移不影响其本质属性。希尔（1999）认为，无形产品是指具备有形产品所具备的所有经济特点，且最初是由介入艺术和娱乐等创新创意活动的个人或企业所生产的无形的存在。

与此相反，服务是并不独立于消费者与生产者直接互动关系的实体。因此，服务并不能被储存或进行所有权的转移。希尔（1999）认为这样的特征极为重要，因为它们在生产与分配的组织方式中建立起了本质性的区分。他认为，服务的本质属性是：（1）服务无法在缺少顾客的允许与配合（或者是积极配合）的情况下被生产；（2）服务的产出并非独立于生产者或消费者的单独实体。因此，服务是共同生产或共同创造的。（参见：Prahalad and Ramaswamy 2002，2004；Prahalad and Hammond 2004；Vargo and Lusch 2004）。

就像本章早前讨论的一样，旅游服务生产与消费的相互关系和旅游服务共创或共同生产的重要性进一步阐明了将旅游业界定为单一产业的难度。但同样重要的是，它使得我们认识到"旅游产品的构成"同样是一个复杂的问题。与大多数日常商品不同，旅游产品包含了多种产品。

旅游产品是有形要素、无形要素和体验的集合。它包括物质资源、人、环境、基础设施、原材料、物品和服务。这七种元素相互结合，在指定地点为游客提供体验。如图1.11所示，霍尔（2005a）认为，大多数时候，游客同时消费至少四种嵌入式产品，包括：（1）个体服务接触和体验（这可能被认为是两种产品而非一种，但在商业意义上，它们可通过共创和共同生产实现共存）；（2）企业或组织层面的产品（还要注意：企业也提供多种产品包装，每一种包装都被认为是嵌入企业的整体产品中的）；（3）目的地产品；（4）整体旅程产品。

霍尔（2007a）还阐述了利用我们所了解的服务本质来进一步划分旅游产品本质的可能性（见表1.3的不同分类）。例如，人们能够区分与所属物体的身体接触（例如在餐厅购买食物），与客户的身体接触（例如餐厅的硬件环境质量，即布局、椅子、桌子、餐桌摆设）和与消费者心灵的非身体接触（例如娱乐、气氛以及来自服务员的菜单和酒水单所提供的信息）——所有的这些都能与消费同时发生。此外，所有这些也都能在信用卡支付（信息处理）的同时发生（Hall 2007a）。

表1.2　服务的消费、市场、产品与生产特征

服务消费	
产品的交付	生产与消费在时空中毗连，通常需要消费者或者供应商移动起来与另一方碰面。
消费者的角色	服务是消费者密集型的。
消费的组织	通常很难区分生产与消费，因为二者经常是同时发生的。
服务生产	
技术与工厂	低水准的固定设备，房屋建筑的高投资。
劳动力	不少服务是高度专业化的，通常需要高水平的人际技能；一些服务对技能的要求相对较低，对闲工和零时工的需求通常较灵活。专业知识可能重要，但很少需要技术技能。
劳动过程的组织	高度的差异性，即一些从业人员通常参与手工生产，而其他人则对于工作细节有管理上的高度控制。
生产的特点	生产经常是非持续的且规模经济有限，并经常涉及客户关系和客户接触。

续表

产业组织	一些服务是国营的公共服务；大型跨国企业参与国际服务贸易；国内企业则通常是小规模的，且家族企业和个体户常常占主导。
服务产品	
产品本质	非物质的、难以储存和运输，且生产过程与产品难以区分。
产品特征	通常按照消费者和客户的要求量身定制。
知识产权	难以保护且服务创新很容易被模仿。声誉与品牌通常极为重要。
服务市场	
市场的组织	某些服务的交付通过公共部门。某些成本与商品无形地绑定在一起，例如零售业。
规制	某些服务中有专业的规制与认证项目；某些服务标准则受政府规制。
营销	难以提前展示产品。

来源：据 Boden and Miles 2000；Pride and Ferrell 2003；Lovelock and Gummesson 2004；Hall 2005a，2007a 修改。

表 1.3 服务业的特点在旅游业的适用性

特征	服务类型			
	涉及与消费者的身体接触的服务，例如住宿、客运	涉及与所有物的物理接触的服务，例如货运、清洁和洗涤、食品	涉及与消费者心灵的非身体接触的服务，例如娱乐、解说	信息处理，例如网络预订、旅行保险、旅游研究
无形性	有误导性；实际的服务可能是短暂的，但体验可能是高度有形的	有误导性；实际的服务可能是短暂的，但可以有形的方式实现物体的空间位移	适用	适用
不可分割性	适用	不适用；消费者通常缺席生产过程	只有当服务在现场提供时才适用	存在许多特例；消费者通常缺席生产过程
多变性	适用；但由于直接人工与消费者的介入变得难以标准化	存在许多特例，通常能标准化	存在许多特例，通常能标准化	存在许多特例，通常能标准化

第一章 引言——旅游的概念化

续表

				存在许多特例；服务通常能以电子或纸质形式储存	存在许多特例；服务通常能以电子或纸质形式储存
易逝性	适用	适用			
基于客户的关系与消费者接触	适用	不适用；消费者通常缺席生产过程	因为可储存而存在许多特例	尽管存在许多特例，但有很强的客户导向性	

来源：据 Lovelock and Gummesson 2004；Hall 2005a，2007a 修改。

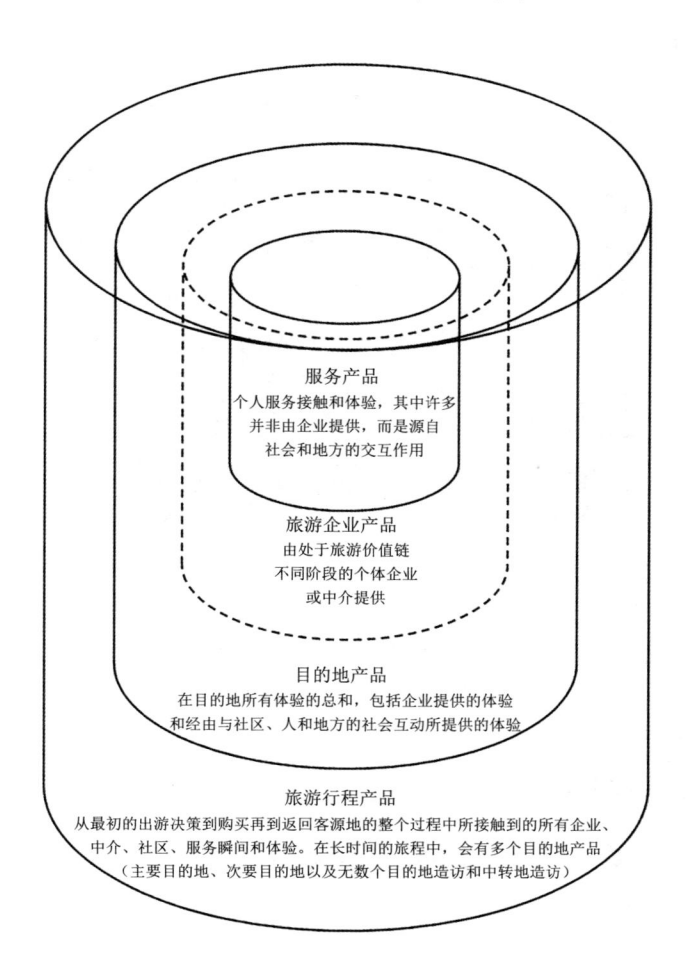

服务产品
个人服务接触和体验，其中许多并非由企业提供，而是源自社会和地方的交互作用

旅游企业产品
由处于旅游价值链不同阶段的个体企业或中介提供

目的地产品
在目的地所有体验的总和，包括企业提供的体验和经由与社区、人和地方的社会互动所提供的体验

旅游行程产品
从最初的出游决策到购买再到返回客源地的整个过程中所接触到的所有企业、中介、社区、服务瞬间和体验。在长时间的旅程中，会有多个目的地产品（主要目的地、次要目的地以及无数个目的地造访和中转地造访）

图 1.11 旅游产品的多重属性和嵌入性

上述情况强调了这样一种理解——当我们在界定旅游影响时，极为重要的是我们真正清楚我们在评估的是什么：个体的遭遇还是体验？旅游消费还是旅游产出？企业还是地方？目的地、中转线路还是整个旅程？此外，共创的概念化再次强调了旅游影响是相互关联的。因此，旅游产品消费和生产的同时性以及所有为消费者和生产者的共同生产所做的准备工作都会产生影响。因此，分析范围对影响评定的重要性显而易见。这一点我们将在下一章详细讨论。但在此之前，我们将简要地介绍最后一个重要概念——"旅游资源"。

照片 **1.6**　尼泊尔加德满都泰美尔区的旅游服务。自 **20** 世纪 **60** 年代以来，加德满都一直是受青年旅游者或背包客欢迎的目的地。然而，这些替代性的预算型游客所需要的旅行服务与大众游客并无二致，但他们可能以较低价格获得这些服务。（**Alan A. Lew** 摄）

四、旅游资源和旅游吸引物

旅游资源是指"环境中能吸引游客和/或为游客体验提供必要的基础设施的成分（物质的或社会的）"（Hall 2007a：34）。从经济学角度看，旅游资源可以被分为稀有的私人物品（如资金、劳动力和大多数的土地）和免费的公共物品（如天气、文化和大多数的公路）（Bull 1994）。旅游资源是一个共创的完全主观的、相互关联的功能性的概念。

从市场角度看，真正构成旅游资源的因素取决于消费者的动机、欲望和兴趣，以及这些兴趣得以形成的文化、社会、经济和技术情境。重要的是，旅游资源只有在直接或间接为消费者提供他们所追求的体验时才存在。虽然生产者让旅游资源变得容易获得，但只有消费者才能最终决定哪些是旅游资源。

齐默尔曼（Zimmermann 1951：15）关于资源的如下经典语句被广为引用："资源本不是资源，而是变成资源；资源也不是一成不变的，而是随着人类需求与行动的变化而不断拓展与萎缩"。因此，旅游资源只有在被视作有利用价值时才会成为资源，并且对于同一事物的旅游价值，不同文化和国家会有不同的感知。一种事物在某种文化中被当作旅游资源，但在另一种文化中可能什么也不是。"换句话说，在某种文化或某个地方可能成为旅游吸引物的东西在另一种文化或另一个地方可能并不被当作旅游吸引物。"（Cooper and Hall 2008：118）

旅游吸引物是特殊的旅游资源。"旅游吸引物是游客想要体验的资源；这一资源并非用于支持游客的出行，例如食宿、交通或其他接待服务。"（Cooper and Hall 2008：118）在某些情况下，旅游吸引物也能够同时支持游客的出行，例如邮轮、运河船，或具有历史意义的酒店。旅游吸引物的分类有时是沿袭以下主线：

- 文化或建筑类：城镇景观，博物馆，纪念碑等；
- 自然类：荒野地和国家公园。

考虑到所有旅游资源本质上都含有文化成分，将旅游吸引物分为自然类和文化类是非常人为的。例如，将一个区域界定为国家公园而不是一个林场或农场的决策更多体现了人类对环境的文化解读（见第五章）。

一个地方是否成为目的地也是由游客决定的，因为"如果外来者不来参观，那这个地方就不能成为目的地"（Cooper and Hall 2008：112）。因此，虽然很多地方都刻意地把自己作为目的地来向游客推广，但目的地是一个由外来游客决定的空间概念或地理概念。然而，正如我们将在第二章讨论到的，游客感知意义上的目的地可能与目的地的行政或管辖边界不符，甚至没有明确的环境边界。这也使得旅游影响难以评估和管理。

五、总结和结论

本章鉴别了旅游的部分重要概念，以期更好地理解旅游产生影响的不同方式。

需要强调的是，旅游的诸多定义往往有以下几个共同元素：
- 旅游是指人们（非当地居民）通过中转通道离开常住地、暂时且短期地往返于目的地的旅行；
- 旅游能对目的地、中转通道和客源地产生一系列的影响；
- 旅游能影响游客和提供旅游体验的人的态度和行为；
- 旅游是自愿发生的，因此不仅包括出于休闲目的的旅行，还包括其他形式的流动，例如出差、打工度假、前往第二住所、间隔年旅行，以及与健康、教育和探亲访友有关的旅程。

诚如我们将在后续章节看到的，理解旅游的这种广义的进路之所以重要，是因为许多地方致力于吸引短期和长期的流动人口（Hall 2005a）。本章也对其他一些术语的操作性用法进行了阐述，例如国际旅游、国内旅游、旅程（trip）和造访（visit）（UN and UNWTO 2007），也讨论了旅游业、旅游服务、旅游资源和旅游吸引物的概念。

我们希望读者从本章领悟到的最重要的观点之一是旅游是一个非常复杂的学科，而且它并不准确地反映旅行的人对旅游的大众化的理解和态度——"如果我能去旅行，那么它一定不难理解！"确实，如下一章所强调的，旅游复杂的内在本质给理解和评价旅游影响带来了巨大的挑战。

第二章讨论影响的构成与影响评估的作用，阐述尺度在评估和管理旅游影响中的重要性，并提供一个有助于理解上述任务的整合框架。第三章、第四章和第五章分别概述与旅游相关的影响及有关变化的经济、文化和环境维度。每一章都从不同的分析尺度（从全球到地方，在一些案例中，还会到个人）来讨论这些变化。如下一章所述，虽然这样的划分在一定程度上有点机械，但这些标准分类和尺度为我们理解旅游相关影响的范围提供了有用的方法。

第六章对前几章提出的涉及旅游影响和变化的挑战作出回应，并讨论在提供一种理解和管理旅游影响的整合进路方面，规划所扮演的角色。本章识别出不同区域和环境下与目的地管理及旅游规划相关的议题。最后一章讨论若干新兴议题：未来与旅游相关的变化、管理与规划进路的局限。

本书旨在引介旅游影响和变化这一领域，并介绍如何评估、管理及缓解旅游影响和变化。

由于这一领域范围过大，本书并不能覆盖旅游出现这么多年来与之相关的所有变化，也不能记录下应对这些变化的所有措施。但它的确致力于为读者提供一个理解与旅游及影响相关的主要主题和议题的基础，以便助力旅游专业学生更好地协助旅游行业、目的地和规划师应对旅游发展带来的挑战。

六、复习题

1. 在国际贸易服务中，旅游业的分类有哪四种方式？
2. 区分旅游的学术定义和大众定义的重要性？
3. 时间和空间如何影响我们对旅游流动性的理解和定义？
4. 联合国和联合国世界旅游组织（2007）推荐使用"访客"（visitor）来代替"游客"（tourist）。旅游是如何被概念化的这一问题有哪些潜在的启示？例如我们应该用"访客产业"代替"旅游产业"，用"访客研究"代替"旅游研究"吗？

七、延伸阅读推荐

Mathieson, A. and Wall, G. (1982) *Tourism: Economic, Physical and Social Impacts*, Harlow: Longman Scientific and Technical.

可以说是旅游影响领域的开创性著作。该书致力于对当时已有的旅游影响研究文献提供一个全面的梳理，且基于一篇硕士论文。如今，这一任务在几乎不可能完成且即使要做也需要好几本书才够。

Leiper, N. (1983) 'An etymology of "tourism"', *Annals of Tourism Research*, 10: 277–281.

对旅游概念的历史脉络进行了很好梳理的早期著作。

Shaw, G. and Williams, A.M. (2002) *Critical Issues in Tourism: A Geographical Perspective*, 2nd edn, Oxford: Blackwell.

地理学者写就的关于旅游的主要教材之一。

Lew, A.A., Hall, C.M. and Williams, A.M. (eds) (2004) *A Companion to Tourism*, Oxford: Blackwell.

该书是对当代旅游研究各方面的系统回顾，包含50多篇回顾性文章。

Hall, C.M. (2005) *Tourism: Rethinking the Social Science of Mobility*, Harlow: Prentice-Hall.

从流动性视角全面地解读旅游，重点强调了旅游的某些空间维度。

Hall, C.M. and Page, S. (2006) *The Geography of Tourism and Recreation*, 3rd edn, London: Routledge.

旅游地理学的主要著作之一，并讨论了其与游憩和休闲的关系。

Coles, T.E. and Hall, C.M. (eds) (2008) *International Business and Tourism: Global Issues, Contemporary Interactions*, London: Routledge.

对旅游作为国际服务商贸的不同模式进行了全面的解释。

Cooper, C. and Hall, C.M. (2008) *Contemporary Tourism: An International Approach*, Oxford: Butterworth Heinemann.

为当代旅游提供了一种服务营销导向的理解。

八、网络资源

联合国世界旅游组织（United Nations World Tourism Organization；UNWTO）：http://www.unwto.org/。它是主要的政府间旅游组织的网站，包含统计资料和全球旅游业面临的重要议题。

世界旅游理事会（World Travel and Tourism Council；WTTC）：http://wttc.

org/。世界旅游理事会是面向旅游企业的主要国际组织，提供研究和教育服务，并维护旅游企业的利益。

Adjectival Tourism and Tourism Issues：http://hubpages.com/hub/Adjectival-Tourism。这一网站列举了各种各样利基的和特殊兴趣的旅行与旅游形式，对大部分形式都有某种定义，并讨论了它们在当代旅游学术研究中的益处。

九、关键概念与定义

国内旅游：本国或特定经济体居民于本国境内或特定经济体范围内开展的旅游活动，作为国内旅程或国际旅程的一部分。

常住环境（也叫惯常环境）：指的是个人在其日常生活中惯常地移动的地理范围（空间的或是行政管辖意义上的）。

入境旅游：非本国或非特定经济体居民于目的地国家或特定目的地经济体范围内开展的旅游活动，作为国内旅程或国际旅程的一部分（从旅行者所居住的国家的视角）。

内部旅游：包括国内旅游和国际入境旅游，包含居民作为访客和非居民作为访客在特定经济体范围内的活动（作为国内旅程或国际旅程的一部分）；这是在一个国家或一个经济体内的所有旅游花费的总和。

国际旅游：包括入境旅游和出境旅游，包含本国居民作为访客在特定经济体范围之外的活动（作为国内旅程或国际旅程的一部分），以及非本国居民作为访客在特定经济体范围内的活动（作为国内旅程或国际旅程的一部分）（从他们居住的国家的视角）；这是游客在他们国家或经济体之外的旅游花费的总和。

国民旅游：包括国内旅游和国际出境旅游，包含居民作为访客在特定经济体范围内外的活动（作为国内旅程或国际旅程的一部分）；这是国内游客在其国家或经济体内外的所有旅游花费的总和。

自然人：与法人（例如公司或组织）相反，自然人是指能通过感官感知到且受制于自然规律的人。出于某些原因，法律将法人看作区别于其所有人或成员的人。

出境旅游：本国或特定经济体居民离开本国或特定经济体范围开展的旅游活动，作为国内旅程或国际旅程的一部分。

服务：在缺少消费者的允许、配合或积极参与的情况下无法被生产的商品，其产出并非独立于生产者和消费者的单独存在物。

旅游：人类自愿流动的一种形式，指离开惯常居住环境并返回的短暂过程。通常的例子包括：休闲度假，探亲访友（VFR），商务旅行，第二居所旅行，健康和医疗旅行，教育旅行，宗教和朝圣旅行，购物和零售旅行，志愿旅游。因此，游客指自愿参与旅游流动的人。

旅游企业：生产游客使用的商品（产品或服务）且将游客看作市场的任何企业。

旅游影响：与旅游相关的事物的状态随着时间的推移而出现的变化。

旅游产业：生产游客使用的商品（产品或服务）的所有企业的总和。

旅游资源：环境中能吸引游客和/或为游客体验提供必要的基础设施的物质成分或社会成分。

旅程（tourism trip）：在有关旅行及旅游的技术性统计的国际协定下被接受的旅程指不超过 12 个月且主要目的不是在目的地就业的旅行。

旅游吸引物：旅游吸引物是特殊的旅游资源，是游客想要体验的资源。这一资源并非用于支持游客的出行，例如食宿、交通或其他接待服务。

旅程（trip）：一个人在其惯常环境之外直至返回惯常环境的移动过程。

造访：在一次旅程中，前往非惯常环境处停留（过夜或当日离开）。

第二章 理解影响

【学习目标】

学习本章后,学生将:
- 能够界定影响评估的概念。
- 理解影响评估的目标。
- 理解影响研究的发展及其与保护和可持续性等观念的关系。
- 理解旅游系统的组成要素。

第二章进一步探讨影响及其性质和评估。本章首先介绍影响研究进展,然后讨论影响及其评估,最后考察旅游系统的概念及其与理解影响和变化的关系。

一、影响研究和管理的发展

影响研究是相对新近的现象。尽管经济和工业发展的不良效应已被关注了几百年,但是这些不良效应往往被理所当然地视为发展"代价"的一部分(Goudie 2005)。出现于19世纪的影响研究是对工业革命及与之伴随的人口快速增长的响应。工业革命始于18世纪晚期的英格兰,并在19世纪早期及中期扩张到整个欧洲及北美。在美国,铁路里程从1830年的23英里增长到1840年的2818英里,而工业革命驱动下的欧洲移民使美国1900年的人口比1800年增长了17倍。这个世纪的经济革命和社会动荡带来了环境恶化和城市肮脏,但工业化带来的新工作机会也促使很多城市经历快速城市化。作为对这些情况的响应，人类历史上第一次出现了重要影响的管理措施。为了让城市更适宜居住，城市不得不建设新的道路、公园、公共交通系统、供水系统和污水处理系统，并对污染工业逐步实施控制，例如将特殊工业用地从价值更高的居住和生活配套区中划分出去（Brimblecombe 1987；Hassan 2008）。这些做法为现今的城市和区域规划提供了智识基础（Hall 2002），同时也被证实对旅游规划有着重大影响（Hall 2008c）。

1864 年乔治·珀金斯·马什（George Perkins Marsh）的《人与自然，或被人类活动改变的自然地理》（*Man and Nature; Or, Physical Geography as Modified by Human Action*）（1965）的出版是影响研究的开端。该书一经出版就产生轰动效应，这是关于不当发展对自然环境和人类福祉造成不良影响程度的第一次综合批判。正如马什所言："即使是现在，我们依然还在不断拆装自家居所的地板、壁板、木门和窗框，消耗燃料来烤暖身体、加热食物，世界却不能等待精密科学缓慢而确定的进步教会人们更好的经济生活"（Marsh 1965 ［1864］：52）。更进一步，他指出：

> 地球对其尊贵的居住者而言正在快速变成不适宜的家园。在新的时代里，同样的人类罪行和浪费行径还会发生，而罪行和浪费范围的扩展也将持续，这将使地球减损至生产力贫乏、地表支离破碎、气候无规律的状态，以致人类堕落、野蛮化，甚至灭绝。
>
> （Marsh 1965 ［1864］：43）

将这些文字与当前对生物多样性减少、森林退化、耕地质量下降、沙漠化和气候变化等的关注相比照，不免使人产生强烈的共鸣。除了气候变化以外，马什在工业革命期间对其他所有议题都进行过论述（尽管当时与变化有关的观察都是在小气候水平上做出的）。

马什的著作有着国际性的影响，引导人们越来越多地认识到资源的有限性。他关注生物多样性、森林、水文、沙丘系统等自然资源，同时也关注科学和评估在理解和管理这些变化中的价值。他的作品和 1890 年美国的"边疆关闭"一起促进了"渐进式保护"（progressive conservation）运动的发展

（Hays 1957，1959）。渐进式保护运动代表的是自然资源管理的"明智利用"（wise use）方法。它的内在动因是经济效益而不是审美意图；该运动促使了美国农垦局、国家公园管理局、美国林业局的设立。后两者对自然地的旅游管理方式和作为旅游吸引物的自然地的推广和体验方式尤其有影响。

渐进式保护运动可以和"国家公园之父"约翰·缪尔（John Muir）的"浪漫生态"（Worster 1977）相对比。"浪漫生态"强调的是荒野（wilderness）的精神价值，并可被概括为"绝对保护"（preservation）。美国林业局的创立是上述关系的重要体现。

尽管美国林业局在 1905 年才创立，但是这一举措从二十年前就开始蓄势。几个有关公有土地木材的法案从 19 世纪 70 年代开始就被推入美国国会，但是直到 1891 年总统才被授权从公有土地划出森林保护区（Clarke and McCool 1985）。此举使公有土地不致变成私人田产并遏制了私有化。1891 年的《森林保护区法》则被绝对保护主义者（preservationists）和渐进式保护主义者（progressive conservationists）都视为荒野地区的保护措施。当然，对农场主来说，大部分荒地的农业价值都十分有限。

以约翰·缪尔为首的绝对保护主义者希望荒野不要有任何人类活动。他认为人类活动对荒野的原始自然是一种无情的摧残。然而，以著名的护林者吉福德·平肖（Gifford Pinchot）为首并得到后来成为第 26 任美国总统的西奥多·罗斯福（Theodore Roosevelt）支持的渐进式保护主义者们主张，林地应在一个可持续产出的基础上进行管理。他们赞成以保护的名义进行木材采伐、为供水而修筑水坝并进行有选择的挖矿和放牧。1910 年，吉福德·平肖在一段与当前关于可持续性的很多争论遥相呼应的论述中说道：

> 保护的第一要义是发展。一直存在一个根本性的误解，认为保护单单意味着为子孙后代而节约资源，没有比这更严重的错误了。保护的确意味着对未来的谋划，但保护首先要认识到当代人最充分必要地利用该国富藏的全部资源的权利。保护首先要满足国家的当代福祉，然后才是后代人的福祉。

（Pinchot 1968［1910］：9）

最初，浪漫生态学者和经济保护主义者（economic conservationists）或开发式保护主义者的观点在一定程度上具有一致性。例如，缪尔在1895年写道："在保护面前止步势必是不可能的。森林必须也必将在保护的同时加以利用……就像源源不断的喷泉……确保木材丰收，但同时树木所有深远的审美和精神层面的用途也得以丝毫未被削弱地保留（见 Nash 1967：133–135）"。然而，随着时间的推移，两个派别在保护区如何管理的问题上出现了分歧。

平肖和渐进式保护主义者提倡对自然资源的"明智利用"，而绝对保护主义者坚持关注森林荒野的审美价值和精神价值。福奈（Fernow 1896；见 Nash 1967：137）在《护林者》（*The Forester*）一书中写道："森林的主要职能、本质目标与美和乐趣毫无关系。除非偶然，它不是美学对象而是经济对象。"绝对保护主义者对这个观点深恶痛绝。缪尔认为，为了保护荒野的"更高层次的"使用，"政府的保护应当在山上的每一个野生果园和森林里实行"（见 Nash 1963：9）。缪尔面临的问题，同时也是当前存在的问题，即"不被干扰"的野生大自然的存在和人工林管理是不兼容的。和现如今很多渐进式保护主义者一样，缪尔把旅游视为一种比放牧或商业性的全面森林砍伐带来相对更少伤害的经济发展形式（Mark and Hall 2009）。在19世纪70年代，他的著作主张"旅游业的增长，有可能会将更具掠夺性的使用者"（Cohen 1984：206），特别是盲从者的利益，赶出内华达山脉（the Sierra Nevada mountains），尤其是优胜美地国国家公园（Yosemite）。相应地，"尽管他曾质疑中庸（moderation）之道并不是实现大自然真实景象（true vision）的最佳方法，但他还是尝试撰写温和的（moderate）文章来吸引城市游客"（Cohen 1984：206）。

实际上，科恩（Cohen）接着写道，"某种程度上，缪尔的所有著作都是为游客写的，因为它们都涉及如何观看的问题。大多数游客不希望听哲学，但是期望明确了解在哪里停留，在哪里观看"（Cohen 1984：207）。这一点在缪尔的部分著作中尤其明确。例如，约翰·缪尔最初出版于1914年的《优胜美地》（*The Yosemite*）中题为"如何最好地利用在优胜美地的时间"的第十二章，提供了两条一日游线路、两条二日游线路、一条三日游甚至更长逗留时间的线路。其中，上图奥勒米旅行线路（Upper Tuolumne excursion）"是优胜美地所有线路中最令人愉悦的一条，至少需要两到三周才能走完"（Muir 1914：155）。这些旅行线路和其他参观公园的建议被到公园游玩的游客使用至今。

1897年《美国森林管理法》的通过及1905年以平肖为首脑的森林管理局的创立，标志着渐进式保护主义在美国政府中的制度化（Richardson 1962）。美国政府对森林的管理和对自然资源管理的更广泛干涉建基于马什和平肖关于林业的学术观点——"木材资源的科学管理应基于'明智利用'和持续产出的原则"（见Clarke and McCool 1985：36）。然而，读者很快会发现，这些观点不仅深刻影响了林业实践，也影响了更多与环境利用和可持续性观念有关的资源管理领域（包括旅游）。

"明智利用"的类似趋势也出现在19世纪后期和20世纪初期的城市中。当时，新兴工业城市（最早出现于英国）开始努力提高生活质量，社会改革家和工会致力于改善工作条件以腾出闲暇时间。早在1817年，罗伯特·欧文（Robert Owen）就创造了被8小时工作制运动所利用的口号："劳动8小时，娱乐8小时，休息8小时"。中产阶级的壮大和闲暇时间的增多让第一轮大众旅游得以发展，也使城市公园和休憩场所的规划得以提升。这场改革的标志性事件是埃比尼泽·霍华德爵士（Sir Ebenezer Howard）主导的田园城市运动。这场运动的目标是将自然引入城市，其手段是在旧城里种植绿化带、建造城市公园，并在新城镇的建设中也加入以上元素。伦敦的绿化带、纽约的中央公园（Central Park）和温哥华的斯坦利公园（Stanley Park）都产生于田园城市运动。其中，纽约的中央公园由弗雷德里克·劳·奥姆斯特德（Frederick Law Olmstead）设计，他曾帮助起草优胜美地国家公园议案（Yosemite National Park bill），也是林肯总统任内该公园的第一任园长（supervisor）。

然而，绿化城市对祛除城市病的影响被证明是有限的——尽管直到今天它仍影响着城市设计。到1893年芝加哥万国博览会时，美国东北部工业城市的贫民窟是全世界最拥挤的贫民窟之一，伤寒、霍乱和黄热病等流行病十分普遍。恶劣的居住条件被列为这些社会病的罪魁祸首。"住房改革"

（housing crusades）在19世纪后期兴起，致力于解决这些最棘手的问题。虽然美国调控住房的第一批法律于1860年在纽约通过，这些法律要求室内通电、通风，但是更多有意义的调控措施及城市规划直到20世纪早期才出现。

1906年，美国联邦第一部保护考古遗迹的法律《文物法》通过，允许在公共用地建立"国家纪念地"（National Monument areas），陈列"历史地标、历史或史前建筑和历史或科学趣味的物件"。1916年，美国国家公园管理局建立。1921年，第一个城市历史保护委员会——"老区委员会"（Vieux Carre Commission）在新奥尔良成立。这些组织将保护与利用（尤其是旅游方面的利用）融合起来的尝试，是全世界的模范。

"老区委员会"起源于城市美化运动。这一运动是19世纪后期从田园城市运动中产生的。其解决城市问题的途径是采取建造纪念碑、带有喷泉的大型开放广场和宽阔林荫道等形式的"公民艺术"（civic art）。这一取向基于欧洲城市设计和公共艺术符号，美国城市规划创始人丹尼尔·伯纳姆（Daniel Burnham）于20世纪早期重新设计的华盛顿特区以及澳大利亚堪培拉等城市，可以说是其最好的诠释。

就像早期的田园城市运动一样，城市美化运动对城市居民实际的健康和安全几乎没有什么作用。虽然这一运动最初关注城市物质空间的设计和布局，但它的实际功效却是引导人们首次编写城市规划文件。这些规划在20世纪早期逐渐扩展到健康和安全控制领域。1926年，美国最高法院（US Supreme Court）第一次投票支持来自俄亥俄州欧几里得（Euclid, Ohio）的分区条例。这一条例旨在对工业区、居住区和商业用地进行强制分离以提高社区的健康、安全和总体福祉。这些分区方式现已被全世界的规划法采纳，成为了区分"受欢迎"用地和"不受欢迎"用地的最常见方法。

分区条例以及欧几里得分区模式很快被整个美国采用，并进入最高法院判例和城市规划的大学学位课程。而始于1929年的经济大萧条导致全球大规模失业，促使城市规划师将重心从经济社会规划转移到就业、住房和交通等议题上，直至20世纪50年代。

第二章 理解影响

照片 2.1 温哥华斯坦利公园（Stanley Park）的海堤，背景是温哥华北部。1886年，温哥华市议会请求当时的政府将这块军事用地转化为公共公园用地。1888年9月27日，公园正式开放，以后来成为加拿大总督的斯坦利爵士（Lord Stanley）命名。虽然该公园一年有大约250万名民众前来游玩，它却是一个绝大部分被森林覆盖的国家历史遗迹。公园周边的8.8公里（5.5英里）海堤建造工程从1917年开始动工，但到1971年才完成。斯坦利公园的设计和规划深受英美城市公园（尤其是中央公园）的影响（C. Michael Hall 摄）

"二战"结束后，美国迎来人口增长、城市化和经济繁荣。当时城市规划的指导哲学是有时被称为"城市效率运动"的思潮。和自然资源管理中的"明智利用"一样，它坚信科学理性将带来最好的社会结果。各个城市制定总体规划，利用土地征用的权力淘汰老旧的、废弃的和贫困的邻里街区。这个合法做法使得建筑和住房的拥有人不得不卖掉他们的固定财产，不管他们愿意与否。然后，城市将这些土地升级后再整体卖给私人开发商或用作公共目的，例如始建于20世纪50年代的美国新州际公路系统（Interstate Highway system）。这就是所谓的"城市更新"，它导致很多人迁出他们旧城、内城的家，搬到城郊新开发住宅区的"火柴盒"中。

20世纪60年代，部分规划师转向"社会倡导"（social advocacy）和交互规划方法（transactive planning approaches），以求对社会变化中的政治复杂性有更确切的认识。与此相伴的是大规模反城市更新运动和反"推土机"

49

伦理的出现（Lew 2007b）。倡导式规划（Advocacy planning）在政府决策过程中积极解决传统弱势群体的需求，而交互规划则假设在规划过程中本地居民与规划发展专家有着同等学识，扮演同样的角色。这些方法和20世纪60年代的公民权利运动有着密切关系，现今仍在社区旅游和助贫旅游（pro-poor tourism）①中发挥着重要作用，尤其是在欠发达的经济体中。

照片2.2 从堪培拉澳洲战争纪念馆（Australian War Memorial）眺望澳新军团大道（ANZAC Parade）所看到的澳大利亚新老国会大厦。澳大利亚首都由美国建筑师沃尔特·伯里·格里芬（Walter Burley Griffin）设计，体现了城市美化运动的很多方面。这座城市的地理体现了它的首都地位，而其大量的公共公园用地、宽阔的大马路和对亲近自然环境的强调则反映了20世纪早期极其重视公园和游憩机会的规划潮流。（C. Michael Hall 摄）

另一个反城市更新的浪潮出现于历史保护力量的兴起之后。虽然美国的历史保护运动在"二战"后就开始了，但是直到20世纪60年代，国家才通过立法支持全国性的建筑保护。类似的保护同时也在加拿大和其他"新世界"国家风靡，例如澳大利亚和新西兰。其中，有些运动是为了保护早期田园城市运动和城市美化运动的建筑作品。这些历史文化区的旅游价值不久后被发掘，而基于旅游的城市设计方法则在20世纪70年代变得十分

---

① 译者注："pro-poor tourism"是20世纪90年代英国国际发展署资助开展的旅游减贫研究计划中提出的概念，与我国的扶贫旅游概念有一定差异，因此，根据原文意思，将其翻译成"助贫旅游"。

第二章　理解影响

普遍（Lew 1989）（见案例 2.1）。

美国国会设立于 1949 年的一个非盈利/非政府机构——国家历史保护信托基金（National Trust for Historic Preservation）——负责监测、宣传和倡导历史文物和街区的保护。除了历史街区和建筑的认证及管理，这一机构的"国家主街项目"（National Main Street Program）激活了旧商业区，在美国很多城市内城景观重塑上起到了关键作用。在许多地方，这种做法已将旧商业区转变成历史主题的娱乐中心。

【案例2.1】

从衰败到娱乐：亚利桑那州弗拉格斯塔夫（Flagstaff）下城（downtown①）案例

州际高速公路系统（Interstate Highway system）于 20 世纪 50 年代中期的美国开始建设，在 20 世纪 60 年代到 70 年代早期扩展到全美。这种新型的"高速公路"通常绕过小城镇。被绕过的小城镇只能依赖旧时的公路系统从中心城市分流旅行者，这给很多社区的经济带来毁灭性结果，有些甚至永远无法恢复。旧的下城尤其惨烈，大零售商纷纷搬离城市，搬到了靠近城郊住房建造计划的高速公路旁的购物商场（Lew 1989）。

亚利桑那州弗拉格斯塔夫下城也经历过被州际高速公路系统绕道、与城郊购物商场竞争的时期。州际高速公路系统和城郊购物商场都是在 20 世纪 70 年代建的。在 20 世纪 80 年代中期，弗拉格斯塔夫下城最后一个大型百货企业关闭，在这个 45,000 人（20 世纪 80 年代人口数量）的城镇中央留下了一个大型的、空旷的、丑陋的建筑。尽管在老的 66 号公路沿线上还有一些状况不错的餐厅和以游客为主要服务人群的礼品店，但其他很多商场都只能空置，或售卖二手衣物。

1987 年，市政府和本地商人一起投资成立了"国家历史保护信托基金·主街项目"，并雇佣了一位"主街"协调员，即该地区的购物商场管理

---

① 译者注：根据周尚意主译的《下城：1880—1950 年间的兴衰》译法，译为"下城"。

者，来负责组织活动、寻求零售店的最佳组合以及协调建筑的设计和升级。

照片 2.3　亚利桑那州弗拉格斯塔夫下城 66 号公路节上的老爷车。餐厅、书店和专业艺术品店沿街分布，一直延伸到远处的旧 66 号公路。街道上禁止车辆通行，在暑期的周五经常会举办特色节庆活动，吸引州内外的游客。（Alan A. Lew 摄）

空置的百货公司被拆除。拆的过程中发现它是在巴氏兄弟销售公司的地基上建起来的，红砖和原先的标记还清晰可见。此后，在这片区域上建起了新的公共广场，设计了一座新的和该地区的建筑风格相协调的建筑，拓宽了人行道，重新购置了新街道上的设备（长凳、灯柱和自行车停车架），而所有的商店都采用一致的标志牌和雨蓬设计。

十年后，弗拉格斯塔夫下城的所有零售空间都挤满了餐厅、户外旅游商品店（与该城镇的山岳环境相匹配）、艺术走廊和精品店。各种各样的活动全年覆盖下城的各条街区，尤其是在夏季，每周末都有一些特色节庆活动，涵盖从艺术类节庆到老爷车展的各项活动。夏季每周五晚都在艺术长廊举办一次颇受欢迎的艺术巡游，公共广场上免费的电影和音乐会在吸引游客到下城的同时也吸引本地人来游玩。主街项目于 20 世纪 90 年代后期落幕，因为它已经不再必要。

弗拉格斯塔夫下城转型的故事——从一个衰退的、无法和购物商场及百货公司竞争的零售区转变为一个能够提供其他现代城市远郊购物场所没有的产品和体验的大型购物、餐饮和娱乐中心——已在美国许多社区复制。这些社区的建筑资源能与潜在旅游市场相匹配。当然，不是所有社区都如弗拉格斯塔夫那么成功。对有些社区来说，历史原真性和经济紧迫性会使它们发展的努力变得政治化和复杂化。而有些社区的区位和建筑资源则难以使之实现成功再发展。"国家历史保护信托基金·主街项目"对这些社区寻找保护和经济发展的最佳平衡点仍然发挥着重要作用。

这个案例展示了公共和私人发展项目如何给一个城市曾经的核心零售中心带来社会变化和没落。然而，公共和私人规划力量的结合，再加上更广泛的社会变化（对历史区域兴趣的提高），在解决先期问题上取得了根本性的成功。弗拉格斯塔夫同时也说明最优质的旅游吸引物和旅游区在本地居民中同样非常受欢迎。

参见：Thomas W. Paradis, 'Theming, tourism, and fantasy city'. In Lew et al. (2004：195-209)。

（一）环境影响立法

20世纪60年代也是自然资源管理——包括对森林和其他荒野的管理——发生转型的年代。1962年，蕾切尔·卡逊（Rachel Carson）《寂静的春天》的出版及人们对工业污染的环境效应日趋在意后，公众对自然资源影响的管理哲学开始给予更多关注。《寂静的春天》十分重要，它促成了环境争论从边缘区（国家森林区域和国家公园）转向绝大多数人所生活的城市，并且为美国和其他发展中国家的历史建筑保护运动提供了全新动力。

因此，以城市为主、乡村为辅的环境关注在20世纪60年代促成了首次环境影响立法的通过和国家环境保护组织的成立。美国"国家环境政策法案"在1969年颁布，要求任何"明显影响到人类环境质量的联邦政府的重要举动"都需要做环境影响声明。在对政府有关环境的各种努力进行重组后，1970年美国环保署成立。

美国的先创之举对20世纪70年代澳大利亚、加拿大和欧洲关于环境保护和评估的立法和组织成立起到了示范作用。日本（1972）、中国香港地区（1972）、加拿大（1973）、澳大利亚（1974）、德国（1975）、法国（1976）、菲律宾（1977）、中国台湾地区（1979）以及中国大陆（1979）也都引入了环境影响评估要求。1988年，欧洲共同体要求所有成员国都采用环境影响评估（Gilpin 1995）。

在某种意义上，环境影响评估在处理影响的问题上有其革命意义。美国环境质量委员会前主席、环境保护署负责人罗素·特雷恩（Russell Train）说道：

> 我想不起在我们的历史上难道还有其他先创之举有如此广泛的影响，涉及那么多的政府职能，对政府行为方式有如此根本性的影响？我有资格说这个过程是政府政策和决策的真正革命。
>
> （引自 Bartlett and Kurian 1999：416）

然而，随着《世界保护战略》[①]（*World Conservation Strategy*, WCS）的出现和可持续发展概念的发展，资源合理利用的概念在 20 世纪 80 年代出现了进一步转变。《世界保护战略》(1980) 是世界自然保护联盟（IUCN）[②]在联合国环境规划署（UNEP）、世界野生动物基金 / 世界自然基金（WWF）、联合国粮食与农业组织（FAO）和联合国科教文组织（UNESCO）的帮助下起草的。"世界保护战略"是应对地球的生物资源出现森林退化、荒漠化、生态系统恶化和破坏、物种灭绝和基因多样性流失、粮食用地流失、污染和水土流失等主要国际环境问题时的一个保护战略。

《世界保护战略》将"保护"（conservation）定义为"对人类使用生物圈资源的管理，使之对当代人产生最大的可持续收益，同时保留其满足后代人需求和欲望的潜力"（IUCN 1980：s.1.6）。《世界保护战略》有三个特定目标（IUCN 1980：s.1.7）：

- 保持人类生存和发展所依赖的基本生态过程和生命支持系统（比如土壤再生和保护、营养物质循环利用和水净化）；
- 保护基因多样性（已发现的世界生物体的遗传物质序列），这有赖于保护和优化培育植物和家禽所需的繁殖项目、科学进步、技术创新以及使

---

① 译者注：亦有作者将其译为《世界自然保护大纲》或《世界自然资源保护大纲》。
② 译者注：IUCN 的全文是 International Union for the Conservation of Nature and Natural Resources。因此，IUCN 也译为"国际自然与自然资源保护联合会"。

用生命资源进行生产的诸多产业的安全；
- 确保物种和生态系统的可持续利用（主要是渔业和其他野生动物、森林和牧场），它们支撑成千上万的乡村社区和主要产业。

《世界保护战略》所支持的可持续发展观强调了经济发展和自然资源保护及涵养之间的关系。在许多方面，这个观点没有任何新意，因为多年以来，它一直是保护议题争论的核心（见第五章）。然而，重要的是该战略报告以突显环境问题的全球性质的方式，强调了环境－经济发展关系的重要性，将这些话题放在发达国家和欠发达国家的关系背景下（南北之争），并为一些政府和私人部门响应（尽管是有限地响应）该报告所识别出的问题提供了基础。

（二）布伦特兰报告和可持续发展

在对1972年联合国关于人类环境的斯德哥尔摩会议的评论中，联合国环境规划署（UNEP）建议成立世界环境和发展委员会（WCED）。1983年，该委员会作为一个独立部门成立，直接向联合国大会汇报。格罗·哈莱姆·布伦特兰（Gro Harlem Brundtland），即后来挪威工党的议会领袖，被任命为该部门的主席。虽然"可持续性"这个术语被布朗（Brown 1981）、梅尔斯（Myers and Gaia Ltd staff 1984）、克拉克和穆恩（Clark and Munn 1986）使用过，但直到1987年世界环境和发展委员会（WCED）发布《我们共同的未来》（常被称为"布伦特兰报告"）之后，"可持续发展"才进入公众的想象范围。如前所述，可持续发展的根源实际上已有一百多年的历史。

根据世界环境和发展委员会（WCED）（1987：43）的说法，"可持续发展"是"满足现代人的需求，且不削弱后代人满足其需求的能力"的发展。可持续性的五项基本原则如下：
- 整体规划和战略制定的观念；
- 保护基本生态过程的重要性；
- 同时保护人文遗产和生物多样性的需要；
- 致力于能使生产力为后代长期持续保持的发展方式；
- 在国家间更好地平衡公平与机会的目标。

布伦特兰报告对全球资源管理与发展有着极大的影响力，对旅游同样影响巨大，尽管旅游在原报告中完全未被提及。事实上，旅游的负面影响在20世纪70年代到80年代期间只在发达国家被当作重要问题关注过（Hall and Page 2006），但现在却有大量关于可持续旅游发展的文献以及对可持续发展的旅游方面的关注（经常被称为"可持续旅游"）。这些研究和关注主要聚焦于影响研究和目的地管理。

　　霍尔（Hall 2008c：27）认为"可持续旅游是旅游和可持续发展的交集"。尽管可持续发展的原则贯穿于可持续旅游中，但可持续旅游发展不同于可持续发展（图2.1）。这两个概念最为关键的不同在于尺度（scale）。可持续旅游只涉及可持续概念在旅游行业及旅游相关的社会、环境和经济变化层面的应用（图2.2）。而可持续发展则体现在更大尺度的层面上，包括人类和地球环境互动的所有方面。"尺度差异"的涵义十分重要，例如一个旅游企业的运转在商业层面可能满足可持续的标准，但在社区层面上，它可能因为阻碍了其他发展方式的选择而导致整个社区的发展不可持续（Hall 2008c）。还有如案例1.3所讨论的，长途旅行所导致的温室气体排放导致整个旅游现象的可持续性受到质疑。

　　对可持续发展概念的关注也同样重要，因为对影响和评估的理解已经转向对可持续性概念的考虑。尽管未明文写在最初的环境评论要求（environmental review requirements）中，但可持续发展概念的确主导着环境影响评估技术的应用，尤其是当它们涉及社会影响分析时（见第六章）。

二、影响及其评估

　　正如第一章所述，影响是指一个给定状态在外部刺激下随着时间变化而发生的变化。对影响的分析常聚焦于特定的环境影响、经济影响和社会影响。然而，在可持续发展观的推动下，多种影响相结合的分析方式逐渐被采用。这种结合将两种甚至所有三种影响的内部关系都考虑在内。事实上，布伦特兰报告强调了影响评估的地位，认为它是可持续发展的一种重要工具，并指出"当一个被提议的项目的环境影响非常高时，该项目必须强制纳入公众监督。如果项目可行，则应在获得公众批准（也许通过全民公决）后才能决议"（WCED 1987：64）。

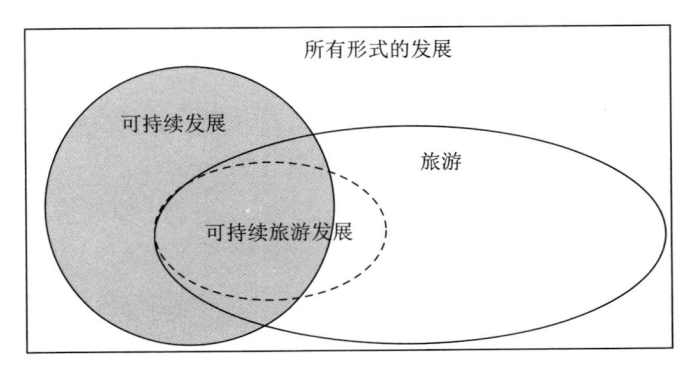

图 2.1　可持续旅游和可持续发展

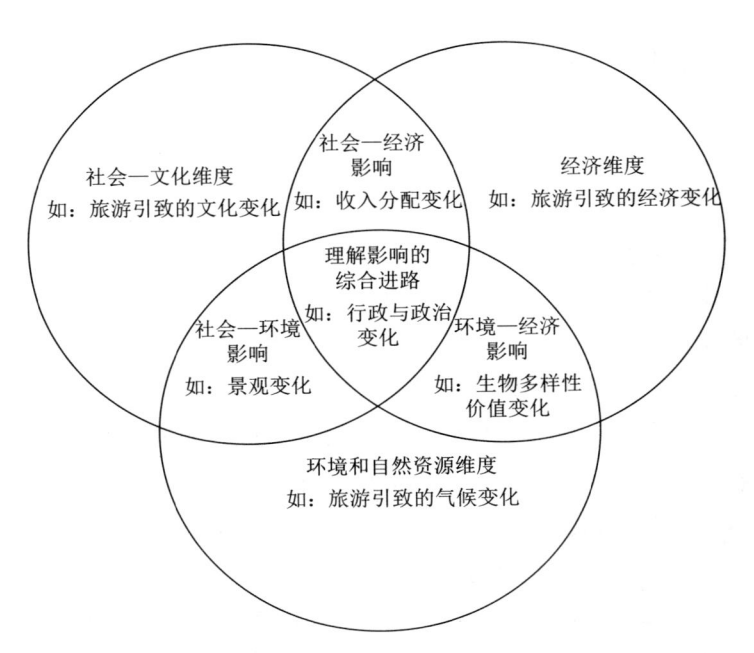

图 2.2　旅游影响的维度

国际影响评估协会（IAIA）将环境影响评估（EIA）定义为："在重大决定和承诺之前，识别、预测、评估和减轻发展提议中的生物物理、社会和其他相关影响的过程"（IAIA 1999：2）。环境影响评估的目标如下：
● 确保环境因素得到明确的处理，并纳入发展决策过程中；
● 预测和避免、最小化或抵消发展提议中不利的生物物理、社会及其他相关效应；
● 保护自然系统的生产力和承载力，及维持其功能的生态过程；
● 促进可持续发展，优化资源利用和管理机会。

在欧盟（85/377/EEC 指令，及由其修改成的 97/11/EC 指令和 2001/42/EC 指令），成员国被要求确保凡是可能对环境有"显著效应"的公众或私人项目都不应该被同意发展，直到它们的环境影响被能胜任的国家部门开展过环境影响的全面评估后。

> 环境影响评估必须从以下方面识别项目的直接和间接效应：人类、动物、植物、土壤、水、空气、气候、景观、物质资产、文化遗产及各种元素之间的交互。
>
> （EU 2006）

85/377/EEC 指令涵盖建筑工程和其他设施或方案，同时涵盖其他影响自然环境或景观的措施。以下两类项目是有区别的：第一，必须进行强制性评估的项目；第二，只有当欧盟成员国认为项目将对环境造成严重影响时，才会对其进行评估的项目。

在欧盟需要进行环境影响评估的项目类型被列在该指令中，影响着一系列的旅游项目。例如，交通基础设施，如铁路、机场、高速公路、内陆水道和港口等项目超过特定的阈值时，必须进行评估。其他项目不需要都进行强制评估，成员国可以决定逐个进行评估或参照阈值、特定的标准（如规模）、地点（如邻近敏感生态区）和潜在的影响（如地表影响和持续时间）等进行评估。这一类项目列表比必须评估的项目列表长得多，包括海岸地的开垦、购物中心和停车场、高速公路服务区、滑雪道及升降机（ski runs and lifts）、高尔夫球场、度假村、房车营地（caravan/recreational vehicle sites）和主题公园等。

第二章 理解影响

上述指令的附件中确定了最小阈值。例如，通常将小于一公顷的高尔夫球场和房车基地从环境影响评估过程中剔除（Watson 2003）。2001/42/EC指令还通过在规划阶段引进环境预评估系统而进一步扩展了评估过程，而2003/35/EEC指令为了鼓励环境决策中更多的公众参与，为公众获取信息、公众参与和合法介入提供了更好的渠道。

欧洲影响评估的方法和世界上其他评估规则有着极大的相似性（见第六章）。欧盟的环境影响评估要求同样覆盖社会和经济影响方面，而环境影响评估如今也发展出了各种特殊影响评估领域。例如，国际影响评估协会（IAIA）在社会影响评估（SIA）（案例2.2）、生物多样性影响评估、公众参与、健康、企业环境影响评估和战略环境评估等方面提供了最佳实践指南。其中很多与旅游相关，这将在第六章中详细讨论。

社会影响评估（SIA）关注对发展的社会结果的分析、管理和监控，属广义环境影响评估方法的外延。贝克尔（Becker 2000：311）将社会影响评估定义为"识别目前已采用或被提议的，与个人、组织和社会宏观系统有关的举措的未来结果的过程"。尽管对社会影响评估概念有着不同的解释（Becker and Vanclay 2003），但大多数人认同社会影响评估是指分析、管理和监控规划预案（政策、项目或规划）和特定发展（项目）可能引起的对人类环境的积极或消极、有意或意外的结果及其关联的社会变化的过程，以创造一个更可持续和更平衡的生物物理环境和人类环境（Becker and Vanlay 2003；IAIA 2003）。对社会影响评估的关键特征的理解包括：

● 影响评估的目的是创造在生态上、社会—文化上和经济上更可持续和更平衡的环境。因此，影响评估推动社区发展和增权，培育社区能力并发展社会资本（社会网络和信任）。

● 社会影响评估关注的焦点是对发展和更好的发展结果的积极态度，而不仅仅是对负面或非预期结果的识别或改善。帮助社区和其他利益相关者识别发展目标，并确保积极成果最大化，这比使负面影响的危害最小化更重要。

● 社会影响评估以地方知识为基础，利用参与式过程分析感兴趣和受影响的各方的关注点。社会影响评估、替代性分析和规划预案的监控都涉及各类利益相关者。

● 社会影响评估的良好实践认可社会、经济和生物物理的影响固有地、不可分割地相互联系。

（IAIA 2003：2）

旅游的社会影响指旅游和旅行对集体和个人价值体系、行为模式、社区结构、生活方式和生活质量等方面的变化所产生的效应。更广义地说，社会影响指的是与环境、技术或社会创新或改变相结合的模式化社会秩序（patterned social ordering）的结构和功能的所有变化。社会福祉和生活质量的相关因素和社会指标包括经济安全、就业、健康、个人安全、住房条件、自然环境和游憩机会。旅游社会影响通常通过游客和当地人口比例、本地社区相较于游客的经济水平、两个群体的文化差异和感知来测量。然而，其他因素也应该被列入其中，例如居民区和旅游开发区的邻近度、教育水平、本地人的社会—经济地位、不同邻里的角色差异（variations in the roles of different neighbourhoods）、目的地内部各类政治和社会边界，以及游客和旅游产业的整体能见度和突出程度。

是否为某一被提议的旅游发展项目进行社会影响评估研究，取决于每个国家或（在有些案例中）每个地区司法部门的法律要求，也通常取决于规划和发展立法。很少有私人开发商会对旅游开发进行社会影响评估，因为他们认为这是企业公民权（corporate citizenship）的核心部分。经济发展的外部性（影响超过发展区域本身）需要付出代价，以商业为导向的开发商希望不承担代价。所以，法律上的强制性是更广泛意义上的影响评估要求的必要组成部分。然而，总体来说，社会影响评估已经沦为环境影响评估过程中的"小跟班"（lesser sibling），而不是项目或政策评价中被广泛需求的部分（Burdge 2002）。

第二章 理解影响

【案例2.2】

大型事件的社会影响

关于是否需要进行社会影响评估的一个越来越受争议的领域是大型事件（例如奥运会和世界博览会等）及其对东道主社区的社会影响。这些大型事件就其目标（为更高的公共利益而再发展）、方法（谴责并重新定位大片"使用不当"的土地）以及对城市贫困人口的影响而言，与上世纪的城市美化运动和城市更新传统有直接关系。若干事例表明，大型事件的举办"有迁移城市贫困区居民的趋势"（Wilkinson 1994：29）。通常最容易受到标志性事件（hallmark events）影响的人最没有能力组建社区力量保护他们的利益。最糟糕的是，这往往导致居民因城市建设或无力支付上涨的租金而被迫搬迁、重新安置（Hall 1984；Baade and Matheson 2002）。

1986年交通与通信世界博览会，简称"'86世博会"，即1986年5月2日至10月13日在加拿大不列颠哥伦比亚省温哥华市举行的世界博览会。本届世博会的主题是："交通与通信：移动的世界—联通的世界"，吸引了54个国家和众多企业前来展出。它与温哥华百年庆典的时间吻合，展馆从福溪（False Creek）北岸一直延伸到温哥华市中心的南部和东部。这是加拿大继1967年（当年正值加拿大联邦百年庆典）的蒙特利尔世界博览会后，第二次主办世界博览会。

奥尔兹（Olds 1988）关于1986年世博会对其场地旁的温哥华"市中心东部"居民的影响研究，第一次综合探讨了大型事件对住房和社会重置（social dislocation）的影响（见 Ley and Olds 1988；以及 Olds 1988，以了解更多的公共文件）。在世博会期间，奥尔兹观察到约600个租户被迫搬迁，他们中的很多都是世博会场地附近的长期低收入租户。虽然在1986年举办期间世博会没有对住房产生直接的"现场"（on-site）影响，但事后却可推测其背后有实质影响。通过举办世博会来促进该地区的再开发，有三个实质的且相互关联的效应（Olds 1998）：第一，新建筑的建设和老建筑的翻新带来物理空间的变化；第二，物理空间重构和租金上涨迫使短期租户以及更重要的是长期租户的搬迁；第三，对温哥华内城区的**绅士化**和城市再发展的长期过程产生影响。有趣的是，由于承办2010年冬奥会，在温哥华世博会约20年后，同一地区正在进行第二轮由大型事件引起的绅士化。关于这个大事件的更广泛的经济和社会贡献，人们提出了大量质疑（Whitson and Horne 2006）。

奥运会也被认为对住房有实质影响，而在比赛真正举办前，主办大型事件并进行与此相关的再发展项目通常都被认为有良好的影响。考克斯等（Cox et al.1994）在研究了2000年澳大利亚悉尼奥运会对低收入者住房的潜在影响后，得出"大型事件通常对低收入人群有不利影响"的结论。这些人群因本地租金和房价上涨而损失利益，从而导致一些被迫搬迁的极端例子。同样的价格上涨对于很多房东和开发商来说则是受益的。他们可以从资产中获得更多收益。在这种情况下，与奥运会相关的开发项目导致地价上升、高额房产税和高建筑成本等。这些因素使得公共或私人的低成本住房被排挤出去（Cox et al. 1994；COHRE 2007）。居住权与反迫迁中心（Centre on Housing Rights and Evictions）开展的研究（COHRE 2007）尤其有价值，因为研究发现"强制搬迁、对少数民族和无家可归人士的歧视及很多其他我们关注到的影响都和奥林匹克运动会促进和平、团结和尊重普世价值的精神与理念完全冲突"（2007：9）。

2000年悉尼奥运会案例中，悉尼奥运申办小组在申办过程中没有进行社会影响方面的研究。申奥成功之后，考克斯等（Cox et al. 1994）代表低收入者住房利益，而非政府或悉尼奥组委，进行了深入的住房和社会影响研究。报告还提出了一些建议。这些建议可以通过积极的策略来实施，以减轻悉尼奥运会的准备和主办所带来的负面影响。主要的建议包括：

- 成立一个住房影响监测委员会；
- 制定一份奥运会住宿战略；
- 制定更为严格的保护租户、防止任意驱逐的法律；
- 为残障人士提供公共住房和应急住所；
- 寻求一种房租控制方式。

这些建议没有一条被悉尼奥运会采纳，尽管研究明确表明奥运会对社

第二章 理解影响

会贫困阶层有着主要影响。正如居住权与反迫迁中心（COHRE）的研究表明的：

> 本项目对比了 1987—1988 年数千名居民被迫迁离首尔的例子。我们也注意到亚特兰大"街道清扫运动"的影响，成千上万的无家可归者"被判有罪"（criminalised）。我们还研究了吉普赛人（the Roma）是如何被雅典奥运会相关建设带来的迫迁所显著影响的。令人担忧的是，随着我们研究的推进，我们意识到该议题比我们最初设想的要大得多，且变得越来越糟。
>
> （COHRE 2007：9）

照片 2.4 澳洲电信体育馆，2000 年悉尼奥运会的主场馆之一。悉尼是澳大利亚最大的城市，奥运会带来了国际游客的迅猛增长，并显著提升了悉尼和整个澳大利亚的全球形象与认知。然而，到 2002 年，奥运旅游的影响已经大幅下降。（**C. Michael Hall/ Sarah Pollmann** 摄）

尝试在体育旅游规划中更多地考虑社会影响的例子当数多伦多申办 2008 年奥运会时非营利公益组织"面包而非马戏团"（Bread Not Circuses）的运动，尽管最后未能成功。"面包而非马戏团"认为，考虑到申办和举办奥运会的成本，申办过程必须受到公众监督。"任何有价值的奥运申办活动，不仅经得起公众的审查，而且还将通过严格而公开的公共程序得以改进。"（Bread Not Circuses 1998a）该组织还提出，多伦多市议会应该依据以下条件为奥运会申办提供支持：

● 开发并执行适当的程序，以解决财务、社会和环境方面的问题，确保有效的公众参与过程，并致力于制定一系列详细的与奥林匹克相关的社会和环境标准。从投票支持申办之日起一年内的时间表应确定，以确保参与过程的计划得到认真的执行。

● 对申办和举办奥运会的财务成本进行全面和公开的独立核算。

● 对奥运会进行全面和公开的独立社会影响评估。

"面包而非马戏团"所建议的公众参与过程的其他关键要素包括：

● 一个全面、公平、民主且能让多伦多所有人参与的奥运会申办推进和复审过程。

● 一个与多伦多1989年所设基金相似的奥运会介入基金（Olympic Intervenor Fund），以资助有兴趣的群体有效参与多伦多奥运会申办的公众监督。

● 一份2008年奥运会环境影响的独立评估，并制定战略解决备受关注的问题。

● 一系列财务、社会和环境方面的标准（与1989年9月多伦多奥组委提交给多伦多市议并被采纳的标准相似），以治理2008年奥运会。

（Bread Not Circuses 1998a）

一封和"面包而非马戏团"提案相似的信寄给了国际奥委会主席，要求"国际奥委会既然为申办过程制定了规则，就需要在保障本地申办过程的高效、民主方面主动承担责任"，尤其是要解决"奥运会财务和社会成本"的相关问题。他们进一步提议：

● 创建一个包括居住权与反迫迁中心（COHRE）、国际生境联盟（HIC）、住房权利分委会、学术组织、非政府组织（包括申办过和举办过奥运会的城市的本地群体）在内的国际网络。

● 上述网络应制定并执行一系列针对强迫搬迁等问题的标准。

● 为以上标准建立国际支持计划并执行之，争取得到国际奥林匹克委员会、国家奥林匹克委员会及其他体育部门的支持。

● 国际奥林匹克委员会需慎重考虑将以上标准纳入奥运会章程、主办城市合同和国际奥林匹克委员会其他文件中的要求。

（Bread Not Circuses 1998b）

这样一份奥运会社会章程无疑可以帮助奥运会变得更加地方友好（place-friendly），甚至还能提升国际奥林匹克委员会时受争议的形象。不幸的是，多伦多的申奥文件从来没有为完全的公众监督公开过，也没有对任何为奥运会制定一套社会标准的提案加以回应（Hall 2001）。事实上，这样的情况已使得威特森和霍恩（Whitson and Horne 2006）等作者注意到，正如大多数无偏见的证据所表明的那样，完整而透明的奥运会账单可能会显示出公共投资上的财政损失。所以，问题变成：大型事件和设施能否带来其他可喜的经济、社会和环境结果？正如切尔努申科（Chernushenko 1994：28）所述："所有主办城市面临的挑战是'让奥运会适合城市'，而不是让城市适应奥运会。"如威特森和霍恩（Whitson and Horne 2006）所提到的，这句话所指的是，如果重大体育赛事要形成民主监督责任制度的话，在提交奥运会举办申请书之前进行环境和社会影响评估以及充分的公众咨询就很有必要（Flyvbjerg et al. 2003）。

来源：

国际展览局（BIE）：http://www.bie-paris.org/main/

居住权与反迫迁中心（COHRE）：http://www.cohre.org/mega-events/

国际影响评估协会：http://www.iaia.org

三、影响阐述和影响研究

与旅游相关的影响评估和影响研究之间有几点明显的差别。影响评估是基于项目或计划（project or programme）的，而影响研究是一个偏理论的进路，关注变化的更多方面和导致变化的因素。事实上，在最受关注的那些与旅游相关的变化中，例如气候变化（见第五章和第七章）或文化变迁（见第四章），许多变化都不能轻易地和那些需要做环评的单一设施或开发项目等同起来。然而，随着碳排放和碳预算开始与碳交易计划或环境税联系在一起，碳排放和碳预算的潜在影响可能会越来越多地纳入环境影响评估。

如马西森和沃尔（Mathieson and Wall 1982：14）所述，"旅游的影响并不仅仅被认为是一个特定的旅游活动或设施的结果。影响以人类行为改变的形式出现，这源于变化的能动者（agent）和它们所冲击的子系统之间的互动。"该情况很久之前就被人们所认识：

> 在评估旅游发展的影响时，不仅要置身特定区位来面对主要发展所带来的可见的效应，而且要考虑到影响的更多的空间扩散，同时还要考虑旅游作为经济和社会活动的影响。事实上，即使是呆在旅游中心或度假胜地的人也对周围的地区产生相当大的影响。所以，旅游发展的影响不仅限制在与这些发展相关的结构变化上，也和道克西（Doxey 1975）所说的维度变化相关，例如地区内逐渐增多的游客引起的影响。这一区别被认为是作为一个变化动因的旅游的动态本质。
>
> （Duffield and Walker 1984：479）

所以，单个环境影响评估对其所评估的特定发展项目而言非常重要，而且也能为更广泛的与变化有关的环境、社会和其他知识作出贡献。然而，它们只能为旅游及其与经济、社会—文化和环境变化的关系的大图景提供一部分非常小的图景。

另一个重要问题是环境影响评估通常是在一项非专门针对旅游的立法中进行的。我们并不知道世界上是否存在专门为旅游而设立的环评立法，虽然许多旅游开发项目理所当然地都使用环境影响评估（例如 Warnken and Burkley 1998；Warnken 2000；Gielen et al. 2002；Warnken et al. 2002；Mandelik et al. 2005）。

类似地，大多数旅游规划是在普通规划法律或相应管制下执行的。所以，旅游的大部分规划都由非旅游专业机构执行。例外的情况是，当规划涉及有指定用途的土地且这类土地自身有规划机构时，例如国家公园和保护区，或者一个特定的旅游区，可能会为旅游开发制定专门方案（Hall 2008c）。

第二章　理解影响

点状和非点状影响

为提供一个用于理解旅游影响的理论框架，我们需要认识到旅游影响具有渗入经济、社会和环境的性质。为此，我们需要厘清与旅游相关的变化的点状源（point source）和非点状源（non-point source）。

- 点状变化源是指某个具体的和旅游有关的设施、项目或对象，例如酒店、机场、吸引物、事件或旅游发展所衍生的其他建筑形式。这是与旅游相关的有形对象，具有明确且有限的使用寿命。环境影响评估的原理和方法对这些对象都相对适用。这些对象往往位于某个固定的具体地点且不会移离其位置。轮船和飞机等移动式点状变化源则是例外。
- 旅游的非点状变化源是指人类活动。或者更准确地说，是指流动人群（即我们所说的游客）和旅游服务体验供应商之间的交互。虽然旅游体验的创造要求消费者和生产者的同时参与（见第一章），但是旅游影响研究通常将非点状变化源等同于游客。

在此，本书有意与环境污染的文献进行类比。水污染的发生源常被描述为点源（识别出的单个污染源）和非点源。后者是指许多没有明确排放点并且难以追踪的污染源。人类的许多日常行为，比如在花园里使用化肥或农药，都会造成非点源水污染。同样的道理，处于休闲状态的流动人群的各种日常行为会产生旅游的非点状影响。许多影响需要几年之后才能体现出来（见案例2.3）。这显然增加了理解和管理这些影响的难度。因此，我们需要用到旅游系统的概念。

【案例2.3】

驼鹿母亲及旅游道路

黄石国家公园和大蒂顿山国家公园（Grand Teton）的孕期驼鹿进化出了一种新的行为来逃避它们的主要天敌之一——灰熊。它们在横穿公园的道路附近产下幼崽。来自美国野生动物保护协会的一支队伍每年都会为18—25只母性驼鹿安装无线发射器。通常，这些母性驼鹿中有3/4是已经怀孕的。这支队伍还通过实地跟踪来监测它们的行为。数年之后，他们发现，驼鹿的产崽地点越来越靠近道路（Kaplan 2007）。

在大黄石公园生态系统的南部区域，灰熊稀少，驼鹿的产崽模式没有发生变化。但是在北部区域，灰熊经常出没，怀孕驼鹿的产崽地点以平均每年122米（400英尺）的速度向道路靠近。灰熊很少在距离道路500米（1600英尺）的范围内出没。因此，驼鹿得以有效保护幼崽免受攻击。在阿拉斯加州的研究表明，年幼驼鹿的死亡90%是由灰熊攻击导致的（Berger 2007；Kaplan 2007）。

照片 2.5　黄石国家公园西拇指（West Thumb）间歇泉盆地。这是最活跃的间歇泉地区之一，正好位于黄石湖的岸边及水下。黄石公园是美国总统尤利西斯·S. 格兰特（Ulysses S. Grant）在1872年建立的世界上最早的国家公园，也是美国48个州中面积第二大的国家公园。国家公园的建立使大黄石生态系统成为北半球面积最大的近乎完整的温带生态系统。（Alan A. Lew 摄）

从该研究可以看出，面对人类的发展，被捕食者和捕食者自身行为发生了巨大改变。

伯杰（Berger 2007）指出，这些发现有力地证明了哺乳动物可利用人类行为来保护自己，并指出其他哺乳动物种群可能会因人类以不确定的方式出现而改变生存范围。因此，对公园内的原始生态功能系统进行解释也可说明人类行为对物种分布和物种行为具有间接影响。

来源：

野生动物保护协会：http：//www.wcs.org/

黄石国家公园（美国国家公园管理局）：http：//www.nps.gov/yell/

四、系统性方法

鉴于影响评估发展和环境关注之间的紧密关系，人们高度重视导致经济、环境和社会变化的各种因素之间的联系。这意味着，对外部因素与变化研究对象之间因果关系的概念化而言，"系统性"方法是一个综合的方法（Glasson et al.2005）。

"旅游系统"概念诞生于20世纪60年代，具有多种不同形式（Hall 2008c）。所谓系统，即是一组有组织的要素，每个要素都与其他各个要素以某种方式直接或间接地相互依赖。

因此，一个系统的组成如下：

- 一组要素（又称为实体）；
- 要素之间的一组关系；
- 要素及其所处大环境之间的一组关系；
- 系统边界的定义或鉴别；
- 有时还包括系统功能、目标或目的的识别，即使这只意味着系统正在进行的系统维系活动。

图1.4给出了旅游系统的示例。该系统及其各种改进版本广泛应用于旅游流的基本要素描述中。

系统研究需要解决四大问题（Hay 2000）：

系统是开放的还是封闭的？封闭系统与外部环境没有任何关联，而开放系统与系统边界之外的元素和环境进行交互。基本可以肯定，旅游属于开放系统（Carlsen 1999），尽管由此提出了另一个问题——如何确定旅游系统的边界？

系统是否可分解为与系统其他部分只存在弱关联的子系统、簇群或相互依赖的元素集合？就旅游来说，根据旅游总系统（overall tourism system）的定义，可以识别出一系列子系统，但子系统与总系统之间的关系强度取决于系统的结构和动力学特征（dynamics）。例如，特定企业网络（或产业区、集群）可看成是一个更大的经济系统的子系统。

旅游的系统本质甚至已被意大利法律所认可（Legge Quadro sul Turismo，No.135/2001）。该国创造了一个名为"本地旅游系统"的经济政策工具：

> 我们所说的本地旅游系统，不管其旅游环境是单一的还是综合的，都由隶属于不同区域的领地（territories）组成。本地旅游系统的特征之一是可以综合供给文化或环境产品及旅游吸引物，比如典型的农业和地方手工艺品。另一特征是个体旅游企业和合伙型旅游企业的广泛存在。
>
> （国家旅游法律改革，法律，2001年3月29日，第135号，Candela等译，2005：2）

旅游研究文献发现的其他各种尺度的子系统举例如下：
- 旅游吸引物系统（例如McKercher and Lau 2007）。
- 旅游生产系统（Roehl 1998）。即"提供旅游服务的企业和其他组织的混合体"（Roehl 1998：53-54）。
- 旅游消费系统。伍德赛德和杜碧拉（Woodside and Dubelaar 2002）将其定义为任意旅行者在旅游之前、期间及之后关于旅行的想法、决策和行为的集合。旅游消费系统的核心观点是：人们围绕某种活动的想法、决策和行为也会影响其他多种行为的想法、决策和行为。

关联（links）是否涉及流动、因果关系或"黑箱"关系（后者是指某种关联的后果已知，但引发这一结果的前因未知）？旅游系统中的游客流非常容易识别。在某些情况下，资本和能量流也很容易识别。然而，由这些流所导致的部分因果关系可能令人费解。

系统是否存在反馈？即 x 的变化是否会激发 y 的变化，而 y 的变化是否会反过来对 x 产生正面或负面影响？客源地与目的地的市场互动所产生的旅游影响显著地体现了这一点。具体来说，游客（y）导致目的地（x）变化，目的地（x）的变化在未来某个时刻又会导致游客（y）行为的变化（如图2.3（a）、图2.3（b）、图2.3（c）所示）。

第二章　理解影响

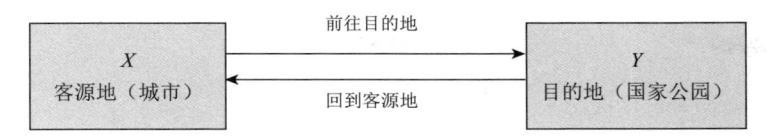

```
┌─────────────┐   前往目的地   ┌─────────────┐
│      X      │ ←──────────→ │      Y      │
│ 客源地（城市）│   回到客源地   │目的地（国家公园）│
└─────────────┘              └─────────────┘
```

图 2.3（a） 旅游系统中的反馈；假定的客源地 x 和目的地 y 发生市场交互后的系统图。可将其看成产生游客的城市区域（x）和一个国家公园（y）之间的关系。

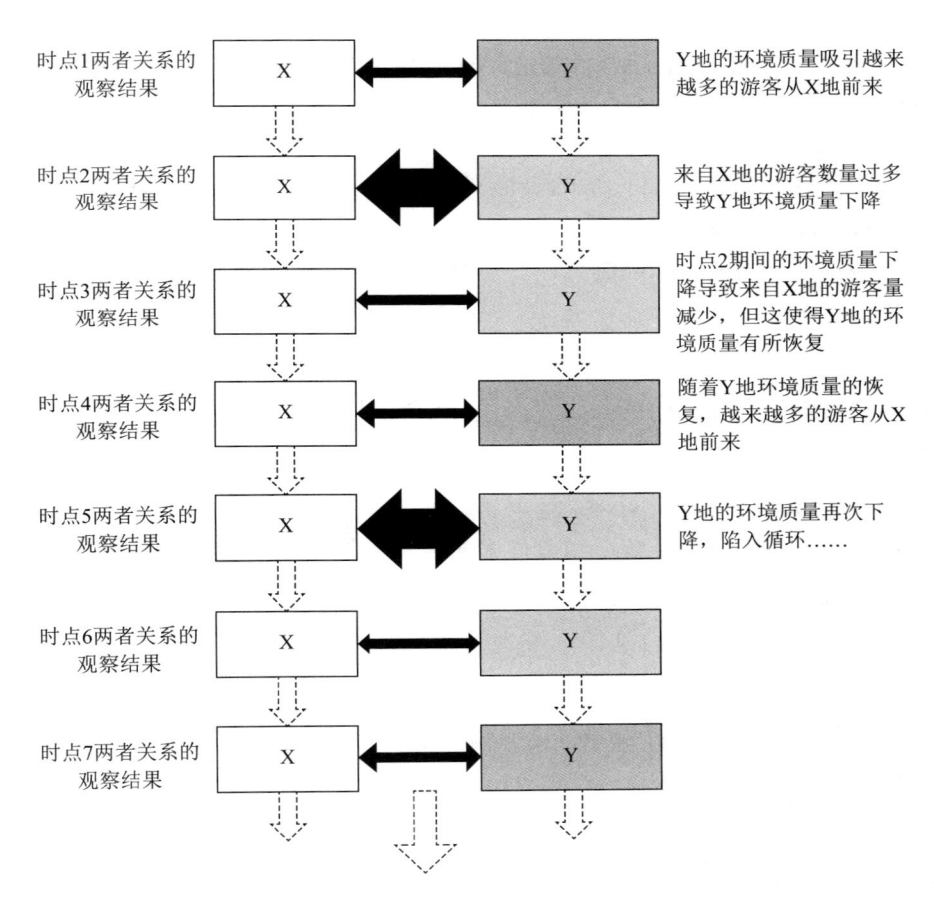

时点1两者关系的观察结果	X ⟷ Y		Y地的环境质量吸引越来越多的游客从X地前来
时点2两者关系的观察结果	X ⟺ Y		来自X地的游客数量过多导致Y地环境质量下降
时点3两者关系的观察结果	X ← Y		时点2期间的环境质量下降导致来自X地的游客量减少，但这使得Y地的环境质量有所恢复
时点4两者关系的观察结果	X ⟷ Y		随着Y地环境质量的恢复，越来越多的游客从X地前来
时点5两者关系的观察结果	X ⟺ Y		Y地的环境质量再次下降，陷入循环……
时点6两者关系的观察结果	X ⟷ Y		
时点7两者关系的观察结果	X ⟷ Y		

图 2.3（b） 该例子假设客源地 x 和目的地 y 发生市场交互后，y 的变化受 x 的影响。箭头粗细表示 x 和 y 之间关系的强弱（往返 x 的游客数量）。游客数量被认为会影响目的地 y 的环境质量；而从下一时点的数据和系统反馈则可看出，y 的环境质量也会影响未来从 x 前往 y 的游客数量。y 的环境质量也通过方框底色的深浅来表示，底色越深，环境质量越高。

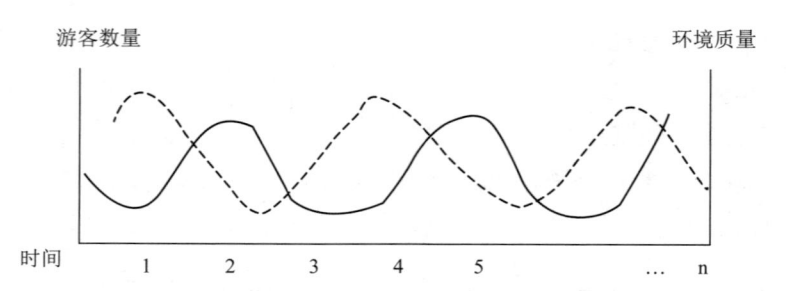

图 2.3（c） 利用假设的数据所展示的来自 x 地的游客数量和目的地 y 的环境质量之间的关系。虚线表示环境质量，实线表示游客数量。

客源地和目的地间关系的表征对旅游地生命周期研究具有重要影响（Butler 2006a，b）（参见第七章）。在生命周期研究文献中，系统扰动与回到平衡状态之间的时间间隔被称为"弛豫时间"（relaxation time）。这一概念也许同样适用于理解旅游系统。然而，在旅游生命周期研究的许多案例中，平衡状态的特点和条件都没被识别出。或许研究的时间尺度还不足以观察到系统平衡状态的回归，或者说即使回到了平衡状态，也没有被人们认识到。

一些研究者（如 McKercher 1999）认为，旅游实际上是一种混沌的、非线性的、不确定的系统。当前许多旅游理论框架和模型都无法充分解释旅游系统各种要素之间的复杂关系。造成这一局面的一个重要原因是由于以下这一差异：我们是将系统观视作一种解释或教育工具的隐喻（例如 Leiper 1989；Mill and Morrison 1985；Cornelissen 2005），还是将系统作为从统计学角度解释变量间正向和负向关系并进行正式的系统分析的具体框架（Preobrazhensky et al.1976；Lazanski and Kljajic 2006）？这二者是有区别的。在旅游研究中，前一种做法占主导地位。人们往往将旅游描述为"复杂"而"混沌"的系统，但没有发挥这些概念在其他系统研究领域所具体进行的那种分析性和预测性功能（例如 Faulkner and Russell 2003）。

系统之所以被认为复杂，乃是因为"系统的某些部分存在非线性关系。系统要素间很少存在简单的因果关系，例如轻微刺激可能产生难以预测的巨大影响，也可能不产生任何影响"（Baggio 2007：5）。而一个复杂系统"只有被看成是一个独立于系统要素数量的整体时才能被理解"。此外，复杂系统还是"通常由大量要素构成的集合，且这些系统要素的行为是各个要素行为的累积和（cumulative sum）"（Baggio 2007：6）。旅游通常被描述为一个复杂系统（Walker et al.1998；Ndou and Petti 2006）。

五、旅游作为一个复杂适应系统

复杂系统的一种特殊类型就是复杂适应系统。复杂适应系统是由交互的自适应能动者（也称为要素）构成的一种复杂的、自组织的和自相似的系统（在不同尺度上都与自身相似）。复杂适应系统可同时用于描述自然和社会系统，其定义如下：

> 由多种能动者（可以是细胞、物种、个人、企业、国家）并行构成的动态网络。这些能动者不断地对其他能动者的行为采取行动或加以响应。复杂适应系统的控制往往是高度分散、去中心化的。只要系统出现统一行为，一定是各能动者互相竞争和合作的结果。系统的总体行为是许多个体能动者每时每刻做大量决策的结果。
>
> （Holland in Waldrop 1992：144）

生态系统被广泛用作自然复杂适应系统的示例，而社会系统的例子则包括社区和股票市场。复杂适应系统的运行基于三大原则：（1）系统指令依状态而生且具有自组织性，无法预先给定；（2）系统历史不可逆，系统的未来行为取决于之前的系统行为；（3）系统的未来有时不可预测（Dooley 1997）。旅游作为一种经济活动，具有多种上述特征（Hall 2005a；Farrell and Twining-Ward 2004；Baggio 2007），例如由企业、组织、决策个体等许多不同的能动者构成的旅游目的地。图2.4给出了旅游复杂适应系统的示意图。

当在系统论和复杂适应系统背景下考虑旅游影响和变化时，有若干重点要注意。这些重点可总结为广义的尺度、网络和行为等概念。

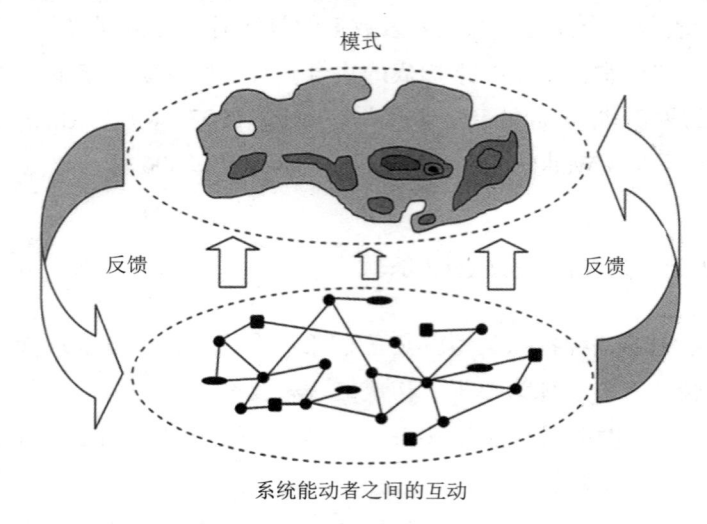

模式

反馈　　　　　　　　　　　　　　　　反馈

系统能动者之间的互动

图 2.4　复杂适应系统（CAS）。本图尝试表示复杂适应系统。旅游系统内的各种能动者不断交互，且这些能动者与来自不同行业的企业能动者发生交互，进而产生创造各种模式的管制（这里的模式是指旅游系统中游客过夜的位置分布）；这反过来又会反馈给系统并给各能动者传递信息，例如企业认识到游客分布后采取行动使相关模式对它们有利。如果我们可以按照过程观察其他时间点的情况（如图 2.3 所示），则可以发现新的游客过夜分布模式。

1. *尺度*。尺度影响系统的界定和观察到的行为，同时还会影响不同系统层次间发生的反馈过程。例如我们对要素的定义方式取决于我们在何种尺度上理解系统边界，或说"粒度水平"（Hall 2008c）。在复杂适应系统中，状况的显现被认为是一个自下至上而不是从上至下的过程，是一种由较小尺度到较大尺度、从微观行为汇聚为宏观行为的过程。生成的高层次行为又对低层次上的个体单位产生反馈。

就尺度来说，当我们选择系统分析水平（包括其子系统）时，将会面对一系列理解影响的重要问题。比如图 2.5 和 2.6 表明，就旅游和全球环境变化相关研究而言，人们对部分分析尺度进行了深入研究，而对其他分析尺度基本仍处于完全未知的状态（Hall 2004b；Gössling and Hall 2006a）。

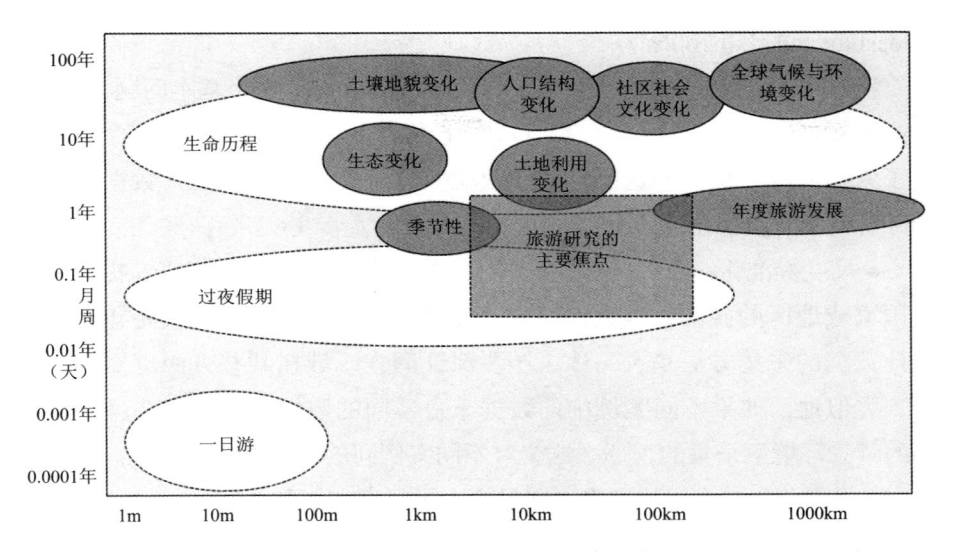

图 2.5　空间和时间粒度对旅游相关现象评估的影响（改自 Hall 2004a，b）

图 2.6　旅游分析中的尺度：根据以往研究成果，主要焦点是社会—经济系统，生物多样性及气候研究（Hall 2004b）

霍尔（Hall 2004b）明确指出，关于旅游的许多研究往往关注旅游目的地而忽略了交通通道和客源地等其他旅游系统要素。许多研究过于关注某一地点，因而潜在地局限了我们将旅游系统作为一个整体进行概括的能力

（Gössling and Hall 2006a）。

霍尔（Hall 2008c：81）认为，在尺度方面有如下3个基本问题：

● 尺度覆盖：我们是否已经在从本土到全球的相应尺度上对整个世界进行了常规的综合监测？这一点对于收集具有可比性的旅游统计数据及理解国际客流具有重要意义。

● 尺度标准化：我们从等价的样本框中获得了可比较数据吗？在比较不同国家或地区的旅游统计数据时经常面临这一问题。我们不仅要知道旅游统计数据的采集方法是否一致，还要保证调查区域在某些方面也要有一致性。类似地，如果不同案例中的数据来自不同的数据采集方法并且是在不同的背景环境下采集的，那么这会对不同案例间的等价性造成干扰。

● 尺度关联：可以识别出不同尺度水平间存在3种关联：

——相同水平：涉及比较关系；

——从高水平至低水平：是背景关系，例如国家层面的旅游政策便是分析地方层面游客数量变化的大背景；

——从低水平到高水平：群集关系，例如国家层面的客流是各个地方企业活动的结果。

尺度和系统边界的界定问题对于旅游管理、规划和政策制定同样具有重要意义，因为需要确保不同水平（或尺度）之间互相协调，以提高规划的有效性。当与行政管辖或治理尺度相联系时，环境问题会变得非常棘手（Gössling and Hall 2006a；Hall 2008c）。

旅游在时间和空间中延展，为被研究的系统设定边界是极其必要的，而被研究的子系统规模越小，则其对外界因素的开放程度越高，越容易变化。对目的地边界或分析影响时的任何边界的选择，都会影响该边界内系统变化的相对规模和程度。图2.7展现了会对旅游系统产生影响的尺度相关性（relativities of scale）。

这一问题对于理解目的地的空间边界具有重要意义，因为治理的行政权限边界与访客和旅游企业感受到的目的地的相对边界有所出入。另外，目的地边界还可能与生态边界（如流域）不相匹配，这使得问题更复杂。图2.8通过阐述旅游政策、行动者、气候、天气和研究如何与旅游和气候变化进行交互，进而阐述了尺度相关性的重要意义。因此，理解尺度问题是评估旅游影响及对旅游进行有效管理的基础。

空间 （气候） 领域	空间 （生物物理） 领域	社会经济 系统 领域	时间 速率、时长、 频率	制度 治理与规则	网络 社会联系	网络 产业联系	知识 事实
			缓慢/长时				
宏观气候	全球 大洲 生物群落 生物区 景观 生态系统 流域	全球 超国家 全国 区域 地方	深层次 千年 年度 季节	国际法 宪法 法律 规章制度 政策	全球 跨国 海外/移民 社会	全球 跨国 协会	普遍知识
中观气候				策略 操作性规则	大家族	集群	
微观气候	站场/小片地 物种个体	家庭 个体	每天 每时	项目 任务 行动与决策	家庭 个体	企业 个体	具体/情境性 知识
			快速/短暂				

图 2.7　旅游分析中的尺度相关性

2. 网络。微尺度网络——能动者交互集合——是复杂适应系统的本质特征。网络允许系统利用那些与其他能动者有本地交互（local interactions）的大量个体能动者来解决问题。

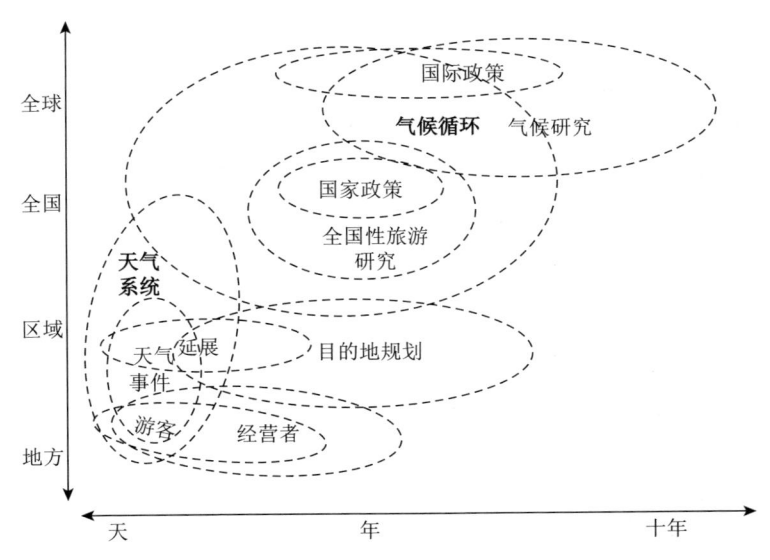

图 2.8　尺度与旅游和气候变化的相关性

能动者"本身无需'知晓'它们在这些行为中扮演着一定角色。它们积极遵守自己的微动力规则集（micromotivated rule-sets），并与本地网络邻居进行交互。系统利用这些行为便可进行信息的处理和学习"（Rogers et al. 2005：10）。网络自20世纪90年代以来便成为旅游研究的重要焦点，尤其是与合作的作用有关的研究——人们已经将合作看成学习和创新系统的重要特征（Hall and Williams 2008）。计算机和通信技术的进步，使得社交和协作网络突破了传统意义上的地理空间和尺度的约束，使得微尺度网络也可在全球范围内运行。这既为旅游目的地创造了广阔的市场机遇，又为游客带来了非常具有针对性和个性化的旅游机会（Lew 2009）。

3. 行为。网络的本地交互使得组织在上一层次产生了新的结构和行为。例如商会的合作效应将为组织中任何一方都无法独自达成的事情提供机会。对旅游来说，组织行为往往被适当调整，以适应联合营销方案的要求（见案例2.1）。然而，这对企业网络的作用来说具有重要意义，因为企业网络可能为旅游影响的管理制定新的规则和管制，比如制定旅行社和游客的行为准则、对餐饮和住宿制定绿色认证标准。

旅游系统和复杂适应系统的概念会影响我们对旅游本身及旅游系统响应变化的方式的理解（Farrell and Twining-Ward 2004；Scott and Laws 2005）。这些概念既有助于人们尝试着提出更全面地理解及管理旅游影响的方法（Hall 2008c），也有助于分析旅游竞争力和创新（Hall and Williams 2008）（见案例2.4）。在旅游的情境下，以有效且有意义的行动和管理为目标，这种方法可以整合不同的社会、经济和环境系统。

综合旅游管理（integrated tourism management）的定义如下：

> 促进旅游与生物物理资源、社会—文化资源及其他相关资源的协调发展的过程，目的是以用一种平衡方式实现经济成果和社会福利的最大化，同时不损害生态系统或社会系统的可持续性。

这种方法肯定了自然和人类系统间的复杂交互，同时承认自然和人类系统内部及二者之间需要一种综合机制，以支持可持续旅游发展目标（见

图2.2）。它与适应性管理（又称为适应性资源管理）的理念存在紧密联系（Holling 1978）。因此，系统性方法使得我们不仅能识别旅游和其他能动者内部以及旅游和其他能动者之间发生的变化，同时使得我们发展出可降低负面影响的机制。

复杂适应系统（如旅游）要求一个可以自我学习并适应条件变化的合适的管理框架。适应性管理是一种通过对运营、政策和研究的成果进行学习来不断改进管理策略、战略和实践的系统过程。关于响应旅游影响的规划和管理将在第六章展开详细讨论。在那之前，我们将给出旅游经济影响（第三章）、社会—文化影响（第四章）、环境影响（第五章）的概览，然后再讨论如何对旅游影响做决策响应。

【案例2.4】

旅游创新系统

创新系统及其相关概念（比如聚类和网络）在旅游研究中越来越重要（Hjalager 1999；Nordin 2003；Mattsson et al.2005；Novelli et al.2006）。创新系统由"互相关联的能动者"构成，这些能动者之间存在交互，并会影响某一系统内的创新的实现，其背景可能由以下一个或多个构成：
- 国家；
- 区域；
- 空间；
- 部门。

创新系统的关键特征往往被总结如下：
- 企业是公共和私人部门机构网络的一部分，其活动和交互可以产生知识、引入知识、修改知识、传播知识（包括新技术）；
- 不同机构之间存在关联（正式关联和非正式关联）；
- 不同机构之间存在知识资源的流动；
- 学习是一种关键的经济资源；
- 地理和区位具有重要意义（Holbrook and Wolfe 2000）。

例如，创新系统可被看成是多层次的机构和生产方式。这些机构和生产方式整合了国家、区域和本地的行动者群体、相关机构和资源，引发了相关行业的治理及国家所应扮演的角色问题（图2.9）。因此，创新系统框架需要分析给定地域（从地方到国家）内相关行动者（机构、大学、行业）的存在情况，它们的能力水平及其在创新信息网络中的交互。这样一种分析可为决策人员提供一种构建竞争力更强、效率更高的创新系统的工具。这方面的传统案例包括加州硅谷和加拿大渥太华的高科技产业的集聚，康涅狄格州中部地区在保险行业的主导地位，以及伦敦和纽约作为全球首要金融中心的地位。旅游相关产业集聚（有时被描述为"集群"）的案例包括拉斯维加斯赌博、娱乐和接待业的聚集，澳大利亚黄金海岸地区主题公园、住宿和吸引物产业（attraction industries）的聚集。

旅游嵌入在多种创新性系统中，在系统内主要扮演"使能者"（enabler）的角色。其主要作用方式是为商务出行提供支持和便利，并创造文化资本和社会资本。同时，旅游产业还可看成是特定创新和生产的部门系统（specific sectoral innovation and production, SSIP）。马莱尔巴（Malerba 2001: 4-5）将SSIP定义为：

> 具有特定用途的新产品和现存产品的集合，以及为了创造、生产、销售这些产品而进行市场化和非市场化交互的多个能动者的结合。一个部门系统拥有一定的知识基础、技术、输入及需求。这些要素可能已经存在，也可能正在形成或有可能形成。构成部门系统的能动者包括组织和个人（例如消费者、企业家、科学家）。组织可以是企业（例如使用者、生产者和进口供应商）和非企业组织（例如大学、金融机构、政府部门、贸易联盟或技术协会），也包括大型组织的子单元（例如研发或生产部门）以及组织群（例如产业协会）。能动者以特定的学习过程、能力、信念、目标、组织结构和行为为特征。它们通过沟通、交换、合作、竞争和指令实现交互，它们之间的交互受到制度（规则和管制）的塑造。随着时间的推移，部门系统将通过其各要素之间的协同演化而发生改变或转型。

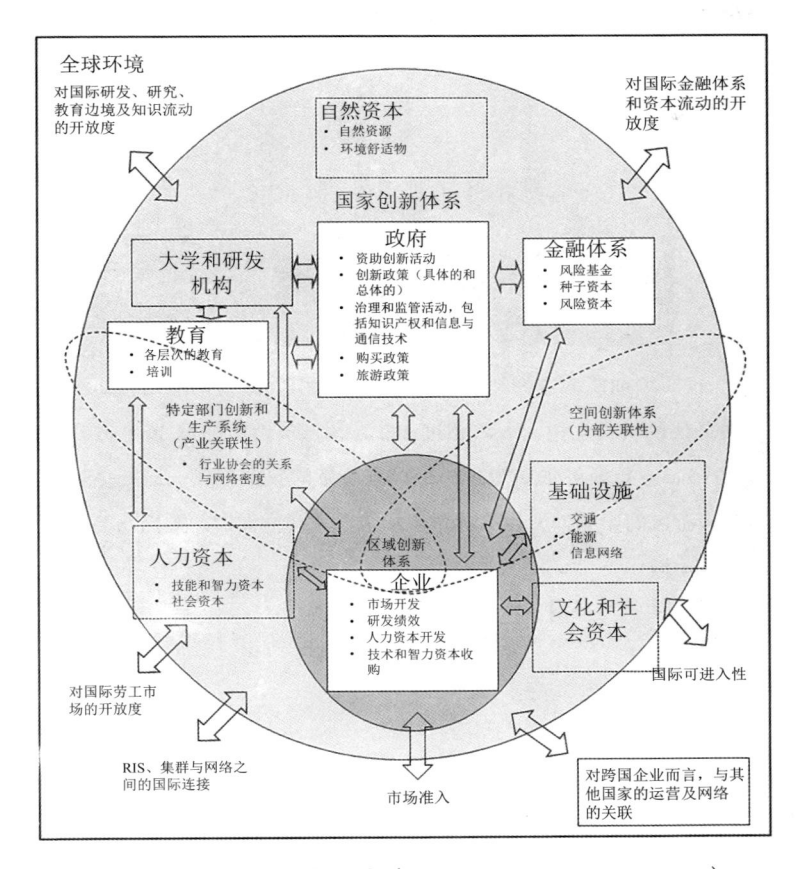

图 2.9　国家创新系统的要素（Hall and Williams 2008：113）

就旅游分析来说，SSIP 方法中的系统要素可通过多种方式实现汇聚，其中可能包括部门和子部门、能动者或功能的讨论。部门系统可从狭义的产品系列（例如生态旅游）进行考察，也可以广义的方式进行考察（如将旅游业看成一个整体）。除企业（生产者和供给者）和非企业组织（国家旅游部门、金融机构）外，能动者在更低层次（个人或企业子单元）或更高层次（例如公共和私人联合会）的集聚也可在部门系统中扮演重要角色。

照片 2.6　拉斯维加斯大道的赌场和其他旅游吸引物。内华达州拉斯维加斯的都市区是美国发展最快的城市之一，人口超过 200 万，每年游客超过 3000 万，游客与本地人口之比高达 15∶1。拉斯维加斯也是旅游设施聚集的典型代表，这既尽量最小化了旅游对该城市非旅游区的影响，又为旅游企业和企业家建立面对面的网络与合作提供了机会。（Alan A. Lew 摄）

根据马莱尔巴（Malerba 2001，2002，2005a，b）的研究，SSIP 的部分关键要素如下：

● 产品：系统生产出来的产品。

● 边界和需求：技术和需求是一个部门系统中约束企业行为和组织多样性的潜在范围的主要因素。部门不同，这些约束因素也不同。这些约束最终会影响部门的性质、边界和组织，同时成为部门变革和增长的重要源泉。企业结构和市场需求，以及特定的技术环境，决定了企业进行创新和生产活动时所需解决问题的性质，以及创新和生产活动的资源与动机。然而，在这些总体约束中，不同企业的创新和生产行为与组织一直存在丰富的多样性。"依赖性和互补性决定了部门系统的真实边界。它们可以发生于输入、技术和需求层面，并可能涉及创新、生产和尺度"（Malerba 2002：250-251）。

● 知识和学习过程：知识是创新和生产的核心。知识在不同领域的不同部门中各不相同。例如，科学或技术领域的知识便不同于营销和生产需求知识。而且，知识在如下方面也存在差异：可获得性（对企业来说，知识属于内部知识还是外部知识），机遇（切实利用知识的能力），累积性

（新产生的知识建立在先前知识之上的程度）及可模仿度[①]（appropriation）（保护创新免受模仿的可能性）。这些随着每个经济部门的技术和学习体制（learning regime）的不同而变化（Malerba and Orsenigo 1996, 1997, 2000）。

● 能动者：一些能动者是 SSIP 中的行动者，包括企业、用户（例如，服务型产品中的消费者及中间商业用户）和供应商。与产业经济学方法不同，SSIP 方法中的市场需求并没有被看成是相似购买者组成的集合，而是由具有特定属性、知识和能力的异质能动者组成的集合。这些能动者以不同方式与生产商进行交互（Malerba 2001）。类似地，企业也被看成是异质的，具有很多不同属性，例如价值观、行为、经历、组织、学习过程、发展轨迹、创新能力及与消费者（需求）的关系。非企业能动者也是 SSIP 的要素，包括一系列支持创新、传播和生产的政府组织、准政府组织和非政府组织。同样，就像先前讨论过的国家和区域创新系统的政策激励一样，它们也在不同部门中存在显著差异。例如，在不同国家的国家部门系统中，政府在激励旅游知识转换的过程中扮演着不同角色（Hall and Williams 2008）。

● 网络和交互机制。在 SSIP 中，异质能动者通过市场化和非市场关系建立关联。由于知识基础、观念、价值观、能力（包括学习）、技术、输入、需求特点和行为方面的差异（包括关联的创建和互补性），不同部门内和不同部门间的异质能动者的互动与网络也具有不同的类型和结构（参见 Edquist 1997）。

● 制度。政府和非政府性质的制度安排都对创新系统具有关键作用。普遍制度和部门专有制度的组合将决定这些互动如何与国家和区域创新系统相联系。

● 变异产生和选择过程。变异创造过程涉及产品、技术、企业和机构、策略和行为，并且与进入、研发、创新、退出的诸多机制相关。这些机制彼此互动并促进了不同层面的变异和能动者异质性。例如，对于新企业在

[①] 译者注："appropriation" 原意是指挪用、盗用。这里更多是指创新被模仿、抄袭等。

不同经济部门的进入和生存，不同的部门和国家可能会存在很多显著差异（参见 Hall and Williams 2008）。相反，选择过程减少异质性，这不仅涉及市场的决定性角色，还涉及非市场选择过程的作用。例如，政府选择支持某些企业、区域、部门，而非其他。

创新系统的概念对于理解企业、公共组织和旅游目的地如何通过适应和缓解策略来响应改变至关重要。例如有些目的地就明显比其他地方更能建构管理能力和资源能力。因此，即使当其他重要因素，比如金融资源的可得性或外部变化强度，都跟其他地方相同时，它们也能更有效地应对外部变化。所以，目的地可以被视为一种区域创新系统，"经济、政治和制度关系的集合在既定的一个地理区域出现，会促成一个集体学习的过程，这一过程带来急速的知识扩散和最佳实践"（Nauwelaers and Reid 1995：13）。不同目的地有不同的区域创新系统。这些系统随以下方面的变化而变化：

● 企业和其他相关非盈利组织和公共组织的创新能力。这些能力受组织的专业化水平、功能与组织特性影响；

● 其依托现存集群和网络的互动倾向及行动者对于合作的态度；

● 构建相关制度（例如，研究、教育和知识转移）的能力和在"治理模式"中（应对问题）的能力；这些决定于他们的决策权力、金融资源、政治合法性和政策导向。

作为这些差异的结果，可以预期，一些目的地可能会有较弱的创新系统，而其他地方会有更高程度的系统互动（Tödtling and Kaufmann 1998）。显然，这项观察对于理解与特定知识有关的信息——比如可持续旅游实践和影响最小化方面的知识信息——如何有效地被传播和运用很重要（Hall 2008c）。遗憾的是，很多关于旅游规划和可持续性的研究都没能意识到政策和规划系统中"封锁"（blockages）的作用，而可持续实践的失败和不可实施的原因很大程度上在于他们处理"技术"问题时本地层面对可持续性的社会建构的范围。这包含了创新的当地文化、政策导向和制度角色，包括他们的权力关系和贪腐倾向（Hall and Coles 2008b）。因此，需要在不同尺度的创新系统的情境下来理解影响的管理和消减。

来源：据 Hall and Williams 2008；Hall 2009a。

六、总结和结论

本书前两章通过概述旅游的概念化，为理解旅游影响提供了一个综合框架。本书对旅游的概念化涉及当代的流动性问题和分析性问题（issues of analysis），尤其是有关尺度和旅游实际发生于其中的系统的性质。我们注意到，在历史上，旅游影响只在地方层面被研究过，而且经常没有意识到影响并非只出现在旅程的最终目的地，而是出现在旅程的所有阶段。考虑到经济和文化的全球化进程影响着旅游、也被旅游所影响，现有研究却未能探讨国家和全球尺度上的影响，这一事实显得尤其重要。

本章还识别了可持续性这一概念在理解影响、变化及其管理方面的重要性。可持续性不容易被定义，但是它捕捉到了当代"世界的现状""多少有点扑朔迷离"的感觉（Mannion 1991：309）。可持续性有三个构成维度：经济维度、社会—文化维度、环境和自然资源维度。环境可持续性旨在维持生物物理环境未受损情况下的库容量和资源容量。换句话说，人类应该学会在环境的物理和生物限制中生存——环境既是物品供应者也是废物废料收容处（Goodland and Daly 1996）。经济可持续性指的是资本的维持以及资本分配上的更加平等（Goodland 1995）。社会可持续性为提升现在和未来所有人的幸福能力（capabilities of well-being）提供了保障。这一保障的实现不仅需要追求公平（能力的代际分配）的志向，也需要这些能力的代际传承（Lehtonen 2004）。可持续性的三个维度对旅游业都很重要（Gössling et al. 2009）。接下来的三章将讨论旅游的经济、社会—文化和环境影响。一系列问题将会被提出。但在可能的情况下，本书将从下列方面来探讨影响（参见图 2.10）：

- 尺度：全球/超国家，国家，社区/区域和个人。
- 环境：产生影响的某类环境。
- 时间：当阐述旅游过程是如何随时间发展而演化时，将介绍短期和长期影响的意涵。
- 形式：在某些情况下，将讨论特定旅游形式（例如生态旅游或文化旅游）的具体影响。

然而，正如上文已经提到的，考虑到开展旅游研究时面临诸多困难，我们讨论的很多影响都是零散的、非点（non-point）的影响，而不是那些与特定项目或事件有关的影响。由于以下原因，我们对旅游影响的理解依旧很零碎：

- 不同的分析尺度；
- 开展研究的地点有限；
- 所使用的研究方法有差异、不一致；
- 缺乏纵向研究；
- 很少真正对不同地方进行比较研究；
- 缺乏基线数据，比如旅游开始之前存在着什么；
- 缺乏有关生态系统、社区和经济体的适应能力的信息；
- 很难区分旅游引致的变化和其他活动引致的变化；
- 研究人员只聚焦于特定环境或某些旅游形式；
- 旅游领域缺乏有效的遍历假说（ergodic hypothesis）（参见 Hall 2008c：34–35）。

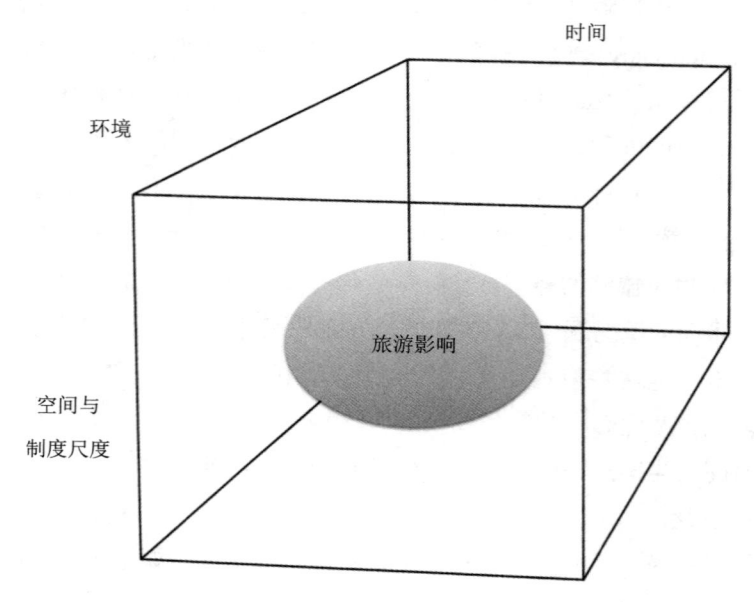

图 2.10　影响讨论的示意框架

遍历假说。如果对某个单一运动的长期观察与对从不同起点出发的多个运动的观察得到相同的测量值分布，那么这个系统就是遍历的。在生态学中，遍历假说是一种可以连接空间和时间的有利研究策略。由此，空间里的不同地域就能代表不同的时间阶段。例如，在生态演替方面，某一时点上，一个地域内的不同地点被用来表征一个较长周期内发生的物种成分变化的顺序。在旅游研究中，与遍历假说最接近的可能就是旅游地演化周期的概念（参见 Butler 2006a，b）。在旅游地生命周期理论中，在不同时间（可能还有空间）节点上的观察结果被用于表征一个目的地较长时间内会出现的变化的序列（包括：市场、影响、社区和环境变化等）。此后，这个模型被用作描述和理解其他地点的变化的模拟工具（Hall 2005a，2007d）。

不过，尽管这些局限性限制了我们对旅游影响的了解，但并不意味着这些影响就不存在。它们真实地存在，并且对旅游、对人类和旅游发生于其中的自然系统都有实质影响。

七、复习题

1. 关于尺度的三个基本问题是什么？
2. 布伦特兰报告中确定的五个可持续性基本原则是什么？它们如何能适用于旅游？
3. 系统的关键要素是什么？
4. 如果可持续旅游和可持续发展存在差别，差别是什么？
5. 回顾一个城市申办重大事件（例如奥运会、足球世界杯或世界博览会）的过程。与经济或环境影响评估相比，社会影响评估进行得如何？
6. 为什么主办重大事件的影响评估未被开展或未受要求？

八、延伸阅读推荐

Butler, R.W. (ed.) (2006a) *The Tourism Life Cycle. Vol.1, Applications and Modifications*, Clevedon: Channel View Publications.

Butler, R.W. (ed.) (2006b) *The Tourism Life Cycle, Vol.2, Conceptual and Theoretical Issues*, Clevedon: Channel View Publications.

这两卷关于巴特勒旅游生命周期（TALC）模型的书讨论了旅游目的地变化研究中最有影响力的概念。

Glasson, J., Therivel, R. and Chadwick, A. (2005) *Introduction to Environmental Impact Assessment: Principles and Procedures, Process, Practice and Prospects*, 3rd edn, London: Routledge.

虽然主要聚焦于发达国家的情况，但很好地介绍了环境影响评估。

Gössling, S. and Hall, C.M. (eds) (2006) *Tourism and Global Environmental Change*, London: Routledge.

该书提供了在全球尺度上理解旅游影响相关问题的讨论，还包含了很多专题篇章。

Gössling, S., Hall, C.M. and Weaver, D. (eds) (2009) *Sustainable Tourism Futures: Perspectives on Systems, Restructuring and Innovations*, New York: Routledge.

书中有几章讨论了旅游系统变化的性质及如何基于可持续性改进旅游系统。

Hall, C.M. (2008) *Tourism Planning*, 2nd edn, Harlow: Pearson Education.

书中第二章简要解释了有关旅游的可持续性问题，第四章详细阐述了旅游的系统分析问题。

Hall, P. (2002) *Urban and Regional Planning*, 4th edn, London: Routledge.

这本经典的规划教科书非常好地介绍了规划的一般议题和城市与区域规划史。

九、网络资源

欧盟（2006）项目环境影响评估，立法概要：http://europa.eu/scadplus/leg/en/lvb/l28163.htm。这是一个非常有用的立法概要，包含有关欧盟立法和欧盟其他环境活动的全文直链。

国际影响评估协会：http://www.iaia.org/。该网站提供了一系列有关影响评估原则的可下载 PDF 文档。

美国规划史之路·专题年表：http://www.planning.org/pathways/history.htm

联合国大学：http://eia.unu.edu/。联合国大学有环境影响评估的公开教育资源，包括环境影响评估课程板块以及教学指导。是学习环境影响评估一般原理的非常好的资源。

十、关键概念与定义

复杂适应系统（CAS）：复杂适应系统是由交互的自适应能动者（也称为要素）构成的一种复杂的、自组织的和自相似的系统（在不同尺度上都与自身相似），可同时用于指涉自然和社会系统。

环境保护：对人类使用生物圈资源的管理，使之对当代人产生最大的可持续收益，同时保留其满足后代人需求和欲望的潜力（《世界保护战略》的定义）。

环境影响评估（EIA）：在重大决定和承诺之前，识别、预测、评估和减轻发展提议中的生物物理、社会和其他相关影响的过程 [国际影响评估协会（IAIA）的定义]。

绅士化：在既定区位（通常是城市）中的资本再投资，目的在于为更富裕阶层的人而不是当前居住在此地的人创造空间。

影响：一个给定状态在外部刺激下随着时间变化而发生的变化。

综合旅游管理：促进旅游与生物物理资源、社会—文化资源及其他相关资源的协调发展的过程，目的是以用一种平衡方式实现经济成果和社会福利的最大化，同时不损害生态系统或社会系统的可持续性。

区域创新系统：经济、政治和制度关系的集合在既定的一个地理区域出现，会促成一个集体学习的过程，这一过程带来急速的知识扩散和最佳实践。如果发生在国家尺度则被称为国家创新系统。

社会影响评估（SIA）：识别目前已采用或被提议的，与个人、组织和社会宏观系统有关举措的未来结果的过程。

可持续发展：满足现代人的需求，且不削弱后代人满足其需求的能力的发展［布伦特兰报告定义（WCED 1987：43）］。

系统：一组有组织的要素，每个要素与其他各个要素以某种方式直接或间接地相互依赖。因此，系统的组成如下：

1. 一组要素（又称为实体）；
2. 要素之间的一组关系；
3. 要素及其所处大环境之间的一组关系；
4. 系统边界的定义或鉴别；
5. 有时还包括系统功能、目标或目的的识别，即使这只意味着系统正在进行的系统维系活动。

第三章　旅游的经济影响

> 【学习目标】
>
> 学习本章后，学生将：
> - 能够辨识用于测量旅游对目的地和国家的经济影响的变量和测量面临的挑战。
> - 理解旅游产业在影响当代各共同体的经济变化中所扮演的角色，尤其要理解共同体愿意发展旅游与否的原因。
> - 意识到旅游开发对目的地居民经济生活的潜在影响——消极影响或积极影响。
> - 理解旅游对国际贸易以及国家和区域经济的贡献。

一、引言

19世纪中后期，得益于以下几个重要发展，旅游在北美和西欧新兴工业化国家中日渐流行（Towner 1996）：

1. 生活水平的提高，尤其是受教育水平、识字率及可支配收入水平的提高。

2. 交通技术的发展，尤其是铁路和汽船的发展，使得更多人能以更低的人均花费旅行。

3. 对部分工人实施的年假制度和每周40小时工作制（作为保证健康劳动力的手段），为更长距离的离家旅行和游憩提供了更多时间。

4. 印刷通信技术的进步，这意味着新兴中产阶级能以相对较低的价格获取书籍、杂志和报纸，他们从中可以阅读到旅行和休闲的体验和机会。

5. 社会上日益认可休闲的重要性。

受以上方面的综合影响，一种大众旅行文化开始兴起，新兴中产阶级和上层工人阶级都渴望在假期外出旅行。政府和私营企业，尤其是铁路公司，都迅速认识到这些趋势并推动其发展，旅游由此成为另一个盈利产业（Votolo 2007）。"通过财政激励、研究、营销和推广协助"，旅游成为一个"实现经济增长与重组、增加就业机会以及区域发展等特定目标"的工具（Hall 2000：25）。不管是过去还是现在，这些目标对世界各国各级政府而言都十分重要。

旅行和旅游是世界经济的重要组成部分。它通过提供就业机会、增加税收总额以及制定发展激励措施来提升区域和地方经济发展水平。同时，旅行和旅游产业通过支持商务和会议旅行而服务于其他产业的发展，并为许多地方提供有吸引力的休闲环境。本章考察旅游在经济方面的重要性、在当代经济中的地位以及对于目的地社区居民生计的贡献。理解旅游经济首先需要掌握微观经济学和宏观经济学的一些基本概念。

（一）基础产业和非基础产业

旅游产业在很多方面有别于传统产业部门（参见第一章）。其中一大区别在于，旅游被视为一种出口产业，但国际旅游产品无法脱离生产它的国家而存在。旅游业与其说是将产品出售给消费者，不如说是将消费者带到产品前（图 1.7 展示了服务贸易总协定中与旅游和旅行相关的国际商业和不同服务供给模式的分类）。为了更好地理解这一点，需要引入基础产业和非基础产业的概念。

基础产业是指那些通过出口所有或几乎所有产品为共同体（community）带来直接经济收入的产业。传统的基础产业一般包括第一产业（如农业和矿业）和第二产业中的制造业（如汽车和家电产业）。这些产业往往都是出口产业——产品被销售至共同体或国家以外，从外部获得收入用以支付工人薪资并投资发展产品本身和新企业。城市理论认为，经济体无法脱离基础产业而存在，基础产业的产出或收入水平的任何实质变化都将对整个经济产生重大影响（Tiebout 1962；Blair 1995）。

第三章　旅游的经济影响

相反，非基础产业（有时也被称为支持产业）是指那些通过本地经济实现货币流通，但无法为地方直接带来大额新收入的产业。这些产业大多数是第三产业中的服务业（如零售业）。大部分非基础产业的变化只会对经济的总体状况产生有限影响。

旅行和旅游属于第三产业（服务业）。但是，因为它为共同体带来了外来游客的货币流入，同时也为基础产业提供支持，因而发挥着基础出口产业的功能并有助于当地经济的发展。因此，为游客服务的公司和个人都能够赚取目的地以外地区的金钱。然后，他们将这些钱花在目的地及周边区域，在直接旅游交易之外支持了额外的工人薪资、生产和利润。旅游的这种经济价值是很多拥有满足游客潜在兴趣的资源地热衷于开发和推广旅游吸引物的唯一最常被提及的原因。根据世界贸易组织（WTO）的说法，对于全球 80% 以上的国家而言，旅游业是最主要的五大出口产业之一；同时，对于全球至少 38% 的国家而言，旅游也是赚取外汇的主要手段之一（UNEP 2001a）。例如，在非洲的商业服务出口中，旅游收入最重要。据估计，非洲超过一半的商业服务出口由旅游服务贡献，并且与运输业或者其他商业性服务产业不同，非洲的旅游收入超过了旅游支出（例如游客在非洲的消费多于非洲人在非洲大陆以外的消费）（WTO 2006）。

正如第一章提到的，旅游业与传统出口产业的另一区别在于：生产者和消费者必须同时出现在一个地理空间内才能实现旅游交易（Daniels and Bryson 2002）。这也被称为共同创造或共同生产。拥有这一特性的其他经济活动是卫生保健和高等教育。然而，就像网络教育的诞生正在改变教育产业一样，旅游业也正在被在线旅行服务所改变（Beldona 2005；Lew 2009），虽然绝大部分的旅游体验仍然毫无例外地发生在一个物理空间中（参见第二章关于旅游和服务关系的讨论）。

作为附带的收益，旅游开发经常被认为是舒适物的供给并能提升一个地方的生活质量（详见第五章）。由此，旅游开发的影响也经常被认为是有利的。但是，如同大多数经济活动一样，旅游开发占用空间，花费资金，还消耗资源。不同层次的旅游开发会产生各种广泛的社会、文化和自然影响。与经济相关的社会影响将在本章讨论，而其与文化相关的社会影响将在第四章重点讨论。

游憩资源的开发与旅游业开发密切相关。游憩与旅游的不同之处在于，游憩场所最初主要是为当地居民设计的，而旅游场所则为"外来者"设计。使用这种二分法意味着游憩是一种非基础产业，而旅游是基础产业。虽然这一区别在理论上非常明晰，但是在实践中却界限模糊，因为界定居民和游客的标准存在差异（参见第一章对游客的正式定义），并且在某一时刻、某一地点（如休闲场所）消费某一产品时，本地居民和外来游客两个群体是混合在一起的。

除场地设施外，游憩者与游客还拥有相似的动机、行为和活动——并且会产生除旅行影响之外的相似影响。但是与旅游相比，游憩更多是一种本地现象。比起旅游产生的影响，游憩的影响更容易被本地接受。旅游影响被认为是外来者（"那些游客"）产生的，因而受到更多的笔墨关注，尤其是这些影响被某种程度上感知成负面时。

（二）供给和需求

研究旅游经济学的一种常见方法是将其分成供给和需求两大板块分别进行研究。旅游业的供给侧指的是游客可获得的目的地资源，包括所有形式的设施和吸引物（例如公园、沙滩、商店和娱乐场所）以及配套基础设施（例如交通、酒店和餐厅）和服务（例如旅行社、游憩计划和活动）。

需求侧是指被吸引物和设施吸引的市场（或人群），包括各种不同类型的游客（或细分市场），比如不同客源地、不同年龄和收入、不同动机和兴趣的游客。对特定目的地来说，就是"谁是该地的客户或游客"的问题。

旅游开发最初既可能受供给侧的激发，也可能受需求侧的激发，虽然二者对最终的成功都是不可或缺的。在供给驱动的开发模式中，就消费者寻求的价值而言，旅游目的地的吸引物扮演了非常重要的角色，它创造了自身的市场需求。具备这种吸引力的自然旅游地包括美国亚利桑那州的大峡谷、新西兰的米佛尔峡湾和坦桑尼亚的乞力马扎罗山。人造场址（built sites）的案例则包括巴黎的埃菲尔铁塔、柬埔寨的吴哥窟以及迪拜的比斯迪拜塔（Burj Dubai）——世界上最高的建筑物（截至 2008 年）。

这些一流的场所与众不同的特质使得它们只需要最少的旅游营销和基础设施开发就能形成一个小型旅游经济体系。而一个更有影响力的旅游经济体系则需要供给侧资源的提升，包括交通系统的提升，建设新的和更好的住宿设施，以及加强资源的合理配置使其能够在不退化的同时容纳大量游客。其中，交通连通性尤为重要，如果缺少合理便捷的道路，游客将无法到达宾馆和景区。媒体和营销活动也极其重要，二者都能够创造游客认知，并为旅游目的地或者吸引物塑造品牌形象。因此，需求侧的营销活动在拓展旅游市场中的重要性逐渐增长。

在自由市场经济条件下，商品被假定是为适应消费者市场需求而生产的。当消费者对某种商品（包括旅游产品）产生消费需求时，市场就会有所反应，提供更多的商品或服务。那些能够很好地满足市场需求的生产者将会获得经济成功。能够识别潜在消费者需求然后生产出与其需求相符的产品是企业家所必需的能力。有时，企业家甚至能够通过新产品的成功营销创造先前并不存在的需求。

基于需求侧的旅游开发的著名案例包括主题公园（例如迪士尼、海洋王国）、游轮产业及博彩旅游地（例如美国内华达拉斯维加斯和中国澳门）。从结构的角度看来，这些都是位于目的地的供给侧产品。但是，这些产品的选址、设计、便利设施（amenities）和特色都是为吸引构成其主体市场的客户和游客设计的。然而，市场利润总是随着消费者偏好以及其他目的地的竞争而不断变化，因此，需要及时调整以适应游客新的需求和期望。意识到创业活动并非发生在真空中也十分重要。不同国家、区域和地区的政府机构都愿意放松管制要求并且提供直接的财政激励以鼓励它们非常渴求的企业和企业家在自己的目的地（而非其他目的地）开展经营。然而，只有充分理解消费者的需求动机才能够成功设计、开发、促销最多的吸引物和产品。本章讨论的旅游需求动机主要聚焦在出于统计目的的定义。第四章还将在认同和自我实现的背景下讨论旅游动机。

每个旅游经济体系的存在都必须同时包含供给和需求两个方面，不同体系的差异在于侧重点的不同。供给驱动的经济体系一般更多地关注旅游吸引物，包括保护其原真性及对游客的教育，而需求驱动的经济体系往往更多地关注消费者意识、形象创造和创新性的游憩机会。

二、旅游业

作为一个蒸蒸日上的跨国多部门产业，现在地球上几乎没有哪个地方与旅游经济无关。在某些地方，游客的数量大幅超过了本地居民的数量。例如，夏威夷的年度游客总量超本地居民总量，比例超过六比一（2006年游客数量为760万人次，而当地居民总量为120万；HVCB 2007；参见照片2.6）。如第一章和第二章所述，作为推动地区间人口流动的强劲动力的旅游业非常复杂且难以给出定义。传统产业往往只致力于单一核心产品（例如汽车或电脑）的生产、销售和服务，旅游业却包括了很多不同的要素，其中有些要素专门服务于旅行的大众（例如航空客运），有些则可能服务"非游客"多过游客（例如餐厅和博物馆）。这种现象被称作"部分产业化"（Leiper 1989：25），主要指这样一种情况：

> 只有直接为游客提供物品与服务的特定组织才被归入旅游业。游客消费的物品与服务总和与这一产业提供的所有物品与服务总和之比被称为产业化指数。理论上，指数范围为100%（完全产业化）至0（有游客及其消费，但没有旅游业）。

与此相反，从供给侧的视角看（见 Smith 2004；第一章），旅游业包括对旅游产品[①]的生产有所贡献的所有经济活动。换言之，旅游业包含经济体中那些会因为旅游的"缺席"而大幅缩减规模甚至消失的部分。虽然"大幅缩减"并不是一个统计常数，但是我们仍然能够发现与旅行和旅游业相

[①] 译者注："commodity"一词有商品、日用品的意思。考虑到"旅游商品"在中文中有专门的意思，因此本书统一将"tourism commodity"译为"旅游产品"，将"commodity"译为"商品"。

第三章　旅游的经济影响

关的经济部门包括以下几个部分：

- **旅客交通**：包括航空公司、机场、火车、巴士、出租车、私家车、小船、渡轮、邮轮，以及以上交通方式的服务与检修、旅行社和在线交通预订服务。交通部门服务于本地和附近居民、不在目的地过夜的一日游游客（day-trippers）以及非休闲的商务旅行者。一日游游客和商务旅客有时被归入游客范畴，有时则不然。一个国家或社区如何计算游客抵达量和接待量将会对目的地最终公布的数据产生重大影响［需要注意的是：旅客交通在整个国际交通服务贸易中占25%左右。大部分的国际交通服务实际上是货物运输（WTO 2007b）］。

- **住宿**：包括酒店、汽车旅馆、度假村、野营地、亲友的住所及邮轮；服务于这些住宿形式的企业；以及旅行社和在线预订服务。通常只有住酒店、汽车旅馆和度假村的旅行者才会被纳入当地和国家的经济统计中，因为这部分游客的数量和花费能够从当地政府的抽样和营业税额中推算出来。借住在亲友家中的游客是最难进行统计的。

- **餐饮**：包括餐厅以及从路边小吃到邮轮餐食的各种形式的餐食提供场所；咖啡厅、酒吧以及其他饮品提供场所；其他为游客提供饮食的场所，例如食品杂货店、饮食批发商、为餐厅和其他饮食供应商提供其他服务的商业部门。商业普查统计中广泛运用的国际标准产业分类（ISIC）将这一类别称作"咖啡馆和餐厅"，并给出了狭隘的定义（例如，定义中并不包括食品杂货店和饮品批发商）。确定旅游对餐饮部门的经济影响是困难的，因为部分餐厅（例如酒店中的餐厅）主要为游客服务，有些则主要服务于当地居民。税收和销售数据是估算餐饮企业在本地经济体系中的重要性的主要数据来源。但是这些数据通常排除了该部门的一些非正式活动，例如街边摊贩。

- **吸引物**：几乎任何具有营销和社会环境的恰当组合的事物都可以是吸引物；吸引物在规模、形式、特殊趣味或大众吸引力方面存在相当大的差别（Lew 1987；同时参见第一章）。它们可以是公有或私有的、免费或者收费的，原真性程度也可大为不同。旅游业其他三个部门（旅客交通、住宿、餐饮）的设施也能够成为重要的旅游吸引物，尤其是当它们有遗产或怀旧特色时。统计数据易获取的大部分旅游吸引物集中于少数几类，例如博物馆、游乐公园（amusement parks）及游憩区域。更加严谨的旅游经济研究需要富有创造力的抽样方法以便理解更大范围的旅游吸引物的经济影响（参见 Ksaibati et al. 1994；Stynes 1999）。同餐饮一样，不同旅游地的吸引物在游客与居民之间的平衡也有很大的差异。

住宿和餐饮部门共同构成了"接待业"；有时，部分交通业也会被归入其中。有些设施在以上界定的四个部门中重复出现。例如，邮轮既是一种交通方式，也是一种住宿设施；同时，它还是一个提供餐饮的地方，而其本身就是一个吸引物。

事实上，在许多服务行业，已经没有清晰、简单的办法将它们多样化的产品有意义地加总为一个单一的、可与传统制造业相比较的总体产品。这是因为旅游业提供的大部分都不是物质产品，而是更多地保存在游客记忆里而非起居室里的旅游经历。旅游产品无法储存在仓库中，因为在游客体验之前，它是不存在的，而在体验结束后，它就消失了（参见第一章）。

另一种理解旅游经济的方式是不再将其视为服务业或任何一种产业，而是"将其视为企业内和企业间的生产链和信息流"（Debbage and Ioannides 2004：100）。史密斯（Smith 1998）将其描述为这样一个过程：这个过程开始于初始投入和要素，例如土地、劳动力和资本，然后将投入和要素转化为中间设施，例如飞机、餐厅和酒店，最终产生游客体验。虽然这一描述讨论了存在于整个旅游业中的供应链联系，但相同的进路也可用于理解某个特定目的地中任何一群企业之间存在的关系和互依。

（一）游客花费与旅游产品

作为目的地（不管是一个国家还是一个城市）经济体系中的一项经济

活动，旅游的重要性经常是根据游客在旅程全程中的花费总额来测定的。这包括为了游客的利益所进行的花费，例如旅行社在组织旅游团时代表游客与酒店签署的合同。某些特殊的前期准备费用也可被看作旅行花费，例如出行前购买燃料的费用。旅途结束一段时间内与旅游活动相关的花费（如衣物干洗费），也可能被计算进来。

正如我们在第一章中提到的，测算旅游经济规模的主要挑战，可被总结成以下四点：
- 游客既消费旅游产品，又消费非旅游产品；
- 当地居民既消费旅游产品，又消费非旅游产品；
- 旅游业既生产和消费旅游产品，又生产和消费非旅游产品；
- 非旅游产业既生产和消费旅游产品，又生产和消费非旅游产品。

任何能够用于交易的物品和服务，都被称作"商品"（commodity）。但是，有些定义认为商品只局限于有形物品。通过创造旅游吸引物和游客对体验的期望，旅游业设法在几乎所有方面都给我们的当代世界贴上一个价格标签。这被称作"商品化"（commodification）（这个术语在学术界更被接受，虽然"commoditization"这一术语也被广泛使用）。联合国世界旅游组织（UNWTO）将旅游产品（tourism commodity）定义为相当大一部分需求来自以消费者身份参与旅游过程的人的任意物品和服务（UNWTO 1994）。"相当大一部分"（significant portion）不是一个确切的数值，但是如果我们武断地假设它大于50%，那么一个旅游产品指的就是那些购买者中至少有50%是游客的物品和服务。

基于这个定义，一家餐厅如果有51%的消费者是游客，那么它就是一个旅游产品；如果它旁边的餐厅只有49%的消费者是游客，那它就无法被称为旅游产品。当考虑游客和非游客消费比例时，往往会出现新的挑战，因为不同的社区和邻里、不同的季节、周末或非周末，比例都不一样。也有理由不使用50%这一分界标准，例如拥有大量人口的城市与小城镇之间就存在明显差异。

1. 投入产出模型

在实践中，与面向居民的商品数量相比，游客消费的商品数量并不算多。识别一项商品的需求中有多大比例直接归功于旅游，需要旅游供需的重要数据。过去，这项工作依赖极其复杂并且耗时巨大的微观经济学投入产出模型（Stynes 1997）。这些模型测量一个共同体的货币流动（流入和流出），以及当地经济体系中所有企业和商业部门（包括旅游和非旅游企业）之间的货币流动。投入产出模型是地方经济体系的综合写照。然而，它们只适用于数据收集的时间节点，并且难以适用于区域经济体或者国家经济体。

国家测量商业活动的经济影响的更常用方法是根据国际标准产业分类（ISIC）和核心产品分类目录（CPC）对企业进行分类后，采用宏观经济调查并收集营业税数据进行测算（Smith 2004）。国际标准产业分类和核心产品分类目录都是出于统计数据整理和分析的目的将经济体中的每一个企业归入一个类别的标准体系。

这些分类体系中的类别被用于比较不同城市、州、省份以及国家间的经济，并通过加总的方式隐藏了单个企业的所有权信息。它们是国民经济核算体系（SNA）的基础。国民经济核算体系是"被大多数国家用于收集、整理和分析宏观经济绩效的账户框架"（Lew et al.2008：27）。遗憾的是，无论是在国际标准产业分类还是核心产品分类目录中，都没有包含"旅游产业"这一类别，所以也没有任何国家的国民经济核算体系包含旅游业。对此，旅游相关政府机构连同产业游说团体一起开发了一个测量旅游影响的独立方法：旅游卫星账户（TSA）（Smith 2004）。

2. 旅游卫星账户系统

法国的国家政府会计师（统计师）最早探索了如何分析国民经济中未被充分体现在国民经济核算体系中的部分。为此，他们发展了附属账户（卫星账户）的概念。这一概念运用到旅游业时，就形成了我们熟知的旅游卫星账户（TSA）。旅游卫星账户这种方法首先识别一个国家的总体经济（国民经济核算体系）中国际标准产业分类/核心产品分类目录表内各产业部门（账户）中旅游业所占的比例，再通过这一计算确定旅游业的经济贡献（Smith 2004）。

例如，在某国餐饮业中，可能有15%的利润来自旅游业，而在另一国，这一比例为 50%。将所有部门中旅游业的份额加总后就能确定旅游业对一国经济绩效的总体贡献。旅游卫星账户往往是为分析国家尺度的经济而构建的，因此，在决定哪些产品纳入旅游卫星账户时，全国平均水平起指导作用。然而，不同国家对于旅游产品的识别不尽相同。对于某些国家而言，工艺品、纺织品、农产品、水产品的需求可能绝大部分来自游客；而对于其他国家，却只有极少部分需求来自游客。因此，某一国家也许会将上述产品归入（旅游卫星）账户，而另一国家可能会完全忽略它们。出于这个原因，比较两个不同地方的旅游卫星账户的结果是不可行的，除非你完全有信心确保从数据收集到运用再到旅游卫星账户的建立都使用了相同的方法。

挪威就是建立旅游卫星账户的典型国家（表 3.1）。根据挪威的旅游卫星账户，2004 年游客消费总额约为 410 亿挪威克朗（相当于 49.7 亿欧元；41.4 亿美元），到 2005 年，游客消费总额增长到近 430 亿挪威克朗（相当于 53.5 亿欧元；44.6 亿美元）。国外游客消费 264 亿挪威克朗，商务游客消费接近 180 亿挪威克朗（Statistics Norway 2006）。据初步统计，2005 年旅游业总产值比 2004 年多出 74 亿挪威克朗，增幅为 5%。酒店和餐厅是旅游业总产值中占比最高的部门，二者共占旅游业总产值（或旅游产品的旅游消费总额）的 33%。据旅游卫星账户估算，2005 年挪威旅游业占国内生产总值（GDP）的 3.1%（Hall et al. 2009）。

表 3.1　挪威 2004 及 2005 年度旅游消费单位：百万挪威克朗，时价
（包括居民家庭、面向本地居民的产业和非本地居民在挪威的旅游消费）

旅游产品类别	2004	2005*	占消费总额的百分比（%）**
住宿服务	8 418	8 809	10.1
——酒店服务	6 942	7 324	8.4
餐饮服务	11 942	12 741	14.6
旅客交通服务	24 710	26 122	30.0
——铁路、有轨电车以及市郊快速交通	1 556	1 617	1.9

续表

旅游产品类别	2004	2005*	占消费总额的百分比（%）**
——固定班次公交车和出租车	3 203	3 572	4.1
——内河运输	1 322	1 156	1.3
——远洋及滨海水上旅客交通	3 419	3 548	4.1
——航空客运	15 210	16 230	18.6
包价旅游及汽车租赁服务	9 231	9 844	11.3
博物馆、体育活动等	2 178	2 374	2.7
旅游产品的旅游消费总额	56 479	59 890	**68.8**
其他产品			
——食品、饮料及烟草	4 671	4 973	5.7
——服装及鞋类	1 015	1 079	1.2
——纪念品、地图等	1 286	1 355	1.5
——其他交通花费	7 502	7 506	8.6
——其他商品及服务*	11 905	12 286	14.1
其他产品的游客花费总额	26 379	27 199	**31.23**
游客花费总额	82 858	87 088	**100**

来源：Statistics Norway 2006。

注释：* 暂计数。** 由于四舍五入，加总额也许不等于100%。2004年12月31日，挪威克朗兑换欧元的银行间平均汇率为：0.12120。2005年12月31日，挪威克朗兑换欧元的银行间平均汇率为：0.12450。

旅游卫星账户也能用于判断与旅游相关的销售中占比最高的产业类别，以便于将旅游经济活动及行为与标准产业分类的研究相关联。例如，在新西兰，与旅游相关的销售额在"住宿、咖啡馆和餐厅（ACR）"产业（接待业）的销售额中所占比例最高（74%），即"住宿、咖啡馆和餐厅"的销售额中，有 26% 与旅游不相关。其次是运输与仓储业，大约为 35%（Statistics New Zealand 2006），即与旅游相关的销售占运输与仓储业销售额的 35%。旅游卫星账户也能够用于比较旅游业与其他产业的劳动生产率的差异。在澳大利亚，与旅游相关的劳动生产率低于部分产业（例如制造业和批发贸易），但是高于另外一些产业（例如农业、林业和渔业）（Hall 2007a）。旅游业的"营业利润率远低于所有行业平均水平（22.0%），仅有 15.2%"（DITR 2002）。然而，需要注意的是，服务业的利润率水平普遍较低。

旅游卫星账户方法最主要的问题之一是，纳入分析的产业部门的选取以及各部门中旅游所占比例的确定是主观的、容易产生争议的。虽然旅游卫星账户为理解经济体中访客活动的经济影响及其产业关联提供了有用的基础，但是它也极易将与旅游无关的产品（至少是非普遍认可的）归入旅游产出的范畴（Productivity Commission 2005）。例如，在计算全球旅行及旅游经济规模时，世界旅游理事会（WTTC）将美国联邦铁路管理局（US Federal Railroad Administration）、美国国家公园管理局（US National Park Service）以及美国渔业与野生动物管理局（US Fish and Wildlife Service）的全额预算都归入其中（Lew 2008）。这种情况导致一些评论家认为，旅游利益群体采用旅游卫星账户并推广其结果已经误导了许多国家的人民，因为他们夸大了旅游业的规模及其所提供的就业（Leiper 1999）。此外，由于不同国家或地区在旅游卫星账户的计算内容方面差异极大，因此无法用来比较地区间的差异，甚至无法将旅游业与其他产业相比。旅游卫星账户最好用于理解单个经济体在某个时间节点上或数据可得的某一特定时间段内的产业关联，并比较其中的变化。

三、全球和超国家经济影响

旅行和旅游产业是全球最大的商业服务产业。世界贸易组织（World Trade Organization，并非联合国世界旅游组织——UNWTO）是监测国际宏观经济数据的主导性国际机构。世界贸易组织追踪国家间及主要经济部门间的进出口额，并按"商品"或"商业服务"归类。旅行和旅游业是世界贸易组织分类体系中商业服务类的一部分，但旅行和旅游业并不只放在某个单一类别中。相反，在世界贸易组织的分类体系中，设置有交通类和旅行类。世界贸易组织对这两类给出以下定义：

> 交通类包括由一个经济体中的居民为另一经济体系的居民提供的所有运输服务，包括旅客运输、物品运输（货运）、交通工具及其乘务人员的租赁（包租），以及相关支持及附属服务。
>
> （United Nations et al. 2002：36）

> 旅行类主要包括在某地旅行不超过一年的旅行者从该地经济体系中获取的物品与服务。这些物品与服务由旅行者购买（或其他人为旅行者代买）或无偿提供（即作为礼物提供）给旅行者供使用或转送他人。另外，旅行者是指在非其居留地的某地逗留不超过一年且其停留并非出于以下目的的人：(a) 驻扎在军事基地或作为政府机构代表而在该地工作（包括外交官员和大使馆、领事馆的其他工作人员）；(b) 陪同 (a) 情况中的人员；(c) 直接参与为另一经济体中的居民服务的生产活动。
>
> （United Nations et al. 2002：38–39）

虽然世界贸易组织的数据包含了进口和出口两部分，但本书讨论的重点在于出口，因为从目的地的视角看，出口对于目的地经济产生更加直接的可见影响（虽然在宏观经济层面，两者同等重要）。对于旅游业而言，如前所述，出口是指一个国家从游客在该国花费的货币中获得的收入，而进口则是指本国居民出国旅行的花费以及本国旅游供应商进口产品的花费。二者的差值称作旅游贸易平衡或者旅游收支平衡。例如，2005年欧盟的游客花费总额为2356亿欧元，旅游收入总额则为2326亿欧元，二者基本平衡。大约三分之二的欧盟国家都是贸易顺差（即来自游客的旅游收入额大于居民外出游客花费额）。旅游的经济重要性在一些热门旅游小国得到了充分的证明。在这些国家，旅游收入是游客花费的两倍甚至更多，例如希腊（4.5倍）、西班牙（3.2倍）、马耳他（2.8倍）、葡萄牙（2.6倍）和塞浦路斯（2.5倍）（European Communities 2007）。

2006年，交通服务（不限于旅客交通）占商业服务国际出口额的22.9%，而旅行服务（大部分是接待业，不包括交通运输）占27.1%（表3.2）。与其他商业服务部门相比，旅行服务部门在全球范围内的相对经济重要性自2000年（当年占比为32.1%）起逐年下降。过去几年中，交通服务仍然保持大致稳定的状态。所有其他商业服务（包括通讯、建筑、金融、保险、游憩和计算机服务）形成了国际服务行业的贸易平衡（参见Coles and Hall 2008）。

表3.2 世界商品及商业服务出口（2006年）

产品类别	2006年度总额（单位：十亿美元）	产品占比	出口贸易总额占比
商品贸易*	11,497	100.0%	80.7%
——燃料与矿业产品	2277	19.3	16.0
——办公和电信设备	1451	12.3	10.2
——化学制品	1248	10.6	8.8
——汽车产品	1016	8.6	7.1
——农业产品	945	8.0	6.6
——其他工业产品**	904	7.9	6.3
商业服务	2755	100.0	19.3
——旅行	745	27.1	5.2
——运输	630	22.9	4.4
——其他商业服务+	1380	50.0	9.7
——[旅游服务]++	[916]	[33.2]	[6.4]

续表

产品类别	2006 年度总额（单位：十亿美元）	产品占比	出口贸易总额占比
出口贸易总额	14,252		100.0

来源：WTO 2007a，b。

注释：

* 商品贸易类的产品主要分为农业产品、燃料与矿业产品以及工业产品；工业产品包括钢铁、化学制品、办公和电信设备、纺织品以及服饰。

** 其他工业产品包括钢铁、服饰及纺织品。

+ 其他商业服务包括通讯、建筑、保险、金融、计算机和信息、版权与许可服务、个人－文化－游憩以及其他未分类的商业服务；以上服务在商业服务出口总额中所占比例从 6% 到小于 1% 不等。

++ 旅游服务是旅行类的全部、交通类的 25% 以及其他商业服务类别的 1%。旅游服务不是世界贸易组织官方界定的类别。

2006 年，航空旅行人次数为 7.04 亿，航空和海运乘客人次数约占交通服务部门总人次数的 25%。但是不同地区间存在差异，例如在欧盟，这一比例为 20.1%，美国则为 33.3%（WTO 2007b）。交通服务的其他部分主要为货物运输。此外，2006 年共 8.42 亿国际旅行者花费了 74570 亿美金（WTO 2007a，b），创造了新的记录。与 2005 年相比，2006 年的国际旅游收入提升了 9%，虽然不是国际贸易中增长最快的部门，但其平稳的增长及相对低的进入成本使得旅游业对那些希望发展经济中的服务业部门以增加就业机会的国家和共同体而言，成为具有吸引力的选项。

虽然旅游业[①]并不是世界贸易组织分类体系中的正式组成部分，但它的价值仍然可以通过旅行服务、交通服务中的旅客部分（不包括货运）以及其他商业服务部门中的游憩部分的数据得以估计。据此合计，旅游业在所有商业服务的国际贸易中占三分之一的比重，在所有国际出口中约占 6.4%（包含商品贸易类产品）。根据世界贸易组织的分类，旅游业是 2006 年全球经济体系中的第六大产业（表 3.2），其贸易总额仅次于矿物燃料、通讯、计算机设备、汽车产品和农业（WTO 2007a，b）。

---

① 译者注：原文为"Tourism Sector"，意指旅游业是一个部门产业。考虑到中文习惯，直接翻译为"旅游业"。

第三章 旅游的经济影响

区域模式

纳入世界贸易组织分类体系的部门不仅可进行出口部门间对比，也可进行区域或国家间的比较。表3.3展示了2000年和2006年旅行服务进出口的区域分布。通过比较出口（一个国家从游客花费中获得的收入）和进口（一个国家居民外出旅游的花费）可以得知哪个区域从旅游中获益最高，也可得知游客花费的流向和来源。

通过全球层面宏观经济的比对，欧洲在旅行服务收入中的占比最大。同时，欧洲人在其常住国以外的花费高于其他地区旅行者在其常住国以外的花费（European Communities 2007）。而且，欧洲在旅游收入和旅游支出上的占比在持续增长，这可能反映了这一时期欧洲各国间旅游便利性的提高以及欧元的相对强势。

表3.3 世界各地区旅行服务在商业服务进出口总额中的比例（2000年和2006年）

区域	2000年出口（收入）百分比	2000年进口（花费）百分比	2006年出口（收入）百分比	2006年进口（花费）百分比
欧洲	45.8	47.1	48.2	49.3
亚洲	18.1	22.6	20.6	22.2
北美	24.4	19.2	17.9	15.4
南美及中美洲	4.9	3.5	4.6	2.7
非洲	3.1	1.8	4.3	2.1
中东地区	2.7	3.4	2.7	4.7
独联体	1.0	2.4	1.7	3.5
总额（单位：十亿美元）	465	434*	745	695

来源：WTO 2001a, b。

注释：*世界贸易组织并没有公布2000年的进口总额；这一数值是据2000年及2006年商业服务总额的估计。

和欧洲相似，亚洲的国际旅游收入（表3.3中不包括交通类服务收入）

也在一直增长。但是不同于欧洲的是，亚洲的游客花费额占全球游客花费总额的比例有所下降。一方面，较高的市场份额表明，亚洲国家作为目的地的热度在增长；其中，中国和东南亚处于这一地区的增长前沿。另一方面，亚洲游客花费所占比例的平稳而缓慢的下降可能反映游客转而选择亚洲境内的旅游地（与到欧洲或北美旅游相比更经济）。因此，在2006年，亚洲游客人均每趟旅程的花费相比2000年有较大幅度的减少。

与欧洲格局相反，北美的国际旅游收入和旅游支出的相对份额都经历了明显下降。旅游收入的大幅度下降与2001年9月11日纽约世贸中心的恐怖袭击及此后严格的边境控制直接相关（见案例3.2）。美国游客在其他国家的花费出现了虽小但依旧十分明显的下降。虽然两个年份的实际花费总额大致相等，但相对于世界其他地区明显可见的增长，北美旅游的发展充其量只能说是停滞不前。

全球大部分国际旅行发生在欧盟和欧洲经济区（European Economic Area）内。这说明其成员国之间的出入境相对容易。1985年，部分欧洲国家共同签署了申根协定，废除了参与国之间系统性的边境管制，并且制定了关于个人临时入境（包括持签证人员）、外部边境管制协调及跨境警务合作的通行政策。该协定由大多数欧盟国家和冰岛、挪威、瑞士共同签署。爱尔兰和英国仅参与了跨境警务合作关系（Hall 2008a）。因此，2006年，在世界贸易组织的旅行服务统计中，欧盟成员国的出口服务总额占整个欧洲的72%、全球的41.8%。在欧洲之外，大部分国际旅行发生在欧洲和北美之间，其次是这些区域（欧洲、北美）与亚洲之间。欧洲和北美在旅游收入（出口额）及旅游支出（进口额）两方面的主导地位反映了这两个地区的高旅行成本——相对于大多数发展中国家而言。亚洲靠前的排名得益于它内部庞大的、不断增长的中产阶级旅行人口。

世界上其他地方接待的游客数及旅游收入要少得多，且出国游客也少很多。但是，其中仍有两个地区的发展模式值得注意。中美洲和南美洲地区（简称中南美洲）及非洲的旅游收入都远高于其居民出国旅游花费。这说明，以上地区在经济发达的欧洲和北美的游客中很受欢迎，而上述地区严重的贫困状况妨碍了它们的居民参与国际旅游。这也意味着，与其他地区相比，旅游业对于中南美地区以及非洲的国家而言，是经济体系中更加重要的部分，这也使得上述地区（中南美洲、非洲）对旅行需求的波动性更加敏感。

照片 3.1　申根协定：芬兰与瑞典边境的冬日。此图显示的是以往从芬兰进入瑞典的每个人都需停留的海关及移民办公室。如今，这里的体育酒吧及其餐厅、夜总会成为在此停留的唯一理由。芬兰与瑞典各地之间往来的便利在功能上催生出了一个单独的边境城市，支持了位于瑞典境内的一家宜家商场的运营。宜家是一家瑞典公司，它的大型家具卖场是一种能吸引很大市场范围的顾客的"购物娱乐"（购物加娱乐）形式。宜家商场是旅游吸引物吗？（**Alan A.Lew** 摄）

北美同样是一个旅游收入（出口额）占比高、旅游支出（进口额）占比低的地区。这很可能是因为北美是一个深受欧洲及亚洲游客喜爱、但消费相对较高的目的地（在表 3.3 所示时段内）。另外，许多美国人有不到其他国家旅行的倾向。2006 年，仅 27% 的美国公民持有护照（Leffel 2006）。

中东和独联体则呈现相反的趋势。中东和独联体国家的居民在其他国家的旅游花费高于其他国家的游客在这些国家的花费。这是因为这些地区并非非常热门的旅游目的地，且去这些地区的大部分地方旅行很大程度上是有困难的。同时，这些地区的许多居民足够富裕因而很容易去国外旅行。目前，跟世界上其他地区相比，旅行服务在这两个地区经济体系中所占比重较小。亚洲也显示出这种模式；并且，随着中产阶级的迅速增长，亚洲展现出与独联体及中东许多相同的特质。

虽然欠发达地区在全球旅行服务经济中占比较低，但它们在旅游收入（出口）方面的增长率却远比发达地区高。2004年到2006年，独联体的旅行服务业的年均增长率为24%（WTO 2007b）。亚洲旅行服务业的年平均增长率为18%，非洲为16%，中南美洲则为13%。相比而言，作为发达地区的欧洲和北美，旅行服务业在同时期的年均增长率仅9%。

以上宏观经济数据显示，在世界任何地区的经济体系中，旅游业都是一个庞大且重要的产业部门。在更大、经济发展更好的地区，旅游业是一个成熟产业，其经济影响大小从游客花费（进口额）和收入（出口额）的绝对量就可看出。在一些较小的发展中地区，旅游业是经济体系中增长较快的产业部门，且对促进贸易顺差（即收入大于支出）通常至关重要（Coles and Hall 2008）。

四、国家及区域经济影响

（一）经济影响的测量

旅游对目的地的经济价值往往以游客数乘以游客访问期间的人均日消费额来进行计算（Stynes 1999）。另外，最终的运算结果会乘以某一倍数，以反映每单位货币在完全流出目的地之前被重复花费的几次。这也就是通常所说的乘数效应。

例如，某位游客向一家酒店支付了1美元，其中0.2美元可能会成为酒店所属国际公司的直接利润，另有0.3美元也许会被用于进口外来的商品与服务。这部分货币（0.5美元）被认为直接流出了旅游地，这被称为漏损。通常，由多国公司进行开发的高端旅游项目，会有很高的漏损率。

在剩余的0.5美元中，有0.1美元可能会进入当地的税收和用于公用事业，0.2美元用于支付员工薪资，最后0.2美元用于购买当地提供的商品和服务。在此情况下，在第一次循环后，原本的1美元花费中有0.5美元留在本地社区。当这 0.5 美元被再次用于购买其他商品与服务时，又将会有一部分比例的货币流出旅游地，而剩余部分则会在本地再次循环。这一过程将一直重复，直到原初的 1 美元全都流出旅游地。在这个案例中，直至这 1 美元中不再有任何部分留在当地循环时，它的经济乘数大约为 1.67。

这个例子也展示了游客花费如何直接或间接地影响当地经济。直接乘数效应通常与某产业中的初始花费有关，因为它们直接导致该产业中的就业和增长。酒店入住的游客越多，则所需要的人力也就越多，酒店的收入也会更多，酒店扩张也会加速。间接（或称"诱发型"）乘数效应的影响典型地出现在第二轮或第三轮花费中，包括酒店购买当地商品和服务（如洗衣服务）的花费、雇员满足自身需求的花费等。这些花费带来了更大地域范围的销售、收入和工作机会的增加。如前所述，在每单位的初始游客花费的每次循环中，本地或区域经济漏损会一直发生，直至初始游客花费很少或完全没有留存在本地。综上所述，"旅游乘数是额外游客花费所带来的总体效应（直接的和次生的）的一种度量"（Archer 1982：237）。

因此，旅游乘数关注的是旅游消费在特定经济体中过滤的方式，每一轮消费都刺激其他产业部门。这是以凯恩斯的部分收入再循环经济学原理为基础的。该原理认为，区域收入的一部分不断进入新的消费的过程将刺激进一步的就业和收入。学者们已开发出多种乘数，但旅游乘数可被视作"表示一个区域中游客花费每增加一个单元所产生的收入量的系数"（Archer 1982：236）。正如上述例子所示，旅游乘数是游客花费为区域经济带来的直接和次生的改变与直接的初始改变本身的比值。

旅游乘数的大小存在区域差异。乘数值取决于以下几个因素：
- 所分析区域的规模；
- 供游客消费的物品/服务的进口比例；
- 货币循环的速度；
- 游客花费的性质与模式；
- 合适的本地产品/服务的可得性。

旅游乘数的大小是旅游经济影响的重要度量，因为它反映了游客花费在经济系统中的循环（Sinclair et al. 2003）。一般来说，旅游乘数越大，目的地经济体系在提供旅游设施和服务方面的自给自足能力越强。因此，国家层面的旅游乘数一般会大于州、省或地方层面的乘数，因为在州或省域，旅游漏损会以向中央政府上缴税收的形式和从其他州进口物品和服务的形式产生。与之类似，在区域和地方层面，乘数将反映出小地方的高进口率及向州/省和中央政府缴纳的税收（Hall 2007a）。

在一个目的地中，每个产业都会产生不同的乘数。此外，旅游业乘数具有地域差异。因此，为全面了解旅游对特定地方的经济影响，需要运用之前讨论过的投入—产出建模方法对整个地方经济进行复杂的建模处理。如果这样的话，游客花费可进一步细分为：

● 不同的旅游市场细分（通常基于住宿类型），以识别其不同的花费模式；

● 不同的花费类型，例如住宿、餐饮、燃油、杂货、娱乐、博物馆和纪念品；

● 不同的经济部门，例如制造业、交通运输业、服务业和零售业。

作为旅游经济收益的度量，乘数这一方法受到越来越多的质疑，这主要是因为乘数的使用常常产生夸大的结果（Sinclair et al. 2003）。其他形式的经济活动也能产生与旅游类似甚至更好的区域乘数效应。然而，虽然学界对乘数这一方法的准确性有各种质疑，但是人们仍然对运用乘数来测算旅游经济影响的研究结果给予大量关注。此外，一旦一个地方的乘数被计算出来（不管使用何种方法），它就会被沿用很多年，甚至会被应用到其他被假定拥有相似经济模式的地方。这些应用都不是对旅游乘数的有效使用。

（二）旅游经济分析的常见错误

识别旅游的经济影响存在不少挑战。由于游客本质上是流动的，首要的问题便是本地经济体边界的界定。州、省、市和国家都有清晰的边界。这些边界拥有特殊的经济意义。但是许多小地方和社区没有这样的边界。

在数据收集过程中，边界在决定将哪些企业纳入其中时十分重要。与此相关的地理议题是，边界是判断一个人是不是游客的重要因素。第一章曾讨论过，距离是判断和区分游客与居民的主要决定因素之一，但也是比较武断的决定因素。在美国，界定游客的一个常用但并非通行的标准是50—100英里的旅行距离。其他距离标准也被用于划分不同类别的旅游流动。例如西澳旅游协会（WATC）(1997) 估计，1996年，在西澳以愉悦为目的的短途旅行（当天往返）超过1000万人次。西澳旅游协会（1997：1）对"短途旅行"的定义是"主要以愉悦为目的、旅行时间至少4个小时、往返距离50公里以上的旅程。对于去国家公园、国有林场、保护区、博物馆和其他人造吸引物的旅程，距离限制则不适用"。这些具体参数的选择原因不明。但是在不同行政辖区之间缺乏概念界定的一致性，是从事旅游和人类流动性的比较研究的难点之一（Hall 2005b）。

时间是界定是不是游客的另一议题。临时性或季节性访客的花费通常被算作旅游业收入的一部分。但季节性访客什么情况下会变成当地居民？在美国，如果有人在某地停留时间超过1天但少于六个月，他/她通常会被认为是游客。另一方面，美国政府认为，任何人在外国停留364天及以内就是游客，而逗留365天及以上则被算作他国居民。这种区分有重要的意义，因为人们在某地停留时间越长，总花费越高，但平均日消费越低。

特定类型旅行者的花费是否计入旅游业也会引发额外的问题。既可算作游客，也可不算作游客的旅行者类型包括：商务旅行者、探亲访友者（VFR）、异地就医者、大学生和寄宿学校学生、军人（同样在美国，一处居所的租赁期如果小于一个月，它是否算作一种访客住宿形式并缴纳相应的税金，取决于不同地方条例和法律的不同规定）。

一旦界定了区域和游客，接下来便要思考游客花费应包括哪些。从目的地（供给侧）的角度来看，一般情况下，花费始于游客抵达所研究目的地或区域的边界，虽然提前预定住宿和吸引物观光的费用也理所当然地包含其中。当从需求侧的角度看时，旅游总花费还应包括出发前和旅行结束后的相关费用。这种需求侧的视角更加关注游客行为（对市场营销有用），较少在意旅游对目的地的经济影响。

另一个界定方面的议题与"哪些产业与活动需分别纳入不同的经济部门"有关。当地手工艺品和农产品最可能源自和产自当地，而交通燃料和规模制造的纪念品则一般依赖外地进口。本地人也会购买上述产品。如何区分本地人购买的部分和游客购买的部分是一个挑战。旅游卫星账户（上文讨论过）尝试在国家层面解决这一问题。现在，旅游卫星账户也越来越多地被用于比较旅游业对一国内不同地区的贡献。例如，在北欧国家中，芬兰和挪威就用旅游卫星账户进行过次区域的旅游业比较（Hall et al. 2008）；但对地方或地区经济体来说，经常需要进行独立（非比较）的分析。然而，只有确保所有的变量和定义保持一致，这些比较才会有效。

经济影响的"猜测"

考虑到时耗、费用和所需统计数据，复杂的经济建模通常不适用于小型旅游目的地。在记录相关数据并向公众开放数据的国家，测量旅游经济影响的一个快捷方法是查看一个目的地或地区从酒店和餐厅中获得的税收额。由此，可以计算出一定时期内游客在这个目的地的两类场所（酒店和餐厅）中的总花费状况，进而可以估计游客花费总额。分析酒店是相当好理解的。虽然当地一些居民也会入住酒店，但酒店绝大部分的房间收益来自游客和其他相关的旅行者。

餐厅数据的收集会相对困难，但可以通过一段时间内的游客量（参考酒店收益）和每个游客在平均停留时间内的平均就餐次数来估算。这种方法可用于区分游客和当地居民的餐厅花费。其他旅游相关活动的估计也可利用相同的方法——税收额及游客和当地居民花费比例的估算。这种估算方法是否有效的前提是：当呈现最终结果时，其所使用的所有假设都应该非常清楚。遗憾的是，这个要求往往很难达到。

这种估算旅游经济影响的快捷方法假定存在某种形式的综合销售或增值税，并且假定它的收集细节是适当的。这在很多经济体中都难以做到。然而，因为"住宿与餐饮"是标准国际产业类型，至少有一些数据——即使是国家汇总层面的数据——通常是可能获取的。另外一种替代性的方法是逐个调查游客，询问他们在旅游地待了多长时间、花了多少钱、买了什么东西。这种方法比销售税法要耗费更多的人力、物力，但可收集到有关游客及其花费和行为的其他有用信息（Stynes 1999）（案例 3.1）。调查法也可用于修正基于销售税收数据的估算和外推结果，以增加准确性。

【案例3.1】

美洲印第安部落的旅游发展

在美国西南部的一个印第安保留地（因专有权问题隐去保留地名称），有研究者使用了调查方法来估算游客数量和游客花费。那里的当地人直接在家中或商店销售工艺品，这成为他们的主要收入来源。这部分收益在地方层面通常是没有以任何形式交税的，也没有被记录。除了花费信息，调查还会问及游客在哪里过夜，从中可以得知在特定地方过夜的游客比例，进而可以推算出每月的住宿率。这些比例数据被用于估算该保留地的全年游客量。这种推算还基于住宿数据来估算该保留地游客在整个区域游客接待量中的占比。在这个案例中，一个已知数值被用来估算整个区域的另一个未知数值，然后用一个经调查得到的已知比例来估算该社区的一个未知数量。估算出的每年游客量乘以调查得到的平均花费额，便可得到该印第安社区的旅游年收入。

照片 3.2 美国亚利桑那州北部的纳瓦霍印第安部落（保留地）路边的美洲印第安手工艺品商店。工艺品的销售可为亚利桑那州和新墨西哥州的美洲印第安人带来可观的收入。该地区几乎所有的工艺品销售，特别是在这样的摊点进行的交易，都属于该地区非正式经济的一部分，因为保留地既不属于州政府管制，也非销售税辖区。（Alan A. Lew 摄）

这一研究的最终结果（总游客量和游客花费总额）需要许多假设前提来支持。其中，最重要的是，保留地的过夜游客比例与非保留地的过夜游客比例一致。这一假设必须是确切无误的，否则结果会很不一样。为了弥补这种不确定性，该研究分别估算了更低比例和更高比例假设下的总游客数与旅游总花费。

调查发现，该保留地游客收入的中位数超出调查开展时美国国民收入水平中位数的三分之一。他们的平均年龄是45岁，过半拥有研究生学历。超过60%的人来这里主要是为了参观美国西南部的印第安部落；他们的行程包括若干不同的保留地。很明显，这是一个富裕的、教育水平良好的、令人满意的、任何目的地都想要的利基市场。

调查发现，在该保留地，游客花费的70%都花在了工艺品上，这给当地带来了每年几百万美元的直接收入。这还没有包括保留地以外的美术馆和礼品店的工艺品销售，而这些地方的工艺品销售能使部落成员的工艺品销售收入轻易翻倍。在停留期间，每个游客每小时在保留地的花费的中位数是4美元。食品和饮料是仅次于工艺品的第二大消费。这些结果表明，虽然游客量不大，但旅游对当地产生了巨大的经济影响，尤其是确保了手工艺人能维持一种舒适的生活方式。

在研究报告提交给印第安保留地（未公布于大众）后大约一年，另一关于美国西南部印第安保留地旅游业的重要经济影响的报告发表，并在新闻媒体上广泛流传。该媒体报道并未清晰说明其研究方法。做了一些调查后发现，该公开报道是基于之前那个保留地游客平均花费调查所得的数据的。在某个委员会对这些游客量和花费的数据如何应用到西南部的其他印第安保留地进行了"猜测"后，这些加总结果被当作事实发表，并成为整个地区的头版头条。

来源：Lew and Van Otten（1998）。

五、旅游的经济目标

旅游发展对目的地的经济影响既可能是正面的，也可能是负面的。上文已经提到的正面影响有增加当地就业和出口收入。

旅游业是一个劳动密集型产业。如前所述，增加就业是旅游业主要的

第三章 旅游的经济影响

正面效应之一。虽然旅游业也能催生对高级熟练维修人员和管理人员岗位的需求，但与之联系最紧密的职业是女佣、服务员、园艺师和厨师。旅游业为当地居民创造就业机会，特别是那些技能水平较低的人。比起其他经济部门，旅游业在许多地方为妇女和移民群体提供了更多的收入机会。然而，旅游就业的高度性别化属性虽然带来了好处，但也并非没有争议（Riley et al.2002）。例如霍尔（Hall 2007a：227）指出，在澳大利亚，与其他产业相比，旅游业虽然是相对劳动密集型的，"但是旅游企业的雇主为降低成本，很容易将劳动力投入降至最小值。因此，雇佣关系呈现随意性、临时性和低报酬的特征，而低报酬雇佣的对象以妇女和移民为主"。因此，与其他产业相比，旅游发展所带来的经济和就业机会对目的地的真正价值就引发了广泛的争议。

目的地希望通过旅游和游憩资源的开发而带来的其他经济效益有：

- 增加经济多样性与稳定性。当其他经济部门衰落时，尤其是矿业和林业等采掘工业衰落时，旅游业常被看作一个替代产业。矿业和林业通常在风景秀美的、具有旅游潜力的山区。即使是在多元化的经济体中，强大的旅游经济部门也可以提供更多稳定性，因为不同经济部门都会有各自的繁荣期和衰落期。

- 增加为政府提供资金的税收基础。据估计，1998年，旅行和旅游业直接或间接地为全球带来了超过8000亿美元的税收，预计2010年这一数字会翻一倍（UNEP 2001a）。大多数政府靠财产税、营业税和收入税获取资金。接待业和交通设施缴纳财产税和营业税，他们的高薪员工则缴纳收入税。政府也可能提供资金来建设基础设施，例如道路与公共事业、沿海地区的海堤等，以支持旅游发展。

基础设施的改善——通过提升当地交通、加快信息交流、改善治安并增加居民自豪感——不仅方便了游客，而且通常有助于目的地的整体发展（Torres and Momsen 2004）。从长远来看，更强大的地方经济能够促进教育和医疗发展。更加发达的旅游经济需要更好的熟练员工，而他们都可以由当地教育机构培养。随着旅游业的发展，医疗设施会不断地改善。因为来自更富裕国家的游客需要更好的医疗水平，所以旅游产业会以游说与募捐的形式来帮助目的地提高医疗水平。医疗与教育的改善又有助于人力资源能力建设，进一步加强当地经济的多样性和稳定性。

● 吸引支撑旅游业发展的企业与服务。旅游消费的间接乘数效应有助于这些企业的发展。政府可能更直接地参与到针对大型旅游企业的招商引资中，比如综合性旅游度假区或大型主题公园。但这些项目需要各种生产商和服务商的支持。这些生产商和服务商包括洗衣和针线服务商、电器及维修公司、建筑与建设服务商、食品饮料批发商和零售商（农民也许参与其中）以及市场营销和人力资源服务商等。旅游经济想要成功，需要积极吸引这些企业并培训居民以掌握所需技能。

● 吸引寻找旅游舒适地的企业与服务。许多旅游目的地拥有气候、风景、文化、教育和游憩方面的舒适物，从而成为宜居之地。这使之对服务业企业和高科技公司产生吸引力，因为它们不像钢铁和汽车制造等重工业那样依赖原材料产地。开发并提升目的地的舒适物质量能够吸引这些新经济公司，因为这会使员工更幸福，从而更有生产力。寻找舒适地点的企业也是维持目的地品质（经济、文化、社会结构和制度、环境）的重要支持者（Hall and Williams 2008）。

另一方面，基础设施和旅游设施（交通、公共事业和支撑要素）的建设与扩建成本——特别是当需要从目的地外购买材料和服务时——可能会使旅游发展带来消极的经济影响。例如，供水或卫生设施的提升通常会使每个人承担更多的税负。在欠发达国家和地区，将服务水平和住宿设施升级到国际标准也是一笔大开销。升级改造通常需要外界的技术支持，从而导致更多的金钱外流。

旅游和游憩资源开发带来的其他潜在经济成本包括：

● 对公共服务和设施的需求的增速超过用于支持新增服务的税收的增速。这是一个普遍问题，因为政府经常会财政收入不足。当政府给予大型发展项目以税收减免或定期免税以防止它们落户到其他目的地时，这个问题就会更加突出。如果源自间接乘数效应的税收可以抵消优惠税收额，则这一问题可以解决。但这是存在风险的，结果可能造成严重的资金短缺，以致无法应对道路、水电、娱乐、医疗和教育设施的压力。

- 土地价值及物品和服务价格的上涨造成生活成本提高。舒适的地方拥有良好的旅游发展前景，但也会吸引富人和"对区位不敏感的买家"（location independent buyers）将其作为第二居所或永久住所之地。随着旅游业的发展，外来人口增加且他们也会考虑在目的地购房置业。此外，企业家和工人也会因为商机而移居此处。建筑业可能会将这种趋势看成旅游的正面影响，但在从事低收入接待服务工作的当地居民看来，住房和基本商品的价格超出了他们薪资的（支付能力）范围。

- 旅游及游憩行业的底层员工拿最低工资和季节性薪酬，需要额外的公共扶持与支持。旅游业为低技能人群提供了工作机会，但这些工作往往支付最低工资。如前所述，这可能会导致大量有工作的贫困人口的存在。旅游行业工作有根据受教育水平、社会—经济阶层、性别、种族、族群和年龄而进行社会性区分的趋势（Williams 2004）。雇主利用对劳工的这种界分来压低工人薪酬。此外，大部分目的地都存在的季节性问题导致一些员工（通常是最贫困且教育程度最低的人）每年只有一段时间有工作。当政府更关注富人的需求而忽略穷人的需要时，这个问题就更加突出。在这种情况下，这些有工作的穷人通常会向政府或非营利/非政府组织寻求额外的公共福利以满足他们对食物、居所和医疗的基本需求。这对政府和纳税人来说都是意料之外的额外负担。

生活成本的提高和在旅游行业工作的相对低薪使得一些当地居民，尤其是收入有限的退休人员，不得不离开家乡。本地世居人口的减少会导致旅游行业服务岗位可用员工的减少。旅游企业可能需要主动招募和雇用外地人，由此导致旅游旺季时大量外来临时工涌入。这反过来会加速员工离职，从而使得雇主需要频繁地培训新员工。

- 旅游企业面对社会和环境危机时的脆弱性和弹性。旅游对政策变动、环境变化和灾害、交通与物品的价格波动极为敏感。在许多目的地，旅游的价格弹性高得像蹦极绳一样——受汇率、旅行成本和消费者信心变化的影响，在有些季节和年份能够赚取丰厚利润，在另一些季节和年份则利润极少。旅游企业为了适应这种波动，会迅速地雇用或解雇员工，从而恶化更大社会层面的劳工和收入问题（Williams 2004）。

能够影响目的地旅游业的危机例子有：阿尔卑斯地区旅游地的干旱和缺雪（欧洲的阿尔卑斯山区曾经在21世纪初经历过干旱和缺雪）；被剥夺了公民权的群体或不幸福的劳工（有时候，他们会变得十分暴力和危险）发动的罢工、游行和骚乱；地震和火山爆发（这在滨海地区经常发生；这些地区也是颇受喜爱的目的地）；高额的签证出入境税（这一现象在20世纪90年代之前比今天要普遍很多）；高油价和交通税（这在未来可能会变得更加普遍）。

【案例3.2】

近十年来最大的两次旅游危机

21世纪以来，已经发生了两次影响全球旅游业的重大危机。2001年9月11日，恐怖分子袭击了纽约世贸中心和华盛顿特区，严重影响了美国旅游业，也影响了全球其他地方。国际游客担心那里还会发生其他恐怖活动而不敢去美国旅游。同时，美国边境手续变得愈加繁复、严格，许多潜在国际游客避开去美国旅游，是不想在美国入境口岸遭受麻烦。全球各地也都制定了类似的机场安检程序，尽管签证和移民手续不像美国那般繁复。对恐怖主义的担忧也影响了全球旅行模式，亦即不同国籍与文化背景的人去了哪里、避开了哪里。

入境美国的外国游客量急剧减少。2000年，在"9·11"恐怖袭击之前，美国接待了2600万海外游客（不包括加拿大和墨西哥）(Garcia 2008)。2003年，游客数量降至1800万，到2007年才增至2400万。美国旅游协会称，2007年，繁复的机场安检流程和美国糟糕的国际形象造成了260亿美元的收入损失（ETN 2008）。他们估计，美国的航空公司损失了90亿美元，酒店业损失了60亿美元，餐饮业损失了30亿美元，政府税收损失了40亿美元。虽然美国旅游行业人士游说政府让美国成为一个更友好的国家，但政府不断加强边境管理（TIA 2008）。2008年夏天，因美元贬值，美国吸引了大量欧洲人和亚洲人入境，但在当年十月发生全球信贷危机时，游客数量又迅速减少。

2008年7月,原油价格飞涨,达到每桶147美元的历史性价格高峰(Marketwatch 2008)。那年夏天,在北半球,全球大多数航空公司都陷入亏损状态,尽管它们削减了乘客服务并增加了额外的燃油费和行李费。2008年的前半年,全球有超过30家航空公司宣布破产(Robertson 2008)。夏天刚过,航空公司就纷纷裁员并减少航班班次(尤其是前往市场较小的城市的航班),尝试提高每次航班的需求量。这些举措成功地帮助航空公司提高了票价,并逐渐恢复盈利。但2008年10月,全球信贷危机突然来袭,之前的努力"付之一炬"(Sharkey 2008)。信贷危机使消费者对美国的信心达到历史新低,世界范围内的休闲旅行者和零售旅行者急剧地减少出行,对航空公司和旅游目的地都产生了影响(De Lollis 2008)。许多目的地的酒店已经因为航班数量减少导致旅客数量减少而备受煎熬。现在,人们不愿出行对酒店来说更是雪上加霜。航空公司则努力保持他们机票的高价,然而旅客越来越少,因而更多企业破产也就可想而知了(Robertson 2008)。最快要到2009—2010年,经济才可能开始复苏。

这些案例说明政治危机和经济危机如何从全球到地方的各个层面、各个尺度对旅行和旅游造成重大影响。它们能够改变全球旅行模式、转变全球旅行花费,带来世界上不同地方、不同经济部门的就业机会变动和破产。然而,这些危机发生的时间及对旅行和旅游业产生影响的方式通常都是完全难以意料的(第七章将对"不可预测事件"及其对旅游的影响进行更进一步的讨论)。

六、旅游的政治经济学

政治经济学指对"一个社会内财富的生产和分配以及国家在其中担任的角色"(Williams 2004:61)的研究。政治经济学属于跨学科领域,主要通过检视作为经济之基础的社会信念和政治行为来理解经济。旅游的许多经济影响是社会科学家进行政治经济学研究的核心议题。这些议题包括投资全球化、生产和消费的过程和行为,以及产业和区域经济的重构过程(Debbage and Iaonnides 2004)。

旅游是经济全球化、地方和文化商品化、城市从生产地到消费地转型的不可分割的部分。作为新自由主义的一个工具，旅游尤其重要且聚焦于建立出口经济以壮大国家的经济。政治经济学的研究问题是：谁控制了这些过程？谁从中获益？谁从中受损？资本主义的经济结构如何形塑这些过程？

资本主义关注的重点是如何使投资者获益，因而它关于劳动力和财富的分配是内在地不平等的。因此，作为一种资本主义行为的旅游开发所带来的不平等的影响，既是积极的，也是消极的。一个国家或共同体内，一部分人、一些地方会比其他人、其他地方获利更多。旅游能加剧一个目的地现有的不平等：地方精英的收益会远远大于穷人和其他边缘人群的收益。

作为国际性的产业，大多数旅游开发都是跨国公司主导的。"Transnational corporations"（TNCs）一词经常与"multinational corporations"（MNCs）交互使用[①]。虽然两者密切相关，但"TNCs"（跨国公司）一词经常用于指称在全球尺度上都有业务的公司，而"MNCs"（多国公司）则指在两个或两个以上国家但并非全球尺度上运营的企业。然而，基于本书讨论的目的，我们使用"TNCs"（跨国公司）来覆盖这两种类型的商业战略。

旅游业中的跨国公司包括航空公司、国际酒店、连锁餐厅和娱乐公司等。基于国外资产的差异，这些领域内最大的一些跨国公司包括：麦当劳（美国）、可口可乐（美国）、吉百利（英国）、雅高酒店集团（法国）、最佳西方（美国）和希尔顿（英国）（UNCTAD 2002；MKG 2005）。跨国公司主导着开发并将利润集中到位于发达国家核心城市的总部，而作为主客交易发生之地的目的地则位于边缘欠发达地区。从表3.4可以看出，国际酒店总部高度集中在美国和欧洲。

跨国公司与目的地的地方精英有紧密联系。相比当地居民的传统价值观，这些精英更认同跨国公司的价值观。这种发展模式被称为"依附"（边缘依附于核心）"新殖民主义"和"休闲帝国主义"，并因高经济漏损而备受批判（Crick 1989）。

---

① 译者注：虽然二者在中文中都常被翻译为"跨国公司"，但在本书中，为忠实于原文，将"transnational corporation"翻译为"跨国公司"，将"multinational corporation"翻译为"多国公司"。

多国公司在经济全球化中扮演着关键角色。最大型的跨国公司的预算甚至比那些管制它们的国家的预算还多。他们利用自身资源游说政府出台有利于它们发展目标的特许权和政策。许多西方国家的州政府（国家政府）通过放松管制对这些游说作出回应。

20世纪80年代以来，政府对旅游业管制的减弱最明显地体现在航空业上。这使得廉价航空公司迅速增长、机票价格下降、乘客量大幅度增加，去更边远目的地的游客也得以增加。另一方面，飞机舒适度和服务标准下降，航空安全问题遭到质疑，超额预定和航班延误的情况也都增多了。

除放松管制外，政府还会干预经济以支持旅游业的发展目标。在亚洲大部分地区，这种做法往往比放松监管更多地被采用。政府干预土地开发项目是十分普遍的现象。在土地开发项目，政府可以通过奖励措施（上文已讨论过）或使用土地征用权（以公共用途之名征地的权威）来支持度假区或娱乐项目的开发。政府也会通过购买私营企业的绝大部分所有权——企业国有化——的手段来干预产业发展。这一做法不受企业家喜欢，且最终会产生政府控制私营经济的威胁。另一方面，私营公司可以选择完全从一个国家撤出。

表3.4　2005年300家最大规模连锁酒店（基于客房总数）总部所在国

国家/地区	企业总部数	2005年客房总数	2005年酒店总数
美国	146	4068497	32122
英国	11	652573	4770
法国	5	573842	5027
西班牙	15	306405	1544
日本	16	159495	653
德国	9	152709	892
中国	12	120955	414
加拿大	7	83233	466
荷兰	1	47661	498
比利时	1	45000	263

续表

国家/地区	企业总部数	2005年客房总数	2005年酒店总数
南非	5	33341	278
新加坡	8	30937	106
瑞士	2	22827	106
古巴	4	22554	131
墨西哥	2	21590	112
意大利	4	21498	126
巴西	3	20951	130
印度	3	19316	177
挪威	2	18769	143
泰国	5	16322	72
匈牙利	2	13777	91
澳大利亚	4	13697	87
马来西亚	4	12524	45
波兰	1	12000	64
塞浦路斯	2	11452	63
葡萄牙	2	11147	94
芬兰	2	11046	63
牙买加	2	9442	34
爱尔兰	1	7990	35
瑞典	1	7800	36
阿拉伯联合酋长国	2	7788	30
叙利亚	1	7350	20
苏格兰	1	6374	71
中国香港	2	6151	27
马耳他	1	5787	20
印度尼西亚	1	4512	20
巴哈马	1	4476	11

续表

国家/地区	企业总部数	2005年客房总数	2005年酒店总数
突尼斯	1	4148	17
奥地利	1	4016	25
埃及	1	3757	17
韩国	1	3529	5
以色列	1	3238	12
土耳其	1	3162	16
捷克	1	2984	30
津巴布韦	1	1953	17
肯尼亚	1	1842	21
总计	300	6620418	49001

来源：引自"酒店企业300强"（2006），2007年4月27日检索，网址：www.hotelmags.com。

与其他产业类似，旅行和旅游业喜欢放松管制。自20世纪70年代以来，在世界范围内，环境和社会领域的管制性监测和干预一直在减少（Gordon and Goodall 2000；Hall 2008c）。在这种情况下，出现了企业建立自我规制机构的运动。世界旅游理事会是服务于旅行与旅游业的这类自我规制机构中最大的。它的领导层由旅行和旅游业各行业的跨国公司的高管及目的地营销机构的管理者组成。世界旅游理事会发布有关可持续旅游的报告（见第七章），也会游说世界各地政府减少对旅游业的管制，以使其旅游企业会员和旅行大众能够更为便捷地跨越国界。

跨国公司与国家或地方政府的关系在每个地方都有所不同。塑造这种关系的主要影响因素包括：地方经济与跨国公司的相对规模、地方政府和跨国公司的经济目标、地方经济中政治机构和金融机构的力量，以及地方竞争程度及跨国公司的被接受程度等。目的地旅游发展所处的政治经济环境会形塑旅游被生产的方式或被游客接触到的方式，以及被游客和居民消费的方式。这就是为什么不同地方的旅游发展各不相同，甚至在同一目的地区域的不同地方也不尽相同。

【案例3.3】

中国的国际酒店行业

在过去30年中，中国旅游业的增长——像中国其他经济部门一样——十分引人瞩目。2006年，中国接待了4180万国际过夜游客，成为世界第四大入境旅游接待国（CNTO 2007）。同年，中国国内旅游人次达到15亿，且中国国家旅游局（CNTA）预计，2007年，国内游客花费将占到旅游总收入（1286亿美元）的70%（Rein 2007）。

20世纪70年代末是中国现代旅游业的开端。

20世纪80年代，早期的许多国际投资都用于建设高端酒店，以满足量少但不断增长的国外游客的迫切需求（Zhang and Lew 1997）。这些早期酒店迥异于"二战"后灰褐色的老式建筑。它们象征着中国的现代化，是中国景观走向商业化的第一步。

酒店发展的初级阶段持续到21世纪初，并由此形成了一个"双层"的酒店产业。一层由较新的、高端的、由国际资本所有和管理的酒店组成，另一层则由低质量和低成本的较老旧的国内酒店组成。中国内资酒店业规模较小，且分散为许多多样化的单体酒店。

中国加入世界贸易组织（WTO）后，酒店业允许外国资本直接所有（Lew 2007a）。这一举措刺激了国际连锁酒店和新的国内连锁酒店的快速增长，使得酒店业日趋多样化。在运营、预订、管理和品牌发展方面，连锁经营的效率更高，尤其是与中国的老牌国有酒店相比。

2007年，雅高、喜达屋、万豪都宣布扩大在中国的经营规模，将酒店数量增加到原来的四倍（Elegant 2006）。雅高计划到2010年达到180家的规模，而喜达屋和万豪表示将在未来五六年间增加到超过一百家的规模。喜达屋的连锁品牌有喜来登和威斯汀，万豪的连锁品牌包括高端的丽思卡尔顿、中端的万怡酒店、JW万豪酒店和度假村。

2008年北京奥运会刺激了国际酒店集团在北京的扩张，在北京一共新增加了11,000间超豪华客房（Chen 2007）。中国加入世贸组织后，奢侈酒店的市场迅速扩张，上海、广州和深圳纷纷出现了过度供给的情况。然而，中国增长最快的新酒店类型是中端酒店和经济型酒店（每晚75美元到150美元）。这些酒店的国内需求很旺，尤其是在遍布全国的新建高速公路（limited-access highways）沿线。

最近，中国的国内酒店也开始发展连锁经营（Elegant 2006）。上海锦江国际酒店股份有限公司在1996年开办了中国第一家现代经济型酒店（Lew 200a）。2007年，特许经营的连锁经济型酒店——锦江之星——已经发展到250家（占全国经济型酒店的20%）。锦江之星计划到2010年将这一数字翻番，甚至计划到国外建酒店。创立于2002年的如家酒店集团2007年规模已达171家。

为应对新酒店的建设，老牌国有酒店开始装修甚至拆除。酒店业急剧扩张的一个影响是廉价酒店被市场淘汰，酒店价格上涨。此外，酒店业全行业的快速增长引发了如下担忧：中国整个酒店业——不仅是高端酒店——可能会过度建设。这可能会导致价格和利润下降。

中国酒店业格局的案例研究说明了跨国公司和本土企业之间的联系，以及国家和全球化过程的政治经济如何影响这一关系。中国的政治经济历经的重大变化直接影响了中国旅游接待设施的数量和类型。

七、社区经济影响

（一）商品化

跨国公司在本地经济中的增长带来的一个主要问题是出于向游客促销和销售的目的的地方文化和地方的商品化。为更加方便游客以纪念品和相片的形式购买和消费，传统艺术、手工艺、宗教、仪式和节日都可能发生重大改变。节事的时间可能变短但频次增多，并被改动以更具娱乐性（Xie and Lane 2006）。最初一直是实用导向的工艺品，为方便游客将其放入行李箱，也会被刻意缩小体积。神圣场所成为旅游吸引物之后会变得不再那么受尊重（Lew 1999）。从积极角度来看，旅游可以复兴当地的传统艺术和舞蹈——如果没有旅游，这些艺术很容易在现代化和社会变革的冲击下失传。

虽然可以制定政策来管理商品化带来的影响，但在当今世界，大众旅游和现代化的无情冲击所带来的影响难以抵挡（Britton 1991）。内外冲击使文化随时间而变迁。只有在博物馆内，人或景观才有可能一成不变。然而，问题是利益相关者在多大程度上能够在摆在他们面前的诸多选择中自行决定他们的未来。

商品化过程会导致四种结果。这些结果反映了本地经济中的生产和消费组织（Shaw and Williams 2004）：

● 直接商品化。即需要付费才能获得或体验吸引物，如文化表演。

● 间接商品化。为获得或体验吸引物而支付的相关服务费用。包括交通和大部分接待业。

● 部分商品化。即产品的一部分被商品化，而另外的部分则没有。志愿者旅游（有时称为"志愿旅游"）是其中一种类型。志愿旅行者会为行程付费，但同时也做一些志愿者工作。

● 非商品化。不涉及任何购买行为的旅游体验，比如去露天的周末市场闲逛。

每个旅游地都存在多种商品化模式。确切的商品化模式组合既折射出对某地而言什么样的发展才是最合适的，也受支持某地及其活动的政治决策过程和经济体系的影响（Williams 2004）。因此，在一个地方的政治经济体系中，可能会有大片领域未经商品化和部分商品化，但相同的资源在别的地方可能会被直接商品化。

随着时间推移，商品化程度会越来越深（Britton 1991），这可能反映出政治经济情境的变化。商品化程度减小的情形比较少见。但在经济衰退时，这一情况可能会出现。那时，一些旅游相关企业会倒闭，且游客也可能会为了省钱而试着与不存在商业关系的亲友待在一起。因此，不同的人在不同的时候会从旅游产品生产和消费的变迁中获得不同的利益。（第四章讨论商品化的文化影响）

（二）旅游关联

旅游是一项多元化的经济活动，因而有潜力来支持本地的一系列其他经济活动并与它们互动。这些支持和互动主要经由前向关联和后向关联的发展来实现。后向关联是指与能促成产业链中端的旅游设施的发展与交付的活动的联系。后向关联的企业/行业包括为餐厅供应原材料的食品生产商、建造酒店的建筑行业等。前向关联是指与依赖旅游的商业活动的关系。前向关联的企业/行业包括：导游、洗衣服务业的一大部分、出租车和私人巴士服务等。正是通过这些联系，游客花费才得以分享并倍增，并有助于扩大地方经济规模。

倘若这些关联不够发达，地方旅游经济的效率也会降低。正如前文已经提及的，对欠发达地区国际旅游业的主要批评是，跨国公司在旅游发展中占据主导地位，但与当地联系弱，外部漏损高，主要通过食物输入、管理服务、装饰材料和资源消费产生影响（参见案例3.5的助贫旅游研究）。例如，据估计，全球酒店设施平均每年消耗约100太瓦时的能量和4.5亿—7亿立方米（250亿立方英尺）的水，制造数百万吨的垃圾（Bohdanowicz 2009）。意识到这些批评之后，越来越多的国际酒店通过认证项目（例如北欧天鹅计划）来有意识地应对这些问题。应注意到，许多消费者自身也要求接待业和旅游业要可持续发展。据绿色酒店协会（Green Hotel Association）调查，近4300万美国游客对酒店行业的环境议题感兴趣，接受Travelocity[①]访谈的八成游客表示愿意为造访生态友好型目的地或企业支付额外费用（Hauvner et al. 2008；Bohdanowicz 2009）。

（三）旅游隐患

旅游业有潜力实现游客、居民、企业和当地政府提升目的地生活质量的目标（见第五章）。然而，当供需失衡或对当地社区和游客的体验质量关注不足时，旅游发展可能难以满足部分需求甚至所有需求。发生这种情

[①] 译者注：Travelocity是一家美国线上旅游网站，主营业务为各种旅游票务、行程代销等。

况的情形有三：容量过剩、容量不足（接待能力不够）以及质量低劣（表3.5），在这些情况下，旅游影响会备受关注并引起负面的公众感知。如果在供给、需求与优质旅游目标之间有一个适当的平衡，那么旅游的负面影响通常不会引起很大关注，即使旅游对目的地的影响依旧存在。的确，正如以下例子所示，如果补救及时或供需平衡最终实现，那么这些隐患可以被看作目的地整体发展模式的临时阶段。

表 3.5　旅游开发的隐患

隐患	原因	影响
基础设施容量过剩	● 未预料到的低需求 ● 设施的过度建设	● 产业：低使用率和价格战导致财务损失 ● 政府：税收不足难以维护基础设施；市民失去信心 ● 游客：可能会发现"降价"或物超所值 ● 当地居民：失业和减薪
基础设施容量不足	● 未预料到的高需求 ● 资源（人力资源和土地）短缺，无法满足需求	● 产业：有能力抬高价格而得到意外之财；增加开发成本 ● 政府：如果市民与游客争夺基础设施的使用，会导致市民对政府失去信心；因开发压力而出现劣质设施的威胁 ● 游客：因供给不足而失望，包括"钱花得不值"的感觉 ● 当地居民：更多的经济机遇，但生活成本变高，且会感觉与游客争资源
低质体验和设施	● 行业管理、培训和维护不善 ● 高犯罪率、社会动荡、经济衰退 ● 污染和当地（自然、文化、劳动力）资源的过度开发	● 产业：低成本，但观光时间短，且回头客较少 ● 政府：无法有效利用资源和经济机遇 ● 游客：令人失望的体验，且认为钱花得不值 ● 当地居民：享受高质量的娱乐和满足较高需求的机会减少；产生疏离感和不满

旅游基础设施的容量过剩是指这样一种情况：酒店、吸引物或航班（座位）的数量远超游客需求。这种现象在所有类型的房地产投资（包括住宅、零售店铺、写字楼和公寓楼等）中都很普遍。尽管常有容量过剩即将发生的警告，但这些领域的快速增长往往会吸引更多的投资者。当政治危

机或环境灾难袭击目的地并阻碍游客前去旅游时，旅游业的容量过剩也会发生（见案例3.2中航空公司解决容量过剩问题的尝试）。容量过剩的影响是由于竞争加剧、利润下降导致旅游经济增长放缓，尽管实际游客量可能并没有下降。游客可能会从这种情况中受益，但员工和管理者可能会发现，他们必须更努力地工作，尽管报酬更少了。

新加坡在经过十年强势稳定的增长后，于1984年出现了酒店业容量过剩的问题，游客量出乎意料地下降（Lew 1991）。当时，酒店业迅速扩张，且有大量豪华、崭新的酒店在建，其中就包括威斯丁史丹福酒店（凭借着73层的高度一度成为截至1997年全球最高的酒店）。每况愈下的酒店入住率也使得一些在建的酒店停工并暂时"封存"直到市场情况好转。其他酒店则降低了房价，以提高入住率。

对游客来说，在那段时间去新加坡旅游十分划算，但对于更广泛的旅游业以及一些当地居民来说，收入和就业机会减少了。然而，与此同时，旅游景点因此变得不那么拥挤，反而对当地居民更有吸引力。新加坡政府迅速着手解决这个问题，以免旅游业和市民对政府失去信心（Yeoh et al. 2001）。政府和旅游业界召开研讨会来为新加坡这个城市国家制定营销计划，还举行竞赛鼓励居民为游客推荐新的吸引物。此外，因为有游客抱怨"旧新加坡"已经消失，文物保护项目也因此得以拓展。一些酒店在等待复苏时也转向人力资源培训和开发。

对于以人口规模、经济规模和中产阶级规模都在持续扩大的市场为服务对象的目的地更容易出现容量过剩的情况。在这种环境下，容量过剩可能只是临时的——但这种临时状况会持续多久经常难以确定。

容量不足则是在游客需求大于目的地供给能力时发生。这种情况绝大多数时候与特殊事件有关，例如运动会或音乐会。容量不足的一个典型案例发生在1997年的香港。那一年的7月1日，中国政府对香港恢复行使主权。异常高的需求量——特别在交接的那一周——使得对游客而言消费本就很高的香港的酒店价格几乎破纪录（Chan and Lam 2000）（见第二章对大型事件的讨论）。

当市场突然发现了一个目的地时，通常是通过大众媒体（如电影），容量不足也会发生。当地方政府能力不足，无法适当规划和促进公共和私人开发项目时，就可能发生这种情况。当一个受欢迎的目的地因可开发土地达到极限而无法扩张时，这种情况可能就会长期存在。这些情况可能发生在海岛和高山地区。

对旅游业来说，容量不足能创造大量机会。新的开发和更高的价格能带来意外之财，尽管开发和运营成本可能也更高。政府官员也可能面临这样一种情况：对新开发项目和基础设施建设的需求超过了当地确保开发质量的能力。在这种情况下，质量低劣的设施可能会被批准开发，这将导致游客体验下滑，并给目的地带来长期的形象和发展问题。此外，一旦他们不谨慎行事，还会导致容量过剩。

作为卖方市场，容量不足将游客置于不利地位。游客会觉得他们被利用了，因而感觉他们的钱花得不值。他们可能去不到想去的景点，并且买任何东西都更贵了。此外，游客还可能会在街上、停车场、餐厅和景点与当地居民争地方。这会导致交通拥堵、物价上涨，并激发主客矛盾（见第四章关于主客关系的内容）。

除了一些会有意地限制开发以保持较高价格的高端度假区，旅游业中容量不足的情况比容量过剩的情况要少见得多。由于季节性波动，在旺季中一定程度的容量不足是受推崇的，因为在平季和淡季，可能会出现程度更低的容量过剩。

劣质旅游体验和设施可能源自一系列原因。表3.5简单总结了这些原因。导致游客体验低于期望的任何因素都可能属于这类旅游隐患（劣质旅游体验和设施）。虽然不可能保证每个游客都有理想的度假体验，但问题一旦多起来就会导致目的地出现负面形象，并可能因游客数量下降出现容量过剩问题。

曾有过这样的案例：20世纪90年代初，佛罗里达发生的针对欧洲游客的犯罪事件成为世界新闻头条（参见Rother 1993）。从欧洲前往迈阿密的游客量出乎意料地下降，并且回升得非常慢。在这种情况下，迈阿密社会结构的衰退导致贫困和犯罪增长，这一现象扩散开来并直接影响了旅游业。随着迈阿密最贫困人口的经济前景和社会状况不断恶化，游客的旅游体验也有所下降。

旅游业（通常是酒店和餐厅）中的劣质接待服务及设施也许能为企业家省一点钱，但是从长远来看，他们的企业会因为不能实现全部收益潜能而遭受打击。此外，劣质休闲设施还会因降低当地居民的体验而引发他们的不满。

比起相对宏观的社区社会条件，旅游业更能直接控制接待业的服务质量。改善接待业从业人员对客服务态度的培训项目能有效提升游客体验。类似的公共信息项目甚至能很好地改变当地居民对游客和旅游的态度。

当一个社区的人或文化成为一个旅游吸引物（如被商品化）时，会产生更多的微妙问题。旅游业的商业利益对文化隐私并不敏感，而过度的入侵则会遭到某种强烈抵制。许多仍住在美国西南部的美洲印第安人（在案例3.1已讨论）为了把这种入侵降到最低，就明确地制定规则来规范游客行为。这些规则旨在保持印第安村落的原真性质量。

【案例3.4】

加拿大不列颠哥伦比亚居民对旅游发展的态度

山地社区在矿业和木材等传统的采掘业衰退后，往往将旅游业作为一种替代性经济活动。然而，这些地区的居民常常对旅游业"好恶交织"。他们也许会对它所带来的种种收入机会表示欢迎，但也会担心工资减少（与采掘业相比），担心大型开发项目对景观视觉和美感的影响，担心社区出现的新面孔和游客。

韦尔芒特的情况正是如此。韦尔芒特是加拿大不列颠哥伦比亚省中部一个以伐木业为主的偏远社区，人口稍多于1000人。该社区正面临两个大型的滑雪场开发项目（Nepal 2008）。到20世纪90年代，这个社区的伐木业几乎完全衰落，但认识到"位于贾斯珀国家公园旁边的高山深处"这一区位适合发展旅游。为了使自身更能吸引外来投资者，这个小镇花了两百万美元来重修它的商业区，并与省政府合作来寻求开发商。结果是在20

世纪 90 年代末建成了 1 个度假村,并计划再建 2 个度假区。这两个度假区将能提供 224 间新酒店客房,120 个公寓单元,400 个独立别墅以及至少 3 个 18 洞高尔夫球场。

虽然社区的商业部门支持这些项目,但社区规划师希望确保发展过程以一种能够被更多本地居民接受的方式进行。在韦尔芒特地区,一项有关市民对旅游和游憩感知的调查得以开展以实现这个目标。调查方法包括一次便利化的开放性的镇民大会以及面对面的访问调查。结果如表 3.6 所示。

表 3.6 加拿大不列颠哥伦比亚韦尔芒特旅游开发调查结果(单位:%)

1. 满意度最高(超过 50% 的受访者表示满意)	
a. 酒店数量	67.9
2. 满意度最低(低于 20% 的受访者表示满意)	
a. 城镇的经济现状	8.3
b. 社区的社会事件	11.9
3. 忧虑:旅游开发会提高……(超过 50% 的人提及)	
a. 生活成本	55.6
b. 户外游憩成本	55.1
4. 受益:旅游开发会提高(增加)……(超过 50% 的人提及)	
a. 本地企业的数量	88.1
b. 户外游憩的质量	78.6
c. 户外游憩的机会	75.9
d. 社区节事和活动	56.8
e. 室内娱乐活动的质量	53.7
5. 总体支持	
a. 更多元化的旅游发展	82.3
b. 5 年内游客人次翻倍	78.8

续表

c. 计划开发的度假区项目	56.0
d. 5 年内游客人次翻三倍	49.4
e. 在该地区建造更多的酒店	37.8

来源：Nepal 2008。

调查结果表明，当地居民担忧生活成本会因旅游开发而提高，但他们更担心如果开发停止，当地经济将会衰退。他们同时感觉到，小镇有了大量酒店，并感到当地经济需要更多元化的发展，包括它的旅游经济。他们对两个开发项目的具体情况有着不同见解，但相当支持经济发展的措施，并认为这些措施能提高韦尔芒特的整体生活质量。

以上案例研究表明，人们关于旅游对社区的经济影响持混合的态度，并且难以判断一个重大开发项目的影响是积极的还是消极的。然而，根据类似于这项调查所收集到的数据，公共规划师可以和开发商一起调整他们的计划，从而更好地消除当地社区的顾虑并满足他们的要求。

来源：改编自 Nepal 2008。

八、个体经济影响

旅游发展和旅游活动对当地社区居民和游客有直接的经济影响。

（一）与传统土地利用的冲突

旅游开发可能会与社区资源（包括水、能源、土地和劳动力供给）的传统用途相矛盾。这些资源在开发过程中可能会日趋稀缺或退化。同时，社区居民可能会由于基础设施的升级和维护费用而需要缴纳更多的税金。在某些情况下，没有土地所有权的穷人的土地会被征收用于旅游开发。在另一些情况下，当地居民从事传统谋生之道的地方不再对居民开放，从而可被游客占用。在发展中国家的海滨地区，这种情况是存在问题的，因为海滨度假区的建设会影响居民在传统渔业区的作业。

　　旅游土地开发可以集中在单个地点，也可散落在整个地区。集中开发通常是规划的结果，它试图将基础设施成本和其他影响局限在单个"牺牲"之地。集中开发的例子包括夏威夷檀香山的威基基海滩以及巴厘岛努沙杜瓦的豪华度假综合体。分散开发更趋向于更长时间，以一种有机的方式进行，但也存在很多例外。

　　"牺牲"区域，也常被称作"旅游飞地"，对其所在地而言通常是极富争议的。这些旅游飞地可能带来重大的土地性质变更和居民搬迁。然而，如果规划得当，它们对更广区域的日常生活造成的破坏会较小，还能控制一些潜在的负面的社会和环境影响。但与此同时，由于飞地的漏损率更高（进口更多的物品），并且使前往飞地外社区的游客减少，当地的供应商和其它商家可能更难从飞地中获益。与周边隔离的综合型度假区也会存在这类影响（Shaw and Shaw 1999）。例如，在博茨瓦纳的奥卡万戈三角洲的一项有关飞地旅游的研究中，穆百瓦（Mbaiwa 2005）表明，旅游设施的外来支配权和所有权有如下影响：旅游收益回流至投资者母国、管理岗位由外籍人士支配、当地劳工薪水较低，且旅游业对三角洲地区农村减贫的总体贡献不显著。这些现象引发了对该地区旅游经营的社会经济可持续性的强烈质疑，以及对旅游业能否成为一种有效的经济发展与助贫方式的广泛讨论（参见 Hall 2007c）。

　　当地居民在旅游业的就业可能与传统的就业显著不同，尤其是在飞地环境中。社区传统工作模式可能会受到影响，导致居民放弃更传统的职业，转而选择更容易、可能更有利可图的与旅游相关的工作。上述情况会导致家庭角色的转变：女性和年轻人在接待工作中会比年长的男性挣钱更多，最终会在家庭和社区引发强烈的社会冲突（Shaw and Shaw 1999）。

　　富裕游客大量涌入社区，不仅为社区提供了工作机会，还为社区的改善提供了资金，同时也造就了一个依赖旅游业而发展的经济体。小规模或相对单一的经济体更可能依赖旅游业以满足它们基本的社会需求。这种依赖可能导致当地文化群体放弃传统的工作方式（尤其是农业生计），转而利用游客愿意花钱购买"文化"纪念品来牟利。

照片 3.3 夏威夷火奴鲁鲁的威基基区。它因阿拉威运河而与城市其他部分分离开来。在照片的左边可以看到这条运河汇入大海。在 19 世纪，威基基海滩曾是夏威夷君王的休养地。一些酒店则可以追溯到 20 世纪早期。目前，该地区是夏威夷群岛酒店和游客最集中的地方，同时建设有大量的商店和娱乐场所。（Alan A. Lew 摄）

（二）人口特征与犯罪率

随着旅游业的发展，越来越多的"外地人"到目的地来找工作，导致东道主社区的人口规模和人口结构发生变化。这通常伴随着犯罪活动的增多。当地居民将这一现象归咎于旅游发展。一般来说，犯罪活动会随着城市化和人口增长而增加，旅游业是当地经济中能够促进经济移民和人口增长的若干产业之一。大量四处走动的、带着钱和昂贵的相机及珠宝的游客成为犯罪分子的目标。在许多旅游目的地，特别是贫困地区，游客和居民都有可能成为抢劫、毒品交易、卖淫以及诈骗等犯罪行为的目标。

美国农业部表示，因为低薪、低技能的移民劳工会来谋求季节性的服务工作，乡村旅游和游憩社区有着更高的犯罪率（Brown and Reeder 2005）。犯罪增多加重了当地居民的负担，他们需要为更多的社区治安和保护措施缴纳更多税金。另一方面，旅游业也可能带来就业的增加而降低犯罪率。

童工和性旅游

全球旅游业的所有员工中，据估计有 12.5% 是童工（低于 18 岁）（UNEP

2001b）。他们有时候会长时间工作，这使得他们无法上学，其薪酬却低于成人。全球竞争压低了整个旅游业的价格，使得无技能的童工更具吸引力。更多的孩子，通常是年龄更小的孩子，在非正规经济中工作，兜售纪念品、零食和服务。有时，这些服务还包括卖淫。小孩从事这些工作，是因为这些工作给予他们的收入能让他们购买消费品。而这些消费品对于他们每天生活费低至一美元的贫困家庭来说简直是无法希求的。

在世界上很多地方，卖淫现象随着旅游的发展而增加。在一些国家，卖淫使得一些女性可以通过赚钱或者与外国游客交往甚至结婚来摆脱贫困。例如，在菲律宾，比起服务本地客人，卖淫者更愿意服务外国游客。

将儿童和妇女贩卖（售卖与奴役）至妓院卖淫是一个世界范围的非法问题。很不幸的是，旅游业会滋生/助长这些非法交易，而儿童性旅游可能是最糟糕的一种旅游形式。其组织形式与其他利基旅游市场相差无几，例如有确定的目的地、住所和度假区、组团旅行社、包价旅行团和当地导游（以出租车司机和妓院员工的形式）。

【案例3.5】

融合农业的助贫旅游

助贫旅游（pro-poor tourism）是一种旅游发展模式，它专门提倡出台相关政策并采取行动使目的地的最贫困人口和社区获益。托利斯和莫森（Torres and Momsen 2004）主张，在旅游业和当地农民之间建立商业关系是旅游发展直接帮助欠发达经济中的贫困人口的最佳方式之一。在这些欠发达经济中，囿于农业的农村贫困是主要的挑战。

旅游发展可能会对传统农业地区——通常情况下，它们的生产规模远小于农业综合企业——产生严重的负面影响。旅游和与旅游相关的城市化，与农民和他们的农业生计争夺土地、水和劳动力。旅游旺季可能同时也是收获季节。期间，劳动力可能会从农业转向旅游业，转向可持续性低、劳动密集程度低的农作方式。由于劳动力在旅游业和其他的城市工业中寻找到薪水更高的工作，农场甚至可能都会被废弃。对供国外游客的国外食品的重视导致经济漏损的增加和当地农民食物生产的潜在变化（Telfer and Wall 2000）。

旅游业也会对当地农业产生积极影响。通过发展后向关联，当地农民把农产品直接卖给酒店和餐馆（Torres 2003）。这可以增加当地农民的利润，从而促进当地农业的投资和改善，并可能遏制住农民外迁的趋势。旅游业还能促进当地特色作物的发展。这些作物既可在酒店和餐馆销售，也可在出口市场销售，因为国际游客对它们更偏爱。

在墨西哥金塔纳罗奥州的一项研究中，托利斯在坎昆这一度假城市中调查了60位酒店主厨，了解他们采购食品原料的地方以及他们和当地农民及其农产品的关系。她发现政府规划者希望酒店和农民之间的后向联系能随着当地经济和基础设施的发展而自然地发展起来。然而，促进农民和接待业之间商业关系的努力脱离了实际，组织不善且无效。

调查结果显示，相比于外地，在金塔纳罗奥州采购的当地农产品量非常低（表3.7）。厨师们到州外购买食品原料的原因包括：不能在当地找到想要的食材，本地农产品供量不足或质量不好。水果和牛肉尤其如此。当地的蔬菜不是难以买到就是太贵，并且厨师们认为，本地出产的猪肉和羊肉不符合游客口味。

表3.7　坎昆的酒店所购食材的原产地（单位：%）

食品类别	金塔纳罗奥州	尤卡坦州*	墨西哥其他地区	外国进口	未知
水果	4.5	20.1	68.1	0.7	6.6
蔬菜	3.4	22.8	68.1	0.4	5.3
肉类	1.0	20.0	48.0	25.0	6.0
家禽	9.0	64.0	17.0	5.0	5.0
海鲜	35.3	40.0	17.4	2.8	4.5
日用品	0.0	8.0	70.0	7.0	15.0

来源：Torres and Momsen 2004。

注释：*尤卡坦州紧邻金塔纳罗奥州东北部。

托利斯发现，金塔纳罗奥州的农民和坎昆的酒店之间无法建立联系是有多种原因的。生产能力最强的农民一般离坎昆最远，并且他们大多是说玛雅语的，这使得他们和酒店主厨及中间商难以交流，也使得他们几乎没有议价能力。此外，农民居住在较贫困地区，没能从坎昆的发展中获益；他们缺乏投资农场的技术支持、资本和信贷，这就导致了质量和稳定性问题。给食品买家贿赂和回扣使得尤卡坦州附近的农民比金塔纳罗奥州农民更能获益。

为使金塔纳罗奥州的农民从他们所在州的重大旅游投资和增长中获益，托利斯和莫森指出"农业部门应当成为集约投资、培训、组织和私人部门——农民合资企业的核心"。

来源：改编自 Torres and Momsen 2004。

（三）旅游业中的企业家精神

企业家是地方经济体中让旅游经济活动运转起来的个体（Harper 1996）。他们是冒着金融风险来开发和创新那些他们希望游客愿意花钱购买的产品的人。企业家会对变化中的社会和经济条件所提供的机会作出回应。与此同时，他们能通过创造新的机遇和新的挑战来影响地方旅游经济。成功的创新可以创造和拓展市场（消费者）、新的就业机会，甚至可以发展成新的经济部门，从而形塑地区和国家的发展（Morrison et al.1999）。其中的一个例子是，在20世纪80年代和90年代，美国和加拿大的小啤酒厂兴起，延续了在欧洲有几百年历史的"自酿酒酒吧"（brewpub）（附带小型酒厂的餐馆）的传统（Flack 1997）。这些小型的、自有的、独立经营的餐饮机构代表了一种新的利基产品。这种产品在全国范围内迅速传播，提供了新的休闲和消费形式，并促进了许多老旧零售区的活化和绅士化。

尽管旅游业通常被描绘为一个"适度创新"的行业（例如 Shaw and Williams 1998；Hjalager 2002），但在致力于提高产品、企业和目的地的竞争力时，创新正迅速地成为旅游政策和旅游开发的重要主题（例如 Hall 2007b；Sundbo et al.2007；Hall and Williams 2008）（参见案例2.4的旅游创新系统分析）。在经济合作与发展组织（OECD）的创新数据的收集指南中，有这样一句话:"创新是指新的或显著改进的产品(物品或服务)或工艺,新营销方法,商业实践、工作场所组织或外部关系中的新组织方式的实现"(OECD 2005:40)。存在以下四种类型的创新:

● 产品创新——全新或经过显著改进的物品或服务;
● 工艺创新——全新或经过显著改进的生产或交付方法(操作流程);
● 组织创新——全新或经过显著改进的企业商业实践、工作场所组织或外部关系(组织或管理流程)的方法;
● 营销创新——全新或经过显著改进的营销方法。

照片 3.4　新西兰南岛劳伦斯小镇的小型旅游企业发展。这个小镇位于连接但尼丁、昆士城与奥塔戈中部的公路边上,首要功能是"厕所和咖啡站"。然而,该小镇利用其中途站点的位置,扩大了商业供给以延长游客停留时间并刺激游客消费。除了咖啡厅和饭店,还有许多手工艺品商店——所有这些都是为游客准备的。(C. Michael Hall 摄)

有关创新和旅游业之间关系的明显问题是,与其他行业的创新率相比,旅游业的创新率是多少?不幸的是,这个问题不易回答。如上所述,旅游业不是一种标准产业类别。然而,以"住宿、咖啡馆和餐厅(ACR)"等产业类型的创新率来研究更宽泛的旅游业还是可能的。这在澳大利亚和新西兰已有先例(案例3.6)。

【案例3.6】

澳大利亚和新西兰"住宿、咖啡馆和餐厅"创新率

旅游业在创新方面有时略显负面的印象也许会被驳倒。新西兰2005年的一项企业创新调查指出,"住宿、咖啡馆和餐厅"行业的企业创新率为50%,只比新西兰所有企业52%的平均创新率略低,而当时创新率最高的领域是金融与保险(68%)以及制造业(65%)(Statistics New Zealand 2007)(表3.8)。尽管创新和企业生存之间存在联系(Hall and Williams 2008),但值得注意的是,旅游行业的企业生存率是最低的,在2001年至2006年间,只有33.1%的企业生存了下来(2007年政府经济发展报告)。

虽然澳大利亚也使用奥斯陆手册(OECD 2005)来收集企业创新数据,但是澳大利亚在全国调查中对行业和企业规模的界定与新西兰不同——如上所述,这进一步反映了国家之间数据难以比较的问题。然而数据显示,澳大利亚的"住宿、咖啡馆和餐厅"行业的企业创新率(35.7%)略高于全国平均水平(34.9%;表3.9)(ABS 2006)。在2007年,澳大利亚统计局(ABS)利用其对企业的定义(5个及以上的雇员;新西兰的调查使用6个及以上雇员的标准)比较了澳大利亚和新西兰的企业创新率。他们指出,新西兰整体企业创新率(43%)高于澳大利亚(35%),至于"住宿、咖啡馆和餐厅"行业,新西兰的企业创新率为40%,澳大利亚则为36%(ABS 2007)。

然而,尽管"住宿、咖啡馆和餐厅"行业的企业创新水平相当高,旅游业对澳大利亚和新西兰的重要性也很高,但是,霍尔(Hall 2009b)指出,在这两个国家的创新政策中几乎找不到旅游业的影子。因此,很可能是因为旅游业一直被认为是低技术、低收入和低价值的,它因而也被认为是创新程度低的。

来源:引自 Hall 2009b。

与旅游相关的企业,按规模和复杂性,覆盖小型本地企业、中型企业

和大型跨国公司。虽然有很多社区积极地吸引大公司进驻（因其薪资高），但实际上，小型和中型企业（SMEs）才是区域经济中提供最多就业岗位的企业。例如，据估计，欧盟 99% 的企业是中小企业。世界各地对企业规模的界定不尽相同，欧盟把员工少于 50 人的企业界定为小型企业（在美国，标准为 100 人），把员工少于 250 人的企业界定为中型企业（在美国，标准为 500 人）（Shaw 2004）。欧盟和美国都把少于 10 人的企业定义为微型企业。中小企业被认为创造力更高，并且比大型企业更可能与其他本地企业建立后向和前向关联。

经济移民也是一种企业家行为（创业形式），意味着移民劳工在新地方寻求新机会。这些企业家通常在目的地社会不愿从事的领域找到工作岗位（Riley 2004）。在旅游行业，这典型地包括客房服务和景观维护，但也包括餐厅员工、出租车和其他交通工具驾驶员、前台接待员、甚至是管理人员。经济移民也会创业，他们与大型企业签订合约或直接为游客提供服务。生活方式型企业家（Lifestyle entrepreneurs）移居到舒适度高的地方，开始新的业务（Ateljevic and Doorne 2000）。对生活方式移民而言，许多受欢迎的旅游目的地的生活方式、气候、风景和环境，都可以弥补他们所面临的较低收入和较高金融风险。如果没有这些低成本的企业家和劳工，许多旅游目的地的物价会更高，并且发展得可能更差。例如，在一项对新西兰全国家庭旅馆（bed and breakfast accommodation）经营者的调查中，霍尔和拉什儿（Hall and Rusher 2005）发现，在建立企业之初，经营者最主要的目标都明显与生活方式问题以及社交愿望有关。略多于三分之一的受访者表示，赚钱并不是必要目的。乍看起来，也许会有人认为这样的经营者不善管理。然而，关于这些看法的一系列更进一步的问题清楚地表明，事实并非如此。绝大多数的受访者把利润看得极其重要，也强烈地希望业务保持增长。当然，这也与他们对过想要的生活方式和获得工作满意度的热情匹配。正如霍尔和拉什儿（2004）所说，这样的目标组合可能会造成冲突，但这并不意味家庭旅馆的经营管理不善或无法像正式的旅游行业那样以顾客为导向。事实上，正如霍尔和拉什儿（2005）所指出的，家庭旅馆运营的社会动机很明显地表明，与那些员工不那么有兴趣与顾客社交的商业形式相比，家庭旅馆趋向于有更强的顾客导向性。此外，在对政府援助的态度方面，几乎没有受访者认为对于企业发展来说这样的援助是必不可少的。

这一项全国性的研究（Hall and Rusher 2005）以及之前的一项区域研究（Hall and Rusher 2004）发现，受访者强烈表示，运营家庭旅馆的风险和责任与生活方式的感知利益相比是值得的。有研究调查企业主是否赞同将严格的企业原则应用于有生活方式利益的企业。研究发现，有迹象表明，的确存在一套能与企业主享受良好生活方式的个人目标相平衡的强大的商业哲学。这些特征与小型旅游家庭企业所表现出的特征是一致的（例如 Getz and Carlsen 2000）。霍尔和拉什儿（2005）还指出，理解了生活方式——作为小型旅游企业的一种战略商业目标——的重要性之后，以下几个方面也需要引起关注：

表 3.8 新西兰的创新率：部分产业部门（截至 2005 年 8 月的前两个财年）

产业	企业总数	总体创新率（%）	实施率（%）	进行中或已放弃的比例（%）	没有创新活动的企业（%）
农林渔业	3,201	45	36	6	58
采矿业	84	44	44	0	56
制造业	5,604	65	58	7	35
电力、燃气及供水	18	52	45	7	48
建筑业	3,312	41	39	2	59
批发贸易	3,222	61	56	5	39
零售业	5,823	46	37	8	54
住宿、咖啡馆和餐厅	3,336	50	49	2	50
交通和仓储业	1,488	53	49	4	47
通信服务	144	62	57	5	38
金融和保险业	570	68	64	4	32
房地产及商业服务业	4,818	50	46	4	50

续表

产业	企业总数	总体创新率（%）	实施率（%）	进行中或已放弃的比例（%）	没有创新活动的企业（%）
教育	567	58	55	4	42
卫生和社区服务	1,950	59	57	2	41
文化及游憩服务	618	57	51	5	43
总计（所有企业）	34,761	52	47	5	48

来源：Statistics New Zealand 2007，引自 Hall 2009b。
注释：总计数据涵盖该产业类别的所有企业。

2005年"企业经营调查"的对象是符合新西兰统计局企业框架（Business Frame）的以下几个条件且在选取调查对象时尚在运营的企业：（1）年度营业额（基于商品及服务税）超过3万新西兰元；（2）有6个或6个以上的员工；（3）已营业一年以上；（4）符合澳大利亚和新西兰标准产业分类（ANZSIC）。新西兰把国土内的所有商业和服务机构都称作企业，比如公司、合作社、信托、政府机构、国营企业、大学、个体户。

表3.9　澳大利亚的创新率：部分产业部门（2004和2005年）

产业	企业总数	正在创新的企业（%）	已开始但尚未完成或放弃任何创新活动的企业（%）	曾积极创新的企业（%）
采矿业	771	31.4	14.9	34.5
制造业	18,201	41.7	16.5	43.1
电力、燃气及供水	187	48.8	26.6	52.1
建筑业	13,774	30.8	10.0	31.0
批发贸易	13,299	43.4	17.2	46.8
零售业	30,644	27.5	7.5	28.2
住宿、咖啡馆和餐厅	13,591	35.6	9.6	35.7

续表

产业	企业总数	正在创新的企业（%）	已开始但尚未完成或放弃任何创新活动的企业（%）	曾积极创新的企业（%）
交通和仓储业	5,477	34.0	10.9	34.3
通信服务	446	35.5	18.2	36.3
金融和保险业	4,359	37.9	15.1	39.5
房地产及商业服务业	36,019	30.3	13.4	32.7
文化及游憩服务	4,487	32.9	12.6	34.4
总计（所有企业）	34,761	33.5	12.2	34.9

来源：Australian Bureau of Statistics（ABS）2006，引自 Hall 2009b。

注释：纳入 2005 年"创新调查"范围的是在澳大利亚统计局企业注册处有雇佣记录的、有 5 个及以上员工的所有位于澳大利亚的企业。不包括：（1）政府机构[1]；（2）非澳大利亚本地的机构/个体[2]；（3）澳大利亚和新西兰标准产业分类（ANZSIC）A 板块的农林渔业、M 板块的政府行政和国防、N 板块的教育、O 板块的医疗与社区服务、Q 板块的个人与其他服务。数据截至 2005 年 12 月。

- 为理解小型企业业绩和创业成功，需要将提升生活质量的举措作为创业决策的一个重要组成部分（见第四章关于旅游中的生活质量问题的讨论）。
- 生活方式和舒适环境是新的小型旅游企业区位选择的重要影响因素。
- 在审视关于小型企业的创业精神和企业发展议题时，关注企业家——或更可能的情况是企业主夫妇——所处的生命历程阶段变得十分重要。因为企业往往是由夫妻二人（既是婚姻关系又是商业情境下的合作伙伴）共

---

[1] 译者注：原文为"SISCA 3000 General government"。在"澳大利亚标准机构分类［The Standard Institutional Sector Classification of Australia（SISCA）］"中，政府部门即被标为"Sector 3"或"SISCA 3000（General Government）"。

[2] 译者注：原文为"SISCA 6000 Rest of the world"。在"澳大利亚标准机构分类"中，这一类别包括与澳大利亚本地机构/个体发生交易或其他经济联系的非本地机构/个体，包括在海外停留超过 12 个月的澳大利亚游客，在澳大利亚停留不超过 12 个月的外国游客、外国留学生。

同运营的。

- 许多小企业的创新能力——在不参与集体营销活动的情况下也能成功地进行业务推广——意味着它们没有必要加入正式的旅游网络。
- 生活方式型企业展示了很强的商业技能，实际上比正规旅游行业中的很多大型企业更具服务导向性。

然而，不是所有的企业家活动都是创新先锋（Shaw 2004）。旅游企业家可能会效仿他们认为成功的模式，导致大街小巷都卖同样的纪念品和T恤的情况。此外，不是所有的企业家活动都是成功的，企业家的失败会对目的地造成显著的影响。在最坏的情况下，企业家会被视为是在掠夺目的地的自然和文化资源。由于缺乏经验、资金不足以及对市场波动的敏感性，小企业的倒闭几率要高得多。诸如酒店、餐厅这样的企业倒闭之后，虽成空壳但也占据地方景观。这在供给过度的情况下更成为问题。

关于旅游领域企业生存和破产的研究很少。圣雷利（Santarelli 1998）关于1989—1994年间意大利酒店和餐饮企业生存问题的研究是少数的例外。作者把新成立于1989年且以后每年年底都还存在的企业的比例界定为新企业存活率。作者发现，成立一年之后，有68%的企业仍在运作；到第6年时，存活率降至45%。这比同时期意大利制造业企业59%的存活率要低得多。

在分析存活率的区域差异时，圣雷利观察到，在贸易堡垒（以广告和筹资要求、银行信贷是否短缺以及周边区域是否缺乏现代基础设施等因素来衡量）较低的地方，进入过程的选择性更低，有更大比例的进入尝试更可能失败或预期寿命较短。此外，在某些特定区域，企业的寿命受产业演化动态的影响。因此，在旅游业相对高速增长的区域，新企业可能更容易生存。因为新企业的进入不太可能造成竞争对手市场份额的损失，因此现有企业进行报复的可能性也更低（Hall and Williams 2008）。此外，圣雷利还发现，新企业的规模是有利于它们生存的。圣雷利（1998：162）解释道：

> 事实证明，规模更大的企业会存活更久，因为它们一般更加高效，

会采用更加资本密集的方法，更容易实现规模经济，除了更容易获得外部融资外，它们也拥有更多内部融资渠道。此外，当停留在市场上的机会成本增加时，大企业在退出前可能会减小规模，然而在相同的情况下，小企业将会率先离开市场。

九、总结和结论

为理解旅游的经济影响，必须理解定量分析的挑战、企业家精神的视角、旅游开发得以发生的社会和政治背景，以及满足社会所有成员基本需求这一社会意识。我们今天所理解的旅游业本质上是一种资本主义现象，其根本目标是通过向游客提供服务来为旅游企业家赚钱。商品化、竞争以及旅游资源和利润的不平等分配都是这一过程不可分割的一部分。

作为消费者，游客在旅游经济中所扮演的角色并非没有一定程度的能动性。他们对购买（交易）有说"不"的最终权利，而且他们往往受与交通和住宿价格无直接关系的目标所驱动。旅游的需求侧迫使该产业充当文化和自然的保护者和开发者，而大多数其他经济部门并非如此。这是因为旅游业的真正产品是体验。旅游业是更广意义上的体验经济和文化经济的一部分（Debbage and Ioannides 2004）。

下一章将讨论旅游对文化的正面和负面影响。像它的经济影响那样，不管人们怎么界定，旅游都被认为有相当大的潜力让文化受益，虽然旅游更可能以某种方式改变文化。另外，在文化经济中，旅游业的管理方式对目的地的财政影响也是巨大的。

十、复习题

1. 评估旅游对目的地的经济影响的难点有哪些？
2. 随着旅游业的引入和发展，地方经济发生改变的主要方式有哪些？
3. 除了直接经济影响，旅游影响一个地方生活质量的方式有哪些？

十一、延伸阅读推荐

Smith, S. (2004) The measurement of global tourism: Old debates, new consensus, and continuing challenges, in A.A. Lew, C.M. Hall and A. Williams (eds) *A Companion to Tourism*, pp.25–35, Oxford: Blackwell.

对将旅游界定为一个产业的相关议题进行了很好的全景式概述。

Leiper, N. (1990) Partial industrialization of tourism systems. *Annals of Tourism Research*, 17: 600–605.

详细介绍了理解旅游业的部分产业化进路，提供了一个与供给侧进路不同的视角。同时，该进路也有助于解释为何在旅游业中难以实现协调。

Riley, M., Ladkin, A. and Szivas, E. (2002) *Tourism Employment: Analysis and Planning*, Clevedon: Channelview.

在工作情境和更广泛的经济和社会情境中考察了旅游就业情况。

Shaw, G. and Williams, A.M. (2004) *Tourism and Tourism Spaces*, London: Sage.

为旅游发展提供了批判性的文化和经济视角。

Coles, T.E. and Hall, C.M. (eds) (2008) *International Business and Tourism: Global Issues, Contemporary Interactions*, London: Routledge.

对旅游作为国际服务商贸的不同模式（包括旅游业的管制及旅游业与地方营销、商品链的关联）进行了全面的解释。

Hjalager, A.M., Huijbens, E.H., Björk, P., Nordin, S., Flagestad, A. and Knütsson, Ö. (2008) *Innovation Systems in Nordic Tourism*, Oslo: Nordic Innovation Centre.

提供了有关北欧地区旅游企业的商业案例研究。

Hall, C.M. and Williams, A.M. (2008) *Tourism and Innovation*, London: Routledge.

概述了旅游和创新方面的议题（包括企业家精神所扮演的角色）。

十二、网络资源

世界旅游理事会（WTTC）成员：http://www.wttc.travel/eng/Members/

Membership_List/index.php

助贫旅游（PPT）合作关系——助贫旅游工作论文：http://www.propoortourism.org.uk/ppt_pubs_workingpapers.html

挪威统计局旅游卫星账户网站：http://www.ssb.no/turismesat_en/main.html

马里亚纳海沟国家海洋纪念碑项目计划（2008）的经济影响：http://www.pewtrusts.org/our_work_report_detail.aspx?id=40478

世界贸易组织——国际贸易统计：http://www.wto.org/english/res_e/statis_e/statis_e.htm

服务贸易总协定和旅游影响（发展中国家的影响评估框架）：http://www.tourism-futures.org/content/view/1212/45/

旅行经济学：世界经济危机与旅行及旅游：http://delicious.com/alanalew/traveleconomics

十三、关键概念与定义

基础产业：通过出口所有或几乎所有产品为共同体（community）带来直接经济收入的产业。

创新：新的或显著改进的产品（物品或服务）或工艺，新营销方法，商业实践、工作场所组织或外部关系中的新组织方式的实现。

营销创新：全新或经过显著改进的营销方法。

非基础工业：通过本地经济实现货币流通，但无法为地方直接带来大额新收入的产业。

组织创新：全新或经过显著改进的企业商业实践、工作场所组织或外部关系（组织或管理流程）的方法。

部分产业化：只有直接为游客提供物品与服务的特定组织才被归入旅游业的情况。

政治经济学：对一个社会内财富的生产和分配以及国家在其中担任的角色的研究。

工艺创新： 全新或经过显著改进的生产或交付方法（操作流程）。

产品创新： 全新或经过显著改进的物品或服务。

生活质量： 个体或社区所感受到的幸福程度。

供给侧： 对于旅游业而言，指的是游客可获得的目的地资源，包括所有形式的设施和吸引物（例如公园、沙滩、商店和娱乐场所）以及配套基础设施（例如交通、酒店和餐厅）和服务（例如旅行社、游憩计划和活动）。

国民经济核算体系（SNA）： 被大多数国家用于收集、整理和分析宏观经济绩效的账户框架。

旅游贸易平衡（又称旅游收支平衡）： 旅游出口与进口的差额。

旅游产品： 大部分需求来自作为消费者参与旅游过程的人的任意物品和服务（UNWTO 1994）。

旅游出口： 一国从国际游客在本国花费的货币及旅游企业出口产品中获得的收入。

旅游进口： 本国居民出国旅游的花费以及当地旅游供应商进口产品的花费。

旅游乘数： 旅游乘数是额外游客花费所带来的总体效应（直接的和次生的）的一种度量。

第四章　旅游的社会—文化影响

【学习目标】

学习本章后，学生将：
- 能够界定文化的概念以及文化在当代社会的不同形式。
- 了解国际组织在界定文化标志物方面的作用和与该过程相关联的政治因素。
- 了解旅游业如何促进并受益于社区社会变革的大背景。
- 了解游客和居民如何受到旅游的作用、关系和体验的影响。

一、引言

旅游是一种文化现象。它对文化和社会产生影响，同时又被文化和社会形塑。在旅游和社会的这对关系里，我们通常很难分辨出（哪一个是）因与（哪一个是）果。这一关系又进一步被文化随时间而改变的事实所复杂化；尽管绝对保护主义者（preservationists）和渐进式保护主义者（conservationists）努力将场址和景观博物馆化以维持其原真性[①]，但事实上这是绝不可能的。

界定文化和社会

联合国教科文组织（UNESCO 2002）把文化定义为"社会或社会团体

[①] 译者注："authenticity"在中文中普遍被翻译为"原真性"或"真实性"。但前者主要用于遗产、古迹、自然等场合，后者主要适用于游客体验等场合。

第四章 旅游的社会—文化影响

富有特色的精神的、物质的、智力的和情感的特征的总和，同时它还包括艺术和文学，以及生活方式、各种生存方式、价值体系、传统和信仰。"这个定义与对社会的定义有些许不同。通常来说，社会是指存在于拥有共同兴趣爱好的人之间的社会关系。吉尔兹（Geertz 1973）把社会定义为一个团体内的社会关系安排，而文化则是该团体（成员间）共享的信仰和符号。

我们对旅行和旅游的文化影响的讨论将基于上述定义。我们不考虑文明（文化的另一种定义）或者文化在美术及社会或政治精英领域内专有的议题。旅行和旅游被描述为现代内涵的核心（Rothman 1998），所有形式的旅游都是现代大众文化的不同侧面。这甚至适用于曾一度与文化精英相关联的奢华旅游细分市场。今天，旅游与受教育水平提升、媒体接触增多以及可支配收入增加一起拆掉了横亘于精英社会阶层的雅文化和大众（尤其是较低的社会和经济阶层）的俗文化之间的围墙。俗文化有时被称为流行文化，尽管这一概念横跨了有关大众文化的矛盾观点和当地乡土文化的特质。另一个与旅游相关的文化概念是全球文化，它也存在类似的定义上的分歧。这一分歧指的是文化相对主义（所有文化的平等价值，如在"世界音乐"类型中所看到的）和文化同质性。文化同质性指文化的多样性被归入一个单一的全球文化（对许多批评家来说，往往酷似美国文化）。

在大规模生产的背景下，"大众文化"所包含的大部分释义是与"流行文化"和"全球文化"相关联的。事实上，明确地以及隐含地存在于旅游发展、市场营销和体验中的一个主要的文化差别是全球文化（通常与发达国家的消费者文化以及文化和经济的全球化进程相关联）与地方文化及亚文化群体之间的差别。

文化也与政经制度及议程联系紧密。与旅游类似，政治和经济进程也属于文化现象，它们也类似地被文化所定义并影响文化的变革。居于统治地位的政治领导人以及领先企业的行为和决策，有助于塑造文化价值观。他们通过对生产（生产什么和如何生产）、消费（生产者也是消费者）、时尚与品位（通过市场营销和公共关系）的影响实现了这一点，尽管他们并不总是成功的。

总而言之，我们今天所知道的某种文化是众多利益相关者（包括但不限于政党、宗教组织、经济利益集团、全球媒体、地方精英、教育机构、旅游业和游客）相互间不间断地逻辑论证的结果，并贯穿于人们生活的日常行为中。这种文化形成过程同样适用于我们对过去的解释（历史遗迹）和我们对待大自然（荒野地区）的方式，如同其适用于当代社会文化一样。

在这一章中，我们首先探讨旅游在全球尺度上的社会文化影响。讨论的焦点是文化的全球化，特别是经由西方（欧美）流行文化而实现的全球化。这种全球化与在旅游促销中对异国风情的持续强调一样，带有文化殖民主义和霸权主义的色彩（Teo and Leong 2006）。在国家层面上，我们考察与旅游相关的迁徙所产生的影响。这样的迁徙是见诸先前曾同质化的民族国家日渐彰显的多元文化主义的一部分。同时，我们也考察旅游在界定民族文化及身份上的角色。这种界定是通过对国家标识及全国性事件的形象塑造、品牌化以及促销实现的。

旅游的大多数社会—文化影响已经在社区和个人层面被观察到并加以研究，因为这是主客关系的纽带所在。在社区层面，从保护和主题化视角来看，整个文化景观均已被旅游所转化。物质文化已经被商品化成为纪念品，尽管一些濒临消失的艺术和表演形式因而得以复兴。

在个人层面上，旅游对东道主和游客都有影响。通过一系列的独特体验，游客寻求机会来表达并形成自身的个人认同。参与到旅游业中的当地人也被旅游业提供的机会所改变。东道主和游客间社会的、经济的、文化的差异越明显，双方潜在的改变就越大。"生活质量"这一概念，通过综合文化、经济和环境等学科知识，呈现了另一种理解旅游与个体间影响及关系的视角。对东道主和游客双方而言，旅游活动可能提高或降低他们的生活体验质量。

二、全球的和超国家的文化影响

在全球和超国家层面上，旅游的社会—文化影响经由以下两个渠道实现：其一，正式地经由制定政策并资助保护行动的国际组织；其二，稍欠正式地经由包含旅游在内的"全球流行文化"。

第四章　旅游的社会—文化影响

（一）世界遗产

若干主要的国际组织通过对品位进行界定并指定文化遗产特有类型的重要性，来担任"全球文化经纪人"（Winter 2007）的角色。做到这一点的组织包括：

● 联合国世界旅游组织（UNWTO）——一个国家层面政府间的超国家机构，并联合来自私营部门、地方政府和其他组织的成员，为国家层面和次国家层面的政府提供旅游发展咨询服务。

● 联合国教科文组织（UNESCO）——其下属的世界遗产中心批准并维护官方的世界遗产名录。

● 国际古迹遗址理事会（ICOMOS）——一个非政府组织的团体，对申请列入联合国教科文组织世界遗产名录的文化遗产地进行评估［世界自然保护联盟（The World Conservation Union，或IUCN）[①] 对申请列入名录的自然遗产地提供相同的评估。］

除这些主要的文化机构外，还有许多其他的政府组织、行业组织和非营利或非政府组织参与其中。它们的活动包括文化保护，但更注重经济发展与自然环境。这方面的例子包括联合国环境计划署（UNEP）、国际终止童妓组织（ECPAT）和亚太旅游协会（PATA）。

遗产保护与旅游开发之间的关系是复杂的，并且不总是那么和谐。保护主义者通常致力于保存遗址在物质方面的原始状态或真实性，并不考虑旅游行业寻求与游客共享遗址的经济目标。但是，保护主义者和旅游行业的上述两种动机都会导致遗产地的博物馆化，将遗产地从更宏大的社会演化中分离出来，并将之固定在一个"被首选"的阶段。

然而，世界上许多地区都致力于将某遗产地列入世界遗产名录，因为这有助于确保该遗产地达到一定的保护标准，并使得该遗产地有可能成为主要的国际旅游吸引物。列入世界遗产名录的遗产地亦可能获得来自世界银行的文化和遗产发展网络以及其他国际基金会、非政府组织提供的管理

[①] 译者注：世界自然保护联盟（The World Conservation Union）与国际自然保护联盟（International Union for the Conservation of Nature，简称IUCN）为同一机构。

援助和资金支持。

照片 4.1 巴戎寺是众多寺庙中的一个。(这些寺庙)和早先的两座城市一起坐落于柬埔寨的吴哥窟世界遗产地和柬埔寨国家公园。初建于 12 世纪,这些寺庙混合了印度教和佛教的符号特征。这里所呈现的面孔是佛和建造这个寺庙的高棉国王的面孔。寓意"城市之庙"的吴哥窟,曾是高棉帝国的首都和世界上最大的城市之一,但当十六世纪欧洲人第一次访问该地时已年久失修。如今,国家公园年接待大约 70 万人次的游客(2005 年),大约一半是国内游客,另一半则是国外游客。(Alan A. Lew 摄)

联合国教科文组织还有一个"世界濒危遗产名录"用以列出那些因发展压力和资金缺乏而威胁其维护和长期存在的遗产地。遗产地面临的威胁包括:侵蚀古建筑和艺术作品的空气污染,野生动物偷猎,在黑市上出售盗窃的文物,游客超载导致的退化以及周边发展带来的影响,特别是公路、游客住宿设施和采矿活动带来的影响(见案例 1.2 中对加拉帕戈斯群岛和世界濒危遗产名录的讨论)。

尽管列入世界遗产名录被视为对旅游发展有积极作用(例如 Shackley 1998),联合国教科文组织依然被指控在指定世界遗产名录上存在文化偏见(BBC News 2004)。截至 2007 年,世界遗产名录上近一半的文化和自然遗产地在欧洲。从历史上看,界定和管理遗产的欧洲标准形成了审查世界遗产地申请的基础。正因如此,日本和中国的一些重要的文化遗产地被拒绝指定为世界遗产,因为这些建筑是由新材料建造的,即使其架构和工艺均有数百年的历史。这种不同的遗产概念促使马来西亚、中国和新西兰政府号召成立了一个专门的亚洲世界遗产委员会，以评估这些地区不同的传统和价值观念（Sulaiman 2007）。

表 4.1 世界遗产名录中的遗产地分类状态，1998—2007

类别	遗产地数量				遗产地占比（%）			
	1998	2001	2006	2007	1998	2001	2006	2007
文化的	445	554	644	660	76.5	76.8	77.6	77.6
自然的	117	144	162	166	20.1	20.0	19.5	19.5
混合的	20	23	24	25	3.4	3.2	2.9	2.9
总计	592	721	830	851	100.0	100.0	100.0	100.0

注释：由于四舍五入，比例的总和可能不等于100%。
对世界遗产地最近的统计数据，参见联合国教科文组织：http://whc.unesco.org/。

世界遗产地的指定是一种高选择性的文化保护形式，有明显的文化和社会影响。它为修缮和重建历史建筑（即使它们不是大型景观）提供资金支持。与文化遗产地所表征的特定历史时期相关的艺术、工艺品、音乐、服饰和表演有可能因为旅游市场而重获新生。但是，这些物质和表演文化可能会被修改以使得它们更容易被游客所消费。列入世界遗产名录也可能将其他形式的经济发展和人类活动排除在外（Aa et al. 2004）。艺术品和工艺品被制作得更加小巧以便它们可以更容易地被打包进箱子；各种表演形式可能被缩短并定期表演，以方便售票（面向游客市场）。

至少自19世纪后期以来，在传教士到来之前，南太平洋地区的传统艺术和工艺已经开始被商品化了。当时，马歇尔岛的当地居民把最初用来做衣服的草垫拿来做桌布并出售（Wilpert 1985）。范德维恩（Van der Veen 1995）总结了通过旅游商业化和商品化使得南太平洋地区的传统工艺发生改变的几种方式：

● 审美变化：设计被修改以迎合游客的艺术品位。这些案例包括"以复兴传统文化之名，用真实事物的'稀释版本'来愚弄游客"（Tausie 1981：

55），或创建新形式的"民族媚俗"（ethno-kitsch）（Graburn 1976）。这些形式可能与当地文化鲜有真实的联系，但满足了游客的预期。

● 实用性改变：引入一些游客认为有实用价值的新设计。这样的例子包括一个多世纪前的马歇尔岛桌布，今天的拐杖、沙拉碗、盐和胡椒瓶。如今，巴布亚新几内亚的阿斯马特族的传统盾牌更小、更矩形化和更平整，以便可以更轻松地放入标准手提箱。也可能进口新材料用于生产这些产品；它们比使用传统材料生产的产品更耐用。

● 规制改变：在南太平洋地区，艺术规制性的提升归因于基督教的影响。它用更多受限的基于教会的图像来取代基于众神精神的传统图案形式。另一方面，传统艺术往往因为受制于仪式功能而在设计上变化有限（Graburn 1976），从而被旅游业所改变。

● 质量改变：虽然大众游客市场和纪念品市场的艺术品质不高，但在地方艺术的高端市场，传统艺术和现代艺术往往都是高品质的。美术馆会出售传统艺术品及手工艺品的精致复制品，同时也售卖本地最好的现代艺术家的作品。这些艺术品往往得到太平洋岛国政府项目和博物馆的支持，认为它们对文化保护和社会认同有重要作用（Hanson and Hanson 1990）。

在某些遗产和自然目的地，体育场的座位安排和激光灯展演为传统的艺术形式提供了一个现代的环境。位于印度尼西亚日惹的普兰巴南神庙（古印度寺庙，世界遗产地）的一部分庭院已经运用了这些先进技术为来访的旅行团提供夜间娱乐。

然而，文化遗产地可能并不需要被纳入世界遗产名录才能成为热门的旅游目的地。旅游指南（包括印刷版和网络版）、目的地促销资料、大众媒体（包括电影、电视和书籍）（Beeton 2005）以及口头推荐等都具备赋予某个地方以重要性的权力，从而使广大游客群体更加知晓某些地方。支撑这些文化遗产地的形象和重要性的物质化的手工制品和表演也将出现，以提升游客的体验并增加东道主的收入。从纯粹的保存主义视角出发，这些物质文化的原真性可能会受到质疑，却常常被停留时间有限的游客所赞赏。

（二）全球本土化（Glocalization）

联合国教科文组织世界遗产名录的评选过程可以看作通过其以欧洲为中心的指导方针和近乎一致的发展模式——自然地（以及在顾问的支持下）遵循官方的遗产指定过程——对文化的全球化和同质化作出贡献的过程（Ashworth and Tunbridge 2004）。除了"合适的遗产发展"的固有观念外，还有许多其他的力量将全球同质化几乎推行到地球的每一个角落。这些力量包括大众媒体（尤其是好莱坞电影及大多数英文流行音乐）、快餐和连锁餐厅、连锁酒店、杂货店和百货公司。从结构主义的视角看，全球化是市场资本主义在产品饱和环境下维持利润增长的需求的直接结果（Harvey 1989；Hughes 2004）。为了保持经济上的盈利性，资本主义社会创造并鼓励在时尚和品位上的快速变化、即时（且转瞬即逝的）愉悦的机会，以及新市场的开创，其中包括（将市场）扩展到新的地理区域。文化和地方（在第三章讨论过且将在下文讨论）的商品化是在市场经济从全球核心社会到边缘社会的无休止的扩张（游客就像步兵一样）中发生的。

从交通（更便宜的航班）、互联网（即时信息）、电信（轻松连接）和国际移民（混合文化）等方面来看，随着全球化的扩张，这个世界会越来越小。遗产景区、酒店和餐馆和航空公司都是旅行和旅游业不可或缺的部分。它们带着全球化的观念和游客一起从一个国家穿越到另一个国家。在游客出游前和出游中采用高科技设备对他们进行相关目的地的教育是全球化（在这种情况下，通过电信和互联网）形塑游客经历和行为并最终形塑其文化影响的另一种方式。一般而言的全球化的影响以及具体而言的全球层面的旅游发展的影响，都意味着地方和人们可能变得越来越相似。不同地方的独特性正在消失，本地传统正在弱化，消费主义正在成为人和地方的关键价值观。

并不是每个人都毫无反抗地接受这些社会变化（Macleod 2004）。反对全球化的各种反应普遍存在，并通常被称为"本土化"或"本土主义"。这些反应集中于寻找个人身份认同——作为当地文化认同的直接反映——的努力上。它正式地见诸于土著权利群体中，在对传统艺术和服饰的教学和支持上以及在对当地食物和历史建筑的欣赏上。阿什沃思和滕布里奇（Ashworth and Tunbridge 2004）将这种对本地身份的强调视作反抗国际主义的民族主义反应的一部分。正如在世界遗产地的指定中所提到的，在为了国家政治议程的利益而包容地方特殊性时，民族主义也可以成为一种同质化的推动力。例如，马来西亚和新加坡在全国性的旅游推广活动中，将中国农历新年、印度南部大宝森节（Thaipusam）和穆斯林斋月强调为其多元文化群体和谐相处的符号标识。这既是为了国际市场，也是为了促进国内团结。因此，即使是作为地方独特性得以庆祝，这些（节庆活动）亦是民族主义政治议程所选定的。然而，国际旅游和游客通过将全球价值观念和利益强加于地方价值观念和利益之上，可能会进一步淡化目的地的鲜明特色。

尽管全球化和本地化这两种极端清晰地见诸于支持各自立场的不同利益群体（通常是商业利益集团对抗非政府激进团体），结果却是出现了同时反映全局和局部元素的"混搭"。全球本土化是指创设一种新的文化形式，它既不是排他性的地方主导也并不是全球主导，而是一种承认双方的贡献的新产物。

想要在这种环境中取得成功，跨国公司必须改进产品以满足当地客户的需求。这种"混搭"的例子包括麦当劳公司的快餐店在东亚地区销售红豆派，这是根据当地口味对标准菜单诸多改进中的一个例子。另一个例子是位于美国以外的前三个迪斯尼主题公园（日本、法国和中国香港）。人们花了好几年时间来开发最佳的产品组合，以吸引足够多的本地游客，从而获得经济上的成功（参见 d'Hautserre 1999）。无论是受创业的精神还是利他的价值观的激发，旅游企业家和行业领袖们已经认识到当地文化在综合型旅游目的地所提供的吸引物组合中的重要性。

（三）旅游与世界和平

国际旅行的更加崇高的目标是促进全球理解和世界和平。通过旅行，人们了解到其他地方的情况，并与来自世界遥远地方的人们和有着非常不同的文化背景的人们直接接触。不同文化之间的教育和交流的潜力往往是肤浅和商业的，但可以在恰当的情况下超越这些限制。直接和真实的交流可以增进相互间的共鸣,这可能超越旅行本身而影响政治行为。

为了促进有关旅游的这个观点,国际旅游与和平研究所(www.iipt.org)自1994年以来每两年举办会议和峰会,并把旅行和旅游视为全球性的和平产业。虽然旅游在实现和平方面的作用可能存在争议(Hall 2005a),但毫无疑问,和平是旅游产业得以成功的必要元素。

三、国家和地区的文化影响

我们在前文讨论了全球视角下旅游在文化保护和文化变迁中的作用。这包括国际组织在文化保护中的作用和文化全球化对本土文化的影响。现在,我们转向文化真实性的议题,聚焦在区域影响和国家政策的视角。

(一)传统和过去的风景

旅游对本地文化的一个广为引用的好处之一就是传统艺术的复兴(如前所述)。游客去到与自己文化传统不一样的目的地时,都渴望带一些能代表他们经历的有形符号回家。典型的符号有如下形式:手工艺品、艺术品、服饰、照片,以及标志性场址和景观的小型复制品。游客还希望目睹或体验地方文化所特有的传统实践和仪式。

这种愿望带来了对这些物品(或纪念品)的需求,而这些需求经常由当地的供应商满足。他们可能复苏那些曾经因为更有利可图的工作而被废弃了的传统技艺。通过这种方式,游客对于传统工艺和表演的需求可能使正在衰亡的文化传统得以恢复和强化。但是这些文化工艺品的原真性是有待商榷的。对于旅游纪念品的搜寻者而言,原真性的范围可以从由原住民按照历史上准确的标准手工制作的物件,到简单地只是在目的地购买但原产地在中国的物品(Reisinger and Steiner 2006)。因此,消费者心目中的原真性与生产者或观察者认为的原真性类似。

(二)原真性和目的地形象

在旅游研究中,"原真性"(真实性)的定义是最有争议的议题之一。

其中的一个原因是混淆了物体或产品（例如一个历史遗址或一幅画）的原真性与真实的体验和生活方式。客观的原真性通常可以通过客观的标准来测量，例如科学事实、已知的位置或历史人物。体验的真实性是个人的、主观的经历，包括身体的和心理的感受（Wang 2000）。物品的原真性和体验的真实性都处于人物、地点和旅游的交接处。体验的真实性将在后面的章节进行更详细的讨论（见"个体影响"一节）。

并非所有的游客都对旅游景点或地方的原真性感兴趣，但大部分是。举例来说，如果你要造访一个遥远的目的地，例如西藏拉萨，你会满足于观看神圣的布达拉宫的复制版，还是会坚持参观真正的布达拉宫呢？为减少游客太多而带来的物质影响，2007年，中国政府的确提出过要打造布达拉宫的成比例模型（包含来自真正的布达拉宫的文物）并将其作为替代品，让那些——囿于为防止布达拉宫耗损而设置的限制——无法访问真正的布达拉宫的人有机会参观（Xinhua 2007）。这个提议有可取之处，因为它强调了脆弱环境中游客过多的问题。同时，它提出了物品原真性的议题，这可能会影响文化游客体验的真实性。霍尔（Hall 2007e）认为，复制本身并无坏处，重要的是原初的（物品）和复制的（物品）之间存在体验深度的差异。当存在蓄意欺骗时，会更成问题。原真性源于个体与被感知的日常世界及环境之间的连接性特质（property of connectedness）、创造了这种连接性特质的过程，以及个体与这种连接性特质纠缠的后果。

联合国教科文组织的世界遗产委员会是对遗产原真性更权威的裁决者之一。然而，其遗产地核准流程也受到国家层面的政治影响——地方和区域政府竞相通过中央政府将自己的遗产地提请至联合国教科文组织。地方政府公开的目标通常是两方面的：文化保护和经济发展。但在另一层面上，政府时常对遗产旅游地和事件进行管理，以支持民族主义的和政治的目标。由于世界遗产遴选的流程是通过中央政府的（提议的遗产地由国家提交），遗产地被指定为世界遗产的过程可能是一种将地方或少数民族遗产国有化的方式——如果不是这种方式，这些遗产可能会受制于民族统一主义。这个问题曾在2008年出现。当时，有900年历史的柬埔寨柏威夏寺被列入世界遗产名录，导致邻国泰国出现公众抗议和军事行动（Winter 2008）。被中央政府剥夺选举权利的（disenfranchised）少数民族地区也可能受到与世界遗产名录有关争议的影响。

王宁（Wang 2000）将此命名为"建构主义原真性"，并将其定义为被社会性地建构出的原真性。建构主义原真性基于有政治权力和公众影响力的人的信仰和观点。这种形式的原真性是可协商的，并通常是意识形态上的。不少国家经常试图否定或擦除历史上的尴尬事件，但从长期来看，很少成功。其中，一个最突出的例子是一些政治团体正在试图否定对犹太民族实施的大屠杀事件。

然而，更频繁的是，政府对一些节日、个人（在世的或历史上的）、历史事件和古迹给予突出重视，而在很大程度上忽视其他的（节日、个人、历史事件和古迹）。纪念性建筑可以成为整个国家的象征，例如长城之于中国、埃菲尔铁塔之于法国，以及自由女神雕像之于美国。特殊的活动也能成为目的地的表征，例如巴西狂欢节。然而，这些标志性建筑或事件备受争议的历史，在旅游宣传和解说中，往往是缺失的。

在旅游业中，有历史渊源的地方的"遗失"，包括使它们去政治化的尝试，都相对普遍（Hall 1997）。"把它们去情景化并除去所有的政治争议——以便将地方推销给外地人。否则，这些外地人会（对地方）感到疏离或可能遭遇政治挑衅"（Philo and Kearns 1993：24）。遗产中心和历史纪念日通常被用来抚平和压制对历史的争议（Hall and McArthur 1996）。这是一个重要的议题，因为在旅游地，对记忆的展现不仅仅是供游客消费的商品，而且还是与个人记忆和集体记忆的构成要素互动并影响这些要素的叙说，以及官方对于历史的呈现（见案例4.1）。

【案例4.1】

解读罐头工厂街的文化遗产

向游客和社区呈现有关过去的一维的观点，并不只是出现在特定的旅游景点。这种呈现也出现在目的地层面。例如加利福尼亚州蒙特雷丰富与复杂的民族和阶级历史，在"官方的"历史旅游线路和可供公众观赏的住处中，几乎无迹可寻。蒙特雷的历史往往被"简化或直接擦除"（Fotsch 2004：779）。在蒙特雷，和在世界上许多其他地方一样，文化遗产以贵族或精英的房屋的形式呈现出来。"这种将历史简化成容易消化的旅游式展现的方式剔除了对冲突的任何讨论；相反，这种方式的焦点在于'坚决感'。被反对的事件和意识形态则被瓦解成对未来动向及历史正确性的陈述"（Norkunas 1993：36）。作为蒙特雷历史重要部分的有关劳动者、阶级、种族的叙说，通常被浪漫和怀旧所取代。公开的冲突，无论是族群间的冲突或阶级间的冲突，还是更具体的工业和劳动方面的争议，在"官方"呈现给游客的历史中，要么被忽略，要么被掩盖。

照片4.2　约翰·斯坦贝克的罐头工厂街曾经是一个工人阶级的工业邻里。如今，就像许多其他的渔人码头区，曾经的海鲜罐头建筑里，遍布着游客、礼品店、餐馆和景点。蒙特雷湾水族馆整体上就是一个活的海带森林坦克，停泊在街区，每年吸引着近200万人次的游客。罐头工厂街是蒙特雷湾地区几个主要的旅游景点之一。（Alan A. Lew 摄）

有关历史的公开冲突常常被地方精英重新解读，以创造"新"历史。在这种"解读"中，遗产以一种线性的、无冲突的形式出现。以往有关蒙特雷集体记忆的呈现，最近已经受到新的叙说的影响。这些叙说，例如环境保护、民族多样性等，为如何表征蒙特雷真正的历史带来了新的紧张局势（Walton 2003）。尽管如此，在蒙特雷的案例中，游客所体验的历史通常是通过罐头工厂的物理转型而被重新解读过的。"对过去的重新解读使得城市有效地擦除了有关工业时代以及由它产生的工人阶级文化的记录。对工业时代的评论仅存于对约翰·斯坦贝克文学作品的旅游式解说中"（Norkunas 1993：50–51）。斯坦贝克和他虚构的人物，而不是任何真正的罐头厂工人，已成为表征的焦点。虽然正如沃尔顿（Walton 2003）所指出的，这不是斯坦贝克的行为，因为他严厉地批评了加利福尼亚州"伪老的"或"新的老"建筑和重建计划。罐头工厂街的新故事是被占据着这条街的商业利益集团、他们的公共关系顾问、报纸、蒙特雷市以及各种流行作家所构建的。在这个版本的事件中，所有人都获得了金钱价值和知名度（Walton 2003：274）。

遗产解说的主题导致了扁平的、一维的历史。这是对遗产旅游和当代城市批判性的讨论的重要线索。例如在英国的博物馆案例中，休伊森（Hewison 1991：175）认为：

> 然而这剪辑和拼贴而成的过去，一旦被新派"遗产管理者"高度表征，就会成功地呈现出一个令人惊奇地统一的形象。在这一形象中，变化、矛盾和利益冲突在单一的、流畅的、毫无深度的表层下被中立化。但这只不过反映了我们的历史性焦虑……这其中似乎没有赢家，也尤其没有输家。历史的开放式故事已成为一本有关遗产的封闭书卷。

政治和社会精英感兴趣于控制遗产传统以建立或修复文化身份、合法化现有的社会和政治制度，以及将人们卷入某一政治意识形态。但要取得成功，通过遗产所讲述的故事表面上必须展现出观众可以接受的原真性、可信度或可靠性（Fairclough 1992，转引自 Jones and Smith 2005）。

为游客调整原真文化表达的过程被称为"舞台化的原真性"（表 4.2）。这样的表达包括代表了真实的传统和生活的表演，但是以舞台化的形式或在以游客为导向的情景下展开。由于时间的限制，大多数游客都满足于对传统文化和当地生活所进行的快节奏的、高度结构化的再创作。在这种情况下，舞台化是不可避免的。

洛文塔尔（Lowenthal 1985）认为，我们如何通过遗产地呈现过去直接反映了当代社会价值观。他说，我们无法知道过去，除非通过现在社会的价值观，因为每一次认识过去的举动都会通过认识某些方面而忽略其他方面来"改变"过去。洛文塔尔说，如果过去是一个陌生的国度，怀旧情怀已使它成为"拥有最健康的游客贸易的陌生国度"（1985：5）。

（三）文化涵化

在经济发展的核心——边缘模式中，文化涵化（acculturation）是文化的必然结果（在第三章中有讨论）。文化涵化的过程假定，当两个民族（国家或文化）在一段时间内进行接触时，就会有产品、观念和价值观的交流。这种交流产生了文化间各种形式的融合。随着时间的推移，这些文化会变得更加相似。然而，交流和融合很少是平等的，通常是一种文化主导另一种文化。这导致经济和文化上的不平衡关系——使从属的社会受制于经济依赖和文化霸权的影响。文化威胁是指当地的传统和价值观将被那些占主导地位的文化所取代。这些主导文化在双方关系的政治和经济结构中处于更强的支撑地位。

表 4.2　真实性体验中的生产和消费

体验	消费	
生产	真的	舞台化的
真的	**真实的** 消费者和生产者都认为体验是真实的	**否认真实性** 消费者怀疑是舞台化的体验，但生产者认为是真实的
舞台的	**舞台化的真实** 被生产者舞台化，但消费者以真的来体验——隐性旅游空间	**人为的** 消费者和生产者都知道体验是舞台化的——显性娱乐或表演空间

【案例4.2】

美洲印第安社区[①]的旅游与文化冲突

"在我们的文化和宗教被竭尽全力消灭时，我们做了调整以确保

---

① 译者注：原文为"American Indian Country"，意指美国境内自治的美洲印第安人本地社区，即印第安人保留地。因此，将之译为"美洲印第安社区"。

有外显的遵从。我们设法维持我们的宗教和文化（隐秘地，也确实如此），所以我们能够躲开西班牙人而生存下来。同样，我们也能够躲开游客及他们代表的文化而留存下来。"——一个陶斯普韦布洛部落的成员

（Lujan 1998：145）

这段话反映了那些将旅游业视为后殖民主义、文化涵化及同化工具的观点。虽然旅游不常与这些术语相联系，但清楚的是，旅游业对所有类型的传统社会都有很多相同的影响。

与其他美国原住民群体相似，美洲印第安人从18世纪后期成为旅游吸引物，部分原因是它们代表了与欧美文化产业化相关联的诸多弊病的对立面。许多非印第安人每年都会前往亚利桑那州和新墨西哥州的那些更传统的保留地进行朝圣，以体验他们的舞会与节日。对国际游客而言，美国西南部有着独特的吸引力，因为它象征了使美国不同于旧世界的很多事物。

自北欧人在美国和加拿大定居的近400年以来，美洲印第安人已经遭受了占主导的美国社会的同化与忽视。即使在今天，除了在电影中他们扮演被分配的角色外，印第安人的历史和文化也在很大程度上被美国主流社会忽视。

有人认为，美洲印第安文化和占主导地位的美国社会之间存在着巨大的文化差异，以至于印第安文化很难以西方的方式被理解（Martin 1987）。这些有冲突的文化价值观（基于美国西南部主要的土著文化）很清楚地呈现在表4.3中。文化涵化过程正在推动占主导地位的美国价值观取代传统的美洲印第安价值观。这是前文所引的陶斯普韦布洛印第安人关于旅游业和游客的担忧。

19世纪时，大部分美国人和欧洲人对美洲印第安人的印象是"高贵的野蛮人"，认为他们端庄、坚忍、矜持、正直、好客与真诚。事实上，"高贵的野蛮人"这一形象贴切地反映了欧洲文明的高雅文化的更好品质。这些形象也反映了18世纪与19世纪早期浪漫主义对自然的理想化。自然世界被看作一个"伊甸园"，脱离了文明的罪恶。对浪漫主义者而言，美洲印第

安人是人类的缩影，因为它曾经在纯净状态中存在过。也可以这样说，任何企图从印第安文化所处的自然环境中将之分离出的尝试都不会成功，因为这既不符合印第安人广泛流行的形象，也不符合很多美洲印第安人对自己所持的形象（Kennedy and Lew 2000）。

表 4.3 美洲印第安土地上传统和现代价值观的比较

传统的美洲印第安文化价值观	占主导地位的美国文化价值观
合作与团体	竞争与个人主义
基于家庭、年龄和宗教的威望与权力	基于政治地位、教育和经济财富的威望与权力
来源于长者的教育	学校的教育
生活围绕着仪式活动	生活围绕工作活动
公有的土地使用权与管理/开发	绝对的土地使用权（所有权）与私有产权
来自大家族群体的社会支持	来自政府福利项目的社会支持

资料来源：Lew and Kennedy 2002。

如今，总体来说，美洲印第安人继续被旅游业和流行文化浪漫化（Lew 1998b）。然而，也有一些游客在参观某个保留地时会失望地发现，这些被理想化的"高贵的野蛮人"并没有他们之前所设想的那么原始、那么高贵。但是，更多的游客会尽最大的努力来确保他们的期望实际上得以满足且确保时间和金钱没有白费。不幸的是，无论哪种方式，在保留地的每个印第安人个体都必须频繁地忍受游客希望他们能够按照刻板印象一成不变的冲击。

美洲印第安人对游客同样有着刻板印象，这不足为奇。这些有关英美人（Anglo-Americans）的刻板印象与其他的非美国人对这个群体（英美人）持有的印象是相似的：外向、喧闹、富有、无礼，有种族偏见，总是在赶时间，对地方文化（在这个案例中，是指美洲印第安文化）非常无知（Evans-Pritchard 1989）。

随着时间的推移，游客可以担当"白人朋友"这一角色。传统上，普韦布洛印第安人对客人是非常开放和热忱的，并且他们中的大部分人已经与最初以游客身份前来的非印第安人建立了关系。为了成为好朋友，游客需要频繁地前往普韦布洛（通常在舞蹈演出季期间）。友谊建立的标志是被邀请参加伴有多数舞蹈的全天候宴会。随着时间的继续推移，朋友可以被允许甚至被期望参与到仪式盛宴的食物准备活动中。从游客到朋友角色的转换伴随着刻板印象的消失。白人游客对美洲印第安人的刻板印象减少，而印第安人对游客的刻板印象也逐渐消失。这时，双方都成为了真实的人。

但是，旅游对保留地的文化影响不应该被高估。变化无时不在并将一直发生。总的来说，比起旅游，大众媒体、联邦政府项目以及美国主流社会价值观对印第安传统的消失有更大的影响。虽然如此，旅游仍然扮演了重要的角色，因为它以外部世界的物质入侵的方式发生在保留地本身。旅游可以促进文化保护和经济繁荣，但它也可以造成对文化传统的损害和生活方式的永久消失。

来源：Lew, A.A. and Van Otten, G. (eds) (1998) Tourism and Ga-ming on American Indian Lands, Elmsford, NY: Cognizant Communications。

（四）中央政府政策

中央政府很可能是在指定和开发遗产地及遗产事件中最重要的利益相关者。这是因为大多数政府——通过他们的征用权——对所有土地拥有明显的领域控制权。虽然各国的具体细节有所差异，但政府为了更广泛的公众利益，可以征收土地（通常支付某种形式的补偿）。正是这些权力让政府能够对遗产和社区中的其他旅游导向型街区强力推行再开发并设计控制方案。

除了明显的领域控制权，政府还能拨款（通过税收）和出资来修缮建筑与场址，并推广特殊事件。这也可以通过减少特定地区与企业的税额来实现。中央政府通过上述行为来重视某些历史和文化（和亚文化），而忽视其他历史与文化。"被选中"的历史反映出要建立和推广国家认同的政策决议（Ashworth and Kuipers 2001）。通过能促成遗产与文化保护的法律体系、政府机构以及管理与资助体制，使实现政策决议进一步成为可能。

通过向游客和居民的解说，被挑选出来保存与纪念的场址、事件及文物得到进一步突显。然后，政府将它们自身与已获确认的国家遗产相关联，以合法化它们的统治权力。因此，历史文化型旅游城市代表着民族主义式的过去并且是国家认同的重要标识（Evans 2001）。这可以在遗产旅游城市（例如美国的费城与华盛顿特区、德国的柏林等）得到体现。

在一些国家和社区，旅游营销活动很难从政府的社会政策中分离出来。例如，20世纪90年代，新加坡旅游局采纳了"新亚洲"这一营销主题。它的定义为"进步与精致的，但仍然是亚洲灵魂的独特表达"和"东西合璧、新旧交织、传统与技术和谐共存"（新加坡旅游局"21世纪新加坡旅游规划"，转引自 Lew et al.1999）。这一主题不仅被用作新加坡旅游营销的形象，也被用作国家认同推广至新加坡人民。然而，对于大多数国家而言，旅游与政府价值观之间的关系，尽管还存在，但更加微妙。

四、社区文化影响

将游客引入任何场址都是会产生影响的。至少它增加了前往该场址的人数。在极端的情况下，旅游可以完全改变原初的场址，将它从社区关系与所有权中分离出来。旅游的文化影响在本章得到强调；经济影响及相关的社会影响已在第三章进行了讨论。

对文化资源（包括考古遗址、历史遗址、博物馆和艺术）的物理损害可由人为破坏、乱扔垃圾、盗窃和文物转移与售卖引起。所有这些行为在大多数国家都是违法的。在发展中经济体，例如埃及、墨西哥、中美洲和柬埔寨售卖从考古遗址盗窃来的物品的问题很严重。在这些发展中经济体，收入微薄的看管员有时靠向游客贩卖文物来补充收入。当历史遗迹和建筑得不到保护、传统建筑环境随着时间的推移被其他经济利益团体所取代时，文化遗址的退化就难以避免。

当需要决定如何来开发标志性的地方时，在地方层面就会出现有关历史、身份和形象的争论。不同的社区利益相关者"入场"，包括当地居民、当地商人、外来企业和外来游客。当地社区拥有关于他们过去与现在身份

第四章　旅游的社会—文化影响

的个人知识与信念。游客带来他们通过媒介资源和口碑逐渐建立起来的关于目的地的形象。当目的地满足他们的预期时，他们通常会对此次造访更加满意。企业利益集团倾向于支持商业发展，而很少强调目的地的原真性。他们往往更多地与全球化形象和价值观相关联，包括全球知名品牌（例如麦当劳）。另一方面，遗产保护团队则可能完全反对遗产街区的商业开发。其他的非政府利益团体也可能存在于社区中，例如少数民族人权组织、小企业团体和社会服务组织。所有这些利益相关者都在政府的政策和法规之下运行，但也试图影响政府的政策与法规。

历史和地理在形塑社区或地方旅游开发的可能路径的范围内也发挥着重要作用。有影响力的地理场地的特点包括山地、滨海环境以及国界地区。潜在访客的到达途径与相对位置是关键的地理情境特征。建筑历史影响大部分的人类聚落，殖民历史已经对许多发展中经济体景观与文化产生了更微妙的影响。

各利益相关者团体（包括政府）在界定理解原真性和旅游发展的最佳途径时都有自己的主观框架。没有利益相关者团体对任何社区都必然有最佳解决方案。无论是在城市还是在偏远的乡村，旅游区现有的景观都反映出每个利益相关者团体的相对政治力量。这些政治力量通过政治程序来表达，并且都是置于地方历史与地理情境下的。在地方旅游业发展的政治经济下产生的常见的文化景观包括（Ashworth and Tunbridge 2004；Lew 1989）：

- 历史保护区：历史建筑的"博物馆化"和客观原真性最为重要。但是，各地之间会有所差异。这样的保护区在欧洲和北美最为普遍。
- 滨水区：垂钓和海洋主题占主导，但可能不再积极开展商业捕鱼；见诸北美许多城市的渔人码头就是例子。
- 民族文化区：特殊的族群维护着建筑或节事传统，从而代表和维系他们的文化。唐人街、"小意大利"（美国大城市的意大利移民区）和"小印度"（新加坡印度族群的聚集地）就是这一主题的普遍形式。
- 沙滩休闲区：以与阳光、沙滩和海洋（有时还有性）[①]相联系的休闲娱

[①] 译者注：与阳光（Sun）、沙滩（sand）和海洋（sea）相关的旅游，通常被统称为"3S旅游"。"S"有时还指"性"（sex）。

乐为主；通常要有温暖的气候；这种形式在全世界的差别不大。

● 历史文化复制区：伪造的外观和建筑装饰物——通常以"迪斯尼式"的方式——被用于创造过去或另外的文化；例子包括拥有美国西部 19 世纪 80 年代风格的假的牛仔小镇和在美国和中国的仿欧式小镇。

● 步行购物街：全时或定期禁止机动车辆通行的商业购物街，经常与遗产或文化主题相关；在全世界都有这样的步行街，但在欧洲和中国最为普遍。

● 艺术家聚集地或艺术区：艺术家聚集在一起制作和销售制品的地方；经常但并非总是与历史遗址和建筑相联系；在风景优美的山区，曾经的矿业城镇通常为艺术家提供聚集地；类似的地方还有滨海社区和大都市里的旧仓库区。

照片 4.3 德国明斯特市历史文化区的普林齐帕尔集市广场（中心集市）是一个真正具有历史文化的混合建筑，例如图示的兰伯特圣教堂（建成于 1375 年）和为了在建筑上迎合城市现存构建而设计的更新的建筑物。注意教堂钟表上的三个笼子，里面陈列了 1535 年明斯特市叛乱领导人的遗体，他们曾经倡导一夫多妻制并反对所有财产的私有化。这是欧洲步行购物街和遗产保护区的一个例子。（Alan A. Lew 摄）

● 地中海渔港：更具历史意味但城市化程度更低的滨水区；在这里，地中海式建筑盛行并且捕鱼作为一种谋生手段更有可能仍在继续；大部分位于地中海地区，欧洲其他地方也有分布。

第四章　旅游的社会—文化影响

● 地标性商业区：为零售区域的旅游和经济活力充当"定点"的标志性建筑和其他建筑物；例子包括澳大利亚的悉尼歌剧院、加利福尼亚的蒙特雷湾水族馆，以及世界各大城市大型体育设施。

● 普通遗产区：采用历史保护主题但主题展现方式比较普通的更为古老的零售区，例如采用普通的街头特有景物（译者注：电线杆、路灯柱、书报摊、公共电话亭），而不是代表这一地区地理、历史和文化的设计、固定设备和物件；同样，在大多数其他文化景观形式中可以找到的普通的乡土元素在这里也可以找到。

● 游客住宿和纪念品区：主导的景观是为来访的游客群体服务的酒店、汽车旅馆和餐厅；在人口更加稠密的城市地区，这些区域也包括纪念品店；在人口更为分散的农村地区，汽车加油服务站也很常见；这些通常是缺乏遗产元素、毫无地方感的景观；拉斯维加斯代表了这种景观形式的一个极端。

【案例4.3】

中国的游憩商业区：从遗产到迪斯尼化

步行购物街是一种全时或部分时段禁止机动车辆通行的游憩商业街。这一类型的街区在欧洲非常普遍，在中国也越来越常见。它们非常受欢迎，是居民和游客主要的休闲、购物和娱乐中心（Lew 2007c）。在创建这些街区时所采纳的形式、进路和建筑都是非常多样化的，通常包括了从历史保护的尝试到后现代的迪斯尼化。

澳门可能是中国最早有历史保护步行商业区的地方。澳门的核心历史区以其"欧洲的"魅力闻名。在20世纪80年代中期，从议事厅前地（the Largo do Senado）的中心广场通往圣保罗大教堂（教堂遗址）的几条街道被封闭，创造了一个集中保护历史遗存的步行专用区。如今，这里是澳门非博彩游客造访的核心区域。

位于澳门北面65公里（40英里）的中山市，是孙中山先生出生地所在的城市。跟随澳门的步伐，20世纪90年代初，中山市复制澳门老城区的步行街模式，创建了孙文西路旅游区。虽然它比澳门的历史街区有更多的霓虹灯，但每天都有大量的购物者被吸引到"新"的孙文西路，特别是在下班之后的晚上。

广州，华南地区最大的城市，在 2000 年，通过在晚上与周末封锁繁忙街道的方式，创建了上下九路步行购物街。上下九路与澳门和中山的不同之处在于它的老建筑的修饰被"迪斯尼化"的程度。上下九路的建筑——"二战"前没有特殊历史意义的建筑——被涂上各种各样的亮丽颜色并用不符合历史原真性的新飞檐与其他装饰品进行装饰。此外，所有的窗户都被安装了彩色玻璃，灯被直接朝上安装以在夜晚照亮建筑的外墙。

在整修之前，上下九路并不是一个特别突出的购物区或历史街区。道路的一端建有一个大型的、现代化的、有住宅公寓塔楼的多层购物中心。然而，上下九路令人惊奇的成功使它成为一条永久的购物街。霓虹灯的逐渐加入实际上已经使得最初设计的欧洲特色转变为更像是在旧金山唐人街的样子。这可以被视为一种整合了欧洲和中国设计观念的全球—地方混搭（全球本土化）。

上海的新天地购物综合体于 2003 年建成。它在混合中西情感方面更具自我意识。这个项目把老的石库门（一种住宅形式）地区的两个街区改造为精品店、时尚娱乐场所、优雅餐厅和高档百货店；这些业态都有着独特的高端与西式倾向。这个场址还有一些历史意义。这一地区大部分其他的石库门建筑都被夷为平地，它以前的住宅功能也已消失。如今，新天地可能会被视为中国版的波士顿法尼尔大厅或旧金山的哥拉德利广场。新天地是美国建筑师本杰明·伍德的心血，它被视为中国最有影响力的基于遗产的零售街区之一。杭州也已创建了自己版本的新天地。其他城市也打算在未来几年内效仿。

昆明（一座青藏高原之下的西南城市）建有一座全新的、以历史为主题的购物综合体。昆明金碧广场购物中心是某种复制了中国传统村庄的主题公园。作为城市更新项目，"村庄"内设计的步行街只服务于休闲步行购物者。建筑很显然是中国主题的，但比任何真正的村庄更高、更密集。虽然昆明的这一购物综合体也设置了更西方化的娱乐场所和餐馆，但比起本章所提及的其他步行街区，它只取得了部分成功。

中国其他的零售街区采用的是并无突出的遗产要素的现代和超现代设计。这些街区包括北京的王府井大街和广州的北京路。桂林在某大型中央广场（悬挂有两个大型电视屏幕用于观看商业广告和国家重大活动）下面修建了一处地下购物广场。毗邻中央广场的是一家13层楼高的酒店。每天晚上，瀑布沿着酒店正面随音乐声律动。规模较小的步行街通往城市的湖泊和河流，沿路排列着复制欧洲（凯旋门）、北美（金门大桥）和亚洲著名场址（韩国和日本庭院）的主题公园和桥梁。

中国城市环境的转型体现了中国从"前消费者"社会到"面向消费者的"社会，再到后现代/超现代消费者社会的演进。为吸引经济投资和游客，中国城市竞相突显自己现代化的、有吸引力的环境，这也促进了中国社会的上述演进（Morgan 2004；Wu 2004）。上述竞争则是通过将工厂迁出城市、改善交通基础设施、鼓励办公楼与零售行业的国外投资和创建有国际水准的"购物娱乐"["购乐"（shoppertainment）]与"饮食娱乐"["饮乐"（eatertainment）]场馆来展开的（Lafferty and van Fossen 2001）。

这些街区在建筑设计上不同程度地体现了客观原真性。最自然和最有机的街区是：在很长一段时期内自发且自然地演进，且由许多微小景观构成——有关这些景观的决策出自不同的地方行动者。在当今世界，通过这种方式形成的零售街区很罕见。跨国公司和特许经营机构最大限度地减少本地决策。作为反对全球化的行动，历史保护是一种试图维持某种程度的传统原真性的修缮项目的形式。

旅游收入或其潜力为政府在这些街区出资建设基础设施和开展营销活动提供了主要的政治正当性。为实现历史保护或实施文化主题，旅游可能会被用于论证对建筑设计进行管控（标记、颜色、建筑装饰以及街道设施）的合理性。突显地方文化常被表述为这类开发项目的目标。阿什沃思和滕布里奇（Ashworth and Tunbridge 2004）也主张，这种一般的遗产利用途径——如前所述，通过减少关于"谁的遗产被表征"的本地政治冲突，同时使得地方形象更普通和跨文化兼容——是有积极影响的。大部分的独特性元素消失了，虽然并不是所有游客都在真正地寻找这些元素。如果只是出于营销的目的，那么，地理情境本身可能就已经足够了。

（一）旅游对文化遗产的积极影响

并非所有的旅游文化影响都是消极的。旅游业的发展通常与传统艺术（包括手工艺品和音乐）的保护联系在一起。世界上许多社区已经能够用从旅游业所获得的收入来保护和管理其遗产和历史遗址。这不仅需要有效的管理政策，而且还需要强烈的文化认同感。文化遗产已经成为旅游业的一个重要部分。理想情况下，文化遗产资源有助于旅游发展忠实于地方传统，同时将旅游发展与社区生活相联系。文化遗产资源的成功开发反映了对社区生活方式与历史有重要意义的人、物质文化与节事的独特性。

文化遗产旅游也能够通过提供与文化遗址和文化节事有关的就业来强化社区。旅游发展能进一步促进健康、交通、电力与天然气、体育与游憩、餐馆等设施的新建和提升，以及公共空间的美化。这些设施的确为游客所用，但结果通常是，它们更多地使当地居民享受到更高生活水准。

旅游业也能通过鼓励公民参与和提升社区自豪感而产生积极影响。通过认识到旅游业潜在的经济利益和聚焦于提升当地舒适物以谋发展，旅游业能提高当地居民对自然与文化遗产的社会和经济价值的认识——这是居民经常没有意识到的。因此，保护遗产资源变成一项荣誉的活动。

由于利益竞争和政治决策的不透明性，旅游业潜在的积极影响经常难以实现。在大多数社区，旅游业带来的利益也难以均衡地分布。旅游业必须以一种包容公共参与和支持的可持续方式发展。参与旅游的公民的主人翁意识会更强且会以更加积极的态度来对待旅游。

（二）商品化和纪念品

如前所述，游客都渴望带回纪念品、艺术品和工艺品，用于纪念他们的旅行。这种渴望往往导致工匠们和工艺制作人员改变产品的风格，以更好地迎合游客的品味和需求。有批评指出，若通过改变原初产品来迎合游客，产品会失去原真性。这一点在哥伦比亚的库那妇女（Kuna women）及她们手工制作的莫拉（Mola）的案例中得到了论证（UNEP 2001b）。莫拉是库那妇女所穿的一种宽松上衣。作为艺术品，莫拉的设计反映了她们对库那族物质世界和精神生活的信仰。旅游业将莫拉从库那族的一种宗教叙事方式转变为一种商业形式，从而不仅导致莫拉设计的精神属性流失，也导致了莫拉质量的下降。这些都是为了满足游客的购买兴趣。相应地，年轻的库那女性对莫拉的原初设计及其精神内涵的传统知识正在逐渐遗失。在这个案例中，旅游业鼓励库那人为他们的莫拉传统感到骄傲。但是，旅游业也鼓励库那族的个体为了经济利益而出售他们的原真性与传统。在正常情况下，文化是会随着时间变迁的。因此，在没有旅游的情况下，库那工匠们的选择很可能同样会发生。然而，是否真的如此，我们无从得知。

我们所能知道的是，本地艺术品和工艺品的部分转变是出于利润的动机。这就是文化的商品化。作为一种经济行动，已经在第三章讨论过。总体来说，纪念品（特别是库那族莫拉）是文化商品化比较明显的展现形式。纪念品的经济价值很少来自它们的生产成本，比如劳动力、原材料，而是更多地来自它们的"符号价值"（MacCannell 1976）。被商品化后的文化成为纪念品，或是对于游客而言有恋物情结属性甚至是神圣属性的体验。游客收集这些有恋物情结属性的物件（fetishes）作为他们阶级地位的象征（Williams 2004）。旅游商品越是昂贵、独特（不管是珍稀的艺术品或是豪华餐厅的宴会），这段旅行便越是值得回忆、值得炫耀。

另一种不太明显的商品化形式是阿什沃思和滕布里奇（Ashworth and Tunbridge 2004：212）所指称的遗产化。它是指遗产得以从历史的属性（不管是遗迹、文物、回忆，还是有文字可考的历史）中被创造出来的过程。这是提升产品和地方品质以获得利润的更宏大的竞争策略的一部分。因此，除了表达基于地方历史和传统的文化内涵的愿望外，在创造产品、表演和地方时，游客和旅游业的商品价值也同样被考虑进来。

除了建筑、艺术和工艺品外，商品化还可以影响其他一系列的文化属性，包括：食物与饮料的准备与呈现；表演艺术与公共庆典的呈现，比如嘉年华/狂欢节和全球范围的中国春节游行；传统或现代的服饰风格；以及游憩与休闲活动，包括运动项目偏好和游憩场所。

在传统食物中加入国际元素抑或是在外国食物中加入本地特色的融合餐厅（fusion restaurants）是世界范围内日渐流行的潮流，并为"四海为家的烹饪"（cosmopolitan cook）带来了创意烹饪艺术的新水准。娱乐已经成为与旅游相关的商品化过程的很大一部分，导向汉尼根（Hannigan 1998：89）所谓的"购物娱乐"（shoppertainment）、"饮食娱乐"（eatertainment）和"教育娱乐"（edutaintment）（分别是为了购物、饮食和教育的）。

这些商品化的形式例证了罗宾（Robin 1999）对于企业文化的想法。这种企业文化与商品化程度较低的遗产文化形成对照。企业文化更明显地受到商业活动和资本实现（增值）的驱动，而遗产文化更多地由怀旧和个人与集体的身份所驱动。企业文化也更是全球化的反映，但同时有它自己的地方混合形式。目的地的文化景观，包括它的建筑、人物、产品和体验，是发生在这两种文化之间的话语之争的结果，有时是指全球–地方连结（Chang and Huang 2004）。

照片 4.4　亚利桑那州大峡谷国家公园中的礼品商店的一个标签清楚地表明这个雕塑是由非本土美国人所制作的。辨别出美洲印第安人种的作品和印第安部落的大部分旅游商店中的非印第安人种的作品的差别是不容易的。然而，美术馆一般都能识别出这些差别，这是因为印第安人种的物品是更真实并且拥有更高价格的。（Alan A. Lew 摄）

文化变迁是一个自然的过程。它受到创造性个体的创新活动、对环境改变的调适以及对外部影响的吸收的驱动。在科尔斯（Coles 2007）看来，商品化过程中文化变迁的真正问题，不是关于变迁的结果是否与未经商品化的产品一样真实——这是一种局外的且以欧洲为中心的论点。相反，真正的问题是这些变迁是否由当地社区赋权。对旅游的适宜程度的度量应当基于它在多大程度上促成了"对旅游及其塑造身份的权力的战略运用"（Coles 2007：944）。只有当地社区能够掌控其自身的命运时，文化变迁才能够导向一种新形式的原真性（Franklin and Crang 2001）。

五、个体文化影响

（一）主客交往

旅游要存在，就必须有游客。游客要存在，就必须有东道主。东道主可以是居住并界定目的地的人。东道主也可以是人所组成的集体，例如公司或者土地管理局。有时候，东道主是目的地的所有者和管理者，这与主题公园（由私人公司所有和管理）或国家公园（由政府实体机构所有和运营）情况一样。东道主是目的地的局内人而游客是局外人，但是这种界分有时候很模糊。

游客与东道主社区的关系，具有以下四个限定性的特点：

● 短暂性。尽管作为生活方式的旅行可以是长期的，但游客不是永久居民。从统计的目的来看，居民住在一个地方需一年或以上，而游客的停留时间少于一年（更多相关内容，见第一章）。在现实生活中，大部分游客在目的地停留一天至几周。因此，他们对目的地和当地文化普遍缺乏承诺感与主人翁心态。这使得大部分的关系都停留在表面上，但也有例外。例如，购置了第二居所的游客，则是"购进"了目的地（Hall and Müller 2004）。

● 不平等性与不平衡性。相比起当地居民，游客更能体会到从工作的常规限制、客源地的社会规范及财务忧虑中解放出来的感觉。这给予游客行为更大的灵活性，并使得游客有能力通过与目的地居民的关系来"重生"（recreate）个人身份。一旦离开目的地后，大部分的游客不再需要承担他们的行为所引起的后果；这些后果却由本地人口承担。这使得二者之间的关系不平衡，并且偏向游客。游客与当地居民之间的经济与文化差异越大，这种影响就越明显且越重要。但从另一个方面来看，当地的居民有着本土知识且在对待与游客的关系上有更多实践，因而可能操控与游客的关系。

● 自发性的缺失。很多的主客交往是"有脚本的"，要么是正式的（公司培训员工如何回复游客的提问），要么是以主客交往最常见的形式——采用"游客"和"主人"或者"顾客"和"卖方"的社会角色。尽管难忘的旅游体验通常是自发交流的结果，但"有脚本的"角色增加了可预测性并减少了主客双方的压力。

● 时空约束。除了旅游体验的短暂性外，在给定的时间内，游客所能够进行的活动数量也是受限制的。这限制了他们充分了解目的地地理、社会与文化多样性的能力。

主客交往会发生在以下三种情境中：

1. 游客从东道主那里购买产品或服务。

2. 游客与东道主占据同样的时空，通常是在一个公共环境中，例如人行道、市场或公园。

3. 游客与东道主相遇并且相互分享想法和信息。这可以发生在有导游的旅行或其他结构化的体验中。

购物与用餐是主客交往的两种主要场景（Timothy 2005）。这种交往通常非常短，伴随着当地人为游客服务。这种沟通是表面的并且很少超越完成购物所需的交流。

（二）游客角色

如上所述，游客在旅途中与他们在家中时并不一样，因为他们有了"游客"这一角色。许多游客来自与目的地社会不同的社会——在客源地社会，他们有着不同的消费模式和生活方式。当游客在度假、寻求愉悦、大把花钱并且有时还做出一些他们在客源地社会都不会接受的行为时，这些差异还会进一步彰显。旅游业是鼓励和支持这样的角色转变的，因为"像游客一样行事"使得他们更好预测和管理。媒体和政府用贬损的术语来指称非本地人（游客是其中一种）并将他们与非法移民、无业"嬉皮士"、非法娼妓和危险的暂住者联系在一起的做法进一步延续了游客的刻板形象。

张道泉认为，"英国媒体时常将这类访客描绘为污染景观、危害当地社会并加剧艾滋病传播的瘟疫和疾病"（Chang 2000：345）。相似地，科尔斯（Coles 2008）描绘了旅游和公民观念之间的关系。他观察到，欧盟的扩张已经使得不少英国报纸（还有政客）对来自中欧的欧盟新成员国的"福利游客"表现出担忧。他们同时还强调了在欧盟新成员国存在的廉价的第二居所的机会。这种评论使得当地居民将非本地人视为入侵者和麻烦，从而论证禁止某些替代性旅游方式和"流浪"（nomadism）的政府政策是合理的。

尤瑞（Urry 2002）将游客的"兴起"与后工业服务部门的增长联系起来，因为它导致一个新的"服务业工人阶层"的出现。这一阶层带动了当代旅游的快速增长。

> 服务阶级由社会分工中的一系列职业构成。这些职业的从业人员并不拥有任何实质意义上的资本或土地，处于一套相互锁定的、集体为资本服务的社会体制中。在组织之内或之间，他们享受着总体上因明确的职业所带来的优越工作和市场条件。他们的"进入"受制于所持有的不同的教育文凭。
>
> （Urry 2002：80）

尤瑞认为，界定旅游的全球化文化正是他们（服务阶层）的兴趣、品位和价值所在。很多游客甚至将旅游看成是一个可以在高于自己所处社会经济阶层的阶层"玩耍"的机会，并将之作为人生体验的一部分，即使这会让他们负债累累。然而，游客卖弄夸耀的行为会进一步将他们从所参访的社区分离出来。

游客个体采纳标准的游客角色的程度是不一样的，并且与所造访的地方互动并影响它们的方式也不一样。休闲游客对享乐更加感兴趣，一般很少意识到他们的影响并且更可能期望目的地为了他们的利益而改变。对文化和历史有强烈兴趣的游客可能会对目的地产生更少的明显影响。

东道主与游客偶尔也会有更深度的交往,包括分享想法和信息(见案例4.2)。在某种程度上,这种交流可能发生在导游和游客之间;有时,可能发生在酒吧喝酒时;有时,也可能发生在偶遇中。旅游可以促成原本绝不会碰面的人彼此交流。特殊兴趣旅游(例如美食旅游、艺术旅游、冒险运动)可以提供更多的主客互动机会。这种互动可能是难忘的,因为它超越了更普通的主客交往形式的肤浅性。

在这种更具深度的交流中被分享的想法、看法和观点,可以减少刻板印象和偏见,并且培养游客对目的地更强的依恋,增加游客对目的地文化和社会的个人兴趣。游客在目的地的亲身参与是教会游客有关当地惯例、传统和文化差异的有效方法。游客与东道主之间的想法交换也可能对东道主了解世界上其他地方的人起到教育作用,引入能增加他们的个人幸福感的新的商业理念和社会理念。这就是那些将旅游倡议为一条通往世界和平的林荫大道的人所追求的目标。

(三)旅游对游客的影响

对于访客来说,旅游体验已经被描述为一种阈限体验。阈限(来自拉丁词汇"临界")体验发生在不同地方、情形或社会角色之间的边界。人生的"通过仪式",比如犹太人的成年礼或婚礼,就是一个阈限体验,因为进入这个仪式的人与完成这个仪式的人是不同的。阈限会引起个人身份的迷失和对新的想法和可能性的包容。这可以引出对生活和自我理解的新视角。这与表4.6将会讨论到的马斯洛"需求层次"中的自我实现层次相似。

旅游是一种阈限体验。这是因为旅游从物理意义上将参与者(游客)从他们的惯常环境和社会角色中转移出来,迫使他们进入一个新的地方和一个不确定的社会角色,然后再让他们带着一系列新的经历、回忆、纪念品和夸耀卖弄的权利返回到惯常居住地。这是人们外出旅行的动机之一,因为它很安全地将一个人放到了迷失方向的状态中。在这种状态下,比起在日常生活中,更可能出现个人的、真实的、转变性的体验机会。的确,游客可将旅行的安全和迷失程度调整至满意、舒服的水平。

在度假旅程中，游客可能会有负面的体验。游客尽最大努力实现最好的阈限体验，并且相对于负面的体验，他们更可能记住正面的体验。这一规律见诸各种旅游类型，从休闲度假到志愿旅行和教育旅行。有关旅行的心理影响的研究表明，旅行规划行为与旅行本身都与更高水平的幸福感和心理福祉相关（Sangpikul 2007）。

所有旅行都以或这或那的方式影响着游客。然而，游客在旅行时有着不同目标；当游客有阈限体验的机会时，他们的动机就会形塑旅行时所做的决策，并最终影响他们对于"一次成功的旅程"的评定。我们可以通过对四个传统的旅游动机——休闲、教育、社交、地位——的检视（Mayo and Jarvis 1981）看透这一点。大部分的旅行包含了这四种动机的组合，但通常情况下，其中一种或两种会占主导地位。

- 休闲。对很多人来说，旅行的目标仅是放松和从充满压力的工作或家庭环境中解放出来。这可能涉及参与运动或其他游憩活动、娱乐或健康活动（例如水疗）。对这类游客来说，一次成功的度假体验应能够让他们身心恢复并有更积极的态度面对家庭和工作。从一次美妙的度假返回后，游客将能够更成功地完成他们生活中的工作。
- 教育。很多游客受教育目标的驱动而出游，他们有了解世界的愿望。遗产地、艺术、宗教和其他的文化表现形式都是这类游客的主要吸引物；科学条件及当代社会条件也是主要的吸引物。对这类游客来说，一次成功的旅程会给他们留下对于不同的地方、文化和环境的更深刻的理解（甚至专长）。这甚至会改变游客的个人价值观和相关行为。
- 社交。认识新人或探索个人关系的欲望是出游的主要动机。这可以包括在出行时结交新朋友、与老朋友或亲戚叙旧和研究个人遗产与家谱。对这类游客而言，一次成功的旅程会产生一份有意义的、即使在旅行结束后也持续的关系。这种关系可为职业发展和个人发展提供新的机会。
- 地位。（寻求地位的动机是指）去一些在返回家后可以提高个人在家人、朋友、同事及其他职业关系中的社会地位与声誉的地方旅游或参加这样的活动。虽然有很多目的地对大众游客有吸引力且很有声誉，比如巴黎或埃及吉萨金字塔，但更为常见的情况是，有声望的地方是与特殊兴趣、爱好和运动（比如汽车收藏、冲浪和登山）相联系的。一次成功的旅程会为旅行者赢得更多声望和尊重，同时可能需要旅行者很正式地谈论这次经历。

有很多其他的旅游动机模型存在；其中，有许多是以游客感觉到舒服的确定感和风险的差异为中心的（Lew 1987）。确定感导向型（security-oriented）的游客被认为：以自我为中心、被动、有向导、消遣性的、走马观花的（marker involved）、追求大自然（sunlust），且寻求熟悉感。风险导向型（risk-oriented）的游客是非自我为中心、主动、无向导、勇于尝试、希望拓宽眼界（sight involved）、喜欢流浪（wanderlust）且喜欢寻找异域风情。

【案例4.4】

海外华人[①] 返乡旅行的存在主义体验

多年来，学界基于游客的动机和行为提出过许多模型以将游客分成不同的类型。科恩（Cohen 1979）基于游客在心理层面以家乡文化（home culture）为中心的程度，提出将游客分成五种基本类型。

● 休闲游客（recreational tourist）：充分认同家乡文化；并且作为游客，主要是在节假日寻找休闲和游憩活动。

● 消遣型游客（diversionary tourist）：在家乡文化中感到疏远的人；在其他文化中也不合群；作为游客时，他们只是简单地寻找消遣以远离日常生活。

● 体验型或观察型游客（experiential or observatory tourist）：在家乡文化中感到疏远的人，却在其他文化中看到了（或凝视）自我中心；作为游

[①] 译者注：在英语中经常使用的"Overseas Chinese"一词是指所有居住在中国（含港澳台）以外的国家和地区的出生在中国或有中国血统的人，通常包含了"华侨"和更广义的"华人"。在中国，"华侨"是一个有明确法律界定的群体。《中华人民共和国归侨侨眷权益保护法》明确规定："华侨是指定居在国外的中国公民。"因此，本书统一将"Overseas Chinese"翻译为"海外华人"。

客时，他们造访尚未屈服于现代性的异化价值观的更为传统的文化。
- 实验型或参与型游客（experimental or participatory tourist）：类似于体验型游客，但这类游客意图通过节日、宗教仪式以及其他活动来参与其他文化的中心。
- 存在主义旅游（existential tourism）：以另一个与家乡不同的地方为中心的人；作为游客时，他们旅行至他们的"中心"。

存在主义旅游有多种形式。对一些人来说，"中心"是与有特殊意义的地方相关联的，因为那是发生了改变人生的事件的地点。对其他人来说，"中心"目的地基于种族和族群。西非对美国黑人有这种吸引力，正如以色列对全世界犹太人（的吸引力）（Lew et al.2008）。家庭宗族是存在主义旅游的第三类常见动机，它也通常被称为"寻根"。宗族可与族群结合在一起，比如墨西哥裔美国人、华裔加拿大人、爱尔兰裔澳大利亚人和世界上许多其他混种的或"带有连字符号的"族群（见 Coles and Timothy 2004）。[注：存在主义旅游（existential tourism）与存在主义旅游体验（existential tourist experience）是不同的。存在主义旅游体验是一种在旅行的适当条件下可能发生在任何时候的对于原真性的深度的、个人的感受。见 Steiner and Reisinger，2006。]

海外华人（Overseas Chinese）由生活在中国以外的华裔组成。在东南亚和北美的华人人口数量最多。无论在历史上，还是在当代，华人通过根深蒂固的途径或族群网络维系着与中国的联系。这些途径和网络包括宗族的（或大家族）、地区的（通常是一个国家）以及特殊兴趣的组织，也被称为"自发性社团"（Lew and Wong 2004）。这些社团通常位于全球城市中的唐人街，帮助推动前往国外移民（帮助就业和住房）和回中国的存在主义旅游。它们也与政府的侨务办公室①保持密切联系。即使在中国西南的边陲小镇都设有侨办。源自这一地区的海外华人大部分是在19世纪和20世纪迁徙出去的（这种地理模式在21世纪并不显著）。

对于许多海外华人而言，通过保持他们与中国的联系和克服移民的不

---

① 译者注：简称"侨办"。

确定性，存在主义旅游提供了超越地理和社会空间的承诺。存在主义旅游的主要目的地是祖先的村庄、祖宅和祖坟。前往上述地方的旅游活动符合中国文化和价值观的基本要义，包括：

- 在中国西南地区甚为普遍的数代同堂的大家庭以及宗族村庄（clan-based village）关系群体的重要性；
- 照顾年长的父母和照看好祖坟的孝道压力；
- 捐款和返乡的人在家族和宗族中的声望。

照片 4.5 翠亨村是孙中山先生（1866—1925）的出生地。翠亨村现在是孙中山故居纪念馆的一部分。纪念馆已经修复了这个村庄，因此它"再现了孙中山先生住在那里时各个社会经济阶层的居住条件"。（Alan A. Lew 摄）

中国的地方侨务办公室在欢迎海外华人回乡时鼓励这种价值观，当然也鼓励他们捐款给乡村学校、诊所以及修建道路、桥梁，从而帮助远亲们提高生活质量。因此，通过自发性社团和侨办的工作，海外华人的存在主义旅游活动已经改变了他们祖先在"中国的故乡"的景观与文化，同时还通过创建"华人社区"改变了海外的"新故乡"。

海外华人游客处于内部性与外部性、原真性与商品化之间。他们是"中国人"（内部人），但同时也是游客（外部人）；他们参观真实的祖先的村庄（原真的），但同时也被期待会捐款（商品化）。对于出生在中国和生活在非亚洲文化主导地区（例如北美、澳大利亚和欧洲）的海外华人来说，参与存在主义旅游的愿望似乎更加强烈。一项针对取道中国香港的海外华人游客的研究发现，这一群体（上面谈及的群体）对他们的"家乡"有着更强的纽带联系，并且相较于住在东南亚和东亚的海外华人，他们参观"家乡"和捐款给"家乡"的频率更高（Lew and Wong 2005）。

并非所有的存在主义旅游都能实现游客的目标和目的地的诉求。有些人认为，各种形式的存在主义旅游体验，虽然是重要的旅游动机，却是罕见和稍纵即逝的（随时间逐渐消失）（Steiner and Reisinger 2006）。在《想象中的家园》（*Imaginary Homelands*）中，萨尔曼·鲁西迪（Salmon Rushdie 1991）宣称，无论我们参观多少次，我们都不可能再次回"家"，与真实的地方一样，祖国和故乡都是想象的地方。从马修斯（Mathews 2000）所指称的后现代"文化超市"——在这里，所有的身份都是暂时的，唯一真实的家是整个世界——的角度来看，我们构建了自己的族群性和我们自己的原真性。一个人一旦进入了这个自反性的和有趣的"文化超市"，就没有回头路，也无法再回家。在这种情境下，存在主义游客是一个社会构建的角色。这一角色明显被传统"中国性"所引导，被移民和流离经历所形塑，被全球现代化所激发，以及被"在中国的家乡感"的承诺所引诱。

（四）文化休克

文化休克（culture shock）指的是当一个人遇到不同的文化或社会情境，以及对什么是恰当的行为、什么是不恰当的行为感到疑惑时，所体会到的一定程度的焦虑和不安。文化休克通常发生在游客旅行的过程中，尽管有时候只是非常微小的冲击，且大部分涉及"指明新的方向"。然而，在其他时候，文化休克可以吞噬掉旅行的愉悦感，引起显著的迷失感。因此，它与阈限体验紧密相关。当对游客的行为感到困惑时，东道主也会经历文化休克。文化休克通常不是一个永久的状态。如果是的话，它可能与异化类似。

当游客和东道主在文化、族群、宗教、价值观、生活方式和语言方面存在巨大差异时，文化休克是最严重的。这种文化差异在一开始可能是离奇有趣的，但很快会导致激怒或更糟糕的状况，特别是当游客量超过了当地社区的文化承载力时。游客与东道主间收入与生活方式的不平等可能会进一步加剧这一状况。

【案例4.5】

预防文化休克

文化休克是游客在国外或主客间存在巨大文化差异的情况下常见的一种体验。因为在另一种文化中占少数的人会强烈地感受到文化休克，所以文化休克与文化涵化相关。文化休克是在被同化进一个新的社会的过程中的一部分并且会经历几个阶段。第一阶段是蜜月阶段。在这一阶段，一种新的文化被浪漫化，尽管偶尔的激怒仍然存在，但新的地方和体验为探索和发现提供了机会（表4.4）。对于很多旅行时间有限的游客来说，这是文化休克所能触及的极限。

表 4.4 文化休克的阶段

文化休克阶段	对东道主文化的态度	主要的活动	角色
蜜月阶段	大部分是积极的	探索、发现	游客、局外人、学生
协商阶段	大部分是消极的	价值观与身份判定	角色不确定性、阈限状态
同化阶段	平衡的	日常生活常规	居民、移居国外者、局内人

然而，在一段更长的时间后，当文化差异变得越来越大，适应新的文化又需要更多刻意的努力，以及游客开始怀恋家乡的食物、风景和习俗时，原本微小的愤怒变大，从而进入一个协商阶段——这对于游客来说，可能发展得有点快。在最后的同化阶段，外来者更充分地适应了新的居住环境，尽管恼怒可能仍会偶尔出现。

当你遭遇到文化休克时，迹象包括睡眠模式改变（超出短期的时差影响）、对卫生关注度上升、打电话回家的次数增加、对当地人的敌对与回避，以及对公共场所的恐惧。

对游客或新地方的长住居民来说，避免文化休克最好的方法就是做好准备。大多数时候准备工作是指通过阅读和学习即将造访的目的地及文化。另外，避免文化冲突需要包容不同的生活方式和世界观。《全球公民指南》提供了专为美国学生出国学习而特别设计的一系列附加小贴士。这些建议包括以下内容：

- 观察、聆听、学习。
- 住在当地、在当地用餐、在当地玩耍。
- 有耐心——在很多文化中，人们的节奏与美国人并不一致。
- 为我们的多样性庆祝。
- 尝试使用当地的语言。
- 避免"上课"——用对话来代替独白。
- 为你的国家而骄傲，但不要自大。
- 维持你个人宗教信仰的私密性。
- 查阅地图集——知道你在世界的哪个地方。
- 谈论除政治以外的事情。
- 尊重当地服饰习惯——通过当地人的穿着知道什么样的服饰是可接受的。
- 了解全球运动的花边新闻——这可以帮助你和他人有共同话题。
- 遵守承诺——如果你承诺了你会做什么，要遵守。
- 做一个旅行者，而不是一个走马观花的游客。

更多的信息和游客小贴士可以在他们的网站（www.worldcitizensguide.org）上查看。遵循这些指导不仅可以帮助游客适应跨文化环境，也可以减轻游客对目的地产生的潜在负面影响。

（五）旅游东道主

除了旅游现象对目的地文化变迁所施加的广泛影响外，游客自身仅通过出现在某个地方就可以对目的地的物质文化和社会文化产生直接影响。这类影响通常有两类：(1) 游客对建筑和遗址的使用及滥用使得它们退化；(2) 行为的文化规范被违反。

游客，特别是那些无知和粗心的游客，通常不尊重当地的行为规范，包括习俗和道德观。若这些问题得不到解决，游客对文化规范的持续不敬将会增加当地人对游客的厌烦和愤恨。这种类型的文化冲突更可能发生在高度传统的社区——追寻原真性的游客经常物色的一类社区。

愤怒指数

如前所述，出于无知和粗心，一些游客可能会不尊重当地的习俗和道德观。为了纪念他们的经历，游客经常会拍完快照然后消失，但这可能会无意地侵犯目的地居民的隐私。通过这样或那样的方式，他们会激怒当地居民。

道克西（Doxey 1975）认为，当地居民对旅游的态度会随着时间的推移而分阶段地变化（图 4.1）。这些阶段正是我们所熟知的愤怒指数（也被称为愤怒指数模型）。它指出，一个社区对旅游的恼怒程度和方式将随时间的推移发生变化。这一过程始于兴奋阶段（euphoria stage）。这时，当地人享受与游客和旅游投资商的交流，并且非常欢迎他们，因为他们带来新的经验和金钱。当地居民邀请游客为他们（居民自己）拍照的地方，比如印度尼西亚很多偏僻的岛屿典型地处于兴奋阶段。在这样的社区，当地人的质朴无邪会更大程度地导致外来者影响旅游发展的进程。

紧跟在兴奋阶段后的是冷漠阶段（apathy stage），典型的特征是对日渐寻常和日渐增多的游客愈加冷漠。游客与东道主的角色变得更加形式化和不自然。这种转变通常与以下感知相伴随：游客粗鲁、归因于旅游及其影响的犯罪增多、交通拥堵增多、物价和房价上涨。旅游业在地方政治决策中的重要性增加，旅游规划主要聚焦于社区营销。

如果当地居民觉得游客太多了，社区（居民）可能会更加愤怒并开始质疑旅游业的价值。这时，社区进入了厌烦阶段（annoyance stage）。这一阶段可能表明社区已经达到了对旅游业的可接受水平极限。直言不讳的居民向政治力量表达对旅游业的反对；这时，社区规划师聚焦于用基础设施的发展来应对开发项目增长的问题。

第四章 旅游的社会—文化影响

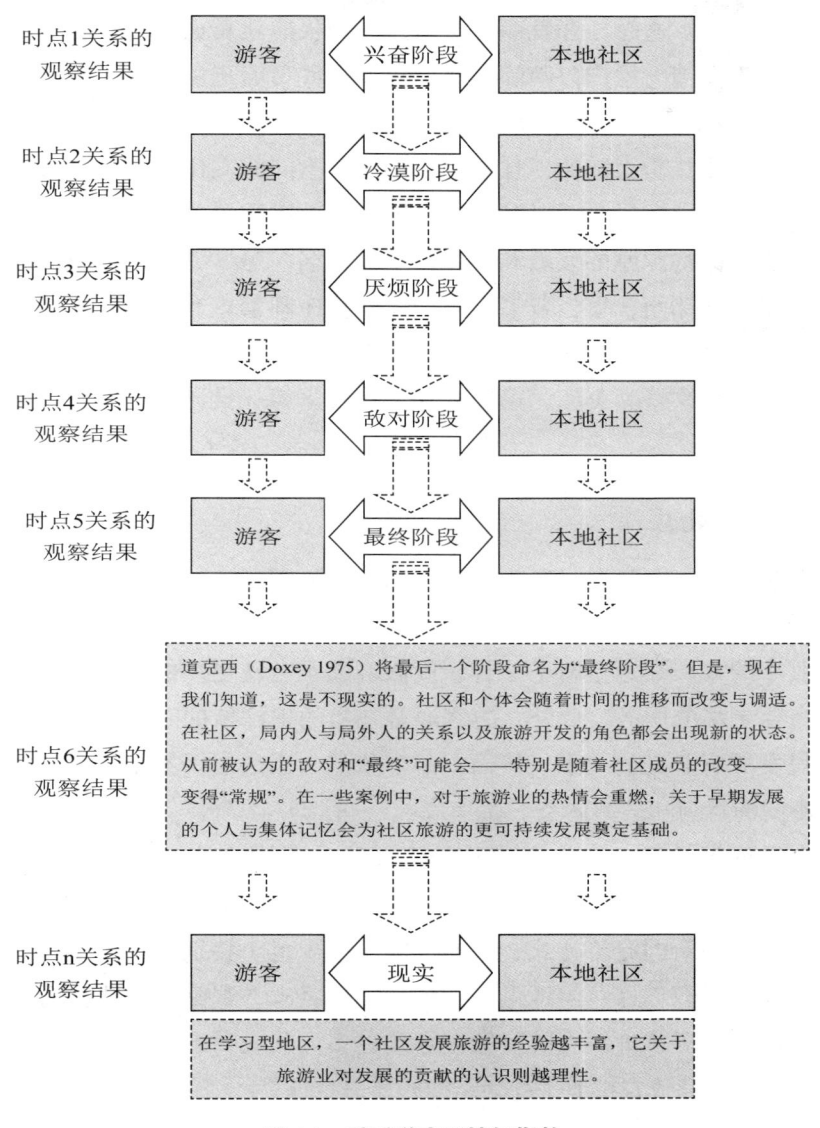

```
时点1关系的      游客  ⇄ 兴奋阶段 ⇄  本地社区
观察结果

时点2关系的      游客  ⇄ 冷漠阶段 ⇄  本地社区
观察结果

时点3关系的      游客  ⇄ 厌烦阶段 ⇄  本地社区
观察结果

时点4关系的      游客  ⇄ 敌对阶段 ⇄  本地社区
观察结果

时点5关系的      游客  ⇄ 最终阶段 ⇄  本地社区
观察结果
```

时点6关系的观察结果：道克西（Doxey 1975）将最后一个阶段命名为"最终阶段"。但是，现在我们知道，这是不现实的。社区和个体会随着时间的推移而改变与调适。在社区，局内人与局外人的关系以及旅游开发的角色都会出现新的状态。从前被认为的敌对和"最终"可能会——特别是随着社区成员的改变——变得"常规"。在一些案例中，对于旅游业的热情会重燃；关于早期发展的个人与集体记忆会为社区旅游的更可持续发展奠定基础。

```
时点n关系的      游客  ⇄   现实  ⇄  本地社区
观察结果
```

在学习型地区，一个社区发展旅游的经验越丰富，它关于旅游业对发展的贡献的认识则越理性。

图 4.1 重思道克西愤怒指数

如果不断升级的冲突没有得到满意的解决，那么，反对游客的敌对阶段（antagonism stage）可能会出现。在这一阶段，当地社区会对游客和旅游业表现出或明显或隐藏的敌意。可能会出现非政府组织来平衡旅游业的政治和经济力量。这时，开发商利益集团会积极应对负面宣传。公共基金可能会被用于促销与推广以消除负面形象。这些负面形象可能会对目的地的声誉产生重大的、长期的有害影响。

激怒指数并非固定的，且是可管理的。不同的文化对旅游有着不同水平的恢复力。印度尼西亚巴厘岛的印度文化就以即使每年接待近两百万访客却还能够保持深厚的宗教和文化传统而闻名。另一方面，在新墨西哥州北部和亚利桑那州，很多普韦布洛印第安村庄却禁止非印第安人的任何形式的拍摄。但是，拍摄对种族成员来说是完全被允许的。在20世纪最初十年的早期，在铁路为美洲印第安人保留地带来第一批游客后不久，这条限令就被采纳了。

（六）示范效应

大多数游客在度假时行为规范更加趋于松懈。这一情况除了造成当地人的憎恶外，还会直接影响当地人的行为。之所以会发生这种情况，是因为度假中的人与在家里时不一样；度假客通常会花更多的钱、更自由地行事、需要更多的服务。此外，游客通常在目的地停留的时间短并很少与本地居民发展有意义的关系。然而，游客依然与当地居民互动，引入与当地居民不同的行为和信仰体系。

在目的地社区，由旅游导致的新行为和不同价值观的引入，被称为"示范效应"（Doxey 1972；Mcelroy and De Albuquerque 1986）。在示范效应中，游客展示新的穿着方式、新的人际交往规范（特别是在两性间）和不同的食物与宗教偏好；当地居民，特别是年轻人，观察到这些行为并采取类似行为。对现代价值观的接触会导致更多人从农村地区迁徙到城市或更发达的国家，导致农村地区社会结构的显著变迁。

比起现在，旅游的示范效应在过去可能是文化涵化过程更重要的力量（见上文）。当今媒体（特别是电视、音乐和电影）和电信（手机和互联网）的发展，连同全球范围内国际旅游的快速扩张，一起促进了全球化并使现代价值观念到达了地球最偏远的角落。这种全球性的文化涵化通常被看作世界的美国化。但也有人争辩说它（全球的文化涵化）已经超越了任何单个主导社会。

尽管从其他的全球化力量（例如媒体、贸易管制放松、信息和通信技术和运输技术）所产生的影响中筛选出旅游的影响是很困难的（Hall 2005a），但毫无疑问，游客与东道主间关系的结果引发了当地社区的改变。这些改变可以影响一个地方的生活质量、文化、经济和社会组织。旅游促进社会现代化，但影响有正面也有负面，取决于个人视角。在现代化进程中，一些文化传统可能被强化了，但不管怎么说，还是被改变了。在另一方面，一些当地居民可能会不再尊重他们自己的传统和宗教，导致当地社区关系紧张。在这个意义上，旅游的社会和文化影响及其导致的变化，至少与一个地方物质文化的物理退化一样重要。

（七）东道主对旅游的感知

关于旅游影响的研究经常包含调查居民对当地旅游的看法。这些调查中的开放式问题可以引出意想不到的回复。一项在匈牙利的调查发现，旅游的社会影响包括：遇见有趣的人的机会、更优质的餐饮质量、提高外语技能的机会和就业机会的全面增加（Ratz 2006）。这项调查的受访者认为，旅游对他们总体生活质量有着积极的贡献，而这是他们所欢迎的。旅游带来的消极影响包括犯罪增加和安全缺失，以及宗教价值观和社会道德的下滑。

尽管匈牙利东道主和游客（大部分是欧洲人）之间大体上存在相似之处，但这项调查发现，78%的受访者认为他们与游客之间存在显著差异。当地居民对影响和差异的感知的真实程度可能并不那么重要。更重要的是这些影响和差异被认为是存在的，并且它们为本地人形成对旅游经济及其与社会变化的关系的理解奠定了基础。

如上文所简略地提及的，作为东道主的居民与作为宾客的游客之间的一个根本差异是局内人意识（insideness）与局外人意识（outsideness）之间的差异（Relph 1976）。家庭与社会关系、个人的历史与共享的历史、共同的文化与传统是作为局内人的一些特征。社区中的这些纽带在当地人与访客之间划出清晰的界线，即使双方在种族和经济方面的差异可能非常小。

张道泉认为,这种差异导致了对旅游及发展的观点的分歧。"'局内人'的感觉及归属感与'局外人'的感觉及无归属感互相竞争,导致空间利用和发展方式上不可调和的观点。"(Chang 2000:343)

然而,在很多情况下,局内人和局外人之间的区别是模糊的。有时候,游客可以融入当地居民,特别是当他们共享语言、文化和身体特质时。参与游憩活动的当地居民在行为与影响方面与参与同样活动的外地人难以分辨。一些游客甚至可能比居民还要熟悉目的地的某些方面(比起大多数当地居民,外来游客通常造访过目的地更多的地方)。比起很多对邻里和场址可能持固守成规之见的居民,"无知的"游客会更加开放地对待在目的地旅行和体验的机会。在大都市旅游目的地,局内性和局外性的模糊不清是很常见的。这也是为什么这些城市能成为最受游客欢迎的目的地的原因,也是相比于城市环境,农村社区的文化冲突更加突出的原因。

与休闲相关的社会和文化变迁是受当地人和外来游客驱动的。随着人们出行越来越多,他们变得更"四海为家"和富有全球经验;并且他们的品味和愿望也会改变,变得更像游客。随着聚焦于特殊兴趣的网络社区的兴起,不同地理区位的居民互相之间可能有比与邻居更多的交流。在这种情况下,特殊兴趣游客可能比大多数本地人更了解目的地的独特性。美国66号公路就是一个例子。66号公路因为20世纪40年代鲍比·特鲁普写的一首流行歌曲而出名;随后,在1964年因滚石乐队(及其他乐队)的演唱以及60年代的一档电视节目而风靡一时。这条现已停运的"母亲之路"(Mother Road)连接了芝加哥和洛杉矶,是20世纪30年代经济大萧条时期沙尘暴移民前往加利福尼亚寻找更好的生活的主要公路。如今,一些对66号公路有着怀旧情怀的最狂热的探求者来自欧洲,特别是德国。比起那些居住在沿线的人,他们更了解这条公路的历史(Caton and Santos 2007)。通过专业旅游公司,他们追溯旧公路遗留下的双车道踪迹,去追逐美国梦的精神。

【案例4.6】

比较居民和访客对印度西姆拉的地方感知

一个地方的形象在其作为旅游目的地的营销中至关重要。目的地营销组织（通常是访客和会议局）试图在他们的营销工作中为某个地方确定一个单一且清晰的形象。然而，大部分的地方过于复杂以至于难以提炼出一个单一的标识。居民通过自己以地方为基础的人生经历认识到这一点，并形成了地方感。然而，游客很少有这样的人生经历。相反，他们主要通过口头宣传和不同形式的二手媒体接触（例如电影、书籍和每日的新闻资源）来了解其他地方。

游客缺乏对目的地的详细了解，特别是有关地理（区位与尺度）和历史（随时间的改变）方面的了解。刘德龄发现，这种知识的缺乏导致游客对目的地产生不是很清晰的印象，且比起居民来更可能去感知目的地的传统风貌、原真性和异域风情。他们的"外部视角让游客能够基于在别的城市的旅游经历形成对比性的理解，这……让他们能够看到居民认为是寻常事物的独特之处"（Lew 1992：50）。

西姆拉是印度喜马偕尔邦的首府。它位于新德里以北喜马拉雅山脉海拔约2300米（7500英尺）之处。较凉爽的气候使它在印度独立之前成为英国殖民统治者的夏都。英国殖民者在西姆拉打造了英式城镇景观。这些城镇景观融入稠密的松树林和冬雪元素，创造了吸引大量游客的独特风景。

针对西姆拉游客和居民开展的一项调查被用于判断他们对这一山区避暑地的印象（Jutla 2000）。在这项调查中，每一组受访者都被要求用一个词描述西姆拉。针对这一问题的结果发现了差异非常大的两类印象，如表4.5所示。

表4.5 游客和居民对印度西姆拉的印象

游客的主要印象	居民的主要印象
山	安静
树	家
气候	熟悉

续表

游客的主要印象	居民的主要印象
风景	拥挤的客流
散步	和平
盘山道路	安全
雾	水资源短缺
倾斜的屋顶	高额生活成本
	过度开发

游客的感知更多聚焦于社区最突出的视觉方面，特别是那些能从公共空间观察到的视觉要素。居民的感知则更加复杂和主观，既包括影响他们地方感和生活质量的积极属性（安静和安全），也包括消极属性（费用和发展的影响）。

影响游客对目的地理解和感知的因素包括动机（例如游憩、教育和对遗产的兴趣）、过去来访的次数与本次旅游的时长、旅游类型（例如自助游、徒步游和特殊兴趣旅游）。影响本地居民对一个地方的理解和感知的因素包括居民日常工作和生活空间（他们最经常去哪里）、在目的地居住的时长，以及居民在当地发展问题上的兴趣与参与程度。

了解不同类型的游客和居民如何感知目的地，可以更好地阐明旅游及局内人和局外人的视角在创建地方的过程中对人类体验和行为的复杂影响。正如印度的案例所示，调查可以帮助规划师识别需要注意的关键领域，从而防止旅游成为当地人与游客之间对抗关系的纽带。

（八）旅游与生活质量

旅游业的发展会很广泛地促进生活质量以及目的地社区的社会结构与社会组织的改变。然而，如果管理不善，旅游发展也会导致居民生活质量下降。比起更缓慢、更有机、更小规模的旅游发展，快速、大规模的旅游发展通常会引发更多的积极或消极影响。

生活质量不仅有个体属性，也有集体属性。在个体层面上，它包括客观的和主观的要素。人的客观生活质量要求：（1）基本需求得到满足；（2）拥有满足公民身份的社会需求所必需的物质资源。也就是说，这一概念是与可持续性的社会维度紧密联系的。因此，生活质量是被个体和社区所感觉到的幸福程度。它一般可以分为生理幸福（physical well-being）和心理幸福（psychological well-being）。但是，它也与犯罪率、可持续发展议题、人类发展指数（HDI）和国内生产总值等其他测量指标（大部分的指标是高度主观的）相联系。

亚伯拉罕·马斯洛的需求层次理论（Maslow 1943）为生活质量的评估提供了基础（Sirgy 1986）。一个城市的生活质量可以由城市环境在多大程度上提供了满足个体生理、安全和其他需求的机会来测量（表4.6）。

马斯洛的需求理论是分层的。这意味着高层次需求（自尊和自我实现）是以低层次需求（生理上的生存和个人安全）的满足为前提的；这一点需要认真地考虑。然而，有其他学者认为，这些需求在人类社会中是普遍的，且在任何时间内被所有人平等地需要（Max-Neef 1991）。无论是否分层，表4.6概述的需求都是与旅游发展中的问题直接相关的。马斯洛所列出的需求与旅游发展的关系聚焦于与就业相关的创收，与旅游相关的游憩机会、文化保护和创业。

表4.6 亚伯拉罕·马斯洛的需求层次理论

1. 生理需求	氧气、食物、水和相对稳定的体温——这类需求与生存相关，是最基本和最强烈的。
2. 安全需求	免受自然环境、疾病和恐惧的侵害——除了紧急时刻，这类需求在幼时和受抚养时最强烈。
3. 爱、情感和归属的需求	给予（和接受）爱、情感和归属感，避免孤独感和疏离感。
4. 尊重需求	高水平的自尊与他人的尊重，包括满足感、自信和价值（避免自卑感、无力感、无助感或无价值感）。
5. 自我实现需求	追逐和实现人一生的"使命"；如果没得到满足，人会感到焦躁不安、紧张，好像欠缺了什么。

来源：Maslow 1943。

旅游对生理需求与安全需求的贡献。旅游发展在不同层次（从教育及训练有限的人到企业家和经理人）提供就业和创收机会。特别是，酒店和餐馆的入门级职位可以给低收入群体提供工作机会。这些工作为满足基本的生理和安全需求提供收入保障。虽然也有一些进阶的机会，但这些职位大多是低薪的，因而可能无法满足高生活成本社区从业人员的安全需求。对游客而言，假期和度假对生理健康和心理健康有直接的裨益，包括减少心脏病发作和缓解长期的压力（Robinson 2003）。业已证明，在（远离充满压力的工作）休一次年假或者度过一个让人恢复的假期后，员工们能有更高的生产力和更好的绩效。

游客的绝对数量也会直接"侵犯"居民的生活质量。如果大量"外来"游客导致休闲场所过度拥挤（比起大城市，小社区更常出现这种情况），那么，当地人可能会愤恨这种侵入并且觉得安全上受到威胁。（1）当游客数量远远超过城市服务基础设施的容量，且拥挤、价格上涨和污染来源于游客时；或者（2）当东道主和游客之间的文化和社会经济差异显著，且当地居民感觉到被剥夺时，似乎就会出现问题了。

旅游对爱、情感、归属感、尊重和自我实现等需求的贡献。旅游主要是一种社会现象。游客通常成群结队地出行且与有共同兴趣的人一起游玩。游客也渴望认识当地居民并与他们结成朋友。游客对了解当地独特的文化、历史和传统抱有很大的兴趣。在某些情境下（例如探险性的游憩体验），参加与旅游有关的游憩活动，可以让游客有归属感和成就感并能感受到友情。

然而，由于游客是一个短暂的角色，更可能出现的情况是：本地居民可能会彼此团结，作为局内人来保护他们的地方与文化，对抗作为局外人的游客。这种情况可能是对抗性的，但也可能出现一种教育意识和一种与他人分享当地文化的意识，还可能出现已消失的传统的复兴。由于越来越多地接触资本主义消费和国外文化，主客之间的社会关系可能会改变当地社会与文化。

大体而言，休闲与归属感、自尊的提升以及自我实现的机会高度相关。自我实现可通过对身体的掌控（physical mastery）、艺术成就和创业成功来获得。旅游发展可以培育户外游憩机会、艺术与表演课程以及小型企业。

最重要的是，旅游开发项目首先被视为当地社区的一部分。将当地人与他们自己的社区疏离开来的开发项目可能会导致愤恨并威胁每个人的生活质量。

六、总结和结论

从影响全球每一个角落的、更广泛的全球经济和社会变迁进程中剥离出旅游对某个地方文化的影响是很困难的。1989年"铁幕"落下后，随着生产与消费模式的急剧变化，新的资本主义模式开始主导全球经济。文化景观、社会价值观和个人身份方面的全球性的突变是伴随着全新的、日渐普遍的政经现实出现的。

旅游的根本问题是如何来平衡对文化的竞争性需求。这些需求包括：（1）居民对更好的经济生活质量和社会生活质量的渴望与对反映个人身份和社区独特的地方感的"局内人"文化的渴望相冲突；（2）游客对舒适与安全的渴望与他们对新奇事物、探索和原真性的渴望相冲突；（3）旅游业通过特许经营和复制成功形象与模式而对全球化产生的推力与保护当地企业免受跨国公司竞争的渴望相冲突。

文化可以在这些矛盾和紧张中存活下来吗？是的，可以的。实际上，在持续的争论中，文化的新模式不断涌现。谁的文化将产生于一个国家、一个社区或一个个体的"杂交"和"混搭"，这对游客和研究人员来说，都是能使旅行和旅游变得更有趣的事情。对于居民来说，可能唯一的重要问题是旅游提高或降低他们生活质量的程度。相应地，这一问题与旅游的经济和环境影响直接关联。

七、复习题

1. 文化的正式定义是什么？它在遗产旅游目的地的创建中是什么角色？
2. 全球性与地方性如何兼容于当代旅游景观中？
3. 旅游如何改变目的地的传统艺术与工艺？

4. 对目的地来说，游客的角色、体验和关系是什么？

5. 在什么情况下，对于主客关系体验而言，"游客"和"东道主"的角色都是积极的或都是消极的？

6. 旅游如何影响游客和目的地居民的生活质量？

八、延伸阅读推荐

Rojek, C. and Urry, J. (eds) (1997) *Touring Cultures: Transformations of Travel and Theory*, London: Routledge.

为旅行文化及旅行和旅游所创造的各类地方文化意义的社会理论提供洞见。

Lowenthal, David (1985) *The Past is a Foreign Country*, Cambridge: Cambridge University Press.

讨论了当代社会中历史与过去（包括了遗产旅游地）所扮演的角色。

Selby, M. (2004) *Understanding Urban Tourism: Image, Culture and Experience*, London: I. B. Tauris.

城市是游客最常参访的地方，这本书从后现代、地方形象和城市文化等视角讨论这一现象。

Coles, T. E. and Timothy, D. (eds) (2004) *Tourism, Diasporas and Space: Travels to Promised Lands*, London: Rouledge.

在这个世界，有越来越多的人在远离他们有自己的文化血统的常住地的国家。本书提供了理解旅游对于这些人的角色的视角。

Beeton, S. (2005) *Film-Induced Tourism*, Clevedon: Channel View Publications.

从社会—文化影响和旨在促进发展的商品化两个角度讨论媒体对社区的一些影响。

Ryan, C. and Aicken, M. (eds) (2006) *Indigenous Tourism: The Commodification and Management of Culture*, London: Elsevier.

有关全世界最为传统的民族社区的旅游影响及响应的论文集。

九、网络资源

联合国环境规划署（UNEP）旅游负面的社会—文化（以及伦理道德）影响：http://www.uneptie.org/pc/tourism/sust-tourism/soc-drawbacks.htm

旅游如何促进社会—文化保护：http://www.uneptie.org/pc/tourism/sust-tourism/soc-global.htm

联合国教育、科学及文化组织（UNESCO）世界遗产中心：http://whc.unesco.org/

（美国）国家地理学会可持续目的地中心：http://www.nationalgeographic.com/travel/sustainable/

人类学相关术语的定义：http://oregonstate.edu/instruct/anth370/gloss.html

旅游关注组织：http://www.tourismconcern.org，uk/

保护国际基金的负责任旅行网：http://www.responsibletravel.com/

十、关键概念与定义

文化涵化：当两个民族（国家或文化）在一段时间内进行接触时，就会有产品、观念和价值观的交流。

建构的原真性：基于有政治权力和公众影响力的人的信仰和观点的社会建构的原真性。

文化：社会或一个社会团体富有特色的精神的、物质的、智力的和情感的特征的总和，同时它还包括艺术和文学，以及生活方式、各种生存方式、价值体系、传统和信仰。（联合国教科文组织定义）。

文化休克：当一个人遇到不同的文化或社会情境，以及对什么是恰当的行为、什么是不恰当的行为感到疑惑时，所体会到的一定程度的焦虑和不安。

示范效应：在目的地社区，由旅游导致的新行为和不同价值观的引入。

体验的真实性：是个人的、主观的经历，包括身体的和心理的感受。

全球本土化：创设一种新的文化形式，它既不是排他性的地方主导，也不是全球主导，而是一种承认双方的贡献的新产物。

遗产化：遗产得以从历史的属性（不管是遗迹、文物、回忆，还是有文字可考的历史）中被创造出来的过程。

客观的原真性：通常可以通过客观的标准来测量的原真性，例如科学事实、已知的位置或历史人物。

社会：指存在于拥有共同兴趣爱好的人之间的社会关系。

第五章　旅游的自然环境影响

【学习目标】

学习本章后，学生将能够：
- 领会"环境"这一概念的广度。
- 界定自然性这一概念。
- 理解环境变化是如何被认为是全球性的。
- 从以下几个方面理解与旅游相关的全球环境变化：
  1. 土地覆盖与土地利用的变化；
  2. 气候变化；
  3. 跨越地理屏障的生物交换和野生物种灭绝；
  4. 疾病传播与扩散。

一、引言

旅游业在不同尺度上对环境造成影响。直到 20 世纪末，对旅游影响的关注还主要集中在目的地层面。然而，我们如今已经认识到往返目的地的旅程也会对环境产生巨大的影响。这些影响并不局限在中间通道（transit routes）的环境中，而是在整个全球范围内。因此，旅游与全球环境议题的关系（例如旅游引起的气候变化）受到越来越多的关注。本章对在全球层面与旅游相关的影响和与特定类型的环境影响相关的旅游影响展开讨论。我们将使用案例对地区层面的旅游与环境变化进行说明。然而，在研究这些议题之前，有必要厘清环境（environment）这一概念的意涵。

环境

尽管日常交流中经常涉及环境这一概念，但界定它绝非易事，尤其当环境可以"无所不包"时（详见第二章对影响的解释）。然而，在谈及影响时，"环境"一词通常指涉人类所处的自然环境。例如，联合国环境规划署（UNEP，2000）在其全球环境信息交流网络（INFOTERRA）中提及：

> "环境和自然"的概念在实际应用中非常难界定。在 INFOTERRA 上，每个国家对环境和自然的界定皆有不同。不同国家的界定受当地条件的影响，如国土面积、气候、自然资源、产业活动等。例如，有的国家有海岸，有的国家有沙漠，还有的国家有核电站。

尽管如此，对环境的概念进行界定还是非常重要的，尤其在影响环境的那些法律控制的使用上。理解不同国家对环境概念的界定，包括通俗意义上和法律意义上的界定，对于识别环境概念中的关键因素可能有所帮助。例如，美国环境保护局（EPA）将环境界定为"影响有机体的生命活动、发展和生活的所有外界条件"（EPA 1997：17）。这是一个非常宽泛的定义，几乎包含了所有内容。

在澳大利亚，1999 年颁布的《联邦环境保护和生物多样性保护法》（第528 节）给出了就某种程度而言更具体的界定，包括：
（a）生态系统及其组成部分，包括人和社区；
（b）自然资源和物质资源；
（c）场所、地方、区域的属性和特点；
（d）地方的遗产价值；
（e）在（a）、（b）、（c）中所提及的任一事物的社会、经济及文化属性。

与此相比，加拿大联邦法律的界定则更侧重于自然环境（natural environment）。环境被定义为：

地球的构成要素，并包括：
（a）空气、土地和水；

（b）所有大气层；
（c）所有的有机物和无机物，及生物有机体；
（d）包括（a）（b）（c）中所提及要素的交互的自然系统。

[加拿大环境保护法，1993 3（1）]

1985年6月27日颁布的《欧盟理事会指令》的条款3关乎对特定的公共和私人项目的环境影响进行评估，是强调欧盟环境影响评估权的一系列规章制度的一部分。它涉及以下环境因素：

人类、动物群落和植物群落；
土地、水、空气、气候和景观；
以上所提及因素之间的内部作用；
物质资产和文化遗产。

（欧洲共同体理事会1985，条款3）

评估"环境"概念的难点之一在于最终所有变化"都将同样通过物质过程和社会过程互相联系在一起"（Meyer and Turner 1995：304）。然而，出于管理的目的，即使人为地划定界限，也需要对环境给出具体的界定。因此，理解自然环境的一种方式是将其视为一个从城市环境到自然环境的连续统一体（continuum）。这一连续统一体依据相对自然性（没有定居人类对环境的干扰）和偏远程度（与定居人类的出现及影响的距离）来建立（Hall and Page 2006）（图5.1）。偏远程度与自然性是在指定荒野地时的重要因素。运用这种方法，格兰特（Grant 1995）提供了一种针对自然性的相对简单的分类方法：

- 自然环境：未受人类或被驯化动物干扰的环境；
- 亚自然环境：较自然环境有些变化，但植被结构与自然环境基本一致（森林仍保存为森林）。
- 半自然环境：主要的植被已经被改变，但没有人为的物种构成的变化。这些变化是自发的（例如过度放牧地区）。
- 文化环境：诸如耕地的人造生态系统，包括人造森林、城市环境；植被已经由人类自行决定，伴随着原有物种栖息地的消失。

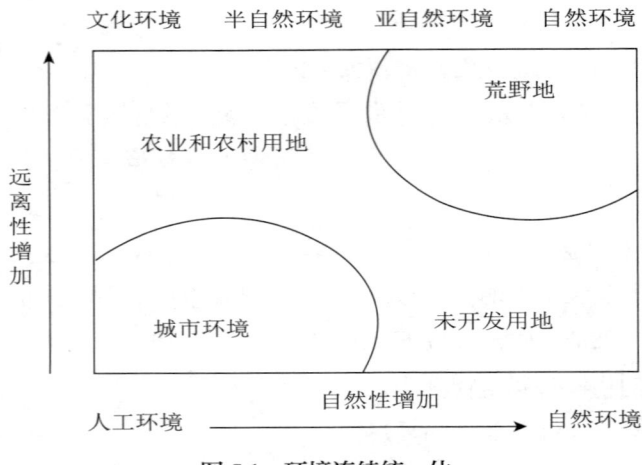

图 5.1 环境连续统一体

照片 5.1 正在澳大利亚北领地（Northern Territory of Australia）乌卢鲁卡塔图塔国家公园（Uluru-Kata Tjuta National Park）攀登乌卢鲁巨石/艾尔斯岩（Uluru/Ayers Rock）的游客。艾尔斯岩既具有自然地质特性，也是澳大利亚中部地区原住民的神圣文化场所。本地居民仅在一项很少举办的宗教庆典期间允许任何人攀爬乌卢鲁。尽管有许多的信息标语（为尊重乌卢鲁土著居民的信仰）不鼓励游客攀岩，但澳大利亚公园管理机构允许（这种行为），使得大批游客来此地攀登。（Alan A. Lew 摄）

自然性可以由特定场所中未受人类活动影响的特有生物群的比例来决

定，亦可以由感知自然性来决定。遗憾的是，前者虽然更客观，但极难界定。因为未受人类活动影响的基准自然环境是未知的。因此，景观的感知自然性通常被应用于环境感知研究中。因此，可以设想这样一个情形：一处被游客认为自然性很高的景观，事实上在自然生物群的保留方面的价值却非常低。有关环境与景观原真性的争论被认为是与旅游情境下的文化原真性的一些争论相重复的（详见第四章）。

旅游与环境的关系处在人类与环境的关系以及人类行为与感知的影响的议题之中。尽管人们很早就认识到旅游对自然环境有很广泛的影响，但在理解旅游和环境变化的关系上，仍有几个重要的方法论上的问题（详见第二章），包括：

- 难以区分旅游引致的环境变化和其他活动引致的环境变化。
- 缺乏旅游到来之前的环境信息。因此，没有界定环境变化的基准值。
- 缺乏有关不同物种的动植物群的数量、类型、容忍水平的信息。
- 研究者更偏好于关注一些特定环境，如沙滩、珊瑚礁和高山地区。例如在极度干旱和半干旱环境展开的研究少之又少。

举例来说，要区分特定地区中的环境影响是由游客还是当地居民引起的非常困难。事实上，只有在没有永久居民的地方才能完全准确地甄别出旅游对环境的影响。专门从事旅游生产的场地对环境的影响是显而易见的。同时，附加于常住人口之上的短暂性游客的影响也容易识别。然而，旅游的影响并非全部是负面的。旅游带来的经济效益促进了生物多样性、自然景观、特定物种的保护。正是那些生活在自然环境中的人们的利益，成为生态旅游和自然保育的基础。

【案例5.1】

旅游与马赛马拉禁猎区的狮子和猎豹

肯尼亚的马赛马拉禁猎区（Maasai Mara Game Reserve）面积为1510平方千米（583平方英里），可能是这个国家最负盛名的保护区。马赛马拉禁猎区位处非洲大裂谷，实际上是同样著名的坦桑尼亚塞伦盖蒂国家公园禁猎区（Serengeti National Park Game Reserve）在北部的延续。多部野生动物纪录片曾在马赛马拉禁猎区拍摄，最有名的便是在"动物星球"（Animal Planet）播出的"大猫日记"（Big Cat Diary）。但是，纪录片只不过是进一步强化了它对游客的吸引力。如今，野生动物旅游每年给肯尼亚带来近2亿美元的资金收入，是肯尼亚最大的外汇来源（Secretariat of the Convention on Biological Diversity 2016）。

2008年初，社会政治的动荡导致了肯尼亚大量游客的流失，对马拉保护区（Mara Conservancy）中的猎豹与狮子的保育工作带来了越来越大的压力。这是由一项从2001年起开始实施的资助计划所引起的。游客所购买的国家公园门票中的一部分将用于补偿当地人的牛羊被猎豹和狮子所杀死的损失。自这项计划实施以来，保护区中的狮子数量翻倍，增长至80只。2008年4月末，马拉保护区面临着每月5万美元的亏损，使得这项资助不得不暂停。当地居民威胁要重新开始猎杀狮子和猎豹以防止它们吃了牛羊。马拉保护区的威廉·蒂德说：

> 现在，我们已经几次紧急叫停了当地居民为了防止牛羊被捕食而猎杀狮子和猎豹的行为。先前我们通过补偿计划来弥补这样的损失，而如今没有资金支持这个计划，当地社区居民再也无法看到与野生动物友好共处的好处了。
>
> （BBC新闻 2008a）

来源：马拉保护区官网（Mara Conservancy）：http：//www.maracons-ervancy.com/

大猫日记（Big Cat Diary）：http：//www.bbc.co.uk/nature/programmes/tv/bcd/

马拉三角新闻博客（Mara Triangle news blog）：http：//www.twitter.com/maratriangle

在20世纪20年代生态学开始对公园建设产生重要影响之前，旅游长期以来都是环境保护的主要考量因素，同时也是建立第一批国家公园的主要原因（Hall 1998）。直至今日，旅游仍是创建和开发国家公园的重要理由，尤其是对欠发达国家或者甚至是发达国家的边远地区来说。然而，国家公园创建之初的游客数量比现在要少得多。国家公园体系的发展及其游客数量的增长，很好地诠释了第二章所提及的可持续发展的进退两难之境，以及环境保护的两条重要思路："保护"（preservation）和"明智利用"（wise use）（或称为"具经济效益的环境保护"）。"保护"这一词意味着将具有高度自然性的陆地或海洋区域划分出来，只允许极少的人类活动。

环境保护，正如它经常被用在旅游的环境影响管理中一样，往往有着更加多样化的策略集合。将某一区域设置为保护区（reserve）就是策略之一。这表明人类在环境保护方面有更加积极主动的管理，不仅仅是管理旅游和其他活动，还包括为了营造所想要的环境结果而操控环境本身。保护工作可以在不同尺度上开展，从生物群落区和生态系统到社区、流域及个别物种。另外，保护工作还可以在物种层面开展，以维持物种内的基因多样性。然而，值得注意的是，有时候，在公众支持度与不同策略所需的成本方面，在保护单个物种抑或保护更广泛的生态系统之间可能存在管理上的冲突。

世界上许多早期建设的国家公园只能通过铁路交通进入，而且距离城市中心相对偏远（Frost and Hall 2009）。在黄石国家公园的案例中，伦特（Runte 1997：xii）指出：

> 美国是第一个建立国家公园的国家。在黄石国家公园刚建成的时候，美国只有3000万人口。直至"一战"时期，黄石国家公园每年的访客量很少超过5万。再者，大部分访客主要通过火车和马车到达国家公园，他们这群人遭受了有限的进入方式、糟糕的道路和落后的住宿条件。在即将进入新千年之际，美国的人口是1872年的10倍。如今，黄石国家公园的国内外访客量已经超过了每年300万。

表 5.1 美国国家公园的访问量

年份	游客访问量（人次）	游客访问时长（小时）	非游憩性访问量（人次）	非游憩性访问时长（小时）
1979	205,369,795	1,027,515,046	77,065,306	43,110,345
1980	220,463,211	1,094,294,242	79,860,871	39,292,243
1985	263,441,808	1,303,592,955	82,748,302	39,607,247
1990	255,581,467	1,295,808,178	79,581,270	43,194,844
1995	269,564,307	1,322,447,685	118,239,606	61,462,362
2000	285,891,275	1,271,005,218	143,961,848	78,145,957
2005	273,488,751	1,205,758,305	149,898,447	81,269,826
2006	272,623,980	1,205,394,969	165,768,204	85,556,052
2007	275,581,547	1,224,569,680	163,756,296	84,466,643

来源：美国国家公园管理处（National Park Service，NPS）统计。http://www.nature.nps.gov/stats/park.cfm。

直到私家车普及时代的到来，国家公园的访客量才有了显著的提升。尽管大规模访客所产生的环境压力日益受到关注，但访客量的增长与可进入性的提升已经进入一个新的阶段——公园与自然保护区已经成为许多目的地旅游发展战略的不可或缺的部分。例如，就美国的情况而言，伦特（Runte 1990：1）观察到，"在所有影响美国国家公园的争论中，最持久及最激烈的讨论就是如何划分自然环境保护与合理利用的界限"。表 5.1 展示了美国国家公园体系的访客量及增速。2007 年，访客量达到 4.3 亿。这样的访客量所造成的经济影响也是巨大的（详见案例 5.2）。

【案例5.2】

黄石国家公园游客所带来的经济影响

利用旅游发展所产生的经济贡献来合理化环境保护活动，也许能在作

第五章 旅游的自然环境影响

为旅游吸引物的国家公园所扮演的角色中得以最好地展示。黄石国家公园，建于1872年，是世界上第一个国家公园〔见弗罗斯特和霍尔（Frost and Hall 2009）有关旅游业在国家公园建设中的角色的讨论〕。2006年，美国国家公园体系（NPS）共接待超过1330万人次的过夜访客，占总访客数量的3%。在总访客量中，本地居民一日游占28%，来自50英里（及以上）以外地域的一日游访客占43%，在公园附近过夜的访客占29%。过夜访客中，三分之二的访客选择居住在公园外的汽车旅馆、小旅馆或家庭旅馆（B&B），其余21%的访客选择在公园外露营，12%访客选择在国家公园内的露营地、小旅馆或偏僻乡村过夜。2006年，在除去门票的情况下，在单个国家公园内，本地居民的单个一日游（不过夜）团队的开销为39美元；非本地居民的单个一日游（不过夜）团队的开销为69美元。

过夜访客的消费水平有很大的差异，从68美元（乡村露营访客团队）到291美元（在国家公园内旅馆住宿的访客团队）不等。在国家公园外的露营者平均每晚需花费95美元，而在国家公园内则是85美元。根据这些平均数可以得知，2006年，美国国家公园的访客在国家公园50英里范围内的总消费为107.3亿美元。本地访客占其中的10%，在国家公园附近汽车旅馆或小旅馆访客的消费额占总消费额的比例超过一半，而非本地的一日游访客的消费约占四分之一。超过一半的支出是住宿及餐饮消费。如果算上乘数效应（详见第三章），访客所消费的107.3亿美元所带来的经济效益包括：130亿美元的销售额、45亿美元的个人收入、70亿美元的附加价值，以及因给访客提供服务而在公园入口区域创造的21.3万个工作岗位（Stynes 2007）。

在单个公园层面，消费也是很可观的。据测算，2003年，大峡谷国家公园的访客量约为412.5万。他们在当地社区产生了3.38亿美元的消费；其中，1.37亿美元的消费产生于公园内，2.01亿美元的消费产生于公园入口附近的社区。统计区域为亚利桑那州科科尼诺县（Coconino County, Arizona），包括公园入口区附近的如下社区：南部边缘的图萨扬（Tusayan）、威廉姆斯（Williams）、弗拉格斯塔夫（Flagstaff）和卡梅隆（Cameron），以及北部边缘的雅各伯湖（Jacob Lake）、卡纳布（Kanab）、佛里多尼亚（Fredonia）。平均下来，每团访客每天在这一区域内的花费为

201美元。访客消费为当地带来了约1.12亿美元的直接个人收入（工资与福利），支持了区域内5655个与旅游相关产业的岗位。2003年，算上间接效应，旅游消费所带来的总的经济效益为：4.29亿美元的直接销售额，近1.57亿美元的个人收入，2.45亿美元的附加价值，以及提供了约7500个工作岗位（Stynes and Sen 2005）。然而，虽然大峡谷国家公园为当地带来巨大的经济效益，但如此庞大的访客量以及随之发展的旅游业对当地环境造成的影响也令人担忧（Crumbo and George 2005；Jacques and Ostergen 2006）。

考虑到旅游对环境所产生的潜在经济与生态效益，旅游与环境之间关系的复杂程度是不言而喻的（例如Buultjens et al.2005；Naughton-Treves et al.2005）。在两者关系的争论中，最有影响力的一个观点是巴道斯金（Budowski 1976）提出的旅游与环境的三种基本关系：冲突、共存、互利共生。

● 冲突：当旅游发展对环境产生不利影响时，两者是冲突关系；

● 共存：当旅游发展与环境保护只存在很少的接触时，两者可以共存。因为，在这种情况下，旅游发展与环境保护各自的支持者相互隔离，或是皆缺乏发展。然而，这种情况"很难一成不变，尤其因为旅游增长往往给环境带来巨大变化"（Budowski 1976：27）。

● 互利共生：当旅游发展与环境保护在恰当的组织之下可以使得游客获得利益和环境体验时，两者的关系可以是相互促进且互利共生的。这种关系还可以带来经济效益，并且提升入口区及周边社区居民的生活质量。

下文将重点阐述旅游与环境之间的关系是如何在不同的分析尺度上发生的。

二、全球环境影响

（一）旅游与全球气候变化

源自旅游业的二氧化碳排放量在过去五十年内稳步增长。如今，据估测，每年旅游业的二氧化碳排放量已占由人类活动引起的二氧化碳排放量的 5%。尽管国际航空运输协会（International Air Transport Association，IATA）等组织常常强调它们在环境保护上的成效（例如 IATA 2008c），但交通运输部门正是温室气体（Greenhouse Gas）（包括二氧化碳）排放量最多的部门。正如案例 1.3 所示，在由旅游活动引起的二氧化碳排放量中，交通运输占 75%，其次是住宿（21%）与旅游活动（3%）。从辐射效应（Radiative Forcing，定义详见案例 1.3）对气候变化的影响来看，交通运输所造成的影响份额更大，占 82%—90%；其中，仅航空即可占总量的 54%—75%（UNWTO et al. 2008）。

了解二氧化碳潜在排放量的区间是非常重要的，因为它突显了这一领域内需要进一步研究的需要，尤其当行业组织往往使用估计值区间的下限去评估各自排放量的时候。例如国际航空运输协会（IATA 2008c）声称，在人类活动导致的二氧化碳排放总量中，航空业占 2%，到 2050 年将提升至 3%。在考虑到全部温室气体排放量时，国际航空运输协会（IATA）指出，航空业排放的温室气体仅占总量的 3%，至 2050 年将提升至 5%。然而，国际航空运输协会的数据显然是被低估了。因为在某程度上，它们所依赖的研究越来越过时（IPCC 1999）。

值得注意的是，小部分高耗能旅程是旅游业中温室气体排放的主要来源。虽然全球只有 17% 的旅行是以飞机为交通工具，但航空业产生的二氧化碳排放量占旅游业总的二氧化碳排放量的 40%。算上辐射效应，这一数字要达到 54%—75%。例如，纳入世界旅游组织（UNWTO）统计的世界五大地区（非洲、美洲、亚太、欧洲和中东）之间的长途旅行仅占总旅行量的 2.7%，但二氧化碳排放量占全球总的排放量的 17%。与此相比，占全球总旅行量 34% 的陆路旅行（铁路、客运汽车、公交车等）仅占总的二氧化碳排放量的 13%。因此，这对于减排策略的开发有实质性的启示，因为单个旅程所导致的排放量可能高达 1000 倍之差：从接近于零排放量的自行车与露营旅游，到二氧化碳排放量超过 10 吨的南极洲与欧洲之间的往返旅行（UNWTO et al.2008）。

欧盟遵循京都公约（Kyoto Convention）制定了一个宏伟的目标，即在 2020 年将二氧化碳排放量降低 20%（以 1990 年的排放量为基准）。一些国家甚至制订了更高的目标。例如，瑞典政府的气候政策小组正在制定一项气候策略，目标是到2020年欧盟二氧化碳排放量降低30%，2050年本国排放量降低75%—90%（Gössling and Hall 2008）。那么，休闲与旅游业又该如何降低其产生的温室气体排放以及对环境的相关影响呢？

考虑到交通在与休闲相关的温室气体排放量中的相对贡献，减排方案的重点或许在于鼓励本地休闲活动，而牺牲长距离休闲活动。这可以通过营销和监管措施的组合来实现。这些策略还需要与旨在鼓励游客使用诸如铁路、公交车、自行车及步行等绿色交通系统（Gössling et al.2009）的努力相协调。重要的是，对于很多地方来说，这一措施还可以带来非常可观的经济效益，因为在当地经济系统中，之前所漏损的钱可以更长时间地留存在当地。此外，这些举措预期还会产生显著的社会效益（例如提升居民的社区意识）与健康效益（例如减少肥胖）。

旅游及游憩规划者将在可持续社区与目的地的设计中扮演至关重要的角色，因为他们很可能需要鼓励休闲与旅游资源的本地化消费方式。任何一项像"百英里饮食"（100 mile diet）一样的可持续消费活动，除了提供饮食与零售服务外，还需要融入休闲服务设施（详见网页：100milediet.org/）。这些变化很可能影响中长距离（大于100英里）的休闲流动性，征收环境税与碳交易等监管行为则显得至关重要。现行的许多"碳补偿"（carbon offset）计划——旨在减少温室气体排放的财政工具，可能都只是暂时的举措，尤其是在缺乏清晰的全球环境和社会标准的情况下。未来，如果要减缓与旅游相关的气候变化，各种治理层级上的政策设计也需要改变。遗憾的是，诸如世界旅游组织和世界旅游及旅行理事会等组织的倡议，对休闲与旅游企业和消费者的实际行动的直接影响甚微。政府在贸易、环境和交通等方面的政策与规章制度，比起仅针对航空业或住宿业等具体部门的政策而言，对旅游业未来的温室气体排放量更有影响。这意味着，未来旅游业所处环境的改善，很可能依赖于将休闲与旅游业的关注点整合进空间调适和减排策略中，而不是孤立地开发具体部门的策略。旅游业的范围是如此多元化和广泛，且旅游要素（the tourism component）与往常一样如此聚焦于商业，以至于任何自发行为和市场运作都难以提供我们所需要的答案。

（二）全球环境变化

全球环境变化是指诸如气候变化、全球生物地球化学循环的改变、土地变更、不可再生资源减少、可再生资源的不可持续利用、物种灭绝、生物多样性的减少等问题。值得注意的是，不管是全球还是地区层面，环境总是在不断变化当中，但大部分环境变化是非常缓慢的，以至于肉眼察觉不到。然而，如今随着全球人口数量的增长、人口增长率的提升，以及随之而来的人口流动与资源利用，上述环境变化持续加剧——尽管存在时间和空间上的不一致。在这一章，我们将重点讨论由人类活动引起的全球环境变化以及旅游相关活动在其中的作用，而环境的自然演变则不作讨论。

人类对环境的影响具有两个全球性的特征。第一，"全球性是指系统的空间尺度或功能运作"（Turner et al.1990：15）。在全球性概念下，气候和海洋都具有全球性系统的特征，都受到这一系统内无处不在的旅游生产与旅游消费的影响，同时也影响着旅游生产与消费。第二，如果某种变化"发生在全球尺度上，或它是整体环境现象或全球资源的重要组成部分"，则可认为它是全球环境变化（Turner et al. 1990：15-16）。地方环境变化不可从全球环境变化中剥离，因为第二种全球环境变化正是在全球不同地点产生的类似变化的总和。由于旅游活动（包括旅游交通在内）遍及全球每个角落且是许多国家经济的重要组成部分，对全球与地方环境变化都非常重要（Gössling and Hall 2006a）。

格斯林（Gössling 2002）第一次尝试着对旅游发展所引起的全球环境变化进行概述，将与休闲相关的环境变化归结为以下五个方面：

- 土地覆盖与土地利用的改变；
- 能源使用及其相关影响；
- 跨越地理屏障的物种交换与野生物种灭绝；
- 疾病的传播与扩散；
- 旅行带来的心理后果，包括旅行引起的对环境的感知与理解的改变。

在以上五个方面中，旅游带来的心理变化通常不包括在旅游对自然环境造成的影响当中。格斯林对以上因素进行了各种估计且对全球游客数量以及所消耗的资源进行了推算，部分数据如表5.2所示。

全球性环境变化是由许多地方尺度上的变化累积而成的。大致地根据格斯林（Gössling 2002）的方法，接下来的内容将通过列举全球尺度和地方尺度上的案例，来考察旅游及休闲相关活动对环境造成的主要影响的维度。

表 5.2 旅游业与全球环境的变化

维度	2001 年估计值	2007 年估计值
国际游客接待量	6.82 亿[1]	8.98 亿[1]
国内游客接待量	34.1 亿[2]	44.9 亿[2]
总的游客接待量	40.92 亿[2]	53.88 亿[2]
土地覆盖的变化—生物生产用地的变更	0.5%[3]	0.66%[4]
能源消耗	14,080 PJ[3,①]	18,585.6 PJ[4]
温室气体排放量	1,400 吨二氧化碳当量[3]	1,848 吨二氧化碳当量[4]（1,461.6 吨二氧化碳）[5]
物种交换	难以估测[3]	难以估测，但迁移速度在不断增加[4]
野生物种灭绝	难以估测[3]	难以估测，主要是因为旅游的初始影响与物种灭绝之间的时间难以估测
健康	难以估测[3]	难以估测目的地的人口，但可通过世界卫生组织（WHO）测算得知约 50% 的游客患有某种疾病[4]

注释：1.世界旅游组织数据。2.作者依据世界旅游组织数据所做的估计值。3.格斯林（Gössling 2002）的估计值。4.作者根据格斯林（Gössling 2002）估算值所做的推断。5.作者根据世界旅游组织、联合国环境规划署、世界气象组织 2005 年的数据推断出的 2007 年的估算值。

---

① 译者注：PJ 是 Petajoule 的缩写，相当于 10^{15} 焦耳。二氧化碳当量（Carbon Dioxide [CO_2] Equivalence）：一种气体的二氧化碳当量为这种气体的吨数乘以其产生温室效应的指数。

三、国家和地区的环境影响

（一）土地覆盖和土地利用的变化

土地变更被认为是全球环境变化中最重要的组成部分。它导致了动植物栖息地的变化和消失，从而对生态系统产生影响。虽然有一些天然的土地覆盖并没有因旅游而改变（例如在国家公园和自然保护区之内的土地），但有大量土地被特意转作旅游用途，包括交通基础设施（例如机场）、住宿、会议中心，以及吸引物（例如高尔夫球场和主题公园）。据格斯林（Gössling 2002）的测算：全球范围内，与人类休闲活动相关的土地利用量可能达到515,000平方千米（200,000平方英里），占地球陆地面积的0.34%和生物生产地域的0.5%。在这些由人类休闲活动引起的土地变更中，不足1%用于住宿设施建设，而97%用于交通基础设施建设。然而，休闲活动引发的土地变更往往集中于相对较小的区域以及在生态上敏感和重要的环境中。此外，还需要强调的是，格斯林的估算是相当保守的，只包括商业类住宿设施，并没有包括第二居所或旅游目的地和度假区中旅游城市化的次级维度。

旅游城市化并不是一个新现象。然而，在20世纪末，消费体验的尺度、复杂性及多样性的确发生了变化且突显了新城市旅游的主要特征（Page and Hall 2003）。如今，这些尺度、复杂性及多样性存在于专门为旅游与休闲而建的城市与城郊景观中。如今，全球的一些城市与地区开始从经济上转向这种消费模式，包括：澳大利亚的黄金海岸和阳光海岸、美国的火奴鲁鲁和拉斯维加斯、加拿大的惠斯勒、葡萄牙的阿尔加维、西班牙的布拉瓦海岸。随着休闲流动性和舒适度移民的日益增加，这些城市和地区只是众多发展成了世界性度假地的专业型旅游与休闲社区中的典型案例。

旅游城市化倾向于集中在具有高舒适价值的环境中，并且与其他形式的舒适度导向型城市化（例如退休移民与生活方式型移民）紧密相关，特别是在沿海地区。土地利用变化与城市蔓延是欧洲和北美海岸线大片区域面临的主要问题。它们带来了城市污染问题。例如在有大量划船游憩项目的目的地，码头、港口、水道可能有水污染问题，因为游船在这些地方会排放汽油与废料。水污染对于隐蔽水道来说特别成问题，因为隐蔽水道中的废弃物不能通过潮汐与波浪排出去。

在欧洲，有超过三分之一的人口居住在距离海岸线50千米（30英里）以内的区域，且这一数据还在增长。截至2000年，从巴塞罗那（西班牙）到那不勒斯（意大利）的地中海海岸已经被开发了70%以上；而到2025年，在西班牙、法国、瑞典、意大利和前南斯拉夫，住在沿海城市的人口的平均占比将超过85%，而西班牙将高达96%（CO-DBP 1999）。正如欧洲理事会议员大会（2003，2.28）所阐述的："毫无疑问，诸如人口压力、城市化、过度建设和缺乏良好规划的开发（以及保护）等人为原因，已经导致地中海海岸的退化和破坏。其中，很多认为导致的压力源自旅游业，或与它有紧密联系。"（详见案例5.3）

【案例5.3】

地中海的土地利用变更和生态系统压力

据世界自然基金会/世界野生动物基金会（WWF 2001）测算，2000年，地中海地区的国际游客接待量约占全球国际游客接待量的30%。世界自然基金会预测，这意味着到2020年，将有约3.55亿国际游客造访地中海地区，约占全球国际游客接待量的22%（WWF 2001；De Stefano 2004）。以上数据并不包括大量来自地中海地区国家的国内游客。这些国家的国民也同时使用沿海旅游资源。世界自然基金会（WWF 2001：2）指出："该地区旅游业的增长将持续对当地景观造成破坏，导致土壤侵蚀、物种濒临灭绝、用水紧张、废弃物与污染直排入海等问题，并导致对文化的破坏。"

由旅游和舒适度引致的城市化极大地影响了地中海沿岸景观的用地压力（Tanrivermis 2003）。在从西班牙到西西里岛（意大利）的地中海海岸线，已经有四分之三的沙丘消失。世界自然基金会（WWF 2001）指出，这主要是由与旅游发展密切相关的城市化所引起的。与旅游相关的开发被认为是意大利海岸城市化的主要原因。在意大利，超过43%的海岸线已经被完全城市化，

第五章　旅游的自然环境影响

28%被部分城市化，只有不到29%的海岸线尚未开发。只有6段超过20千米长以及33段10千米—20千米长的绵延海岸尚未开发（WWF 2001）。

照片 5.2　在突尼斯著名的苏塞度假区海滩上的游客。突尼斯位于非洲大陆最北端，面朝地中海，在意大利的南边。因极为接近欧洲，突尼斯在两千年前就是罗马帝国的粮仓，如今则成为世界级旅游目的地。在苏塞海滩上，分布有大型酒店、分时度假村、主题公园与购物中心以及一些古城镇，吸引了大量来自欧洲和北非的海滩休闲游客。（Alan A. Lew 摄）

旅游城市化对突尼斯的海岸线也有影响。根据德斯蒂法诺（De Stefano 2004）的研究，突尼斯已城市化的海岸线已拓展至140千米，并且酒店与第二居所占据的旅游区域另外占据了80千米的城市总体线性空间。这220千米长的城市化海岸线约占突尼斯海岸线总长的18%。德斯蒂法诺（De Stefano 2004）认为，当前和计划中的旅游项目将使旅游业对海岸线的使用量翻倍，即达到约150千米。她还进一步指出，沿岸沙丘上旅游基础设施的不当选址正在加速海滩遭侵蚀的进程，也在改变沿海地区的水动力机制。

类似地，塞浦路斯95%的旅游产业坐落于距离海岸线2千米（1英里）范围内（Loizidou 2003），使得沿海环境承受着巨大的压力。在1997—1998年塞浦路斯土地使用分区制之下，约37%的海岸线（按长度计算）被划为旅游区，12%被划为农业区，6%被划为住宅区，3%被划为工业区。剩下的区域（约占43%）被规划为开放空间、受保护的自然区与考古区。然而，据预计，未来的土地利用规划修编将会把更多的海岸线划为旅游区

219

（Loizidou 2003）。

与旅游相关的用地变化集中在滨海地区。这意味着地中海沿岸的生态系统面临着严峻的压力，超过500种植物有濒临灭绝的危险。尽管旅游导致的环境压力最集中在滨海地区，但地中海海域本身也正遭受着严重的环境压力。据测算，每年有超过100亿吨未经处理或仅经简单处理的工业废料直接排入海水中，直接影响生活在沿海地区的生物（例如鱼类）（Guidetti et al. 2002）。虽然没有对游客在度假区和游船上所产生的废弃物的数额进行单独统计，但潜水、垂钓、乘坐游轮等旅游活动已直接导致海洋生态系统遭受更多的压力（Badalamenti et al. 2000）。

旅游发展对下水道和供水系统所施加的季节性压力进一步加剧了居民与工业企业的废弃物产生。确实，旅游城市化对地中海地区最重要的影响之一正是它对淡水供应造成的压力，尤其是经由含水层枯竭产生的压力（CO–DBP 1999）。这不仅是因为游客即时用水需求所引起的直接需求所致，也因为旅游城市化对滨海湿地和泻湖的影响（De Stefano 2004）。

旅游发展影响淡水生态系统的主要原因是：

● 由人口增加引起的用水量提升。这涉及游客和旅游发展所需要的灵活就业人口。例如，在西班牙的巴利阿里群岛，1999年旅游旺季（七月）期间的用水量相当于本地居民全年用水量的20%（De Stefano 2004）。

● 旅游设施导致的用水量提升。肯特等学者（Kent et al.2002）甚至认为，在地中海的马略卡岛，对沿海蓄水层的持续过度利用对水质的影响将比未来海平面上升带来的直接影响更危急，尽管后者无疑加剧了这一进程。他们还指出，向游客收取"生态税"用于建设用水和污水处理设施，对长期的供水问题而言，可能仅是一个可以解决部分问题的方案。

● 污水量的峰值和污水处理设施面临的压力。斯库洛斯（Scoullos 2003）指出，在地中海地区，仅80%的家用与旅游污水排入污水系统，其他则直接或间接被排入大海或是地下化粪池。更令人担忧的是，事实上只有一半的污水系统连接了污水处理设施，其余则直接排放入海。

● 在海滩、沙丘和湿地上的旅游设施和基础设施的不恰当选址。联合国环境规划署—地中海行动计划—优先行动计划（UNEP/MAP/PAP 2001：14）

指出，大众旅游加剧了城市化的环境影响议题，"导致了多种野生物种栖息地的消失"，并估测自罗马时代以来，地中海湿地已减少约 30,000 平方千米（11,600 平方英里），或约 93% 的湿地已经消失。其中，10,000 平方千米（3,900 平方英里）的湿地是在近 50 年消失的（Parliamentary Assembly, Council of Europe 2003：2.12）。

来源：Hall 2006a。

（二）物种交换与物种灭绝

国际旅行与国际贸易一直以来都是物种交换的主要途径，包括入侵物种与传染性疾病的引入。人类是重要的疾病携带者，也是害虫的宿主。这些害虫可能携带影响人类、植物和动物的疾病。物种入侵的影响是巨大的。皮门塔尔等学者（Pimental et al. 2001）以美国、英国、澳大利亚、南非、印度和巴西为例，研究外来植物、动物和微生物的入侵对经济与环境造成的威胁。研究发现，虽然某些物种引进（例如谷物和家畜）是有益的，但大部分外来物种已经对农业和林业带来重大的经济损失，同时对生态完整带来负面影响。他们测算，超过 120,000 种外来物种入侵了这六个国家，每年造成的损失超过 3140 亿美元。"从外来物种的所占比例与所生长的地理范围、产生协同破坏的可能性和进化结果的范围来看，目前大规模的物种入侵事件的发展是没有先兆的，应被视为全球环境变化的一种独特形式。"（Ricciardi 2007：335）（见表 5.3）

为了对抗害虫与疾病的传入，许多国家和地区已经制定了生物安全战略。生物安全是指一个国家、地区或地方的经济、环境和人类健康免受有害生物威胁的受保护状态，还包括防止新的有害生物的引进，根除或控制已经出现的有害生物的状态（Biosecurity Strategy Development Team 2001）。虽然生物安全和旅游密切相关，但无论是在全国或是全球尺度上，旅游业对生物安全问题关注都较少，除非出现了游客流动受限或是目的地形象受损的风险。亚洲的禽流感和非典型肺炎（SARS），以及欧洲的口蹄疫疾病是其中的典型案例。然而，旅游业应该高度重视生物安全问题，因为限制人们的流动是控制疾病或有害物种扩散的最常见方式之一。因此，旅游业不仅是生物安全威胁的潜在来源,也是最容易受出行限制影响的行业之一。

全球范围内的物种交换的规模如此之大,以至于物种入侵已被列入生物多样性公约(Convention on Biological Diversity)框架的"生物多样性威胁"之中。这一公约的"2010目标"(2010 target)承诺:"至2010年,显著减缓当前全球、国家和地区尺度上的生物多样性降低问题,为扶贫与地球上所有生命的利益作出贡献"(McGeoch et al. 2006:1635)。公约秘书处进一步指出"生物多样性经常被理解为现存的不同种类的植物、动物和微生物的数量……然而,生物多样性同样包含物种内的特定基因差异和特征,以及这些物种在生态系统中的集合"(SCBD 2006:9)。

生物多样性对人类生存和经济福祉、生态系统的正常运转和稳定性而言是至关重要的(Hall 2006c)。在全球层面,生物多样性是物种形成速度与物种灭绝速度的一种平衡;在生态系统层面,生物多样性是外来物种入侵速度和本地物种灭绝速度的平衡。生物的分布在地球上是不平均的,具有明显的全球与区域模式。当代生物多样性的关键问题在于,当前生物灭绝的速度是根据化石记录推断的本底速度的1000—10,000倍(Singh 2002)。生物多样性公约秘书处(SCBD 2006)指出,在15项用于评测全球生物多样性的指标中,只有保护区的覆盖范围和水生生态系统的水质两项指标显示出乐观的趋势。

表5.3　工业化前的物种入侵和现代人类辅助的物种入侵的对比

特征	史前物种入侵	当代人类辅助的物种入侵
远距离扩散事件发生的频率	非常低	非常高。种子、孢子和无脊椎动物通过风和洋流进行远距离传播,且受变幻无常的气候和大洋环流支配。但是通过人类的传播则不会受到这些限制。
每次事件所扩散的物种数量	数量少,除了在物种大交换事件期间	高。例如,据估测,任何一天内在地球上做跨洋航行的船只携带超过7000种生物。
每次事件的繁殖体负荷	负载小,除了在物种大交换事件期间	可能很大。例如,跨洋航行船只携带大量繁殖体(估计在进入北美五大湖的船只中,每艘船可携带10^8个无脊椎动物的繁殖体)。

第五章　旅游的自然环境影响

续表

特征	史前物种入侵	当代人类辅助的物种入侵
受地理屏障的影响	强	几乎微不足道。在高速与高密度的全球交通网络下，地理屏障的影响几乎微不足道。
扩散路径和机制的变化	低	极其大。在流动性提升与运载载体类型增多和数量增加的背景下，扩散路径和机制的变化极其大。
大规模物种入侵的时空范围	偶发性；仅限于相邻地区	持续的；同时影响所有地区；可能会存在一些与旅游需求以及运载载体的季节性有关的波动。
同质化效应	区域性的	全球性的
和其他压力源协同交互的可能性	低	非常高——气候变化、地球化学循环的变化、栖息地的消失和破碎化、污染、过度捕捞、栖息地群落结构的扰乱。

来源：Carlton 1999；Duggan et al. 2005；Hall 2006 b，c；Ricciardi 2007。

照片 5.3　游客驾驶独桅帆船（Dhow boats）在阿曼的穆桑达姆半岛追逐海豚。穆桑达姆半岛位于波斯湾的入口。独桅帆船是阿曼的传统渔船，但现在大多供来自迪拜的游客使用。这个地区人口稀少，除观赏海豚以外，其他受欢迎的活动还包括：观赏海龟、鲨鱼和海鸟，进行深水潜水、垂钓，在偏远的海滩上露营以及参观零星分布的古村镇。这一切都位于世界上最繁忙的石油货运航道附近。（Alan A. Lew 摄）

生物多样性消失中的关键因素包括：空气、水和土壤污染，对自然资源的过度开采，外来物种的入侵，自然环境的变化（一般被称为气候变化和全球生物化学循环的更迭），土地利用变更导致的栖息地消失和碎片化；栖息地群落结构的扰乱（Novacek and Cleland 2001）。旅游直接或间接地嵌入在生物多样性的这些压力因素中，但也是环境保护的解决方案之一。在许多地方，旅游为建立自然保护区（自然保护项目）从而避免其他的土地利用方式（例如伐木、农业、采矿或城市化）提供经济上的正当理由。旅游还可以为物种的重新引入提供正当理由——没有旅游，这部分物种也许会在原有的自然栖息地被捕杀至灭绝（案例5.4）。通常，我们将这种旅游称为生态旅游、游猎、野生生物旅游或自然旅游，甚至是可持续旅游。例如在厄瓜多尔的加拉帕戈斯群岛——1978年成为世界上首个被列入联合国教科文组织世界遗产名录的地方——旅游业每年为当地带来高达6000万美元的收入，为岛内大约80%的居民提供收入来源（SCBD 2006）（见案例1.2）。生物多样性保护的部分重要策略如表5.4所示。

表5.4 旅游与生物多样性保护的重要策略

战略	要素	旅游的角色
就地保护（原地）	建立保护地网络并开展适当的管理实践，通过廊道来连接各碎片化的保护地；恢复保护地内外部业已退化的栖息地。	自然保护地是旅游吸引物；旅游为自然保护地框架提供了经济方面的正当理由；志愿者旅游也可协助自然保护地的管理。另外，旅游对于环境知识的发展也非常重要。
迁地保护（异地）	建设植物园、动物园与保育站；以及胚质、花粉、种子、籽苗、组织培养、基因和DNA的储存库。	植物园和动物园是重要的旅游吸引物；志愿者旅游也很重要；植物园和动物园具有重要的教育旅游功能。
减轻人类活动产生的压力	通过改变人类的活动和行为来减轻对自然种群的压力；也可包括在别处培育物种。	种群也可作为旅游吸引物；一些能被可持续地捕猎的物种，可以被用于狩猎与垂钓等旅游活动。
减轻生物压力	移除或减少会对本地物种构成竞争的外来物种和害虫入侵	保证良好的生物安全性；开展旨在支持消灭入侵物种和害虫的解说项目。
复原	识别濒危物种，修复它们的栖息地；实施提升物种数量、重新引进或首次引进物种的项目。	物种也可能形成旅游吸引物；志愿者在管理中也相当重要。

【案例5.4】

海狸归来

野生海狸原产自英国，在400多年前曾遭猎杀而灭绝。尽管还有少量从国外引进的海狸生活在自然保护区内，近年来亦有少量海狸经非法走私进入英国，但这对于野生种群的生存而言仍然是不够的。2008年5月，苏格兰政府宣布，欧洲海狸将被合法地重新引入阿盖尔中部（Mid Argyll）的纳普代尔（Knapdale）——计划在五年的试验期内引入四个来自挪威的海狸家族。这是苏格兰自然遗产署物种管理行动策略（也称"物种行动框架"）的一部分。这一策略包括让欧洲海狸重返苏格兰（SWT 2008）。

欧洲海狸回归试验由苏格兰野生动物基金会和苏格兰皇家动物学会共同发起。他们认为，海狸对环境和森林管理有积极作用，并能吸引游客前来。苏格兰野生动物基金会首席执行官西蒙·米尔恩曾说过："这是一个让苏格兰成为英国第一个重新引进这种有吸引力并对环境有益的动物的国家"（BBC News 2007b）。苏格兰皇家动物学会负责动物培养和保护的伊恩·瓦伦丁说道：

> 全球其他20多个国家的经验证明，海狸回归是非常成功的。我们相信，现在是将海狸重新引进苏格兰的合适时机……而且，作为关键物种，海狸不仅有益于生态系统，而且还将通过促进当地旅游发展来推动社会经济繁荣。
>
> （BBC News 2007b）

苏格兰自然遗产署在2007年进行了为期两个月的征询。结果显示，在来自阿盖尔中部的受访者中，超过73%支持将海狸试验性地回归至阿盖尔中部的纳普代尔。但苏格兰农村财产与商业协会的领袖们却反对这项试验。该协会首席执行官道格·麦克亚当（Doug McAdam）说道：

重新引入欧洲海狸对于现在的苏格兰来说就是引入外来物种。时隔 400 年后，从前的海狸栖息地已经被开发成能够提供环境、经济和游憩效益的管理规范的景观。

（BBC News 2007b）

麦克亚当先生继续说道，如果没有合适的影响评估和控制，这次对海狸的再引进，"从长远来看，实际上可能会对现存物种和它们的栖息地产生危害"；同时，他还宣称，海狸回归将会对鳟鱼和鲑鱼的产卵区域造成"不可避免的影响"（BBC News 2007b）。

这次将海狸再引进苏格兰实际上是一个更宏大的计划——对经历过物种减少问题的环境进行恢复——的一次尝试。将景观恢复至类似于史前生态系统的状况，即所谓的"野化"（Wilding），在西欧和英国越来越受到广泛的关注。其中，最重要的一个项目是"野性恩纳代尔"（Wild Ennerdale）。恩纳代尔占地面积为 4300 公顷（11,640 英亩），是一个位于英格兰北部湖区（Lake District）西部的偏远山谷，由国家信托基金（National Trust）、林业委员会、联合公用事业（United Utilities）共同所有。2002 年，经过与各个利益相关者的咨询、协商，三个土地所有者签署了一份保护山谷的"野性"愿景宣言，"让恩纳代尔演化为造福人类的野性山谷，更多地依靠自然进程来塑造景观和生态系统"（Wild Ennerdale Partnership 2006：30）。支持这一愿景的 11 个基本原则如下：

● 保护与提升人们对荒野感的体验；

● 赋予山谷中的景观和动植物栖息地以更大的自由，以便它们在自然过程中发展，从而使得稳健的、正常运转的生态系统在景观尺度上得以发展；

● 公众支持和公众参与将一直是"野性恩纳代尔"项目的核心；

● 只有当这一愿景需要完善或受到威胁时，才能进行人工干预；

● 寻求机遇以提升公众享受和社会效益；

● 重视和尊重山谷的历史和文化资产；

● 管理和决策的制定将更关注景观的整体尺度；

● 通过成果和信息分享，"野性恩纳代尔"项目将为其他地区提供示范；

第五章 旅游的自然环境影响

- 寻求机遇以引入与愿景一致的企业；
- 进行大范围与长期的环境变化监测和评估；
- 认识到这一项目的起点受到过往活动的影响，为促进自然发展进程，可能需要建立机构和进行更高级的干预。

（Wild Ennerdale Partnership 2006：31）

在实践中，这意味着商业性的林业经营已经减少。机动车交通受到限制，栅栏被移除，云杉种植面积减少，地方树种（例如杜松、桦树、水曲柳、赤杨木、白杨）被重新种植起来。除使用湖泊以提供饮用水之外，在山谷中几乎所有的商业性采掘活动都被禁止（Macfarlane 2007）。

恩纳代尔被划定为湖区国家公园（Lake District National Park）的"安静区"（Quiet Area）。因此，在吸引物开发、营销和游客设施方面有更严格的开发控制政策。然而，旅游确实会通过基础设施建设（包括含早餐的旅馆、客栈、度假屋、自助餐饮村舍、露营/大篷车基地、田野考察中心、青年旅舍和双层车库）对恩纳代尔的经济与生计发挥重要的支持作用。

（Wild Ennerdale Partnership 2006：39）

因不同利益相关者对景观（尤其是荒野自然）的感知有差异，这些项目并非不存在冲突（McCorran et al. 2008）。例如，康佛利和达森（Convery and Dutson 2008：115）认为，"耕地景观表征着人、地方与生产之间的复杂关系"，在像恩纳代尔这样具有耕地景观的区域创建荒野地时，需要仔细考虑如何来管理这样的政策的社会后果。麦克唐纳等学者（MacDonald et al. 2000）认为，最坏的情况是这些政策冒着如下风险：陷入农村人口持续减少、贫困、更多土地荒废和传统土地管理技能丧失的恶性循环。

观赏野生动物和原真自然景观是重要的旅游吸引物。尽管在海狸回归工作和"野化"政策的目标中并没有明确提及，但是休闲活动和旅游相关企业是这些项目最为兼容的受益者。
来源：苏格兰皇家动物学会：http://www.edinburghzoo.org.uk/
苏格兰农村财产与商业协会：http://www.srpba.com/
苏格兰野生动物基金会：http://www.swt.org.uk/
"野性恩纳代尔"（Wild Ennerdale）：http://www.wildennerdale.co.uk

旅游通过以下几种方式促进生物多样性维系（Brandon 1996；Christ et al. 2003；Hall and Boyd 2005；Hall 2006c）：
● 旅游为生物多样性保护提供了经济上的正当理由，包括建立国家公园、公立或私立的自然保护区；
● 旅游为生物多样性的维护和保护提供资金支持来源；
● 旅游提供了一种替代性的经济发展模式，可代替对生物多样性有负面影响和不当地利用和猎取野生动物的发展模式，例如非法狩猎；
● 旅游可以是生物多样性保护教育的一种机制；
● 旅游可以潜在地让当地人参与到生物多样性的维系之中，并将地方性的生态知识融入生物多样性的管理实践中。

2003年，保护国际基金会（Conservation International）与联合国环境规划署合作，关注旅游在生物多样性热点地区——"全球范围内需紧急保护的优先区域"（Christ et al. 2003：vi）中的潜在作用。热点地区（Myers 1988）是指本地物种的生物多样性高且显著地受到人类活动影响的地区。植物多样性是指定生物多样性热点地区的生物学指标。热点地区必须满足两个严格的标准：必须拥有不低于1500种本地维管植物（高于世界总量的0.5%）；同时，这些物种的原栖息地（前现代）中，至少有70%曾发生改变。

表5.5　生物多样性热点地区

地区	占原始保护地的百分比（%）
北美洲与中美洲	
加利福尼亚植物区	10
加勒比海群岛	7

续表

地区	占原始保护地的百分比（%）
马德松—橡树林	2
中美洲（一个由干燥森林、低地潮湿森林和从墨西哥绵延至巴拿马的山地森林组成的复杂区域）	6
南美洲	
大西洋森林	2
塞拉多（巴西林地草原）	1
智利的巴尔迪维亚冬雨林	11
通贝斯—乔科—马格达莱纳（哥伦比亚沿海、厄瓜多尔、秘鲁北部）	7
热带安第斯山脉	8
欧洲和中亚	
高加索山脉	7
伊朗—安那托利亚（山脉和盆地）	3
地中海盆地	1
中亚山脉	7
非洲	
开普植物区（南非的常绿赖火灌木丛）	13
东非沿海森林	4
东非山地	6
西非的几内亚森林	3
非洲之角	3
马达加斯加岛和印度洋群岛	2
马普特兰—蓬多兰—奥尔巴尼（南非东海岸和莫桑比克南部）	7
苏库莱特干燥台地高原（南非东海岸和纳米比亚）	2
亚太地区	
美拉尼西亚群岛东部	0

续表

地区	占原始保护地的百分比（%）
喜马拉雅山	10
印度—缅甸	6
日本	6
中国西南山区	1
新喀里多尼亚	3
新西兰	22
菲律宾	6
波利尼西亚－密克罗尼西亚	4
澳大利亚西南部	10
巽他古陆（印度尼西亚西部）	5
华莱西亚（印度尼西亚东部）	5
西高止山脉和斯里兰卡	11

来源：源自 Christ et al 2003；保护国际基金会生物多样性热点地区。

在梅尔斯等学者（Myers et al. 2000）和梅尔斯（Myers 2003）确认的 31 个现存生物多样性热点地区中，8 个在非洲，超过一半在全球欠发达地区（表 5.5）。保护国际基金会确认的生物多样性热点地区，存有所有已知本地植物物种的 44% 和所有已知鸟类、哺乳动物、爬行动物和两栖动物的 35%，但这些地区仅占地球陆地面积的 1.4%（Christ et al. 2003：3）。

克里斯特等人（Christ et al. 2003）在旅游与生物多样性的关系方面，强调了以下几个关键问题：

● 虽然大部分生物多样性地区集中分布在欠发达国家，但在发达国家中仍有五个旅游目的地地区被确认为生物多样性热点地区，包括：地中海盆地、加利福尼亚植物区、佛罗里达群岛（加勒比海群岛生物多样性热点地区的一部分）、澳大利亚西南部和新西兰。

● 在欠发达国家中，有大量的生物多样性热点国家／地区的旅游业迅猛发展。其中，有23个国家/地区在截至2003年的十年间的入境国际游客接待量增长率超过100%，超过一半国家/地区每年接待超过100万的国际游客；13%的国家/地区每年入境国际游客接待量超过500万人次。阿根廷、巴西、塞浦路斯、多米尼加共和国、印度、印度尼西亚、中国澳门、马来西亚、墨西哥、摩洛哥、南非、泰国和越南每年的入境国际游客量都超过200万人次；同时，国内旅游也越来越重要。

- 在世界上最贫穷的15个国家中，超过一半位于生物多样性热点地区。旅游在这些国家的经济发展中具有一定的重要性，或预期在未来几年中会有所增长。
- 在几个位于欠发达国家（包括马达加斯加、哥斯达黎加、伯利兹、卢旺达和南非）的生物多样性热点地区，生物多样性或生物多样性的元素（例如特定的野生动物），因生态旅游的发展，已成为重要的国际旅游吸引物。
- 国际与国内旅游的预期增长表明，旅游发展带来的环境压力在许多生物多样性热点国家，尤其是南亚与东南亚国家，变得越来越重要。

【案例5.5】

全球保护地

全球保护地（Global Conservation Estate）是指全球所有保护地的总和（表5.6）。1962年，在联合国首次发布的保护地名录中仅有1000多处保护地。如今，全球保护地的数量得到显著增加。1997年，超过12,754处保护地被列入名录；到2003年，所收录的102,102处保护地的总面积达1880万平方千米（725万平方英里）。"覆盖范围相当于地球陆地面积的12.65%，比中国、南亚和东南亚陆地面积之和还大"（Chape et al. 2003：21）。据估计，在所有保护地的总面积中，陆地面积为1710万平方千米（660万平方英里），占全球陆地面积的11.5%。湖泊系统和温带草原等生物群落的受重视程度仍不高，而海洋类保护地严重不足。海洋保护地约为164万平方千米，约占全球海洋面积的0.5%，占全球保护地总面积不足十分之一。

照片 5.4　从斯特灵山脉国家公园（Stirling Range National Park）远眺西澳大利亚南部的波容古鲁普国家公园（Porongurup National Park）。斯特灵山脉是全球植物最丰富的地区之一；这里拥有 90 科、384 属和超过 1500 种植物，其中 87 种是全球独有的。虽然波容古鲁普山脉的生物种类远没有北边的斯特灵山脉多，但它拥有 10 种本地特有植物，还生长着红桉树和红柳桉树。也许更重要的是，波容古鲁普山脉比周边大部分地区更潮湿，甚至偶尔还会有强降雪。这张照片很好地体现了国家公园在自然保护中的作用。这些公园就像被大量农用地包围的自然岛屿。（C. Michael Hall 摄）

全球保护地的规模引出了一个问题：保护地的全球网络到底需要多大（Rodrigues and Gaston 2001）？尽管保护地的面积与管理的有效性在国家和地区之间仍有较大差异，目前全球保护地的面积已经超出了世界自然保护联盟早期制定的目标——至少留出 10% 的全球陆地面积用于自然保护（Chape et al. 2003）。罗德里格斯和加斯东（Rodrigues and Gaston 2001, 2002）的观察发现，囊括所有物种所需的最小区域面积，随着目标物种数量、物种分布的地方特有性水平（the level of endemism）及所选单元的大小的增加而增加。他们总结得出：

● 保护地网络的规模并没有一个全球统一标准，原因是物种分布的地方特有性或生物多样性越高，所需的保护地面积越大；

● 保护脊椎动物多样性所需的保护地网络的最小规模要求，并不足以保护整体意义上的生物多样性（包含非脊椎动物），因为其他物种有更高的物种分布的地方特有性（Gaston 2003）；

● 之前设定的 10% 的目标很有可能远不能满足生物多样性保护的需求。

罗德里格斯和加斯东（Rodrigues and Gaston 2001）估计，如果要保育所有植物物种，全球 74.3% 的陆地与 92.7% 的雨林需要被保护，其中分别有 7.7% 的陆地和 17.8% 的雨林需要对高等脊椎动物实施保护。然而，加斯东（Gaston 2003）同时指出，即使保护地的规模为 12,000 平方千米（4600 平方英里）也可能不足以维持许多更大的物种的种群。遗憾的是，在国家公园建立时，以及在其环境保护与旅游发展的双重角色被确定时，政治的考虑往往意味着，自然保护区的规模与轮廓往往得不到充分的考虑（Hall 2006b）。国家公园管理机构往往不仅管理国家公园，还管理其他各类保护地。这一情况也使得上述情况进一步复杂化。世界自然保护联盟将保护地分为六类，国家公园通常是更广泛的保护地体系中的一类。然而，某些国家对保护地有更多的分类。例如，澳大利亚有 12 种保护地，德国有 11 种（Mose and Weixlbaumer 2007）。此外，"我们不能否认不同保护地之间存在一定的形象阶梯。与享有良好的声誉和丰厚的获利的第Ⅱ类保护地（国家公园）相比，第 V 类保护区（受保护的陆地景观）的关注度很低"（Mose and Wixlbaumer 2007：5）。根据摩西和维克斯鲍默尔（Mose and Wixlbaumer 2007：5）的研究，在公众眼中和政策想象中，国家公园的压倒性优势主要出于如下几个原因：

● 国家公园具有"保护地的优质类别"的突出形象；

● 国家公园以严格的法律与空间规划规则为基础（例如以法律法规规范管理）；

● 国家公园具有跨区域执行能力的政府管理机构；

● 虽然多个管理目标的权重不一，但国家公园最重要的管理目标聚焦在保护。

再者，一点都不令人惊奇的是，许多人通常并不知道不同保护地之间的区别。或者，在某些情况下，对于他们的世界观而言，保护地是一个外来概念（Hall and Frost 2009）。这种情况对于旅游与自然保护之间的关系有重要意义。这是因为，不同利益相关者在理解施加于保护地的什么影响可接受或不可接受时，可能会有重大的差异。

来源：联合国环境规划署，世界保护监测中心：http://www.unep-wcmc.org。

表 5.6　2003 年世界自然保护联盟保护区管理分类下的保护区数量与面积

类别	描述	全球数量（2003）（个）	全球数量占比（2003）（%）	全球面积（2003）（km²）	全球面积占比（2003）（%）
Ia 严格的自然保护区（Strict Nature Reserve）：主要用于科研的保护地	拥有一些具有突出价值的或具有代表性的生态系统、地理或生理特征和（或）物种，且主要用于科学研究和（或）环境监测的陆地和（或）海洋区域。	4,371	4.6	1,033,888	5.5
Ib 荒野地（Wilderness Area）：主要用于保护荒野的保护地	未经人为改变的或仅受轻微改变的，保留着自然的特性和影响，且无永久性或明显人类定居的大面积的陆地和（或）海洋。为保持天然状态而进行保护和管理。	1,302	1.3	1,015,512	5.4
II 国家公园（National Park）：主要用于生态系统保护和游憩的保护地	被指定为以下目的的陆地和（或）海洋自然区域：（a）为当代与后代保护一个或多个生态系统的生态完整性；（b）禁止有违国家公园目标的利用与占用；（c）为精神的、科学的、教育的、游憩的和旅游的发展机会提供基础；这些机会必须是与环境和文化相兼容的。	3,881	3.8	4,413,142	23.5
III 自然遗迹保护地（Natural Monument）：主要用于特定自然特征保育的保护地	拥有一个或多个特殊的自然或自然/文化特征的区域。这些特征在固有稀少性、代表性、美学或文化意义方面拥有突出的或独特的价值。	19,833	19.4	275,432	1.5
IV 栖息地/物种管理区（Habitant/Species Management Area）：主要通过管理介入进行保护的保护地	受制于出于管理目的的积极干预的陆地和（或）海洋区域，以确保栖息地得以维护和（或）满足特定物种的要求。	27,641	27.1	3,022,515	16.1

续表

类别	描述	全球数量（2003）（个）	全球数量占比（2003）（%）	全球面积（2003）（km²）	全球面积占比（2003）（%）
V 受保护的陆地景观/海洋景观（Protected Landscape / Seascape）：主要用于陆地景观和海洋景观保护与游憩活动的保护地	长时间的人地交互作用塑造出的具有独特个性的，具有显著的美学、生态和（或）文化价值的，常有高度生物多样性的陆地（亦可包括海岸和海洋）。保护这种传统互动的完整性对该类地区的保护、维护和演化具有重要意义。	6,555	6.4	1,056,088	5.6
VI 资源管理保护区（Managed Resource Protected Area）：主要用于自然生态系统的可持续利用的保护地	包含未经人为显著改变的自然系统，用于保护和维持长期的生物多样性的地域。与此同时，资源管理保护区为社区提供可持续供应的天然产品与服务。	4,123	4	4,377,091	23.3
无分类		34,036	33.4	3,569,820	19
总计		102,102	100	18,763,407	100

来源：世界自然保护联盟1994年的分类；数据来源于Chape et al. 2003。

四、社区环境影响

（一）能源与排放：景观与气候变化

如果将全球旅游业看作一个国家，那么，它的资源消耗规模相当于一个北部发达国家的资源消耗规模。国际和国内游客每年会消耗掉日本80%的主要能源供应量（50亿千瓦时/年），产生的固体废弃物相当于法国一年的量（每年约3500万吨），一年消耗掉的淡水量是苏必利尔湖（位于加拿大与美国之间）的三倍（1000万立方米）。

（Christ et al. 2003：7）

人们经常理所当然地认为，气候是休闲与旅游环境的重要组成部分（Hall and Higham 2005）。与人类活动对环境的影响一起，气候和天气对塑造自然环境的特点产生重要作用（例如在植被和可用水方面），而且影响大部分的休闲需求。总体上，气候存在季节性周期波动且长期存在，政策制定者、规划者、企业、甚至社区却从未认真思考气候对休闲景观的影响。毕竟，人们的态度经常是：即使今年天气异常，但明年总会"恢复正常"的，不是吗？（详见 Saarinen and Tervo 2006，有关芬兰背景下的案例）然而，这种确定性似乎正在发生改变。

如今，气候变化可以说是引起最广泛讨论的旅游与环境影响问题。尽管我们经常在有关休闲活动的日常交谈中关注天气，但近来的关注点逐渐转向对休闲的需求侧和供给侧有影响的长期模式和过程。如今，我们经常可以在媒体上看到政治家、商界人士、科学家以及那些"仍不相信的人"对气候变化的评论。可以说，我们现在都成气候专家了。

人们已经充分认识到气候变化的总体特征。截至 2007 年，前 12 年中有 11 年是有记录以来最热的年份，高纬度地区的升温最为明显。与此同时，海平面每年都一毫米接一毫米地上升。举例来说，尽管尚无定论，但在本世纪接下来的日子里，气候变化对欧洲未来的影响看起来是挑战性的（Alcamo et al. 2007）。气候变化的影响还包括内陆山洪灾害风险增加、更频繁的沿海洪涝，以及由更强的暴风雨和海平面上升所引起的侵蚀。高山和高纬度地区将面临持续的冰川消退、积雪消融和大量物种消失。在本已脆弱的欧洲南部气候区，气候变化预计将导致更频繁的高温天气和干旱（Amelung and Viner 2006）。这将导致可用水资源的减少，以及发生森林大火和热浪引起的健康问题的频率增加（Alcamo et al. 2007）。除了大地理尺度下的气候变化知识，我们对气候变化之于特定旅游环境的影响还是知之甚少。这种知识缺失的原因在于：

● 气候变化研究是新近的现象，尤其是在微观和中观尺度上。唯一受到大量研究关注的旅游活动是冬季旅游（UNWTO et al. 2007, 2008; Hall 2008b）。

● 研究人员对气候变化之于休闲和旅游的影响的重视一直不如他们对气

候变化之于其他经济部门的影响的重视（Hall 2008b）。

● 休闲和旅游研究既得不到重大科研项目的资助，也不像其他经济部门的研究那样受政府的重视——政府致力于建设具有国际竞争力的研究中心。

然而，我们知道的是，气候变化影响着休闲行为和资源，且休闲行为同时也对气候变化有影响（Hall and Higham 2005；Gössling and Hall 2006a；UNWTO et al. 2008）。此处将先讨论气候变化对旅游和休闲活动已经产生或可能产生的影响，而后进一步讨论旅游对气候变化的贡献。

（二）气候变化对旅游的影响

关于气候变化对休闲的影响，有以下几个基本的观察。在总体气候条件下（例如平均温度上升、降水量和日照时长变化），可以预见的是，休闲行为的变化将会包括休闲活动的变化和休闲活动之间的转换。显然，户外活动最容易受到行为变化的影响。在未来，用气候条件受控的室内活动逐渐替代户外体验的能力将变得越发重要。虽然气候变化发生在全球范围内，但对旅游业而言，气候变化在目的地层面最受关注。这是因为气候变化将导致目的地在一年中某些时段的吸引力的增强或减弱，同时也会影响旅游相关活动和个体决策。

日间温度上升将可能导致休闲活动在时间（例如在夏季或新季节模式下，游客将行程安排在一天中较凉快的时间段）和空间（例如游客选择到微观气候更宜人的地方）上发生转换（UNWTO et al. 2008）。一些旅游目的地的淡旺季时段也可能会受到气候变化的影响，因为它们在一年中某些时段的气候条件可能已不如从前那样适宜休闲。然而，这种变化难以预测，原因在于人类的行为极具调适性；使用确定性模型的方法去建立休闲行为模型（例如如果温度升高了 x，则出现 y），会出现很大的问题（Gössling and Hall 2006b）。在未来几十年内，预计平均温度可能逐步上升 2℃—4℃（3.5 ℉—7 ℉）。这使得人类有充足的时间去适应环境和对休闲目的地感知的渐进变化。

气候和天气模式的可变性日渐增大。它所带来的影响可能是气候变化对休闲行为与目的地资源的影响中更为严峻的方面（IPCC 2007）。例如，亚洲、北美和欧洲的降水量越来越变化无常。北欧大部分地区的冬季平均降水量正在增加，而地中海东部地区年降水量却在下降。在地中海西部，虽然降水量没有明显的变化，但是更高的温度和日趋激烈的对稀缺水资源的竞争都加剧了休闲产业（尤其是高尔夫俱乐部、度假村）与农业之间对于水权的争夺。尼科尔斯等学者（Nicholls et al. 2007：331）总结了气候对沿海地区游憩与旅游的相关影响，并指出，温度升高（气温与海水温度）、极端气候（暴风雨和海浪）、侵蚀（海平面、暴风雨和海浪）和生物效应都将带来巨大的影响；洪水（海平面和径流）将带来微弱的影响；而不断上升的水位（海平面）和海水入侵所带来的影响是微不足道的，或者影响尚未产生。然而，以上相对影响并非在所有地区都一致（Uyarra et al. 2005）。

到 21 世纪 70 年代，欧洲南部和中部某些地区的夏季地表径流量的减少将高达 80%，预计欧洲约 35% 的地区将遭受水资源短缺的压力（Alcamo et al. 2007）。例如，作为重要的休闲资源的西班牙卡斯提亚莱昂（Castile-León）的拉纳瓦卡湖（Lake La Nava）和希腊克利骚波力斯的内斯托湖（Nestos Lakes），预计将面临温度上升 5℃（9 ℉）、年降水量下降 35% 的问题。除非温室气体排放量急剧减少，否则这将导致对生物多样性的巨大影响（Hulme et al. 2003）。在上述区域，与欧洲中部和南部许多其他地区一样，对工业用水开采、景观与天然植被维护的有效监管的缺失将加剧气候变化的影响。类似地，具有巨大的旅游与生态价值的摩洛哥拉腊什湖（Lake Larache）（国际重要湿地公约收录的湿地），正承受由人类活动引起的严重的环境压力，以及由于气候变化导致的夏季和冬季降水量减少的问题（Hulme et al. 2003：22）："海平面上升与冬季夏季河水流量减少的相互作用，将对整个湿地系统的河口过程和栖息地构成造成影响。海水入侵很可能破坏淡水和内陆栖息地，将对候鸟种群、爬行动物和两栖动物的栖息地产生潜在影响。"

气候变化对水体的影响不仅意味着可用水量的减少，还意味着水质的下降。沿海水域、湖泊和河流的水体富营养化是亲水休闲最可能受到的破坏性影响之一。这一影响是由营养素增加与水温升高引起藻类大量繁殖所共同导致。它不仅破坏景观和散发臭味，还可能对人类、鱼类与野生动物有害。显然，减少人类产生的营养物质排入河流和湖泊系统是解决方法之一，但还需要减缓气候变化的更全面的措施。在一些地方，尽管第二居所和用于开发的土地利用覆盖的变化是营养素的重要来源，但主要来源往往与农业和城市化有关，而不是休闲活动。

  降水量波动的加剧，包括暴雨、暴风雨、洪水以及干旱情况的增加，也可能通过破坏基础设施与休闲资源而对休闲活动产生重要影响。降水量波动对已经适应了相对稳定天气模式的生态系统造成了极大的压力，而这种天气模式已经存在了近一个世纪（IPCC 2007）。例如，泥炭地在干旱条件下发生严重火灾的可能性会增加；同时，径流入沿海湿地的淡水量减少，连同海平面上升与暴风雨，将增加地下水咸化的可能性（ACIA 2005）。前往泥炭地（北欧一些国家的重要乡村游憩资源）的游客，就像现在前往森林地区的游客一样，需接受防止引起野外大火的教育。这一措施非常重要，因为泥炭地，与许多森林一道，具有碳汇的重要功能，可减低大气中的碳含量水平（Alcamo et al. 2007）。泥炭地与森林如果被破坏将导致二氧化碳大量排放与全球变暖加剧的反作用。

照片 5.5　在夸祖鲁 - 纳塔尔省（KwaZulu-Natal Province）赫卢赫卢韦 - 乌姆福洛济公园（Hluhluwe-Umfolozi Park）的游客和斑马。赫卢赫卢韦 - 乌姆福洛济禁猎区建立于 1895 年，是非洲第一个野生动物禁猎保护区。园内有五大动物（狮子、黑犀牛和白犀牛、大象、水牛、豹子），但游客并不是每天都能见到它们。禁猎区非常大（**96,000 公顷；370 平方英里**），大多数游客都通过四轮驱动的导览车进行游览（尽管还有其他游览方式可供选择）。（**Alan A. Lew 摄**）

遗憾的是，沿海湿地保护所需要的远不仅仅是教育。正如上文所讨论的，欧洲许多沿海地区正处于由休闲导向城市化引起的严峻的环境压力之下，主要包括旅游、第二居所与养老业态开发，以及开垦湿地以建设高尔夫球场、游船码头与集约农业。在此情况下，气候变化再次成为环境压力源。然而，至少可以最小化气候变化对沿海生态体系的影响的规划解决方案是存在的。其中，最重要的是停止"开垦"湿地，将湿地视为不仅具有游憩与生态价值，而且是防止海平面上升的自然保障。在英国和荷兰，有将旱地恢复为湿地和盐沼的重要案例（Alcamo et al. 2007）。有趣的是，这些"新"湿地的再生也通过观鸟和自然徒步活动带来了新的经济机遇（Hulme et al.2003）。

然而，将已开垦的土地恢复为湿地对发达国家而言更容易，因为政府有支持这些举措的财政能力（包括向土地所有人提供补偿）。发展中国家沿海地区的居民可能就没有这样的机会，尽管他们同样面临着海平面上升的危机。举例来说，费尔德等学者（Field et al. 2007：634）指出："尽管沿海地区是北美最重要的休闲资源，但重点旅游区域在面对海平面上升时的脆弱性尚未得到全面评估。"然而，在许多发展中国家，在潜在影响和如何适应的知识及能力方面，这种情况或许更糟糕。在非洲的案例中，博科等学者（Boko et al. 2007：450）强调，"对旅游和气候变化的影响预测的研究非常少"，并指出：

  旅游是非洲最重要且最有前景的经济活动之一。因此，有必要加强关于气候变化对旅游的影响及旅游脆弱性的应用性研究。气候多变性和气候变迁对旅游及相关事物的影响研究还有很大的提升空间，例如气候变化对珊瑚礁的影响，以及这些影响如何影响生态旅游。

（Boko et al. 2007：459）

案例 5.6 讨论了塞内加尔的圣路易斯市所面临的问题。

第五章 旅游的自然环境影响

【案例5.6】

海平面上升与世界遗产城市圣路易斯（塞内加尔）

到2030年，世界人口的3/4将是城市人口，最大的城市将出现在发展中国家。在发展中国家的许多城市里，贫民窟人口占城市人口的比例超过50%。这部分人口不能或几乎不能享有居所、水和卫生设施、教育或医疗服务。因此，他们最容易遭受诸如恶劣天气等灾害的影响；尤其是，贫穷也使得他们的流动性很低。非洲有全球最高的城市增长速度。尽管排放量很低（虽然是一个大洲，但排放量低于全球排放量的4%），但非洲还是很有可能成为世界上受气候变化影响最严重的地区之一（IPCC 2007）。

根据联合国人居署的报告，塞内加尔的圣路易斯是最容易受由气候变化引起的海平面上升威胁的非洲城市。塞内加尔的圣路易斯位于非洲近大西洋的西海岸，建立在塞内加尔河入海口的一座小岛上，于2000年被列入世界遗产名录。17世纪时，这里被辟为法国殖民地，在1902年前是法属西非的首都。1872—1957年间，圣路易斯也是塞内加尔的首都。1957年，圣路易斯的首都地位被达喀尔（Dakar）取代。圣路易斯岛被列为世界遗产地，是由于当地殖民地建筑及其与水之间的特殊关系，并被认为是殖民地城市的杰出案例和展现重要的文化交流的杰出案例。因其建筑和文化，每年到访的国际游客约有10,000人。然而，这个城市可能在未来几十年内因海平面上升而消失（BBC News 2008b）。

来源：圣路易斯网站（法语）：http://www.saintlouisdusenegal.com/

圣路易斯网站（英语）：http://www.saintlouisdusenegal.com/english/index.php

联合国人居署：http://www.unhabitat.org/

世界遗产中心：世界遗产名录：http://whc.unesco.org/en/list

极端天气频发也意味着热浪将在本世纪末成为常态。2003年，袭击欧洲大部分地区的热浪估计造成超过35,000人死亡与130亿英镑（200亿美元）的损失。在升温7℃（12.5 ℉）的异常暖流下，热浪除了影响个人休闲能力和行为外，同时也对森林等自然资源产生了巨大影响。炎热且干燥的天气引发了许多森林大火；其中，葡萄牙境内有390,000公顷（965,000英亩）的森林受影响（Hall and Higham 2005）。2007年，希腊和美国西部遭受极端热浪引发的严重森林大火。这次大火不仅破坏了旅游资源，也损害了受灾地区的旅游目的地形象。从旅游角度来看，以上事件非常重要，因为这不仅是一次性事件，而且会对旅游目的地形象产生长期的潜在影响。

连续的热浪袭击将对可用水资源的供给与旅游目的地的形象产生影响。然而，如果野火迅速蔓延导致自然生态不可恢复，那么，景观和环境也会开始改变。例如葡萄牙部分地区经历多次大火，适应大火的外来树种（例如澳大利亚的桉树）已经开始优于本地植物树种。这些过程将可能导致景观的变化——到本世纪末，这些地方看起来可能更像是澳大利亚干旱的内陆而不是欧洲的地中海地区。

气候变化对高山和高纬度地区生态系统（一直以来，以全年大部分时间冰雪覆盖为特点）的影响，是气候变化对休闲最为明显的影响之一（Hall and Higham 2005）。积雪量得以保证的冬季的时长缩短已经显著地影响了低纬度地区的滑雪度假区——关闭或靠政府的扶持来制定适应战略。高纬度地区的度假区有一定的能力通过造雪技术来应对冬季缩短。然而，造雪技术同样需要消耗大量能源和水资源。在许多地方，这两种资源面临的压力也越来越大（Scott et al. 2003，2007）。正如阿格拉瓦拉（Agrawala 2007：2）所言："即使再多的人造雪也不能完全克服积雪量的显著下降或完全消失所带来的问题"。因此，一些度假区为维持经营已经开始研究其他的调整策略，例如发展夏日旅游的潜力，凭借夏季山区相对宜人的温度，吸引遭受日间气温上升与热浪袭击的欧洲低海拔地区的游客（Elsasser and Bürki 2002）。

【案例5.7】

气候变化和欧洲阿尔卑斯山：经济合作与发展组织的观点

欧洲的阿尔卑斯山脉被认为是对气候变化尤为敏感的地区。近来，阿尔卑斯地区的气候变化约为全球平均水平的三倍（Alcamo et al.2007）。1994年、2000年、2002年和2003年是阿尔卑斯山脉自有记录以来最热的年份。据气候模型预测，气候变化将进一步加剧，低海拔地区的积雪预计将会更少；同时，高处的冰川逐渐退缩，永久冻土逐渐融化。从1850年到1980年，这一地区30%—40%的冰川消融。自1980年以来，冰川进一步消融了20%。2003年的夏天又消融了10%。预计至2050年，瑞士阿尔卑斯山区75%的冰川消失，到2100年则全部消失（Agrawala 2007）。

显然，气候变化对阿尔卑斯山脉的旅游业的影响是非常严峻的。阿尔卑斯山脉每年吸引6000万—8000万游客，其中每年约1600万滑雪者会在奥地利、法国、德国与瑞士停留（Agrawala 2007）。"保险……可以减少冬季偶然性的雪量不足造成的经济损失，但是不可让其免受系统性的长期的暖冬趋势所造成的影响"（Agrawala 2007：2）。截至2006年底，在阿尔卑斯山脉，有91%（666个滑雪区中有609个）的大中型滑雪区每年至少有100天能保持充足的积雪量。剩下的9%已经是在勉强维持。据阿格拉瓦拉（Agrawala 2007）的研究，温度上升1℃（2℉），勉强度日的滑雪区域的比例将上升至25%；温度上升2℃（3.5℉），这一比例将提升至33%；升温4℃（7℉）的情况下，将有70%的滑雪区出现经营困难，其中许多会倒闭。德国的风险最大，在升温1℃（2℉）的情况下，依靠天然积雪的滑雪区的数量将减少60%。实际上，在升温4℃（7℉）的情况下，德国将无滑雪区可依靠天然积雪运营。瑞士受气候变化的影响最小，但是，升温1℃（2℉）就会减少10%的自然积雪，升温4℃（7℉），积雪斜坡的数量就会减半（Agrawala 2007）。

来源：经济合作与发展组织：http://www.oecd.org/

以上例子表明，部分地区适应气候变化的影响是可能的。然而，许多本地动植物物种适应气候变化的能力远不及人类。与人类因气候变化而迁移一样，动植物也会向新的地域迁移。例如，在欧洲阿尔卑斯山脉和北美，常绿阔叶林向高海拔地区迁移，一些诸如冬青树（欧洲冬青属）的知名树种正在向斯堪的纳维亚北边迁移。这些生物反应起初可能是可行的，因为它们表明，一些在北欧和北美的常见游憩景观得以幸存。但对幸存的物种和生态群落而言，更多的是不可行的。许多高山物种将逐渐被隔离，丧失了向其他地域转移或扩展分布的机会。

从生物多样性保护角度来看，国家公园和自然保护区体系应对气候变化（Dockerty et al. 2003）、周边土地利用变化与人类活动引起的压力的能力，是显而易见的关注焦点。考虑到气候变化引起物种交换，现有保护区系统的位置和范围可能并不适用于目标物种和生态系统的保护。然而，即使有大量国家公园也不足以有效地保护一些被认为需要优先保护的栖息地的生态特征，例如拉普兰（Lapland）的泥炭沼泽地（以永久冻结泥炭丘和丰富多样的鸟类物种为特征的复合型湿地）。几乎可以肯定的是，它们将因气候变化导致的永久冻土融化而消失（Alcamo et al.2007）。这种情况下，并不存在足够的适应性反应。相反，减缓气候变化才是有效的策略（UNWTO et al.2008；UNEP et al.2008）。

五、个体的环境影响

虽然所有环境变化的所有方面最终都将影响个体，但一些变化对个体却有着更为直接的影响。其中，在旅游与环境变化方面最明显的影响便是疾病的传播。

疾病的传播

人类健康与疾病的机制是人类生物学、流动性、社会环境与自然环境相互作用的产物。然而，这些机制因新的疾病爆发与传播而不断变化。随着全球人口流动性的增加，因为人类接触迄今为止尚未接触的病原体的可能性增加，疾病传播的速度也随之增加（World Health Organization 2008）。

根据麦克迈克尔（McMichael 2001：115）的研究，无论是在动物还是人类身上，传染病的传播方式似乎发生了一些"不同寻常"的变化。这种现象被形容为"在传染病出现与重现时代下的新公共卫生病理学"（Fidler

1999：17）。作为传染病扩散途径的国际贸易与国际旅行在这一新的历史转变中起到非常重要的作用。摩斯（Morse 1993）称之为"病毒流通"（Viral Traffic）。自20世纪50年代以来，航空旅客里程提升了超过50个量级，1950年至2000年间，航空交通将欧洲人口人均流动率提升了10个百分点，将美国人口人均流动率提升了30个百分点（Ausubel et al.1998）。

航空旅行的增长潜在地促进了疾病传播，原因有二：第一，旅行速度的提升意味着在症状显著前，人们就已经可以到处旅行并穿梭在各大机场；第二，现代飞机的规模不断提升，新型飞机可承载的乘客数量更多。布拉德利（Bradley 1989）提出一个假设情况，假定游客总人口中，一个人患有感染期内传染性疾病的概率为1/10,000。在一架载客量为200的飞机中，有1名患传染性疾病的乘客的可能性（x）为0.02（200/10,000=0.02），接触到患者的人数（y）为199（其他199名乘客）。假定均匀混合，则组合危险系数（xy）是3.98（有3.98%的概率接触到传染性疾病）。若飞机的载客量扩大至400名乘客，则对应数据为x=0.04，y=399，xy=15.95。2007年，双层空客A380飞机投入使用，载客量扩大为550至800人（800人为所有座位设置为经济舱的情况）。我们假设乘客人数为600人，则对应数据为x=0.06，y=599，xy=35.94（Hall 2005a）。换言之，客舱容量提升至3倍，危险系数提升至9倍，接触到传染性疾病的概率从4%增加到36%。

此外，飞机越大，则其越有可能在世界主要大都市与交通枢纽城市之间运行。因而，大城市人口接触到传染性疾病的可能性大大增加。飞机在疾病传播和其他物种交换方面的角色的另一个维度在于它们经由高客流量的飞行路线来实现远距离机场之间的联通（Tatem and Hay 2007）。

【案例5.8】

非典型肺炎（SARS）

呼吸道感染是人类死亡的主因之一。2002年末，西方媒体首次报道中国华南地区爆发的新型呼吸道传染疾病，即后来为大众所熟悉的非典型肺炎（以下简称：SARS）。

SARS 病毒迅速传播至全球的过程是值得关注的。它对当地经济、人口流动和健康造成了重大后果。拉普托泊鲁－吉基（Raptopoulou-Gigi 2003：81）评论道："引发 SARS 的冠状病毒在全球范围内快速传播，并且至 2003 年 5 月 25 日已有 28 国报告了感染病例的事实表明，通过航空交通或高人口密度的城市区域（特别在亚洲）的当代社会的流动性对传染性疾病的演变与传播有促进作用。"

SARS 被认为严重威胁人类健康的原因如下：
- 当时这一疾病没有疫苗或治疗方案；
- 这一病毒来自高频率突变的病毒科，导致难以研发有效的疫苗；
- 当时可得的诊断性测试存在重大局限性；
- 医务工作者对这一疾病的流行病学与发病机制知之甚少；
- 这一疾病对医务人员的潜在影响引发了严重的医疗人力资源问题；
- 大部分患者需要重症监护；
- 10 天的病毒潜伏期使得病毒在全球任意两个城市间通过航空交通传播而不被察觉。

通过一套在国际边境检查中使用的严格的"老式的公共卫生措施"（Bell and Lewis 2005：2）以及健康隔离与检疫程序（详见上文有关生物安全性的讨论），SARS 的传播得以抑制。因为贸易与旅游客流受影响且需要相关的资本投入，防止疾病传播是需要耗费很高的经济成本的。2003 年 4 月，SARS 的主要疫区——首先是中国（特别是香港和广东）——颁布了旅行禁令。随后，亚洲其他城市和加拿大（多伦多）也下达了禁令。据估计，2003 年 4 月飞往东南亚的航班大约有一半被取消；SARS 危机期间，东南亚的入境游客数量减少了 2/3，同时严重影响了与旅游相关的产业，包括酒店、餐厅、零售业，甚至是航运业（Bell and Lewis 2005）。

在"非典"期间，香港的旅游业骤缩 10% 到 50%，并产生区域经济的连锁反应；其中，零售业销售额减少了 50%。在"非典"期间，整个东亚和东南亚的旅游业都受到了影响，不仅是因为地区内的旅游和商业往来受影响，而且也因为客源市场不能准确地判断哪些目的地是旅游危险地区。在疾病传播的高峰时期，中国台湾地区接待的游客数量和旅游业收入都减少了 80%，新加坡的情况也基本相同（Bell and Lewis 2005）。然而，李和麦基宾（Lee and Mckibbin 2004）在分析中强调，在测算 SARS 对整个经济体系造成的影响时，仅计算取消的旅程和零售额的下降是不够的（看不到 SARS 对经济影响的全貌），因为它的经济影响涉及国内及国际贸易、跨经济部门和跨经济体的资金联系。据贝尔和李维斯（Bell and Lewis 2005）的测算，SARS 造成东亚地区近 150 亿美元（或 0.5% 的 GDP）的损失，而"低迷的商业信心引发了可以说更为严重的影响，但这种影响不容易测量"（2005：21）。然而，这个估计依旧只是针对短期和直接的影响。因为受当代贸易模式影响，像 SARS 这样的疾病所产生的经济损失并不仅限于传染病肆虐的国家的直接受影响的经济部门。随着全球一体化进程的推进，像 SARS 这样的传染性疾病让人类及经济付出的代价将大大提高；其中，还要包括由发病率与死亡率所导致的被忽略的收入与经济活动损失。

来源：Hall 2006c。

六、总结和结论

这一章探讨了旅游与环境变化的几个主要方面。其中一个重要的观察所得是，与环境变化相关的几个主要因素密切相关。旅游不仅对自然环境造成显著的影响，在某些情况下，恰恰相反的是，旅游还是环境保护的重要推动力量，尤其是通过创设国家公园。在欠发达国家，旅游成为在不破坏当地生物多样性的前提下发展经济的最主要的替代方式之一。此外，在环境中的旅游体验为创造积极的环境价值发挥了重要作用。格斯林（Gössling 2002）认为，这也是旅游与全球环境变化相互关联的维度之一。这也可能是最重要的影响，因为人们逐渐意识到全球环境变化（尤其是气候变化）影响着本地层面的个体；与此同时，个体行为（例如旅游目的地选择和交通方式选择）对全球环境变化也有影响。

旅游在资源开发与环境管理及保护中的矛盾性双重角色以及环境变化因素之间的相互关联清晰地表明，管控旅游影响需要一种综合的方法——这也是接下来两章的主题。然而，由于旅游已经深深地嵌入人类的行为和行动中，随着环境变化的规模及速度显著提升，这种综合的管控将变得越来越难。确实，我们可以说，以环境保护为目的将一个区域划定为国家公园的传统方法已经不够了。相反，是时候认识到，若想要最大化旅游对环境的益处，我们必须下定决心改变旅游本身的产业文化。

七、复习题

1. 如何界定环境中的自然性？
2. 生物多样性在哪些层面上被界定？
3. 旅游通过哪些方式促进生物多样性的保护或损失？
4. 地方尺度上的环境变化如何引发全球环境变化？
5. 旅行与旅游在害虫及传染性疾病的传播过程中起什么作用？
6. 旅游如何为某地重新引进曾遭猎杀至灭绝的物种提供经济上的正当理由？从你所在国家关于物种重新引进或某个特定物种重新引进（例如狼群的重新引进）的争论入手来调查这个问题。

八、延伸阅读推荐

UNEP, UNWTO and WMO (2008). *Climate Change Adaptation and Mitigation in the Tourism Sector: Frameworks, Tools and Practice* (M. Simpson, S. Gössling, D. Scott, C.M. Hall and E. Gladin), Paris: UNEP, University of Oxford, UNWTO, WMO.
主要在发展中国家情境下详细地讨论了与调适和缓解相关的一系列问题。这一资料可以在联合国环境规划署网站找到。

Agrawala, S. (2007) *Climate Change in the European Alps: Adapting Winter Tourism and Natural Hazard Management*, Paris: OECD.
就气候变化对欧洲阿尔卑斯山脉的威胁进行了宽泛的评估。

Frost, W. and Hall, C.M. (eds) (2009) *Tourism and National Parks*, London: Routledge.

这一本编著的书为旅游与国家公园在历史上和当代的关系提供了介绍，并提供了不同国家和环境中的一系列有关这一关系的案例。

Gössling, S. and Hall, C.M. (eds.) (2006) *Tourism and Global Environmental Change. Ecological, Social, Economic and Political Interrelationships*, London: Routledge.

为一系列不同类型的环境变化以及在特定类型环境中（旅游对环境变化）的影响提供了一个概览。

Newsome, D., Moore, S.A. and Dowling, R.K. (2002) *Natural Area Tourism: Ecology, Impacts and Management*, Clevedon: Channelview Publications.

为自然区域中旅游对环境的某些影响提供了绝佳的概览。

Runte, A. (1997) *National Parks: The American Experience*, 3rd edn, Lincoln: University of Nebraska Press.

为美国国家公园历史上保护与利用之间的压力与紧张态势提供了一个绝佳的介绍。

UNWTO and UNEP (2008) *Climate Change and Tourism – Responding to Global Challenges*, Madrid: UNWTO.

这一出版物既包括世界旅游组织对旅游和气候变化的声明，也包括一份技术报告。这一资料可以在联合国环境规划署和世界旅游组织网站找到。

World Health Organization (2008) *International Travel and Health*, Geneva: WHO.

提供了有关疾病的潜在传播机制和国际旅行的健康风险的信息。这一资料可以在世界卫生组织网站找到。

九、网络资源

生物多样性热点（国际性保护）：http://www.biodiversityhotspots.org/

保护国际基金会：http://www.conservation.org/

国际先驱论坛报，关于保护世界遗产吴哥窟遗址的趣文（《微生物吃掉了一段历史》，2008年6月4日）：http://www.iht.com/articles/2008/06/24/

healthscience/24micr.php

新千年生态系统评估报告：http://www.millenniumassessment.org/en/index.xspx

美国环境保护局环境资料库：http://epa.gov/OCEPAterms/

联合国环境规划署：http://www.unep.org/

世界卫生组织：http://www.who.int/

世界资源研究所：http://www.wri.org/

十、关键概念与定义

生物多样性热点地区：全球范围内本地物种的生物多样性高且显著地受到人类活动影响的需紧急保护的优先区域。植物多样性是指定生物多样性热点地区的生物学指标。

生物安全：一个国家、地区或地方的经济、环境和人类健康免受有害生物威胁的受保护状态；涉及防止新的有害生物的引进，根除或控制已经出现的有害生物的状态。

文化环境：诸如耕地等人工生态系统，包括人工林、城市环境；已经由人类自行决定的植被，伴随着原有物种栖息地的消失。

环境：影响个体生活与发展的所有自然和非自然的外界条件的总和。

环境变化：在这一情境下，环境变化是指自然环境的变化，并非社会文化环境的变化。

全球环境变化：全球在这里有两层含义：（1）系统的空间尺度与运作（例如气候与海洋）；（2）当环境变化在世界范围内发生，或占总的环境现象或全球资源的很大一部分。

自然环境：未受人类或被驯化动物干扰的环境。

自然性：没有定居人类对干扰环境的状态。

偏远程度：与定居人类及其干扰的距离。

半自然环境：主要的植被已经被改变，但没有人为的物种构成的变化。这些变化是自发的（例如过度放牧地区）。

亚自然环境：较自然环境有些变化，但植被结构与自然环境基本一致（森林仍保存为森林）。

旅游城市化：由旅游发展引起的城市化。既包括直接为游客服务的度假基础设施，也包括旅游就业人口所需的基础设施与住房。

第六章 旅游影响的规划与管理

> 【学习目标】
>
> 学习本章后,学生将:
> ● 识别国际组织的角色以及它们在全球或超国家层面上影响旅游开发和旅游效应的能力。
> ● 理解国家、区域和地方或社区政府在影响旅游开发和旅游效应方面的行政管理差异。
> ● 识别社区和企业可以用于规划和管理旅游开发和旅游影响的技术。
> ● 识别在旅游和社区发展中政府、企业、公众利益和机构、非营利/非政府利益和机构的不同角色。
> ● 意识到旅游政策和规划工作的政治属性以及促成政治行为所需的联络和组织工作的重要性。

一、引言

正如我们所讨论过的,旅游的社会、文化、经济和环境影响好坏参半。在一些案例中,积极影响(例如为失业的人提供工作或为濒危的文化场址和自然环境地提供保护)是显而易见的。同样,消极影响(例如因过度使用而造成的水土流失,以及国际豪华度假区毗邻的肆意蔓延的贫穷现象)在一些目的地也很容易看到。但正如第一、二章所讨论的,大部分的旅游影响评估需要一定的价值判断。这些价值判断常被不同的利益团体所争辩。被一个群体或个人看作积极的旅游影响,在其他群体或个人眼中可能就被

第六章 旅游影响的规划与管理

认为是消极影响。尽管存在这一挑战，但对缓解问题并将旅游开发推向更高的品质而言，影响评估是必需的。品质也是一个有争议的概念。但是，我们可以希望它意味着能更好地满足东道主、游客和环境的需求的旅游形式。

这一章聚焦于旅游规划和管理。它包括旅游开发和对旅游的限制。前者的目标是使小规模的或者正在衰落的旅游行业有所改观，或开发新的目的地；后者的目的是当旅游行业的影响太大以至于与目前的情境不相容时，对其进行影响调控。这里讨论的进路和方法不会被分成社会、文化、经济和环境等不同的角度，特例除外。这是因为真实的世界是多维的，每个方面的影响都相互重叠。正因如此，旅游规划和管理都应该尽可能地坚持整体性、多学科交叉性和广泛性。即使在国家、区域和地方政府机构所出台的经济、土地利用和自然资源管理规划中，旅游时常被认为是一个很重要的（和正在成长的）经济部门，旅游的复杂性使得由政府机构制定的旅游管理规划并不常见。在个体企业层面上，旅游规划传统上被狭窄地定义为场地开发和营销工作。但在本书中，旅游业的增长和变化以及消费者对旅游影响的关注正在推动着私营旅游企业考虑它们身处其中的更为广泛的社会环境和自然环境。

旅游影响的管理和规划最终都会被归到"公共政策"的范畴。公共政策是"政府选择做或者不做的任何事项"（Dye 1992：2）。在这一进路的基础上，霍尔和亨金斯（Hall and Jenkins 1995）将旅游公共政策定义为"政府选择去做或者不做的任何关于旅游的事项。"这一定义涵盖了政府的作为、不作为、决策和非决策，因为它隐含了在诸多备选方案中深思熟虑地选择一项。一个政策要被看作公共政策，它至少必须经过公共机构的处理，哪怕只是被批准。最后一点很重要，因为它表明，政策的形成可以发生在政府之外。同时，它也强调了政治在旅游影响的管理中的角色。各种团体以不同的有效方式来理解和影响旅游政策。其中，包括特殊利益团体（例如旅游行业协会、企业团体、商会、保护组织、社区团体）、政治领袖和有政治影响力的个体（例如国会议员和商业领袖）、政府机构成员（例如旅游公共机构和区域开发机构中的雇员）和其他群体（例如学者、研究人员和私人顾问）(Hall and Jenkins 1995)。

理想情况下，理解旅游影响的各种进路的整合会发生在特定的公共部门组织中，因为这些部门组织通常负责旅游影响的管理和规划。然而，这也是一件极度困难的事情，尤其当公共机构有关旅游的治理权（相比其他的主要人物）很有限时——公共机构主要致力于资源管理或经济发展。因为旅游影响到许多不同的政府部门，并会涉及很多不同机构的利益和活动，人们越来越渴望针对旅游建立一种"全政府通力合作"的方式。某种程度上，这意味着不同的政府部门和相关的非政府利益相关者（受这一议题影响的利益相关者）需要更多的协调。有不同的方法来描述这种方式，例如协作型政府（joined-up government）、关联型政府（connected government）、协调型政府（coordinated government）、政策一致性（policy coherence）、网络型政府（networked government）、横向管理和通力合作型政府。"全政府通力合作"模式最为显著的特征是它强调目标的跨组织边界共享，与在单一组织内独立工作相对照。因此，它包括了多种跨越组织边界的政策、项目和服务的设计和传送。从而，它要么是"由上至下"决策的结果，要么是当地和社区主动倡议（"由下及上"）的结果。在澳大利亚，通力合作型政府被定义为"为实现一个共享目标而跨越部门边界、对特定议题作出整合性政府回应的公共服务机构"。全政府通力合作方式可以是正式的，也可以是非正式的，可以聚焦于政策发展、项目管理和服务提供（Management Advisory Committee 2004：1）。

"全政府通力合作"方式被认为很有潜力来应对人们所描述的"棘手问题"（下文将进一步讨论）。"棘手问题"是指含糊的规划和设计问题（Horst and Webber 1973），有时也会被描述为"麻烦的"问题（Hall 2008c）。通常情况下，环境问题，尤其是气候变化问题，是棘手问题的一个很好的例子。图6.1粗略概括了与全球环境变化的维度相关的旅游发展议题和相关政策制定过程的空间尺度（从地方到全球）和预见性时间表（从每天到十年）（关于气候变化的版本，亦可参见图2.8）。例如，旅游影响是日常的现象，但全球环境变化（包括气候改变）则是在数十年间和数个世纪间发生的。目的地规划者、个体旅游运营商和游客需要知晓一次旅程所关联的具体影响和旅程的累积影响，并对此采取行动（例如减少他们所产生的温室气体排放量）。然而，旅程所导致的全球环境变化只能通过国家和全球尺度上的研究、政策、创新和干预来严肃地加以应对。正如本章所讨论到的，图 6.1 也识别出不同层级的行政机构和组织机构的影响力的限度。

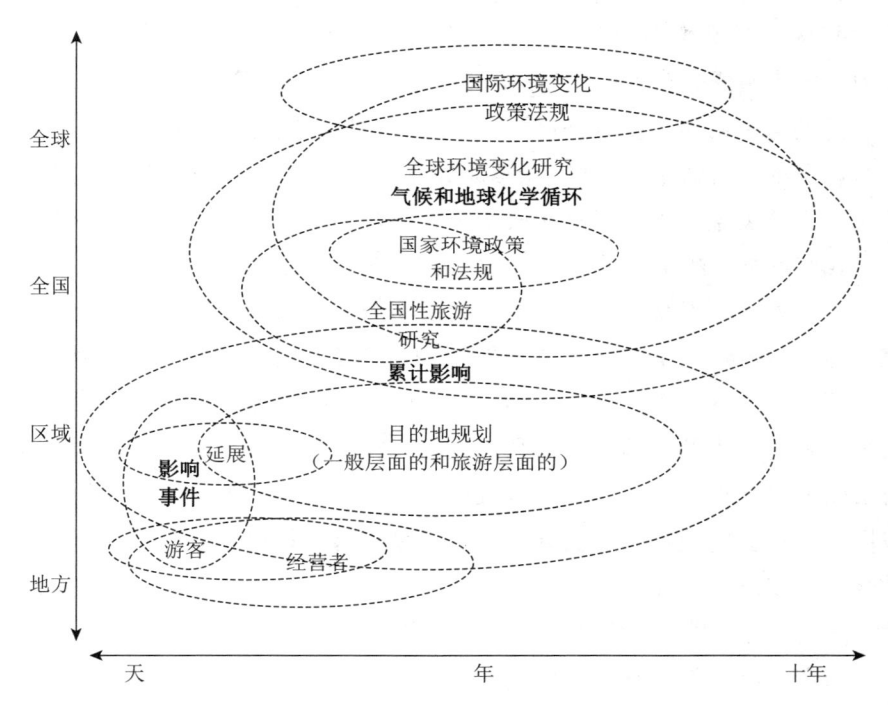

图 6.1　基于管理和规划目的的旅游影响的尺度和时间轴维度

与旅游相关的环境变化维度要求在不同的时间尺度上运作且有着不同的管辖权、职责和价值体系的组织通力合作以便对影响进行管理（Hall 2008c）。由于许多旅游政策议题是国际范围的，并且大量的政策领域和规划领域并不像过去那样仅由基于领土划分的当局所把持，"而是由从当地到区域再到多边再迂回的信息流、权力和资源所形成的网络所把持"（Morales-Moreno 2004：108）。

棘手问题的存在和对"全政府通力合作"模式的渴求结合在一起，促进了"治理"概念的发展。库伊曼（Kooiman 1993：258）将治理定义为：

"在社会政治体系中涌现的、作为所有相关行动者互动介入的'共同'结果或后果的模式或结构。这一模式不能减少至单个行动者或是一群特定的行动者"。人们可以通过诸如"掌舵"和"指引"等术语对此进行更好的理解。莫拉莱斯－莫雷诺（Morales-Moreno 2004：108-109）也关注到这一议题并认为："我们可以将'治理'定义为'掌舵''塑造'和'管理'的能力，但将跨国流动和跨国关系的影响引领到特定的议题领域。"正如本章所表明的，很明显，旅游是这样一个政策领域，它的主要特征是：大量的人员和资本的跨国流动、与之相关联的影响，以及一系列新的经济、政治、社会—文化关系。为了理解在旅游影响的管理中所涌现出的议题，重要的是，我们需要审视在不同尺度上，旅游影响是如何被管理的。

这一章首先审视在全球尺度（全世界的）和超国家尺度（高于单个国家层面）上的旅行和旅游。与旅游相关的政府组织、非政府/非盈利组织和商业组织出现在这个尺度上。不过，它们影响国家和地方层面政策的行政权力是相对有限的，因为立法和执法的主权权威存在于国家层面和地方政府层面（地方或社区）。组织需要在这些法律下运行，它们的商业战略需要以国家和地方的政策导向为导向，即便是跨国公司也是如此。但是，与旅游相关的议题（例如环境和贸易）的多边国际协议和法律的数量正在增长并且的确能够对单个国家的行动产生影响。

本章的第二部分有关当地社区和场所尺度旅游影响的管理和规划。这亦是本章的关注焦点。因为，正是在这个尺度上，旅游吸引物和旅游商业活动与游客和东道主产生直接互动；正是在这个尺度上，我们能够直接观察、体验和缓解旅游影响。为强调这一尺度的重要性，我们首先回顾关于地方规划的不同模型和方法。我们从关注自然保护地开始，然后关注社区和弱势族群。接下来，就是实施工具的汇总，它们可以被分为关注旅游供给（吸引物和目的地）的工具和关注旅游需求（游客）的工具。

二、全球和超国家的管理

尽管旅行和旅游的运营、营销和影响的很大部分是国际性的甚至是全

第六章 旅游影响的规划与管理

球性的,但是鲜有与旅游活动的管理直接相关的国际协议或规章制度。国际法律"可以被划分为软性的政策规则和宣言,以及硬性的条约要求。"(Hall 2008a,c)

由联合国世界环境与发展委员会(WCED)在1987年发布的《布伦特兰报告》是极具影响力的软性政策宣言的一个例子(第二章也有提到)。报告定义了"可持续发展"的概念,并宣称它是国际社会的发展目标。尽管旅游在报告中几乎没有被提及,但是旅游产业、政府和学术领袖都将"可持续旅游"作为管理旅游发展影响的一个主要的指导原则(本章后续讨论到国家和地方旅游管理实践时,我们将会回到可持续发展的话题)。

世界旅游组织(UNWTO)是在旅行和旅游方面代表政府利益的主要机构。2003年,它成为联合国的专门机构。世界旅游组织建立了很多软性的规制机制,以在全球层面上形塑旅游发展。尽管它在编制旅游规划、鼓励旅游服务的自由贸易以及促进旅游可持续发展方面越来越积极,但它的主要职责是建立收集游客抵离和支出信息的国际标准(第一章对此所涉及的)。大部分国家是世界旅游组织的成员国;同时,也有来自私营部门的代表、教育机构、地方旅游协会和政府部门。这部分组织通过支付会费的形式加入世界旅游组织,成为附属会员。另外,世界旅游组织也会识别旅游业面临的主要趋势和议题,并为成员国提供咨询服务。世界旅游组织没有哪条规则具备硬性的法律权威;相反,它们只是成员国制定政策时应采取的建议。

其他几个区域性组织发挥着与世界旅游组织相似的功能。最为突出的是经济合作与发展组织(OECD)和亚太旅游协会(Pacific Asia Tourism Association)。尽管经济合作与发展组织在经济议题上有更加广泛的授权,但它的确也会收集和评估欧洲、北美、日本、澳大利亚和新西兰的旅游数据;同时,也会提议将旅游业作为一种发展工具。亚太旅游协会的会员集中于环太平洋国家,也包括南亚国家和东南亚国家。它的会员包括政府会员和私营企业会员。上述两个组织都会为他们的会员国和会员组织收集、分析与旅游相关的数据,以及解决在旅游发展中的区域性问题。

此外,全球范围内的大多数多边区域性团体都有旅游部门或者工作小组，专门解决流动、贸易、航空或其他交通运输方式、区域旅游营销的问题。这些组织包括欧盟、阿拉伯联盟、南非国家联盟、东南亚国家联盟（东盟）、拉丁美洲议会和美洲国家组织。虽然其他组织会采取更严格的制度，但是欧盟的申根协议（免除联盟成员国之间的边防检查）无疑是这些区域性组织中最具综合性的旅行协议。表6.1提供了允许游客在国家之间活动的多边框架协议的案例。

为代表与旅行和旅游相关的不同的商业利益，各种各样的私人部门行业组织得以建立。其中，最有影响力的两个组织是世界旅游及旅行理事会（WTTC）和国际航空运输协会（IATA）。世界旅游及旅行理事会规定，它的会员是由全球旅行和旅游行业前100左右的领袖性公司的CEO组成。这些公司包括旅行社、全球酒店连锁企业和许多国际航空。作为一个同业组织，世界旅游及旅行理事会需要识别成员的重大关注点并游说政府采纳能够认可旅行和旅游的经济意义的规章制度，还通常鼓励放松管制、自由的国外投资和所有权制度。世界旅游及旅行理事会还尝试在诸多议题（例如跨境流程、环保和可持续发展政策与评估）上建立统一的行业地位。

国际航空运输协会负责指定被广泛采纳的三个字母的机场代码和两个字母的航空代码，以及认证全球范围内的旅行代理资格［美国除外；其认证交由"航空公司报告公司"（Airlines Reporting Corporation）负责］。在过去，国际航空运输协会在国际机票的标准化方面的确是贡献颇多的。但是，20世纪80年代早期，航空管制的放松和廉价航空公司（很多都不是国际航空运输协会成员）的增加导致国际航空运输协会的这一作用基本结束。除了代表客运航空公司的利益外，国际航空运输协会也代表了货运航空公司的利益。就像世界旅游及旅行理事会一样，国际航空运输协会同样会为会员的利益制定政策和游说政府。

上述三个组织（UNWTO、WTTC和IATA）主要是为支持会员利益而存在。但这并不意味着他们不会对致力于解决旅行和旅游的影响的全球议题和努力作出回应。其中，一个主要议题就是鼓励政府减少对国际旅行的限制，包括去某些国家旅行的公然禁令（例如美国对前往古巴旅行的限制）、限定游客在某国逗留时间的签证限制、繁复的护照和签证要求、飞机过境某些国家的空域限制。

表 6.1 多边框架协议的案例

多边组织	成员	移动	常用签证
中美洲四国（CA-4）	萨尔瓦多、危地马拉、尼加拉瓜、洪都拉斯	四国公民在四国之间任意一国旅行不需要护照；只需要居民身份证。	中美洲一次有效签证。
东非共同体	肯尼亚、坦桑尼亚、乌干达	共同体内每个国家的公民可被签发一张东非护照用于旅行。共同体内，使用本国护照的公民不需要签证。	东非一次有效旅游签证。
西非国家经济共同体（ECOWAS）	贝宁、布基纳法索、佛得角、冈比亚、加纳、几内亚、几内亚比绍、科特迪瓦、马里、尼日利亚、塞拉利昂、塞内加尔、多哥、尼日尔	共同体成员的公民只需要身份证即可在共同体国家内旅行，不需要护照。	无。
欧盟—欧洲经济区的申根协议	大部分欧盟国家、冰岛、挪威和瑞士；爱尔兰和英国只参与跨境政策合作措施	1985年欧盟各国签署的申根协议允许废除参与成员国之间的系统化的边境管制；包括人员临时进入（包括签证）的共同政策的制定、外部边境控制和跨境警务合作的协调。	申根签证——想以游客身份访问欧洲的非欧盟和非欧洲经济区国家的公民可以获得一张常见的申根签证。
北欧护照联盟	丹麦、法罗群岛、芬兰、冰岛、挪威、瑞典	任何一个公民都可以持身份证在成员国之间旅行，不需要检查护照。其他公民也可以免除检查护照的程序在上述北欧国家之间旅行，但仍需要携带护照或其他有效的旅行证件。	有，包含在申根签证的框架内（除法罗群岛外）。
南部非洲发展共同体（SADC）（期待在2008年引入）	安哥拉、博茨瓦纳、刚果民主共和国、莱索托、马达加斯加、马拉维、毛里求斯、莫桑比克、纳米比亚、南非、斯威士兰、坦桑尼亚、赞比亚、津巴布韦	旅游发展协议的目标之一是促进国际游客和区域游客在成员国之间旅行。	南部非洲发展共同体签证——起初只是打算针对主要客源市场。在南非2010年FIFA世界杯之前，也很可能可以适用于长途旅游市场。

来源：Hall 2008a：43。

照片6.1 东南亚金三角边境地区。它展示了国家之间如何以旅游之名进行合作。这张照片摄于泰国，缅甸在湄公河的左边，老挝在右边。特殊的签证制度允许游客访问所有三个国家的边境区域。缅甸那边有一个建筑物是赌场。在那里，游客需要确认他们有一定额度的金钱用于赌博。老挝允许来自泰国的游客登上该国的一个岛屿而不需要任何的签证手续，岛上到处是旅游商店。泰国那边拥有大型的旅游项目，老挝那边也正在建设大规模项目。（Alan A.Lew 摄）

在20世纪80年代和90年代全球性的管制放松期间，在上述领域取得了诸多可观的进展。这也促进了国际旅行和旅游的巨大增长且持续至今，尽管偶尔有一些反弹。世界旅游组织和世界旅游及旅行理事会在旅游卫星账户（TSA）系统（详见第三章）的研发上贡献良多。设计旅游卫星账户是为了显示旅行和旅游经济的真实规模。如今，世界旅游及旅行理事会是全球旅游卫星账户数据的主要提供方。它宣称，旅行和旅游行业占全球GDP的9.9%和全球就业的8.4%（WTTC 2008c的预测）。

实际上，放松管制以及旅行和旅游行业的扩张并没有真正解决旅游影响的问题。相反，促发作用还更大。在20世纪90年代，这些组织回应了对可持续发展与日俱增的兴趣。其中，世界旅游及旅行理事会在1994年启动"绿色全球"环境认证计划（现已成为一个独立的实体项目），世界旅游组织则在1999年发布了《全球旅游伦理规范》。十条伦理规范如下（UNWTO 1999）：

1. 旅游：对促进人民和社会之间相互了解与尊重的贡献。
2. 旅游：个人与集体满足的工具。
3. 旅游：可持续发展的因素。
4. 旅游：人类文化遗产的利用者及改善这些遗产的贡献者。
5. 旅游：一项对东道国家和社区有益的活动。
6. 旅游发展中利益相关者的义务。
7. 旅游的权利（作为休闲和游憩的一种形式）。
8. 旅游者移动的权利（旅行）。
9. 旅游业从业人员和企业家的权利。
10.《全球旅游伦理规范》原则的实施。

尽管世界旅游组织界定了《全球旅游伦理规范》的实施和实现策略，但实际上，它们不能够强迫任何一个成员国必须采纳。采纳和强制执行只会发生在国家、当地和企业层面上（可见案例6.1），而且需要根据不同的情境来"量身定做"。

最近，三个国际组织（UNWTO、WTTC和IATA）都在努力应对全球气候变化的挑战。例如国际航空运输协会在2008年采取了一项旨在解决航空碳排放问题的策略（亦可参见第五章、第六章）。它们建议的方法包括（IATA 2008b）：

● 技术——加快清洁燃料和可替代燃料、先进交通控制技术、新的机身和引擎设计的研发；

● 运营——通过监管和培训项目使飞机运营更有效率和更加节约；

● 基础设施——提高机场和空域的利用效率，增强空域可进入性的灵活性，统一航空交通控制系统；

● 经济——采用税收抵免政策鼓励新技术的研发，鼓励使用有效的、自发的全球碳交易系统，为乘客打造碳补偿项目。

三个国际组织（UNWTO、WTTC和IATA）都没有权利强迫国家政府和企业去履行这些原则。相反，他们依赖说服和外交手段。即使威胁开除会员资格也不一定能获得合意的效果。这也是为什么这些组织的目标总是倾向于常规化和理想化的部分原因。这些组织能做的就是支持相关研究和教育它们的成员、政府以及旅行大众。这通常包括说服立法者和议员相信它们的产业（旅行和旅游业）拥有有效的自我管制机制，并不需要正式的法规管制。因此，国际航空运输协会强烈鼓励它的成员朝"绿色未来"的目标自愿地采取行动。如果这些组织的成员的自我监管被认为不太有效，那么，政府管制可能是必要的。但长期来看，自我管制的有效性还是具备争议性的（Williams and Montanari 1999；Ceron and Dubois 2003；Wiley et al.2008）。

【案例6.1】

生态旅游影响的管理

旅游是一种吸引企业家参与其中的经济活动。这些企业家经常享受旅游本身带来的好处，例如认识新的朋友，欣赏和体验新的地方。因此，并不奇怪的是，许多旅游商业利益集团与游客、东道主和更广意义上的社会对旅游发展的潜在消极影响有着同样的忧虑。一些旅游企业家前瞻性地尝试通过他们的商业实践来解决这些问题，生态旅游公司就是其中的范例。

尽管自然区域内的文化也是一个重要元素，生态旅游有时被认为是集中于自然区域的可持续旅游的一支。刘德龄（Lew 1998a）调查了曾组织亚太地区生态之旅的四十家北美旅行社。研究集中于了解异于大众旅游形式的生态旅游的管理政策。他的研究发现：虽然没有哪家公司采取过以往研究者们曾经讨论的所有潜在的生态旅游政策（Fennell 2001），但许多政策的确被采纳了。其中，最广泛采纳的政策是：

使用造访地当地的导游	77.5%
为当地导游设立教育项目	65.0%
在游客到达前提供信息包	60.0%
旅游收益中，给当地承接方一定比例	47.5%
参加当地的清理工作	42.5%
"将垃圾打包带出来"的要求	37.5%

第六章 旅游影响的规划与管理

支持可持续发展的其他活动　　　　　　　　40.0%

2/3 的公司在各自的生态旅游项目中都有专属的当地导游。被列为支持可持续发展的某些"其他活动"包括：为当地慈善机构和诊所捐钱、资助环保项目；提供成人教育课堂教学、支持图书馆运营；提供医疗服务；植树；使用所有可回收利用的材料。超过 90% 的旅游参与者都愿意为当地事业进行捐赠。这些公司预计，他们的生态之旅会比非生态之旅平均多花费 11.1%。

照片 6.2　波令温泉景区（**Poring Hot Springs**）的树上吊桥（林冠漫步），位于马来西亚沙巴州的基纳巴卢山公园（**Mt Kinabalu Park**）。基纳巴卢山（海拔 **4,095** 米；**13,435** 英尺）是东南亚的最高峰。树上吊桥是热带雨林很受欢迎的旅游吸引物，在一些温带雨林中也可见到。它们被认为是生态旅游的一种形式，因为它为游客提供了一种体验式教育，让他们了解到树冠上方的重要性，同时保护地表动植物免受人类闯入的伤害。但对于很多游客而言，这是一次惊悚的体验，而远非一次教育之行。（**Alan A.Lew** 摄）

大多数的公司都曾以某种方式来应对游客行为。尽管这些方法一般会随目的地敏感程度的不同而变化，但是主要的反应包括：

我们在旅途中严格采取谨慎的行为	42.9%
我们解释哪些行为是合适的，但交由个体去执行	33.3%
我们只在最敏感的地方才解释哪些行为是合适的	11.9%
我们几乎不指导游客应该如何行事	11.9%

旅行团规模的变动范围较大，对一个目的地而言，可从一个人到超过一百人。尽管如此，总体来看，团队平均规模是 11.4 人，并且总的政策是将生态旅游团的规模限制在最多为 15 人。这也许是生态旅游不同于大众旅游最显著的一点。生态旅游团被限制在这一规模的诸多原因包括：在生态环境脆弱区域中减少或减轻对环境的破坏和对文化的影响；保护当地人的隐私；促成导游提供更好的个体服务和对旅行团的管控；促进偏远地区的旅行后勤保障。

来源：Lew 1998a。

（一）国际条约

当某些议题的重要性上升到一定程度时，就会推动具有约束力的国际协议的制定。这些协议要求相关国家采纳特定的政策和法律。这些通过条约协议来实施的国际硬性法律所覆盖的主题包括：核武器和化学武器的扩散；知识产权、著作权和专利；污染、温室气体和全球气候变化（例如京都议定书）；国际犯罪和网络犯罪（例如国际刑事法庭）；海事法律，包括近海资源和领土边界的权利（例如《海洋法》）。日内瓦公约（含关于战争的四个条约）可能是最著名的国际法。

诸如此类的许多议题都由联合国的各个机构以及国际劳工组织、世界卫生组织、世界知识产权组织、国际电信联盟、联合国教科文组织、世界贸易组织和国际货币基金组织所建立的国际行为准则来处理。联合国能够对成员国施加国际经济制裁的压力使得条约和协议能够实行。

例如国际劳工组织是联合国的主要机构之一。它倡导保护土著和部落的人权，在 1957 年通过了《土著和部落人口公约》（第 107 号公约）。这是承认土著民族权利的第一部国际法律文书（Anderson 1996）。联合国 1992

第六章　旅游影响的规划与管理

年颁布的《里约环境与发展宣言》（因"里约地球峰会"而被熟知）是概述了可持续旅游原则的重要文件；其中，也重点强调了第 107 号公约中提到的权利。尽管传统社区和土著社区中的旅游开发经常引发对人权议题的关注，但经济要务常占据主导地位。

因此，不足为奇的是，最能影响旅行和旅游的条约可能是侧重于经济的《关税及贸易总协定》（简称《关贸总协定》）。《关贸总协定》由世界贸易组织监督实施，其进程始于第二次世界大战后，目标是规制和自由化国际贸易。《关贸总协定》制定规则来降低关税（政府强加于进口商品的税收），并建立政策来治理涉及知识产权、服务、资本和农业的国际贸易。各种纠纷争执会被提交至世界贸易组织。它有权对违反条约规定的国家采取经济制裁。

《关贸总协定》尤其是《服务贸易总协定》（GATS）（详见第一章）的贸易自由化政策，是为鼓励国际贸易而设计的。它们要求成员国允许外资企业在当地拥有直接的所有权（例如酒店和旅行社），并要求它们废除阻碍这一行为的障碍，例如某些签证限制（详见案例 6.2）。因此，《关贸总协定》通过将旅游提升为成员国的一种经济活动来对其施加影响。但是，它没有任何权力来控制或限制旅游的社会和环境影响，尽管这些议题越来越成为《服务贸易总协定》在旅游行业所受争议的一部分（Arkell 2003；Hall 2008a）。不是所有的国家都是世界贸易组织和《服务贸易总协定》的成员。此外，发达国家和发展中国家希望通过《服务贸易总协定》谋求的目标有实质的差异。发展中国家想要更渐进式的自由化策略。它们关注的是，它们国家的国际旅游目的地可能会在多大程度上受制于占主导市场地位的国际航空公司和旅行运营商（PATA 2004）。

发达国家在《服务贸易总协定》框架下对旅游行业实施自由化的目的可以通过一个例子很好地说明。2000 年 12 月，在与服务贸易委员会成员的一次交流上，美国介绍了它在如下三个子行业的自由化议程：酒店和住宿业、免税服务业、会奖业（MICE）。美国认为，世界贸易组织成员应该在市场准入和国民待遇上不设限制，虽然"包括美国在内的一些成员已经这样做了"，并且建议所有成员"考虑在旅行者和国际会议方面作出额外承诺"（WTO 2000：第五段）。与美国的立场不同，发展中国家有不同的议程，它们会更关注劳工流动性等议题、担心国外运营商的市场主导问题。所有这些议题都可参考哥伦比亚对世界贸易组织的提案来加以阐明（2001b：第4—10段）：

● 在境外消费和商业存在供给模式下，应采取全面承诺；这会促进双向旅游。

● 为获得旅游相关活动的市场准入所需进行的经济需求测试的这些限制应该取消。

● 考虑到这些服务的供给依赖于人员的跨境流动，成员国应该力图保证它们的移民局能够促成这样的流动。

● 为方便在这个行业提供服务的自然人的临时进入，在自然人供应模式出现的情况下，市场准入条件应得以改善。

● 主管部门应该在教育平等性的基础上使用各种资格认证方法来考虑在其他成员国领土上获得的与旅游相关的专业资质。

● 占主导地位的运营商反竞争的行为会导致自由化服务贸易框架的失调。

● 与旅游和旅行相关的服务贸易的已有分类应该修改，以包括这一领域所特有的所有服务。

关于可持续旅游和《服务贸易总协定》，邓禄普（Dunlop 2003：10）注意到，欧盟连同美国建议，联合国世界旅游组织（UNWTO）需要在提交给《服务贸易总协定》的有关旅游的附件中考虑到可持续发展。欧盟强调了"获得高质量的环境服务的重要性，因为这是欧共体（与美国）在《服务贸易总协定》谈判中的一个关键性的进攻性谈判利益"，这将会对与欧盟有旅游贸易往来的许多国家产生重大影响（Hall 2008a）。实际上，任何一个希望与欧共体有更开放的旅游贸易关系的国家，在环境可持续旅游上都需要付出努力。这是因为欧共体成员国——在向希望与欧共体进行贸易的国家销售服务时——处于有利位置。另外，欧盟寻求利用世界旅游组织提交给《服务贸易总协定》的附件（UNWTO Annex）来消除旅游行业存在的对国外直接投资的限制。一些发展中国家担心此举可能会对它们的国内企业造成严重的损害。国家间的不同意见意味着，一些发展中国家认为没有协议比一个坏的协议更好。结果"许多发展中国家转向区域的和双边的自由贸易协议，它们相信这会使它们能够以一种更加循序渐进（免除不必要的外部压力）和更适应当地情况的方式来实现贸易和服务的自由化。"（PATA 2004：4）

【案例6.2】

国际酒店业对中国加入世界贸易组织的响应

中国在 2001 年加入世界贸易组织，是《关贸总协定》和世界贸易组织在全球旅游发展方面的重大影响的见证。在过去的六年中，中国被要求向国外投资者开放，并采用国际会计和监管实践以确保有更高的商业透明度。两年后，亦即 2003 年末，国外服务供应商被允许从事所有商品的零售业务；又一年后，外企拥有进口和出口大部分商品的权利；2006 年末，外企被允许在国内分销几乎所有商品。按照这一时间进度，2007 年，主要的国际酒店和旅行代理商首次能以独资企业的身份进入中国市场，而不是作为中国国内公司的合资伙伴。

国际旅游对中国景观最重要的影响是酒店的建设。中国改革开放以来，合资酒店成为"二战"后第一批点缀中国城市景观的建筑。中国政府的实体机构拥有大部分酒店的所有权，但它们主要由国际酒店集团建造和租赁经营。这样做的目的是将现代建筑技术、管理技能和劳动技能转移到落后的中国经济中。

在 2001 年加入世界贸易组织时，中国住宿业的特征是：主要城市拥有少量大型、高档的国际连锁酒店和大量的小型、陈旧和价格较低的国营酒店。大多数国营酒店都亟需改造并且没有任何一家与连锁酒店有附属关系或所有权关系。行业普遍认为，连锁经营酒店在经营、预订、管理和品牌发展方面比单体酒店更有效率；同时，和国际标准相比，中国的国内酒店业被认为在经济方面还不太成熟。

在 2001 年之前，锦江之星是中国国内唯一一家现代化的、中等价位的酒店连锁企业。如家酒店在 2002 年才成立。截至 2007 年，锦江之星和如家分别拥有 250 间和 171 间连锁酒店，且它们都计划，到 2010 年，酒店数量至少能够翻倍（Lew 2007a）。中等价位的住宿设施的市场定位介于低端的国营酒店和高端的国际连锁酒店之间，其需求是巨大的且是不断增长的；但对这一需求，现有酒店的数量是相对不够的。因此，中国加入世界贸易组织掀起了国际酒店连锁在中国建设中等价位酒店的热潮。喜达屋和万豪都宣布，计划在未来的五年间将在中国的酒店数量翻四倍，分别从 2007 年的 27 间和 25 间，均增长到 2012 年的超过 100 间。尽管万豪旗下大部分是高端酒店，但也有中端的万怡酒店（Courtyard by Marriott）。同样在 2007 年，雅高酒店集团也宣布，到 2010 年，它在中国的酒店将会从 50 间增加到 180 间，其中包括高端的索菲特酒店、预算型的"宜必思"和"Motel 6"连锁酒店。其他主要的国际连锁酒店运营商，包括巴斯国际连锁酒店集团（洲际酒店和假日酒店）、圣达特连锁酒店集团（华美达、速 8 酒店和戴斯酒店）和香格里拉酒店集团都在中国各地不断地拓展它们的网络，特别是沿着快速扩张但收费的串联起全国的公路网络。

来源：Lew 2007a。

（二）国际保护组织

不是所有的国际组织都将焦点放在如上所述的经济自由化以支持旅游发展上。有几个很重要的国际组织聚焦于文化和环境资源的保护，例如联合国教科文组织、联合国环境规划署、世界自然保护联盟/国际保护自然与自然资源联盟、国际古迹遗址理事会和世界遗产中心。虽然这些半官方组织的总体目标不是专门针对旅游，但它们大部分的活动都直接地影响旅游（详见第四章）。非政府和非盈利组织更可能专门为旅游议题而运作。比较突出的组织有：旅游关注组织（Tourism Concern）、世界自然基金会、普世旅游联盟（Ecumenical Coalition on Tourism）。

这些保护组织和旅游组织在各种层面（从确立全球议程和指导方针到参与当地保护项目）上运作。接下来的讨论会集中于世界遗产名录。它包含自然遗产和文化遗产。某地入选世界遗产名录会被认为是该地的重大成就，因为这不仅反映了对该资源的国际层面的赞赏，而且也是对它高水平管理质量的认可（有关入选世界遗产名录的影响，详见第四章）。

（三）自然保护区

世界自然保护联盟将自然保护地定义为"专门致力于保护和维持生态多样性、自然资源和相关文化资源，通过法律或其他有效方法进行管理的陆地和/或海域"（IUCN 1994）。被指定为保护地的地方并不能确保它能得到充分的保护，因为不同国家、不同场地的法律权威和地位是不同的，保护的级别因而也有所差异。除此之外，管理目标的差异也相当大，且关于发展和保护经常会有彼此冲突的授权。由于每个保护地要应对的环境和政治挑战具有复杂性，规划和管理工作的有效性也会有所不同。

要获得旅游发展，自然保护地的管理策略必须是支持自然资源和文化资源保护的，并且提供足够和适当的旅游和游憩机会。这是对国家公园的普遍要求（如第二章所示），但也给规划者和管理者带来了挑战，他们需要在旅游发展、资源保护和本地社区利益之间权衡。世界自然保护联盟根据它们主要的管理目标指定了保护地的六个层级（详见表5.6）。

世界自然保护联盟的保护地等级体系相当灵活地解释了世界各地的保护地很不一样的管理状况。另外，某些形式的游憩和旅行可能包含在所有类型中，除了那些处于严格的科学研究控制之下的保护地。但是，文化资源在世界自然保护联盟的指导方针中，只是被次要地提及，即使传统文化问题经常是全球范围内自然地管理中必不可少的部分，且一些国家公园体系对自然遗产和历史遗产负有相同的责任。最初的世界自然保护联盟分类中，海洋保护地也没有被考虑在列。海洋保护地面临的一个挑战是（比起大部分陆地保护地来更是如此），它们的资源会移动和延伸到行政边界和政治边界以外。

保护地管理目标的范畴之广意味着处理旅游和受保护资源之间关系的方法不止一种。对于不同的旅游和游憩细分市场，不同的资源各有吸引力

(详见案例6.3)。对于资源保护而言，将资源推广至能够欣赏和尊重它的管理目标的游客群体，显得至关重要。

照片 6.3　一艘满载游客的邮轮行驶在位于阿拉斯加的威廉王子湾附近的学院峡湾。楚加奇国家森林公园（Chugach National Forest）[①] 将这一区域界定为学院峡湾荒野自然保护区。这里的冰山都以常春藤联盟（Ivy League）的不同高校命名，并置于楚加奇国家森林公园的管理之下。在这几乎算是无人区的地域内，有丰富的野生物种，有在海岸线踱步的熊和躺在冰山浮冰上晒太阳的斑海豹（这种行为也能保护它们免受潜伏于水中的虎鲸捕食）。阿拉斯加环境保护部和阿拉斯加邮轮协会联手共同限制到访该地的邮轮数量，以使环境影响最小化和游客体验最大化。（Alan A.Lew 摄）

【案例6.3】

丹麦旅游市场细分

并非所有的游客都是一样的。他们有着不同的兴趣爱好、能力、动机和资源。类似地，并非所有的旅游吸引物都一样。游客的兴趣与目的地吸引物的不匹配会给游客及东道主带来不愉快的经历。例如，游客可能对诸

[①] 译者注："National Forest"（国家森林公园）是美国农业部下属的美国林业局（United States Forest Service）所负责管理的一类保护地（主要保护森林和林地）。但它并不属于美国国家公园体系的一部分。美国国家公园体系是美国内政部下属的美国国家公园管理局（United States National Park Service）所管理的一系列类型的国家公园。

第六章 旅游影响的规划与管理

如跳舞和现场音乐等夜生活活动感兴趣，但目的地可能晚饭后就基本"歇业"了。结果可能是，游客在目的地时情绪失落；在假期结束后，会给出负面的口碑或网络评论。

因此，非常有必要对可能会对目的地的吸引物最感兴趣的细分市场开展营销活动。恰当的市场细分及合适的市场营销也可以让营销资源得到有效的配置。通常通过游客调查来确定市场细分。这些调查的目的是为了确定：

- 哪些游客最欣赏和最享受目的地？
- 哪些游客在目的地花的钱最多？
- 哪些游客在目的地花的时间最多？
- 不同的游客参与了什么活动以及哪些活动让游客最乐在其中？
- 哪些游客最有可能重游目的地？

除了问这类问题，调查还需要获得游客的背景数据以使之与游客兴趣相关联。背景数据的类型包括：人口统计资料（例如年龄、性别、职业、教育水平、收入水平、族群、客源地、出游经历）、兴趣（例如舒适/安全或冒险/挑战，沉思或社交或教育）、活动（例如依托自然资源的活动或文化活动，团体的或个人的）、旅程特征（例如住宿类型、出行伙伴、交通方式和旅游路线）。人口统计资料的收集会在每一个调查中进行。其他形式的数据收集取决于资源可得性（时间和金钱）和调查目的。

2004年，张婕和马库森（Zhang and Marussen 2007）在丹麦的一次调查中获得了7,600份丹麦国内游客及国际游客样本。他们通过对被调查对象自述的前往丹麦旅游的22种动机进行因子分析，确定了七个统计意义上的组群。这意味着，依据游客在丹麦的旅游兴趣可以将在丹麦的游客划分为七个基本类别。这些动机群体（因素）分别是：

1. 自然：自然（海滩、森林）、清洁的国家、安全的停留地、游客量少。
2. 当地生活方式：一般民众、享受丹麦美食的机会、购物机会、其他动机。
3. 吸引物：对儿童友好、景点及博物馆、参与活动的机会。
4. 物有所值：抵达目的地廉价的或良好的交通，价格平稳或便宜，享受温泉、康养、健身设施的机会。

5. 体育运动：骑自行车的机会、垂钓的机会、游艇/帆船运动的机会。

6. 博物馆和文化：博物馆/文化遗产、历史遗产、特殊事件、戏剧和音乐节。

7. 访友和高尔夫：拜访亲朋好友、打高尔夫的机会。

上述七个动机因素中的任何一个都可以提供一个独立的、有相关吸引物支撑的营销主题。丹麦（这个国家）在任何一年中，都可以决定关注某些特定主题。此外，这些营销主题也可针对新闻媒介——它们关注对这些主题感兴趣的个体。通过使用交叉列表将这七个动机因子与人口统计资料（包括居住地、媒体偏好、收入水平等）等相关联，能够进一步提升精准营销的效果。

在这一具体研究中，其中的一个交叉分析对比了动机因素和游客在丹麦的主要目的地。对比结果发现，自然环境因素与博思霍尔姆（丹麦最东部岛屿）最为相关，当地生活方式、博物馆和文化因素与哥本哈根（丹麦首都）最相关，物有所值因素与丹麦的其他城市最相关。因此，这为丹麦不同地区如何更好地做目的地营销、让主客都能有最好的体验提供了进一步的参考。

来源：Zhang and Marcussen 2007。

三、国家和地区的管理

与大部分的国际组织（不论是政府主导的组织，还是产业主导的组织，或非政府组织）不一样，国家拥有最实质的权力来监测、管理和管制管辖边界内的土地和生活的方方面面。政府能够立法，建立管制机构来执行法律，将有差异的类似权力授予更低级别的政府或地方政府（例如省/州、市、县）。政府为旅游业塑造经济环境，协助提供基础设施和教育设施，为企业运营创设监管环境，并经常在旅游推广和营销上发挥积极作用。然而，不同层级的政府机构倾向于通过旅游发展实现一系列不同的目标。这种情况会使得旅游政策和决策的研究越来越复杂，因为地区政府和地方政府的目标可能会偏离中央政府的目标。在讨论有关旅游发展中的国家角色时，国际旅游组织联合会（IUOTO 1974）识别出公共部门介入旅游的五个主要功能：协调、规划、立法和管制、创业精神、激励，还包括由政府资助的目的地推广。在此基础上，可增加另外两个功能：其一，社会旅游功能，在北美虽然不是很重要，但对欧洲而言意义非凡；其二，在公共利益的保护上发挥更广泛的作用（Hall 1994）。需要我们谨记的是，不同国家和不同层级的政府在国家介入旅游发展的不同方式上有不同的关注点。这不仅影响它们对待旅游及其影响的方式，而且会影响负责旅游事务的全国性和区域性公共机构的设计。

许多国家有全国性的旅游机构。但是它们的职权范围、权威性和资金来源差别很大。表 6.2 总结了这些方式。

一些国家有全国性的旅游组织［普遍被称为国家旅游组织（National Tourism Organization），或者 NTO］。它们收集游客抵达和花费的数据并制定能影响旅游设施及场所的营销和开发的政策。中国国家旅游局[①]是政府型国家旅游组织的例子。除发布数据外，它还监督全国星级饭店的评定、导游人员资格认证、国家层面的营销工作，并且为了旅游发展和提升，与其他政府部门共同识别自然和文化旅游资源、发展交通基础设施。这些国家层面的国家旅游组织有相当多的预算和权威——通过建立旅游景点开发的优先顺序和指导方针——影响一个国家的旅游发展。

表 6.2 国家旅游组织设计的不同方式

类型	属性	例子
1. 统一型	由一个单一机构来整合旅游政策、旅游营销和旅游开发	中国国家旅游局
2. 政策/市场分离	旅游发展政策（包括开展研究）和国家层面的旅游营销与旅游促销由不同的政府机构负责	澳大利亚旅游局（Tourism Australia） 加拿大旅游局（Tourism Canada） 新西兰旅游局（Tourism Canada）

---

① 译者注：在 2018 年的国务院机构调整中，原国家旅游局已经与原文化部合并组建新的文化和旅游部。

续表

类型	属性	例子
3. 政策型	由一个有一定自主权的政府机构负责旅游政策的制定和旅游研究，但没有单独的政府机构来负责整个国家的旅游推广	美国旅行和旅游业办公室（Office of Travel and Tourism Industries，USA）
4. 整合型	旅游职能被整合在一个更大的、有诸多其他职能的政府机构内。虽然这一政府机构内会有特定的旅游部门，但它不是一个自治的机构。	挪威的创新署（Innovation Norway）

许多国家将旅游行政机构和其他的行政机构（例如自然资源机构、文化资源机构或者经济发展机构）整合在一起。一些国家将国家的旅游利益委托给半官方的或者公私合作机构。在美国，有两个组织在国家层面监管整个国家的旅游发展。美国商务部的美国旅行和旅游业办公室［以前被称为 ITA（International Trade Administration）[1]，即美国国际贸易署］是联邦政府的主要机构；美国旅游业协会［Tourism Industries of America（TIA）[2]］，作为一个私营机构，是主要的贸易组织。美国旅行和旅游业办公室的职能是：

● 管理旅行和旅游统计系统。这一系统用于评估旅行和旅游产业的经济贡献并为进出美国的国际旅行的特有统计数据提供唯一来源。

● 国际推广项目和出口拓展活动的设计及管理。

● 旅游政策、战略、倡议的开发和管理。

● 为扩大这一关键出口领域（国际入境旅游）、协助国内经济发展提供技术性支持。

美国旅行和旅游业办公室收集并发布美国入境和出境游客量的基础数据，开展一些海外营销活动（尽管这些活动非常有限），并代表美国参加在

---

[1] 译者注：关于美国国家层面（联邦政府层面）的旅游机构设置，原文可能有误。第一，"美国旅行和旅游业办公室"（The Office of Travel and Tourism Industries；简称"OTTI"）现已改为"全国旅行和旅游业办公室"（National Travel & Tourism Office；简称"NTTO"）；第二，不论是之前的"OTTI"还是现在的"NTTO",都隶属于美国商务部下设的美国国际贸易署（ITA）。因此，原文"The Office of Travel and Tourism Industries（OTTI，formerly known as ITA）"有误。

[2] 译者注："Tourism Industries of America"可能有误，应为"Travel Industries of America"。

第六章 旅游影响的规划与管理

海外举办的旅游博览会。美国旅游业协会从美国旅行和旅游业办公室获取数据并为会员提供有附加值的报告（有些是可公开获取的）。这些报告也被用于支持教育工作和游说活动。在游说美国交通安全管理局在机场安检方法上加以友好用户型的改变方面，美国旅游业协会一直是最有影响力的团体。美国旅游业协会做过一些全行业的营销，但不是很多。它监督一年一度的美国国际旅游交易会（International Pow Wow）——美国最大的旅游贸易销售节。在此期间，旅行团和目的地的供需双方齐聚一堂。然而，在美国（与其他联邦制国家一样），最直接的旅游营销是在州和地方层面开展的，而不是在国家层面。

其他国家层面的权力机关对旅游环境和国家总体形象也产生重要的影响。这些包括国家的航空管理机构、公路和铁路建设机构以及国家公园和公共土地管理机构。很多这样的政府机构认识到了它们与旅游的关系。但是，总的来说，它们承担着其他享有更高优先权的职责（Hall 2008c）。上述机构也许会（也许不会）与私营部门的旅游利益集团通力合作来推广或保护自然资源和文化资源，这取决于由政治领导人所界定的国家目标和所讨论的单个资源点本身。然而，通过预算流程和行政规章制度，它们经常能决定游客所参访的场地的质量和权限。

因为国家层级的政府机构往往拥有影响旅游发展和资源管理的最大的政治权力。同时，许多非政府组织也正是在这一层级运行。影响旅游的团体包括环境团体、消费者组织、工会、贸易协会、专业协会和很多其他特殊利益团体。大部分团体是既在国家层级运行（游说中央政府），也在区域和地方层级运行。

对大部分国家而言，区域性机构所涉及的政府层级通常仅低于国家层级。在这方面，国与国之间会有所差异；一些国家的科层结构会比另一些国家更加正式。例如，在美国，区域性机构出现在跨州或跨城市层面。跨州的机构，例如田纳西流域管理局，并不是很常见。跨城市的区域性规划机构在大都市区却很常见，且大部分聚焦在交通规划领域。相比之下，欧盟却很刻意地鼓励并支持了许多跨境组织结构——综合不同国家的各个层级的政府部门，以促进欧洲的整合（其中，旅游是极为重要的部分）——的发展。地方治理通常是指市或郡县层面。

　　对大部分国家而言，与旅游相关的活动的法律权威的主要来源在国家层面；在联邦政府体制中，主要来源则在州级或省级。然而，即使是在联邦政府体制中，州和省的权力也是由国家宪法决定的。区域性机构和地方性机构能够结合激励措施和管制措施来影响旅游政策、开发和管理，但取决于中央政府或州政府在立法和行政领域授权的程度和形式。地方政府可能施加的影响的类型，举例如下（引自 Hall 2008c）[但请注意：地区政府和地方政府在开展这些行动方面的权威是有很大的差异的（见案例6.4）]：

- 协调政府的和非政府利益相关者的利益和努力。
- 为旅游发展和管理制定规划。
- 为允许开发或限制开发的土地利用政策和规章制度立法。
- 针对特定需要，创建创业教育和财政支持项目。
- 提供税收、基础设施和其他形式的激励措施，以促进特定形式的开发或保护工作。
- 通过税务部门创造资助来源。例如指定特别的酒店和餐馆税种（游客需要比本地居民多支付税金）。
- 通过地方税收资助旅游营销和推广活动。
- 提供社会旅游项目，为特定的弱势群体提供休闲体验。
- 保护敏感的自然资源或文化资源（包括景观）免遭不当开发和利用。
- 以预算和操作实务的方式选择性地支持某些形式或某些地方的开发或保护。

　　代表旅行者和游客权益的消费者组织通常在国家层面运行，但也存在一些特例（特别是在地方层面）。这些组织的出现通常是为了应对旅行者受到极端恶劣对待的情况。典型的例子是国际邮轮受害者协会（International Cruise Victims Association，简称ICV）。它主要在美国运作，代表在无国管辖的国际公海上受害或遇难的邮轮乘客的利益。同样，在美国，也有不少正式的和非正式的组织为航空乘客的权利进行游说。这些组织包括航空消费者行动计划（Aviation Consumer Action Project）和美国消费者联盟（Consumer Federation of America）。诸如国际航空运输协会（IATA）等商业团体也提供消费者信息，但经常比较少涉及对抗性的议题且避免有争议的议题。政府是消费者信息的另一个重要来源，有时候能支持某些政策导向。美国交通部下设航空消费者保护司。它有一个覆盖面广的网站用于协助乘客进行行业投诉（USDOT 2008）。许多国家也会向国民发布官方的旅行警告和建议。在所有旅行警告中，由美国国务院（US Department of State）、加拿大外交事务和国际贸易部（Foreign Affairs and International Trade Canada）[①]、英国外交和联邦事务部（UK's Foreign and Commonwealth Office）发布的旅行警告是最具影响的。

在欧盟，欧洲消费者组织（European Consumers' Organization）的部分资助是由欧盟提供的。自 1962 年建立以来，它一直积极地提升消费者对欧盟各个机构和对旅游业的兴趣。它们大部分的活动是有保证的，因为它们代表"经常缺失的声音"。例如，2008 年 5 月，欧洲委员会发布了一份有关在线购买机票的报告。报告发现，消费者被误导和混淆的问题很严重。2007 年 9 月，欧洲委员会在 13 个欧洲国家的 386 个被检查网站中发现 137 个网站存在上述问题（Kuneva 2008）。经确认的主要问题是价格误导——在被检查网站中，58% 的网站存在这一问题；不公平合同条款（例如多语言版本缺失或错误）；附属细则的内容或可选服务的预登记框——49% 的被检查网站存在上述问题；另外，15% 的网站存在广告优惠不能兑现的问题（Kuneva 2008）。被调查的网站涉及 80 家航空公司，但是由于法律限制，未能透露这些公司的名称（大部分的欧盟成员国家不允许在调查研究中发布公司名称）。为回应欧洲委员会的发现，欧洲消费者组织在新闻稿上写道：在所有成员国中，所有被调查的公司的名字应该被公之于众。"现在，对欧洲消费者而言，真正缺失的是不按规则运营的公司的名字。只有提供这些信息才能使消费者能够通过不搭理这些网站在市场中发挥他们的作用！"（BEUC 2008）

虽然有许多关注环境议题和社会议题的团体在应对特定的旅游发展问

[①] 译者注："Foreign Affairs and International Trade Canada"（加拿大外交事务和国际贸易部）这一机构已经不存在。取而代之的是"Global Affairs Canada"（加拿大全球事务部），其主要职能是：外交事务、国际发展与法语区事务、国际贸易。

题，但是对旅游有广泛兴趣的公共利益团体非常少。旅游关注组织（Tourism Concern）是最著名的公共利益团体之一。它是英国一个独立的、不以产业为基础的慈善团体。这个组织有超过900名会员，且在20多个目的地国家运作。旅游关注组织的愿景是"一个不受剥削的世界；在这个世界，旅游的所有参与者获得平等的裨益，并且行业、游客和东道社区之间的关系是建立在互相信任和互相尊重的基础上的（Tourism Concern 2008：5）。旅游关注组织一直参与到各种各样的社会福利活动中，包括支持游客抵制缅甸的活动和提升发展中国家旅游业从业者的工作条件。旅游关注组织（Tourism Concern 2008：8）称，它的运作根植于以权利为基础的发展路径。

旅游带来正面效益的同时也带来负面影响。在旅游发展中拥有更大控制权的社区能根据它们的当务之急指导旅游的发展。在以权利为基础的发展路径中：

- 当地社区必须有权参与其居住地的旅游发展决策。
- 旅游业运营商和政府必须对那些为了游客和运营商的利益而提供土地及文化的人负责。
- 必须优先制定增权战略，以使得人们能在社区和国家发展中更有话语权并更有能力形塑旅游发展、实现公平利益。
- 必须关注边缘群体和脆弱群体，例如妇女、儿童、少数族群、非法劳工和在旅游业从业或受旅游业影响的本地人。

【案例6.4】

可持续性在阿伯丁郡的胜利

对世界范围内的公共机构而言，可持续发展和可持续土地管理是推动政策的重要价值观。当对就业和经济发展的承诺与它们的可持续发展发生冲突时，会出现什么情况？许多案例研究表明，在欠发达国家，金钱利益往往战胜当地的反对意见——这些反对意见通过国家层面的影响来传达。这种情况在发达国家也很普遍。

2008年11月，美国开发商唐纳德·特朗普（Donald Trump）在苏格

第六章　旅游影响的规划与管理

兰阿伯丁郡的巴尔梅迪（Balmedie）建设一个投资 10 亿英镑的高尔夫项目的规划获得了苏格兰政府的批准。这一旅游项目被认为是当地（正逐渐摆脱以石油为基础的经济发展模式）主要的经济加速器。阿伯丁郡的经济发展机构——阿伯丁市郡经济发展局（Aberdeen City and Shire Economic Future）[①]阐述道，这对当地将产生超过 14 亿的潜在经济价值，其中，6 亿英镑已经在规划之中。发展经理丽塔·斯蒂芬说，这个项目确保了本地未来的财政增长，并标志着"本地一个新时代的到来，将会确保我们长期的经济增长愿景，推进经济多元化并提高我们的生活质量。阿伯丁市郡现在肯定是英国最有吸引力和活力的城市区域之一，它对居民、游客以及有意移民至此的人，都有着令人激动的前景"（BBC News 2008d）。然而，这个项目遇到了大量的反对。这些反对突显出在有效地整合旅游经济发展目标和其他规划目标上的一些困难。

在沿海地区建设 2 个高尔夫锦标赛球场、1 间五星级酒店、950 间度假屋、36 间高尔夫别墅和 500 间私人住宅的"特朗普计划"，最早在 2006 年 1 月进入公众视野（BBC News 2006），起初在 2007 年 9 月份遭到阿伯丁郡的基础设施委员会的回绝。这时，特朗普集团威胁说要将这一拟议的开发项目迁出苏格兰。特朗普先生的女发言人告诉苏格兰 BBC："我们对这个决定感到非常震惊，它本将会是一个巨大的开发项目……我们正在考虑上诉，并同时考虑在其他地方做一些精彩的事情。难过的是，我们不会选择苏格兰。"特朗普集团负责国际发展的乔治·索里亚尔说道："很明显，我们非常失望。我们的立场是，基础设施委员会没能充分地代表阿伯丁市郡人民的声音和观点，他们是最终的受损者……我认为，我们在这个过程中，一直非常直率。在英国的其他地方，我们还有许多选择，我们将坐下来，看时机"（BBC News 2007c）。

很明显，支持或者反对这个项目的观点越来越多。一位曾经投了反对

[①] 译者注：据英国的行政区划，阿伯丁市（City of Aberdeen）是苏格兰地区 32 个一级行政区（单一管理区）之一，但它同时也是阿伯丁郡（Aberdeenshire）的首府。不过，阿伯丁市内事务不受阿伯丁郡政府管辖。在实际治理中，经常会组建一些由郡和市联合办公的机构。在一些研究报告或政府公文中，经常将郡和市放在一起讨论。

票的评议员声称自己受到了攻击，其他评议员则寻找推翻之前决定的方法。在 12 月初，基础设施委员会的主席马丁·福特（他曾投下了他决定性的一票否决了这个提议）陈述，度假地计划"已死"：

  我认为，重新讨论已经有处理结果的申请的可能性并不存在。就我而言，它已死……它被否决是有相当多的重要理由的。它违反了大量的与环境保护、乡村住房相关的规划政策，对委员会制定的生物多样性保护及环境保护的整体途径有更广的影响。

（BBC News 2007d）

然而，鉴于特朗普集团与北爱尔兰首席大臣讨论在北爱尔兰建设高尔夫球场的会谈（BBC News 2007e），两周后，马丁·福特没能保住基础设施委员会主席的职位，而且苏格兰政府决定介入此事，并决定这个开发项目是否应继续推进。

苏格兰政府在 12 月 4 日发布了一项声明："大臣们意识到，这个申请提出了许多重要的议题。这些议题需要在国家层面考虑。召回这一申请使得大臣们有机会对这一提议全方位审视，再作出最终决议。"阿伯丁郡议会的负责人安妮·罗伯森同意这项决定。她指出："保证苏格兰东北地区未来的经济发展是当务之急。苏格兰政府相当正确地意识到这次申请提出了需要在国家层面审视的重要问题。如果大臣们的召回决议可以让它得以继续被讨论，那我们欢迎这样的干预。"（BBC News 2007e）

苏格兰政府的问询始于 2008 年 6 月。此时，高尔夫球场议案正受到来自商业界和旅游界的重大支持。相反，自然资源保护主义者和当地的活动家们以环境影响为由反对这一项目，特别是高尔夫球场的部分区域将建在沙丘之上，而这些沙丘是特殊科学价值区（Site of Special Scientific Interest）的组成部分和住房关注焦点区（BBC News 2008e）。

2008 年 11 月，政府宣布计划被批准。苏格兰首席大臣兼苏格兰议会议员（代表阿伯丁郡戈登选区）亚历克斯·萨尔蒙德转述说，这一开发项目可能会提供 6000 份工作。其他好评来自阿伯丁郡议会的负责人安妮·罗伯森："我真的相信,这类开发项目会给这当地带来重要的利益,特别是提供工作机会、促进旅游业发展"。苏格兰旅游局（VisitScotland）[①]负责阿伯丁和格兰扁（苏格兰东部行政区）的区域主管肯·马西说,"我们欢迎这个决定,因为这一开发项目会产生重要的经济影响。"相反,反对者则是沮丧的,"偏绿"的苏格兰议会议员帕特里克·哈维认为：

项目被全盘批准的这个事实表明,受到法律保护的沙丘被公然漠视。我们只能希望当前的经济危机能"撕破"他的商业计划；希望他未能获得开发项目所需资金。甚至,信贷危机肯定能提供一线希望。

（BBC News 2008d）

英国皇家鸟类保护协会苏格兰分会（苏格兰最大的环境保护团体之一）负责规划和发展事务的艾登·史密斯说："这个开发项目会破坏沙丘系统及其珍贵的野生生物。这个场所是受到法律保护的,同时也应该是我们的子孙后代能够享受到的。我和其他成千上万的反对者认为,相对于这次开发所带来的经济收益,我们付出的环境代价实在太高。"

像这样的声明清晰地阐明了,在与旅游相关的土地使用方面,要整合不同价值观和视角、找到一条通往可持续发展的平衡路径是很难的。然而,这一案例研究体现出的寻找双赢结局的困难要素在全世界均是如此。

来源：《特朗普国际高尔夫"恋上"苏格兰阿伯丁》（Trump International Golf Links Aberdeen Scotland）, http://www.trumpgolfscotlan.com/intro.asp。

四、社区和企业：规划和管理模式

（一）游憩机会谱

在拥有许多不同的自然资源和文化资源的大型保护地,通常有必要在

[①] 译者注：这一机构是苏格兰的国家旅游组织。

管理区域的不同地方设计不同的管理目标，以满足多样的保护和游憩要求。游憩机会谱（Recreation Opportunity Spectrum）方法是大型保护地进行资源规划和游客管理最广泛使用的方法。游憩机会谱方法致力于将游憩兴趣和公众行为与保护地内最合适的地方匹配起来，避免在环境敏感地区发生不恰当的行为。在进行传统的游憩机会谱管理计划时，评估的主要区域包括：

● 物理环境：不同区域和场所被分级为：从原始的未开发区域到高度开发的城市区域。对物理环境的评估还包括：

·偏远程度和可达性：不同区域被分级为：从远离主干道路到可轻易到达。

·人居环境痕迹：不同区域被分级为：从无人类建筑到大量建筑。

● 社会环境：不同区域被分级为：从人迹罕至到大量人口聚集。对社会环境的评估还包括：

·活动可得性：不同区域被分级为：从远足到组织有方的和人流密集的游憩活动。

·体验可得性：不同场所被分级为：从挑战身体的活动到简单的活动。

● 管理环境：不同区域被分级为：从毫无管理标识到明确发布的规则。

每一个受评估区域都有一系列用于评估所研究区域的条件的类别和标准。对保护地而言，整个管辖地域都应该接受评估和评级。地理信息系统（GIS）包含与数据地图链接的数据库，已经使得评估过程更灵活和精确，并能产生替代性的规划场景。

在传统的游憩机会图谱方法中，分析结果会被映射，显示出保护地及保护地不同区域的管理目标。主要的游憩机会等级包括（通常被称为管理分类或管理区）：

● 原始管理区域：这些区域是面积相当大的未经人类改造的自然环境。游憩使用者之间的互动是非常有限的。管理上，没有对使用者的约束和控制。

● 半原始的机动和非机动区域：这些区域主要是自然或以自然特征为主的环境。游憩使用者之间的互动很少。管理上，存在对使用者的约束和控制，但被最小化。

- 半开发的自然（或有道路的）区域：这些区域主要是以自然特征为主的环境。人类踪迹与自然环境和谐共处，游憩使用者之间的互动程度是低到中等的。资源改造与自然环境相协调，机动车辆的使用仅以区域维护为目的。
- 开发的自然（或乡村的）区域：这些区域的自然环境经人类的大幅度改造，人类的踪迹（风景和声音）非常明显。游憩使用者之间的互动程度往往是中度到高度的。
- 高度开发的（或城市的）区域：这些区域都是城市化区域，虽然它们可能处在自然环境中（大部分的自然环境改造是为了改善游憩活动）。通常由人类养护的非原生植被随处可见；人类的踪迹（风景和声音）广泛存在，且游憩使用者之间互动频繁。

评估完成后，每个功能分区存在的矛盾和冲突都需要加以评估，看是否需要采取积极的干预和缓解措施，而不仅仅只是管理上的维持。

游憩机会谱方法系20世纪70年代由美国林业局（US Forest Service）初创，以辅助管理美国西部广袤的土地。传统的评估领域以及由此产生的类别清楚地反映了这段历史。然而，它的基本方法已被修订，以适用于不同的环境和不同类型的土地所有制。例如，上述的版本是适用于新英格兰地区（the New England states）[①]的修订版。其他修订版也被专门建议用于旅游和游憩领域。

巴特勒和沃尔德布鲁克（Butler and Waldbrook 2003）提出了探险旅游目的地的旅游机会谱（Tourism Opportunity Spectrum）。它评估的因素包括：（1）可进入性；（2）非探险性活动；（3）旅游设备（或基础设施）；（4）社会互动及游客对（5）和（6）的接受度；（5）访客影响；（6）严格管控或管理控制。由此产生的类别包括：

- 硬性探险；
- 中度探险；
- 软性探险。

---

① 译者注：新英格兰是位于美国大陆东北角、濒临大西洋、毗邻加拿大的区域。由北至南分别为：缅因州、佛蒙特州、新罕布什尔州、马萨诸塞州（麻省）、罗得岛州、康涅狄格州。

生态旅游机会谱（Ecotourism Opportunity Spectrum）（Boyd and Butler 1996）评估类似的一系列变量并为各种不同类型的生态游客——专家型生态游客（Eco-Specialists）、中间型生态游客（Intermediate Ecotourists）、大众性生态游客（Eco-Generalists）——识别不同区域。然而，上述方法中没有哪一个被广泛地用于旅游。部分原因是，大部分旅游活动是在已开发区域开展的，类似游憩机会谱的方法则难以适用，尽管这些方法的一些理念已经被整合进了自然旅游区的游憩机会谱计划中。

照片 6.4　中国昆明附近的石林国家公园。[①] 它拥有面积最大的独特的石灰岩岩层。在云南的其他地方也发现有较小面积的石灰岩岩层。公园还是联合国教科文组织指定的"世界地质公园"（这一指定主要根据地质特征，但也包括社会和经济可持续发展原则）。图片所示这一区域的游客最多，路面经硬化，有指定的步道和园林绿化。在相对偏远区域，这些形式的场地硬化则较少。（Alan A.Lew 摄）

游憩机会谱方法以及为适应旅游环境的各种修订版假定存在一个访客使

[①] 译者注：图中所指地方为云南石林风景名胜区（1982 年中华人民共和国国务院审定公布的第一批国家级风景名胜区）。国家级风景名胜区主管部门将国家级风景名胜区英译为"National Park"（国家公园），但其与美国、加拿大等国的"国家公园"并非同一概念。

用或游憩使用的阈限值；超出它，就会产生环境或社会所不能接受的影响。这意味着，确定环境或社会的承载力是有可能的。然而，发展和实施承载能力的概念历经了多年的努力，却发现很少有证据表明使用水平的变化与影响的测量值有直接关系（McCool 1994；Sayre 2008）。部分原因是，发生在任一既定使用水平上的影响是高度依赖于场所硬化程度、访客管理（跨时间、跨空间）和游客教育的；也取决于我们对可接受影响的不断变化的预期。然而，最近，环境承载力的概念已形成了与资源利用的生态足迹有关的理念的基础。生态足迹也是一种对特定区域和消费水平的内在可持续性的测量方式。生态足迹分析应用环境承载力的理念，但于在对生物生产力和消费模式给出一定假设的情况下，需要多大的面积才足以支撑一个社区、企业或地区的发展，而不是计算一个特定区域可以支撑多少个体。因此，特定人口的生态足迹是指可持续地生产这些人口所消耗的资源并吸收这些人口所产生的废弃物所需要的土地和水域生态系统的规模。生态足迹的测量采用诸如地面或水面公顷数等空间当量，它们都被转译成个体的生态足迹规模。简单来说，生态足迹分析通过将人类消费（需求）除以生态系统生产力（供应）来生成一个净生态预算值（按面积计算）（Hall 2008c）。当消费/需求超过生态系统的生产力/供应时，就会发生环境退化。

在针对塞舌尔的一项旅游研究中，格斯林等（Gössling et al. 2002）发现，平均每个游客的假期需要超过180公顷的世界平均空间（world average space）以保持必要的资源流动和抵消温室气体排放。前往塞舌尔（群岛）的所有休闲旅行的综合生态足迹超过2,120平方千米。这都比得上塞舌尔的总国土面积了（455平方千米）。研究还发现，在塞舌尔，一个平均十天的假期对应发达国家的一个公民一年的生态足迹的17%—37%。"因此，前往塞舌尔的一次旅程所需要的生态足迹几乎与全球范围内每个人可得的生态足迹一样多"（Gössling et al. 2002：206）。获得有关自然保护地替代性管理方案的更为广阔的观点的一种方法是利用环境影响评估（见第二章）。与游憩机会谱一样，环境影响评估方法已经被广泛地采纳为一种规划工具，甚至被世界上大多数国家所要求。此外，在偏远地区和城市，它都已被用于减轻开发对环境带来的影响。环评的目的是识别大型开发项目所带来的潜在的正面和负面影响。欧盟要求环评包括以下七方面的工作（步骤）（Watson 2003）：

1. 对项目的描述，包括它的场所特性以及建设过程中、运行中和拆除过程中及之后的环境影响。

2. 对拟建项目已考虑到的替代方案。

3. 对环境的描述，包括可能受开发项目影响的所有方面，例如动物、植物、空气、土壤、水、人类、景观和文化遗产。

4. 描述在步骤 3 中列出的对环境各方面的重要影响。

5. 缓解在步骤 4 中识别出的显著影响。

6. 提交为非专业人士写就的环境影响评估的非技术性总结（不含专业术语和复杂图表）。

7. 对环评所依据的知识基础的技术挑战和弱点展开讨论，并对未来的研究领域和开发方向提出建议。

到目前为止，我们讨论的解决开发的影响和管理资源的方法（游憩机会谱、旅游机会谱、承载能力、生态足迹、环境影响评估）主要依靠科学方法和专家评估。这是因为它们最初的产生是为了管理自然（非人类）生态系统。当人的因素被添加进来的时候，这些问题和它们的解决方案会变得更加复杂和更加政治化。访客影响管理的其他方法已经得以不断发展，以解决更复杂的规划环境中出现的社会和经济问题。这些方法包括：可接受变化的极限（LAC）、访客影响管理（VIM）、访客体验和资源保护（VERP）、访客活动管理流程（VAMP）和旅游优化管理模型（TOMM）。

所有的这些模型都是由传统的理性规划方法（经城市和区域规划师发展）演变而成的（Hudson 1979）。这一方法的其他代名词是概要规划（synoptic planning）和综合规划（comprehensive planning），但后者还有其他的意涵。理性规划过程的实际步骤，在不同的作者那里有不同的描述。但可以概括为：

1. 识别问题和议题。问题可能由公众（包括特殊利益团体、政客）提出，或可能由行政管理机构的管理人员、职员或委员会来识别。对旅游而言，这可能与特定项目的开发相关。例如建设大型会议中心，或振兴遗产

第六章　旅游影响的规划与管理

零售街区，或管理以一种临时的（无规划的）方式演进的旅游业的需要。

2. 开展背景研究和数据收集。开展背景研究是为了更好地理解问题和议题。它们通常由规划人员或顾问人员开展，并可能涉及与不同的利益相关者展开讨论。对旅游而言，这可能涉及公民参与过程（下文将讨论）；涉及经济研究以了解旅游在社区的作用；涉及建筑或环境审计以评估资源条件。

3. 识别单个或多个目标以解决单个或多个问题/应对单个或多个议题。这通常由规划人员与利益相关者、政治领袖来协商、完成。与旅游相关的典型的政策目标包括：

- 社会目标：教育、跨文化理解、增加游憩机会并增加社区认同感和自豪感。
- 经济目标：最大限度地提高当地居民的收入、就业和政府收入；通过旅游支持其他经济部门（例如农业和渔业）的发展。
- 环境目标：保护自然资源并尽量减少资源使用和浪费。
- 文化目标：保护历史资源、保持文化传统。
- 在目标制定中可引入愿景可视化过程。愿景可视化过程使用一种包含所有可能的未来情景的开放式方法（见第七章）以识别社区、企业或其他团体的广泛渴求。然后，目标（goals）将得以形成，以便将广阔的愿景缩小至更加具体的可实现的目标（objectives）。[①]

4. 识别用于评估替代性规划方案的客观标准。为了提供一个无偏见的评估，在建立第5个步骤中的方案前，很有必要设置评价标准。如果是在方案建立之后才确定客观标准，那么，评价标准会受个人对方案偏好的影响。对旅游而言，具体的标准将反映出前面的步骤所确定的社会、经济、环境或文化目标。

5. 发展用以实现目标的替代性规划方案（包括政策和准则）。通常情况下，至少要发展三种替代性方案，允许幅度更大或更小的变化。此外，还可能存在无变化的方案。这种情况经常要求进行环境影响评估。每个替代性（备选）方案都附带自己的一套实现步骤3中所确定的目标的政策。正

---

① 译者注："goal"一般是指需要经过坚持不懈的努力奋斗才能达到的最终目标，而"objective"强调具体或很快能达到的目的。但出于中文习惯，两者均翻译成"目标"。

是这些政策才使得每个方案彼此不同。

6. 使用预先确定的评估标准评估替代性规划方案。这通常涉及将所有备选方案呈现给政治决策者、利益相关团体和公众，以及专业人士。意见和可能的修改都是通过这个过程获得的。取决于管理计划的规模，这一过程可能耗时几天或一年。

7. 从替代性方案中选择优选方案（通常在公众评论期后）。因为这是一个政治过程，通常情况下，最终决策要么由民选官员作出，要么由政治任命官员作出。有时，最终的方案可能交由公众来投票决定，但这并不常见。

8. 实施规划。所选规划方案成为政府或行政机构的正式政策文本。它指导创建行政规章、预算分配方案、决策和物质（建设）开发。

9. 监测、评估和修订规划及其实施。通常情况下，这大约每三五年开展一次。

10. 识别新问题并再次启动流程。返回步骤1，开展问题识别。

表 6.3　澳大利亚袋鼠岛旅游优化管理模型指标

社会—文化指标：
1. 影响旅游：认为自己可以影响旅游相关决策的居民所占比例的提升。
2. 进入的权限：认为自己能够接触到以自然为基础且游客光顾不多的游憩机会的居民的比例。
3. 当地就业增长：从旅游业获得全部或部分收入的居民比例的提升。
- 辅助数据（由其他机构收集）：
  · 每年由非本地居民犯下的轻微犯罪的数量。
  · 从与游客互动中感知到积极效益的社区居民的比例。
  · 每年牵涉到非本地居民的交通事故的数量。

环境指标：
1. 连帽鸽：雌雄成对的连帽鸽的数量（游客前来观看的一种野花）。
2. 废弃物管理：转移至袋鼠岛垃圾填埋场的废弃物总量的比例。
- 辅助数据（由其他机构收集）：
  · 在指定旅游景点的海豹数量。
  · 在指定旅游景点的鱼鹰数量。
- 潜在的数据（目前尚未收集）：
  · 上岛游客中，造访了出于访客管理目的而划定的自然区域的游客比例。
  · 特定场地原生植被的净总覆盖面积。
  · 每位访客每晚的能源消耗量。
  · 每位访客每晚的耗水量。

续表

经济指标:
1. 平均过夜数: 在袋鼠岛上过夜的游客的年平均过夜数。 2. 居民收入: 大部分收入来自旅游业的居民的百分比。 ● 潜在的数据(目前尚未收集): 　·旅游业产出的增长。 　·访客数量的季节性波动。
体验指标:
1. 野生动物体验: 认为在自然区域与野生动物有亲密接触体验的访客的比例。 2. 与营销的匹配: 认为体验与广告和宣传册所描述相似的访客的比例。 3. 总体满意度: 对袋鼠岛之行总体表示非常满意的访客的比例。

来源: Hall and McArthur 1998; Mendelovici 2008。

这里所描述的理性规划过程,适用于大的、往往是全社区范围内的规划议题和开发项目。综合规划过程会处理几个不同的议题(例如开放空间、住房和经济发展)并将这一方法应用于这些议题所处的每一个领域。或者,它可以尺度下调至更小的场所和议题,但客观分析的目标应该贯穿全程。这一过程的结果便是所谓的政策规划,因为它建立在步骤7所采纳政策的基础上。目标在早前已经建立,而实施政策的具体的规章制度可能会随着时间而改变。然而,这些政策是规划过程所产出的最重要的因素,且这些因素将指导后续决策。旅游政策的例子包括:

● 市场政策: 关注大众旅游市场;或者专注专业市场和利基市场(例如高端游客或生态游客)。

● 资源政策: 开发更多的户外游憩资源(例如水上运动或狩猎);或者开发新的基于设施的游憩形式(例如团队运动或赌场博彩);或者采纳规章制度以更好地保护文化资源。

● 旅游开发政策: 界定开发的最佳规模、地点或特点并执行;实行最佳增长速度。

● 投资、教育和就业政策: 界定政府、私营部门和教育机构的角色。

可接受变化的极限(LAC)的流程实质上是通过将理性规划流程应用到美国国家森林公园而发展起来的。这些步骤与理性规划的步骤几乎一致,但与游憩机会谱方法有重要差异。差别在于：可接受变化的极限／理性规划的关注焦点是优选条件，而优先条件是通过建立目标来达到的。可接受变化的要素反映在监测过程中。在监测中，一旦优选目标得以实现，管理实践就会聚焦在维持修复好的条件。访客活动管理流程（VAMP）模型是由加拿大国家公园管理局（Parks Canada）开发且类似于可接受变化的极限模型。但访客活动管理流程包含更广泛的公众参与、服务和体验（Eagle et al.2002）。为美国国家公园管理局（US NPS）建立的访客体验和资源保护（VERP）方法更聚焦于保护地和更大的社区（包括在保护地存在的私营部门企业）之间的关系。

访客影响管理（VIM）流程也是为美国国家公园管理局开发的。在开发替代性方案方面，访客影响管理流程与理性规划模型及可接受变化的极限模型非常相似。但是，访客影响管理的焦点是识别出由访客引起的变化的科学指标（相对于"游客"这个术语，美国国家公园管理局更喜欢"访客"）。然后，这些指标被用于与现有的实际情况做比较，并且为实现管理目标，管理策略也得以确认。在规划实施后，也会出现不少问题；针对这些问题，对这些指标的监测会识别出哪些方面需要进行干预。最后，旅游优化管理模型（TOMM）与访客影响管理流程类似，只不过它（TOMM）更多地用于人类社区。这一模型建立起合意区间（即可接受性范围；而不是绝对的范围）并采取不同水平的干预措施（取决于这些合意区间遭违反的程度）（Hall and McArthur 1998；Mendelovici 2008）。旅游方面的指标被分成社会文化的、环境的、经济的和体验的指标。表6.3展示了澳大利亚南澳洲袋鼠岛采用旅游优化管理模型所建立的指标。

（二）环境管理体系

环境管理体系（Environmental Management System）的方法与上文讨论过的方法不同。它强调减少和最小化组织或企业对环境的影响。环境管理体系的方法有四个基本步骤：规划、实施、监测和审查（USEPA 2008）。

- 规划步骤涉及识别组织的环境关系。这通常包括估计碳足迹或环境足迹，并设定组织目标和环境管理体系的时间表。指定合适的规划团队和领导团队、建立组织内的沟通流程也都是这一步骤的组成部分。

● 实施步骤包括识别出组织会产生显著环境影响的各个方面，例如排放、废弃物、原材料、和矿物燃料等的使用。对这些方面的法律要求以及组织内外不同利益相关者对它们的意见都必须被充分地理解。组织内不同方面的目标以及为达成目标所采取的措施和流程是实施阶段最后的环节。

● 监测阶段由旨在评估实施流程有效性的内部审核程序构成。审核员必须经过培训，并且整个审核过程会随着时间的推移而演化。没有计划是完美的，并且审核流程的设计应该是为了找出不足之处，以便这些不足之处可以在一个更大的、系统的审查过程中得以解决。

● 审查过程应当在这样一种情况下开展：旨在识别最初实施计划的主要缺陷（以便这些缺陷能够得以应对）的内部审核流程是否积累了足够的知识。在理想情况下，整个过程（环境管理体系）应该是循环的。审查阶段导向新的规划、实施及监测流程。

环境管理体系的方法可能不适合于社区规划或区域规划流程，但可能对各种规模的个体企业、政府机关（包括国家旅游组织）、土地开发商、非营利景点（博物馆、历史遗迹）、教育机构和邮轮有许多不一样的启示。此外，环境管理体系的方法可以超越环境影响，纳入社会和文化影响。对强调旅游和可持续发展的更广泛的社区和区域政策而言，这样的规划流程可能是重要的"构建模块"。

1. 不合理的规划

这些不同的规划模型显示出人类因素在评估和管理自然资源、游憩资源和旅游资源方面的重要性。然而，基本的理性规划方法并不总是能有效地纳入人类这一构成要素。即使侧重于非人类资源的更科学客观的规划模型也要求设立一系列的目标（人类价值观的表达），并加入政治方面和经济方面的权衡。对理性规划方法的批判（适用于如上所述的所有访客影响管理模型）包括：

1. 它假定存在可预见的和理性的人类行为和环境条件。然而，人类的行为往往是政治的和非理性的，并且环境变化往往以不可预测的方式发生。

2. 它假定规划师拥有无限的知识（概要的）和解决问题的能力，包括识别所有替代性方案（适用于建立方案的方法）的能力。但是，在时间上和成本上，数据收集往往都是有限的。这就导致所提供的建议是建立在不完善的知识基础之上的。

3. 它假定科学上有效的客观变量和事实存在于一个密闭系统中。然而，选择指标来衡量的行为却反映出，价值判断、危机情形和不可预测的机会很可能是出自不可预测的来源（例如气候变化、政治变化和新技术）。

在现实中，规划师们和管理者们，不管他们是为政府部门或非政府组织工作，还是为商业利益集团工作，几乎总是面临着知识有限、时间有限、预算有限和不可预知的外界影响等状况。作为对理性规划的一种替代，一种渐进式规划（incremental planning）方法有意识地在假定这些局限的存在。目标仍然重要，但政治过程和社会价值被展现得更为明确，方法保持开放状态且可以灵活地应对不断变化的环境（Lindblom 2003）。渐进式规划的总体过程与理性规划相似，但它仍然假定有能力在诸多限制中充分解释、预测和控制。然而，在规划实施过程中，政策被允许可以更灵活，不那么严格地受制于时间线（亦可参见 Bendor 1995）。

总的来说，理性规划模型更适合于温驯的（tame）问题（Rittel and Webber 1973），包括可以通过工程解决方案来应对的无争议性建筑和基础设施的建设。渐进式规划则更适用于恶劣的或复杂的问题（如前所述）。这些问题经常是社会性的，特点就是显著的变化，并且这些问题很难被确定地阐述或界定。恶劣的问题也很难被量化，并没有"正确或错误"的政策选择，而是"更好或更坏"的政策选择。恶劣的问题的其他特点包括没有试错的机会，没有既定的方法或规则、问题何时解决存在不确定性。在多大程度上渐进主义是必要的？这在不同的项目或社区会有很大的差异。

交互式规划方法可能比"假定合理性但渐进式行动"更合适。交互式规划（也被称为"后理性规划"）基于社会学习理论和交互性（人际）互动（Healy 2003）。在这种方法中，信任关系的建立比具体的规划步骤更为重要，这使得它更像是一种渐进式方法。交互式规划最终的目标是创建在规划过程结束后还将自我维持的自主学习（或智能）机制。这通常会导向以社区为基础的开发和监督机构的产生。旅游领域在这方面的例子包括澳大利亚的生态旅游认证项目和哥斯达黎加的基于社区的旅游团体（Lew 2007b）（见案例 6.5）。但是，交互式规划方法是非常耗时的，且需要所有利益相关者的长期付出。

2. 倡导和可持续发展

尽管上述所有的规划和管理模型都很重要且实用，但是它们不直接应对规划过程中可能是最重要的方面：目标的制定。当一个目标被确认和命名后，它就成为一个社区的价值观的表达。它表达了某个社区现在如何看待自己以及它未来的愿景是什么。投票和选举过程（从地方到国家层面）是确定社区范围内的价值观的一种方式。当选的政客们和政治任命官员为社区制定许多目标。上述模型描述了这些目标是如何转化为政策以便后续实施的。然而，在许多情况下，规划师直接参与目标的决策过程是很重要的。

倡导式规划（advocacy planning）方法是从 20 世纪 60 年代和 70 年代的社会运动演变而来的（Davidoff 2003）。社区倡导者的角色是代表弱者（穷人、被剥夺权力者和环境因素）的利益，抵抗强者（通常是商业界，但不总是）。社区倡导者利用他们的技术性知识来赋权给未被充分代表的社区成员，以发出他们的声音和表达出他们的价值观。环境行动主义则是另一种形式的社区倡导。可持续发展也是一种倡导性规划，但通常具有较少的对抗性。尽管倡导性的方法可以将社会公平和环境可持续性议题带入规划过程的前沿，但它也被批评为制约了有效率的规划。

尽管有些人会否认，但旅游的可持续发展方法却有着广泛的预定目标，使之更像是一种倡导性方法，而不是一种纯粹理性的方法。根据联合国世界环境与发展委员会（WCED 1987：43）的报告（也称为"布伦特兰报告"），可持续发展是发展"既满足当代人的需求又不损害后代人满足其自身需求的能力"。正如在第五章所讨论的，它包括 5 个基本原则或目标：(1) 规划应该是整体的（人和环境）和战略性的（长期）；(2) 基本生态过程应得以保护；(3) 文化遗产和生物多样性应得以保护；(4) 生产方式对于后代而言也是可持续的；(5) 资源使用应确保国家之间的公平。

可持续旅游的概念是将可持续发展的方法应用于旅游，目标是要平衡环境、社区和经济价值（有时被称为三重底线）。在实践中，这（可持续旅游）意味着拥护环境和社区的利益的、抵抗剥削性的、但通常由政府官员支持的商业利益团体。对旅游来说，在欠发达经济体中，在土著人口和敏感的自然环境方面，尤其是如此。然而，可持续旅游这一概念也被旅游商业利益团体所"拉拢"。它们很少涉及联合国世界环境与发展委员会的"布伦特兰报告"所界定的核心原则，更不用说倡导这些原则了。

三十多年来，试图应用旅游可持续发展方式的诸多尝试带来了不少教训，举例如下（Lew and Hall 1998）：

● 可持续旅游是这样一种价值导向：旅游的社会和环境影响管理优先于它的市场经济。商业利益仍然很重要，且某些环境的和社会的牺牲是必要的。但是，为了确保长期的可持续性，天平必须总是向未被充分代表的社会利益和环境利益倾斜。

● 实施可持续旅游发展需要采取兼具尺度和情境的措施。需要根据议题的尺度（从全球到场地）及其所发生的环境（社会的、政治的、自然的）采取不同的实施方法。本章讨论的战略的范畴为这些尺度议题和情境议题提供了一些指导。

● 可持续旅游议题受到全球经济重构的形塑，并且在发展中经济体和发达经济体之间存在根本性的差异。在一些欠发达国家，低薪的政府官员更容易受贪污腐败的影响。这高度扭曲了权力关系，使之有利于商业和全球经济利益集团，不利于环境和社区利益。如果决策更多地基于金钱的影响而不是客观的分析，则理性规划方法可能就是在浪费时间。这是倡导性方法往往更适合于确保可持续性得以坚持的另一个原因。

● 在社区尺度上，可持续旅游需要确保对资源的本地控制。许多研究都涉及旅游对失地人口的影响，展示了这一经验——确保对资源的本地控制——对于保证可持续旅游发展的重要性（Hall and Lew 1998）。

● 可持续旅游发展需要耐心、勤勉和长期的参与。通过"聘请外部咨询专家，让他匆匆而来，写份报告，做个汇报，然后匆忙而去"的方式并不能实现可持续旅游发展。如上所述，交互式规划模式以及它的智力机构的创设，更适合于确保可持续方法在旅游发展中的应用。

第六章　旅游影响的规划与管理

3. 公众参与和政治

正如交互式规划方法和倡导式规划方法所显示的，当地公民和居民参与规划过程对社区旅游发展取得成功和实现可持续是至关重要的。有效的公众参与流程——通过有助于确保与旅游发展或管理相关的所有关键议题都得到应对——将改善决策过程。特别是，公众（或公民）参与也可以产生新的想法，识别公众态度和意见，并为评估替代性方案提供"参谋"。在理想情况下，公众参与技术可以通过信息传播来帮助社区建立共识，使人们能够知悉他们所提意见的进展。这一过程可以识别并理想地解决冲突，疏导公众消极情绪，并就优选方案获得支持或最小化反对意见。

在开发公众参与流程时，重要的是要识别和理解社区利益相关者的多样性。利益相关者是在总体意义上的旅游发展或具体的项目上有特殊利益的个人和团体。利益相关者可能包括拟建项目附近的居民、土地所有者、商业利益团体、非政府组织或非盈利组织、各级政府机构，也可能包括教育机构。有时候，常住居民与外来者之间存在显著的差异，并且可能会存在外在于社区的、与规划结果休戚相关的利益团体（包括外来投资者和频繁造访的游客）。

在公众参与中，常用的基本方法有三种：委员会、调查、会议（或研讨会）。公民咨询委员会或评估委员会通常是特设的（非正式的）和临时性的，特别适合于如下情况：在某个特定问题上被视为社区领袖的个人能被明确地识别。他们得到某些行政机关工作人员的支持，但对政策制定者只有建议权。以面对面方式或邮件往来进行的态度征询和意见调查特别适用于从社区获得更广泛的意见。邮件调查也可以作为公众信息计划的有效部分，因为教育材料也可以包含在调查工具中。

会议和研讨会在教育公众、获取公众意见和解决公民关切问题方面非常有效。它们涉及比咨询委员会更大规模和更广泛的人群，而且可以获得比调查更充足的信息。会议和研讨会存在多种形式，包括公民培训课程、小型会议、协同式设计导入（collaborative design-ins）、焦点小组访谈和邻里会议等。选择某一种或某几种公众参与方式取决于开展这一过程的目标、牵涉其中的利益相关者、可用于进行公民参与流程的资源以及针对某一具体话题的现有公民教育水平和准备程度。

公众参与过程中的一个重要因素是，规划师、管理者和决策者都可以对他们个人偏好的规划的变更和修改持开放的心态。当然，在教育公众和管理者方面，这一过程的潜在有效性的前提是假定存在足够的社区支持且政治领袖或行政长官并非向社区强力地推行极不受欢迎的项目或规章制度。

政治决策过程是政治权力的一种表现。当政府领导和业界存在着密切关系时，这会减少更广泛的公众的政治权力。在这一过程中，未被充分代表的人群（例如穷人），尤其可能被剥夺权利。某些情境下的贪污和腐败特别具有挑战性，虽然换取到了短期的个人利益，但通常导致决策不善以及对公共资源和公众信任的长期破坏。霍尔和科尔斯（Hall and Coles 2008b：277）认为："如果（可持续）旅游减贫是一个关键的关注点，诸如腐败等关键议题也不容忽视，因为它们有能力从国际价值链中攫取价值，导致某些不可接受的'极具挑战的外部性'。这些外部性阻碍了诸如世界银行等主要投资者对旅游项目的支持（Hawkins and Mann 2007）"。而且，旅游咨询顾问（通常来自海外）虽然被视为专家，但偏向于腐败的现行制度，因为他们总是由政府利益集团资助，并且他们至少会使规划和审批程序合法化。因此，缺乏真正的公众支持的旅游政策将赋权给某些利益相关者（通常是更高端的商业利益团体），并限制或剥夺其他利益相关者的权利。

【案例6.5】

社区发展协议

对大多数开发项目而言，私人开发商负责开展与项目相关的公众参与过程。这在某种程度上是因为地方政府没有人力和财力来开展这样的工作。可能结果是形成"社区利益协议"（CBA）（Gross 2005）。社区利益协议是开发商和提议开发项目的社区之间的私人合同。协议规定了开发商保证向社区提供的利益，包括优先雇用当地申请人、提供最低生活工资和薪酬以及开发经济适用住房。

洛杉矶市曾经历过几个与旅游发展相关的成功的社区利益协议。1998

第六章 旅游影响的规划与管理

年,建设好莱坞高地中心(现在的电影学院奥斯卡颁奖典礼举办地)的动议被提出来。这一项目将包括一座4,000座位的剧院、几家酒店、停车场和111,500平方米(120万平方英尺)的零售空间。交通拥堵、环境污染和犯罪率增加是居民的主要顾虑。在洛杉矶新经济联盟的协助下,冲突的各方达成协议:开发商保证出资改善交通、为中心所有员工提供最低生活工资、工会中立的招聘政策、本地优先的招聘计划。这一协议所产生的社区支持水平使开发商能够从好莱坞市议会获得项目审批和优惠的税收补贴。

洛杉矶斯坦普斯中心,是洛杉矶湖人队和其他专业运动队的主场。它的开发建设也牵涉签署社区利益协议。虽然它经历了与好莱坞高地中心类似的过程,但涉及超过30个地方性社区团体。除了体育竞技场,这个2001年的项目包括两家酒店、一间公寓大楼、一个会议中心、一座七千个座位的剧院和零售购物场所。在项目第一期完工后,承诺给社区的好处却从未实现。开发商相继与经济公平团体、环保团体、教会组织、保健组织、移民权利团体和租户权利组织进行了长达九个月的谈判,最终签署了一份书面的社区利益协议(虽然之前曾有过初步的口头协议)。协议的一些主要规定包括:

- 提供100万美元用于改善当地的公园及游憩设施;
- 前五年每年提供25,000美元用于资助停车许可证制度,将住宅区的停车许可限制在仅限本地居民;
- 确保该项目创造的就业机会中有70%的岗位提供最低生活工资;
- 优先聘用因项目建设而被动迁移的人和生活在项目周边三英里以内的低收入人群;
- 预留20%的住宅单元作为经济适用房,并向非盈利团体提供65万美元的无息贷款,以便在社区另外再开发经济适用房;
- 与社区团体联盟合作以组建咨询委员会来协助协议的实施和执行。

虽然这些社区利益协议的例子是大型开发项目,但规模可能是一个相对的问题。更小型的旅游项目对更敏感的地区(包括沿海和山区以及具有传统文化价值的地区)也可能会产生同样重大的影响。社区利益协议的方式有助于确保源自新建开发项目的积极影响的承诺能够实现。最需要它们的人/物是：穷人和环境。

五、社区与企业：实施方法

一般来说，旅游管理计划的目标是增加旅游的积极影响，减少旅游的负面影响；或者，如果现状被认为是最佳的，则保持现状。特定地域的政策可能会被加入管理计划，以指导实现上述目标的优选方法。基本上，实施这些政策有两种广泛的方法：供给侧方法和需求侧方法。供给侧方法管理那些主要分布在目的地场所或区域的旅游资源。需求侧方法则管理游客，增加或减少他们的数量，或改变他们的旅行与旅游行为。

管理旅游影响的供给侧方法包括：
- 增加或减少吸引物和配套设施的数量；
- 增加或减少场地和设施的旅游可进入性；
- 以硬化、软化、保护或以其他方式修饰吸引物；
- 在空间上集中或分散场所和设施。

管理旅游影响的需求侧方法包括：
- 营销改进、教育活动；
- 人力资源和服务开发；
- 行为准则和规章制度。

供给：增加或减少吸引物和配套设施的数量。如果没有缓解措施，太多的游客进入知名景点可能会超过景点的环境承载力。另一方面，游客数量不足则会导致因资金不足所导致的产品衰落。如果有足够的市场需求、资金资助或利润激励，公共机构、非政府或非营利组织和私营企业就可以创造新的吸引物和游憩场所。

地方政府解决这些问题的一种方式就是对当地的土地利用规章制度进行专门的修改（Hall 2008c）。在地方财产税和政府资助的低息贷款等方面的税收激励，例如减税或特定期限内的全额免税，都可以提供财政激励以升级或建设新景点、酒店、会议中心以及其他旅游配套设施和企业。更大的开发项目，例如大型会议中心，可以要求地方政府采取更加重大的行动，包括城市更新（见第二章）：政府购买土地并将它们整合，然后打包出售或租赁给开发商。私人开发商也可以采取上述方式，但通常成本太高，特别是当个体所有人拒绝出售时。政府也可以利用它们的征用权强制进行土地销售，而这是私人开发商无法做到的。当需要开发大型基础设施项目（例如与机场开发和道路建设相关的项目）时，政府通常采用这种方法。

地方政府还通过资本改进方案和预算程序来控制城市增长。例如，在未开发地区建设新道路、水管和污水处理厂的社区拨款计划。这些设施通常涉及耗时多年的规划过程，并且可以被用于影响短期内（而非长期内）什么开发项目在哪里建设。

也许存在这样一些情况：首选的做法是移除那些正产生无法以其他方式缓解的不可接受的影响的旅游设施。这种情况很罕见且可能需要某种形式的政府干预。例如，厕所设施通常会随时间的推移而老化，导致用户投诉和环境危害。这样的设施可能会被关停，以劝阻人们继续使用。它也可能被转移到在环境或社会方面不那么敏感的场地。

可以建立创业教育和支持计划，以鼓励有助于当地旅游经济增长的商业活动。这些计划可以由公共的或私营部门的利益团体牵头，并可与社区学院或其他成人教育机构合作开展。这些计划可针对特定类型的、支撑目的地的形象和需要的企业或利基市场。

供给：增加或减少场地和设施的旅游可进入性。游客更可能造访易于进入的景点，而不是难以进入的景点。道路是改变某些场所可进入性（鼓励或劝阻游客前往）的主要基础设施。公用设施（特别是电力和水）和其他服务（例如公共交通服务）的提供或缺失也会影响到旅游景点和设施的数量、规模、质量和到访率。例如，可以降级道路等级（例如将进入权限局限在仅给乘坐全轮驱动车辆的游客）以减少游客数量。增加警察、救生员或其他安全人员的数量来提高场地的公共安全水平，可以让更多游客的旅行更加舒适，从而提升游客数量。

一些设计上的改动（树立严格禁止访问一些区域 / 明确鼓励向其他方向移动的标志）可用于影响游客行为。它们有时被称为反营销策略（Beeton and Benfield 2002）（亦可参见案例 6.7）。反营销策略可以通过正确地放置显眼的或隐蔽的标识来实施（Lew 1999）。隐蔽的结构设计鼓励人们选择特定的小径，但它们并不能绝对地防止有游客离开这些小径去游荡。例如，有明显标记的小径或特意铺装的小路鼓励人们沿着它们行走。不同类型的障碍则不必过分突出，但同时仍然劝阻往这些方向的移动。更明亮（光线好的）的开敞空间吸引人，而黑暗和隐蔽的方向显然劝阻人们不要前往。一旦人们熟悉了这样的代码系统，一致的颜色和符号也对他们产生吸引力。人群的集中和零售活动也对人有吸引力。

供给：以硬化、软化、保护或以其他方式修饰吸引物。可以通过改变景点的方式来实现特定的影响目标和政策。上一段落所描述的设计指南是景点改造的软性方法的例子。软化的方法更加细微且突兀性更低。更普遍的需求则是硬化景点来承载大量的游客。硬化景点通常通过建立通道来实现。例如，为防止游客直接践踏土壤，可以修建木栈道、铺整小径、修建电车轨道和悬空通道，以及建立访客运输系统。其他景点硬化方式包括修建停车场、防动物的垃圾箱、船坞和系泊、围栏和围墙、对旧建筑的结构加固。特别敏感的景点可以与直接的游客接触隔离开来，并应采取更严密的监测。某些形式的场地硬化措施比其他形式更隐蔽和更少干扰，但这取决于所采材质和硬化规模。景点硬化的另一种替代方法是将游客服务设施（例如信息中心和洗手间）移动到更耐用和更不敏感的场地。

环保和开发的规章制度及指导方针亦可用来改变景点和设施的属性，要么促进旅游增长，要么限制旅游的环境和社会影响（Hall 2006c）。这些规章制度和指南包括景观需求、建筑设计标准和激励措施。景观需求可能要求或建议最少数量的树木或特定类型的植被，例如排除非本地物种。这些要求可通过强制措施来达成或通过激励措施来予以鼓励。例如，当满足特定的景观标准时，可以允许建造更大规模的酒店。类似要求的强制达成或鼓励实施能有助于建造减少能源消耗的可持续建筑，或利用一定比例的本地社区产品和人力资源（员工）的商业运营。

地方政府的规章制度或开发商强加的文契约束会要求设立特定的建筑设计标准来保护遗产街区（历史保护）或合意的主题设计。例如，一些零售街区要求所有企业都保持一种已被采纳的主题（例如采矿镇主题或滨水码头主题），并提供有关合适的颜色、标牌和建筑装饰的详细指导（见案例6.6）。援助计划可以为企业提供设计和资金帮助以确保主题的一致性。这些计划可由公权力机构、私营企业组织或通过某种形式的公私合作提供资金支持。

供给：在空间上集中或分散场所和设施。在单个场所的尺度之上，有可能将旅游景点或设施聚集在一起，以限制它们对居民区的影响；或者，将它们分散以扩大旅游的经济影响。集聚经常发生在酒店业，酒店、汽车旅馆和餐馆聚集在交通枢纽和受欢迎的旅游景点附近，充分利用共同的区位优势。其中的一些产业集群是随着时间的推移自然而然地发生的，例如夏威夷檀香山（又译"火奴鲁鲁"）的威基基地区。1920年，那里用于排沙的阿拉威运河建成后，酒店业经历了快速增长（见照片3.3）。其他的案例包括经总体规划的度假区，例如印度尼西亚巴厘岛上的努沙度瓦飞地。在20世纪70年代，这个度假区被规划在该岛的干旱和人口稀少的地区。而今，它已经拥有超过12家四星级、五星级度假酒店。土地利用规划、功能分区和规制都可以鼓励集聚。但是，这些措施显然更适合于私营部门的开发项目，而不是地理位置固定的文化和自然吸引物。

或者，分散部分或全部的旅游服务的做法是可取的。这有助于确保游客不要过度集中在某个地方，也可能更适合于固定景点呈自然分散状态的目的地。在这种情况下，游客通常会花费更多天数来游览这些景点，每天晚上在不同的地点过夜。然而，设施集中在某个地方也可能满足不了在这类目的地的游客的需求（Stewart et al.2001）。此外，沃尔（Wall 1997）提出，分散式旅游开发有两种形式：景点沿着线性路径分布、景点在大区域内更广泛地分布。分散式旅游开发的一个例子是蒙达玛雅小径（又称"拉鲁塔玛雅"）。它连接玛雅考古遗址，穿越墨西哥、伯利兹、危地马拉、洪都拉斯和萨尔瓦多等国家，是一条线性的通道。对这一路线进行持续不断改善的努力使得沿线的旅游发展和推广得以很好地协调（Ceballos-Luscarain 1990）。

照片 6.5　墨尔本唐人街是主题化的民族商业街区的例子。私营企业通过它们的标牌和它们销售的产品为街区的主题作出贡献。然而，在主题大门和街道照明中也可以看到政府的贡献。建筑控制也有助于保护邻近的旧建筑物，宽敞的人行道有助于鼓励游客进入。（C. Michael Hall 摄）

【案例6.6】

俄勒冈的遗产主题化

遗产保护与旅游发展密切相关，但二者并不总是良好的朋友关系。遗产支持者往往更多地关注文化和原真性议题，旅游推动者则往往更多地关注经济利益。俄勒冈州三个社区的经验说明了这些分歧是如何出现的，也说明了这些分歧对不同形式的旅游发展和社区认同的影响（Lew 1988）。

1. 民族节庆

章克申城（Junction City）位于俄勒冈州西部威拉米特山谷。19世纪，来自美国中西部地区的丹麦移民最早在此定居。后来，其他的斯堪的纳维亚移民加入其中。在20世纪50年代末，新的州际高速公路绕过了章克申城——之前它曾位于连通加利福尼亚和俄勒冈州（波特兰）的主干道上。这一事件破坏了社区的经济发展，引发大量失业。1961年，当地的一位医师建议在城市举办"斯堪的纳维亚节"，以提高人们的精神气和自豪感。商会为第一届"斯堪的纳维亚节"提供了财政支持，但节庆主要是由"丹麦兄弟会""丹麦姐妹会"和"挪威之子"等当地的社会组织承办。

如今，在四天的举办期内，每年的"斯堪的纳维亚节"都能吸引超过20万人次的访客。四天中，各有一天分别集中体现丹麦、挪威、瑞典和芬兰的特色。节庆的焦点在于沿着城市街道展开的摊位所体现的原真性以及对非营利组织（包括学校）的支持上。节庆委员会在所有团体被允许参加之前就对它们进行采访，并在活动期间监测它们的原真性。尽管商会早期就参与了节庆活动的举办，但是作为美国最主要的民族节庆之一，商业利益很明确地不受鼓励。结果，斯堪的纳维亚主题只是在节庆活动之外的镇上的商业景观中略有表征。

2. 牛仔镇

姐妹城是位于俄勒冈州中部喀斯喀特山脉相对干燥的东部斜坡上的一个小社区（2000年为959人）。姐妹城位于穿越威拉米特山脉的三条主要高速公路的交汇处，并以不远处的三姐妹火山峰（信仰、希望、慈善）命名。虽然自1940年以来"姐妹赛"（Sisters Rodeo）一直是一年一度的盛事，但姐妹城最初是以几个加油站和餐馆而闻名的。在20世纪70年代初，青年商会（the Junior Chamber of Commerce）改造了两座分别位于社区两端的小建筑，建筑外立面被改成19世纪80年代的西部牛仔风格。

这个主题变得流行起来。到1977年，在城市委员会的推动下，镇上所有零售企业都被强制要求采用19世纪80年代的西部建筑风格，且设计指南被写入土地利用条例和建筑规范。尽管只有一幢建筑真的是19世纪80年代风格的历史建筑，但企业主和居民都觉得牛仔主题很适合他们的社区。同时，有趣的是，这个镇还被用于服务周边地区大规模的第二居所游憩群体和养老群体。事实上，20世纪70年代在姐妹城附近开发大型第二居所房地产的开发商花钱请人设计了建筑草图，以向每个企业展示如何"西化"。

姐妹城遗产的原真性更多地基于建筑物如何满足牛仔主题风格外观的建筑理念，而不是实际建筑的原真性。牛仔主题很好地兼容了小镇高原地区的其他舒适物，包括冬季滑雪、狩猎和垂钓、户外生活方式。并且，姐妹城几乎所有的企业都是商会成员，展示了商界对这种旅游发展方式的统一意见。

3. 历史城区

奥克兰（Oakland）这个小镇的中心城区历史悠久，折射出它早期作为"美国火鸡之都"的岁月。然而，到了20世纪60年代，它已经成为通勤前往俄勒冈罗斯堡（Roseburg）附近工作的人的"卧室社区"。当时，社区决定要将小镇的核心历史街区申请为俄勒冈州官方认定的历史街区。虽然大多数社区成员都参与了这次讨论，但是当提议被提出时，只有零售区被纳入其中，所有的住宅都将被拆除。这在社区内造成了商业人士和非商业人士之间的重大分歧。这一提案被撤回达十年之久，直到一份更包容和更可接受的提议出现。

然而，商业利益团体和非商业利益团体之间的分歧逐渐演化成一种意识：历史街区不应该被商业化和迪士尼化（例如俄勒冈州的姐妹城）。居民欢迎"访客"来享用他们的文化宝藏，但他们不想要"游客"破坏他们的社区。在这里，这些情绪可能更突出，因为大多数居民不依靠奥克兰来就业。镇上的零售企业已经付出了一些努力，将市场至少扩大到邻近的社区，但有些居民仍然对上述做法的潜在影响保持警惕。

这三个案例研究展示了历史、地理、社区利益相关者和更宏观的社会进程如何影响决策过程以及社区中遗产资源和旅游的演进方式。在较小的社区，这些动态关系可能更为直接。但在更大的城市和城市邻里，类似的过程也会发生。

资料来源：Lew 1988。

需求：营销改进、教育活动。促进旅游的传统方式是做广告。然而，这种方法也可以用来培育潜在的游客。营销活动有两个功能：让潜在游客知晓目的地的体验机会；塑造或提升目的地形象。将营销活动与目的地的实际资源和体验进行匹配是非常重要的。有效的营销也针对最适合的细分市场，而不是广泛的一般人群。目的地层面的营销通常涉及政府机构（包括国家旅游组织、地区旅游组织、地方旅游组织）的角色。然而，这些组织通常吸纳当地企业主的重要参与，因而营销预算可能是公共税收资金和私人资金的组合。在地方层面上，如果没有地方旅游组织，商会和会议与旅游局可能会担当主导的营销角色。

营销和目的地形象发展包括满足旅行者信息获取需要的广告和目的地游客中心。在教育现实游客和潜在游客有关目的地景点和合适的旅游行为以避免环境和社会过失方面，这两者都具有重要的作用（见案例6.7）。

许多地方政府全额或部分赞助上述营销工作的一种方式是通过专门的"床位、膳食和酒税"（"酒店、餐厅和酒吧销售税"）（Kerr et al. 2001）。这种税通常是在现有的销售税或增值税的基础上再多收1%—5%（有时更多）。在大多数社区，这一税收专门只针对或部分地针对营销和其他旅游相关工作。然而，其他社区则将这些税收应用于常规基金（不指定用途的资金）中，这不能保证营销活动的正常展开。

需求：人力资源和服务开发。 最有价值的旅游营销形式是口碑推荐，因为相比任何形式的公开广告，人们更信任自己的亲朋好友的意见。因此，游客的实际体验和对目的地的印象对目的地营销而言至关重要。体验和印象是由景点和设施的质量以及在目的地遇到的人是否乐于助人和友善所塑造的。

鼓励酒店、餐馆和旅游景点提升质量的一种方式是通过认证计划。许多国家旅游组织已开发了酒店评级计划，为游客提供一定程度的一致性和可预测性。评分标准因国家而异，且可能与旅行指南和网站上的私人评星不符。针对餐饮和景区的评级较少，但中国国家旅游局（CNTA）也对上述两个领域进行星级评定。在私营部门主导的评定中，诸如米其林指南等对餐厅的评估也是非常有影响力的。除了鼓励整体质量（基于评估标准）的提升外，还可以使用认证计划来鼓励更可持续和更环保的做法。绿色认证计划存在于多个层面上：从如上所述的国际"绿色全球"计划到国家和地方层面的计划。这些认证计划主要适用于酒店、度假区和景点，并可用于促销和形象塑造。

　　人为因素对游客在旅游地的体验质量也是至关重要的。在对目的地形象和体验的整体管理中，人力资源开发被认为与营销工作一样重要。人力资源开发既适用于现有员工，也适用于潜在员工。人力资源开发既包括在私营部门工作的人员，也包括在公共部门工作的人员。人力资源开发适用于接待和旅行业（酒店、餐馆和访客服务）、旅行业（旅行社、航空公司和其他运输公司）和旅游业（目的地规划师、营销人员、研究人员和访客服务）。所有这些领域都需要具备不同层次的技能和经验的人力资源，包括企业家、经理和员工（Baum 2006）。

　　有时候，这些需求通过正式的人力资源开发计划来满足。人力资源开发计划首先是评估目前和未来与旅游有关的活动的雇佣情况，并将之与现有的劳动力进行比较。然后，再确定当前和未来的培训和教育需求，以及满足这些需求的可选方案（包括公共教育和私人内部培训计划）。其他的教育议题包括：其一，针对辅助部门从业人员（例如，出租车司机、零售店店员）的旅游敏感度培训；其二，公众教育活动，以便提醒社区居民注意到旅游的重要性并意识到访客所带来的各种裨益。

　　有些社区每年都会投入一天来改善雇员和居民对待游客的态度。针对雇主、雇员和公众的教育也可以成为告知人们如何以更可持续、更环境敏感的、更社会敏感的方式行事的有效途径。

　　*需求：行为准则和规章制度。*旅游行为可以通过教育的方式和强制性的规章制度直接或间接地加以改变。直接控制场地的访客数量要求该场所有能力控制游客进入。对遗产旅游地而言，可以通过门票和预订来控制最大承载量。门票量可以按绝对数量或者收取更高价格的方式来进行限制。此外，有导游的游览（guided tours）也可作为限制游客在景点停留时长（从而限制他们产生的影响）的一种方法。在秘鲁，通往马丘比丘的"印加古道"（Inca Trail）采用了上述方法的组合，以限制在这条广受欢迎的古道上任意时间段的访客数。

　　将游客进行细分（只允许某类游客参访）也是可能的。例如，在某个日期或时间段，可以仅限学校儿童有组织的游览。环境敏感性较强的景点

第六章　旅游影响的规划与管理

可以仅限于有经认证的技能或设备的个体。某些形式的设备如果有可能带来破坏，例如，越野车辆，则可能需要被禁止。

教育游客是影响他们的旅行行为的另一种方式。可以鼓励他们前往不同的景点以便分散影响。通过教育，还可以让游客了解到与旅游相关的特别敏感的环境和社会问题。例如，在一些发展中国家，年幼的孩子们宁愿向游客乞讨而不去学校上学。前往斯里兰卡和泰国等国家的游客，在飞机上或入境口岸都被告知，不要鼓励这样的行为。

许多非政府组织都制定了针对游客和旅游业的道德准则。本章已讨论过的世界旅游组织制定的"全球旅游伦理规范"旨在更多地关注旅游业。亚太旅游协会（PATA 2002）采用的"原住民文化的游客参观准则"是游客行为准则的一个例子。它主要的观点如下（参见案例6.1和第四章）：

- 灵活——并且乐于接受其他文化本身。
- 负责任地选择——明确支持当地文化管理和环境管理的企业。
- 做好出行前的准备工作——以便你能熟悉目的地，以免发生违背当地传统、破坏环境的情况。
- 请注意——你在旅游期间可能遇到的特殊事件、宗教习俗和社会风俗。
- 支持当地企业——通过在当地的餐馆就餐、在当地人拥有的住宿设施停留和购买当地人制作的手工艺品。
- 尊重和善于观察——当地的法律和行为规范。

只是为了获得一次更愉快的旅游体验，许多游客的行为已经在遵从其中的一些原则了。尽管存在特例，但大部分的访客都不想成为一个"丑陋的游客"，且都愿意学习与他们正在参访的景点有关的知识。这是一个旅行和旅游供给商较少触及的领域。教育游客的事大多留给了景点，但是，负责任的交通方式、住宿设施和营销部门也都可以支持游客教育工作。特别是，航空公司——因为它们将人们带到离家最远、与家最不一样的目的地——可能是管理旅游行为和减轻旅游的负面影响的一支主要力量。

【案例6.7】

管理旅游对霍皮印第安人保留地的影响

在世界范围内，独特的文化都是广受欢迎的旅游吸引物。然而，正如第四章所讨论的，旅游可以改变和破坏使得这些文化最初具有吸引力的本质。可以有多种形式来控制旅游行为。正如霍皮印第安人（Hopi Indian）案例所示，有时候，对旅游行为的控制需要明确、具体的和可执行的行为政策和规章制度。

霍皮印第安部落从未被西班牙殖民者或美国骑兵部队征服过。在20世纪初，圣达菲铁路公司开始将亚利桑那州北部的几个霍皮梅萨村（Hopi Mesa villages）和其他一些印第安部落一起作为旅游吸引物来推广，以刺激沿着（它所修建的）美国西南部的新铁路线的旅行（Lew and Kennedy 2002）。来自东海岸著名画家和插画师被请来制作海报和日历艺术来表征印第安人"高贵的野蛮人"的浪漫主义形象——这个形象当时广泛地分布在美国和欧洲各地。今天，霍皮印第安人保留地是美国最为传统的部落之一，部分原因是其与北美地区的西班牙裔人口和美国人口的集散地长期隔离，村庄和传统的舞蹈仪式持续地成为一个颇受欢迎的目的地（吸引物）。然而，为了保持传统的尊严和宗教信仰的私密性，他们采取了一套标准的规则——适用于第一梅萨、第二梅萨、第三梅萨的11个村庄的所有非霍皮游客。各个村庄的规则各有不同，但通常都包括：

● 访客是受欢迎的，但应记住：他们是霍皮族的客人，应该入乡随俗。
● 部落法禁止在保留地的任何地方存有酒精或毒品。
● 考古资源和废墟遗址对所有非部落成员而言都是禁止进入的，移动文物是刑事犯罪。
● 除非得到村长或部落首领的许可，否则严格禁止对村庄、宗教仪式或个人进行拍摄、录制或素描。
● 如果要在村里度过一段非常长的时间，则必须获得村长或部落首领的许可。

● 驾驶员应谨慎遵守保留地的限速规定，并注意路上的牲畜，尤其是在夜间行驶时。

● 违反这些规则的游客可能会被驱逐出保留地，甚至会被保留地的警察逮捕。

大多数村庄对游客开放，并且很多霍皮族人出售自家制作的艺术品和手工艺品。在这些村庄中，奥赖比（也被称为"老奥赖比"和"奥拉维"）被认为是美国最古老的持续居住地。然而，这些村庄也可能在某些舞蹈仪式期间不对外开放（它们大多数时候是开放给公众观看的）。因为他们的宗教的私密性，仪式的举办日期通常要到开始前约一个礼拜才能知晓。沃尔皮这个小村庄坐落在第一梅萨上方的悬崖峭壁上，并刻意选择了放弃通电和自来水。它只对有导游的团队游客开放，但是"第一梅萨合并村"政府在绝大多数日子里（当没有仪式的时候）有提供免费或廉价的旅行指南。

对游客来说，对摄影的限制可能是最难接受的。摄影已成为游客将他们的旅行个性化和回忆旅行的主要方式。禁止摄影的规定是霍皮宗教领袖在20世纪20年代游客到访之后开始实施的。他们正确地看到了摄影对宗教实践（包括传统的旱地农业）以及他们的隐私是高度破坏性的。新墨西哥州的一些普韦布洛印第安部落（pueblo Indian tribes）也禁止拍摄。但是，其他的部落，例如，最著名的陶斯（Taos）和阿库马（Acoma）部落，允许游客的非商业性摄影和摄像，但要收费。

资料来源：Lew and Kennedy 2002。

六、总结和结论

因为旅游是个复杂的产业，由许多不同的部门组成（彼此并不总能看到它们的共同关系），所以，很难从一个权威的视角来应对旅游业的发展和影响。相反，代表不同利益集团和不同政治取向的许多不同组织在应对旅行和旅游业的不同方面。本章在全球和国家尺度上识别了其中最重要的一些方面。虽然有些在其他章节已经提到，但更多的方面没有覆盖到。如图6.1所示，更广泛、更全球化和长期的议题主要是由国际组织来应对。它们采纳一般的政策声明，也希望这些政策声明能够影响企业实践和政府法律。因此，焦点在于这些做法和法律的规划和实施。

本章提供的选项列表可以被认为是一份"烹饪菜谱"。食材包括：其一，将方法和技术的正确组合与社会、政治、文化和环境方面的现场情况的固定"配料"相匹配；其二，它们与更广泛的情景语境的关系。每种情境都将带来不同的问题组合。如上所述，这些问题可以分为平淡的或恶劣的。其他的重要考虑因素包括：在何种程度上必须达成私人－公共冲突的解决方案，以及规划是积极主动的（在问题出现之前）还是被动应对性的（解决现有问题）。另外，还需要关注到，对组织、企业或社区而言，旅游业在多大程度上是更宏大的规划过程和目标的中心或边缘。幸运的是，本章所提供的"烹饪菜谱"可以适用于旅行和旅游业之外的"食材"。

七、复习题

1. 在国际、区域、国家和地方尺度上，哪些组织参与到与旅游有关的影响的规划和管理之中？他们具有哪些形式的权威？
2. 理性规划的基本过程是什么？如何修改它以满足不同组织和社区的需求？
3. 当地社区层级的旅游规划和管理的基本工具有哪些？
4. 当一个大型的、新的旅游项目被提出时，规划师会遇到哪些政治挑战？
5. 可持续旅游概念在全球、区域和地方尺度上有如何不同？
6. 发达国家和发展中国家的旅游规划有何不同？

八、延伸阅读推荐

Campbell, S. and Fainstein, S. (eds) (2003) *Readings in Planning Theory*, 2nd edn, London: Blackwell.
是城市和区域规划理论的最佳介绍之一。

Eagles, P.F.J., McCool, S.F. and Haynes, C.D. (2002) *Sustainable Tourism in Protected Areas: Guidelines for Planning and Management*, Gland, Switzerland: International Union for the Conservation of Nature and Natural Resources (IUCN).

很好地介绍了自然区域规划中涉及的一些问题和方法。

Hall, C.M. and Lew, A.A. (eds) (1998) *Sustainable Tourism: A Geographical Perspective*, London: Addison Wesley Longman.

为可持续旅游发展提供了一系列不同的观点。

Deery, M., Fredline, L. and Jago, L. (2005) 'A framework for the development of social and socio-economic indicators for sustainable tourism in communities', *Tourism Review International*, 9 (1) : 69–78.

为旅游业的指标开发提供了一种方法。

Hall, C.M. (2008) *Tourism Planning*, 2nd edn, Harlow: Pearson Education.

概述了各个尺度上的旅游规划的过程。

九、网络资源

世界旅游组织全球旅游伦理规范：http://www.unwto.org/code_ethics/eng/principles.htm http://www.unwto.org/code_ethics/eng/brochure.htm

国际航空运输协会（IATA）Building a Greener Future, 2nd edn: http://www.iata.org/whatwedo/environment/index.htm

Kangaroo Island Tourism Optimization Management Model: TOMM Process（袋鼠岛旅游优化管理模式：TOMM流程）：http://www.tomm.info/Background/tomm_process.aspx

Office of Travel and Tourism Industries（OTTI：美国旅行和旅游业办公室）：http://www.tinet.ita.doc.gov/about/ index.html#TD

旅游关注组织：http://www.tourismconcern.org.uk/

美国交通部（USDOT）航空消费者保护司：http://airconsumer.ost.dot.gov/org.htm

世界自然保护联盟（IUCN）：http://cms.iucn.org/

Gross，Julian（2005）*Community Benefits Agreements: Making Development Projects Accountable*, Washington, DC: Good Jobs First: http://www.goodjobsfirst.org/pdf/cba2005final.pdf

Ecosystem Touring Good Practice Guides and Checklists（生态旅游良好实践指南和清单）：http://tourism.jot.com/WikiHome/MainstreamBiodiv

US Environmental Protection Agency，Environmental Management System（美国环境保护局，环境管理系统）：http://www.epa.gov/ems/

十、关键概念与定义

治理：在社会政治体系中涌现的、作为所有相关行动者互动介入的"共同"结果或后果的模式或结构。这一模式不能减少至单个行动者或是一群特定的行动者。

通力合作型政府：为实现一个共享目标而跨越部门边界、对特定议题作出整合性政府回应的公共服务机构。全政府通力合作方式可以是正式的也可以是非正式的，可以聚焦于政策发展、项目管理和服务提供。

游憩机会谱（ROS）：将资源的不同区域区分为不同的利用水平（从最原始、最自然到最城市）的一种土地管理方法。各个分区可能需要开垦（改造）才能实现其所需的利用水平或需要政策才能来管理不同水平的土地利用。这种方法在自然地区更适用且已应用于旅游和生态旅游中。

理性规划：一种始于问题识别和目标设定的基本规划方法，且包括方案建立以及优选规划的选择和实施。其他许多规划模式建立在理性规划方法的基础上，假设客观分析可以确保最佳决策（尽管这是有争议的）。

公众参与：所有的利益相关者（受某个议题影响的人/物）参与规划和决策流程的过程。它涉及一系列的技术（包括调查、委员会和会议），并且在设定目标和选择优选规划时在获得公众支持方面是至关重要的。

第七章 旅游的未来

> **【学习目标】**
>
> 学习本章后，学生将能够：
> - 界定预见的概念及其主要方法。
> - 理解预测的难度。
> - 界定不可预测事件的概念。
> - 理解未来将在全球和地方尺度上影响旅游的积极因素和消极因素，包括技术进步、气候变化和能源供给。

本章对旅游影响及其评估的潜在前景提供一个更为深刻的理解。首先，本章介绍预测和预见的相关研究，然后讨论有关旅游的未来的正面评估和负面评估。最后，本章强调了理解旅游影响和变化对旅游未来的重要性。

一、引言

本书已经论述了旅游与经济变化、社会—文化变化和环境变化产生关系的诸多方式，同时阐述了如何管理旅游对上述变化的作用。如第六章所述，战略规划是检验和确保旅游目的地可持续发展的有效手段。然而，顾名思义，未来是未知的，即便是最周全的商业战略或目的地战略也可能受到不可预测事件（wildcard events）[①]——影响很大但概率非常低的事件——的影响。

[①] 译者注："wildcard"在纸牌游戏中指"万能牌"，也可比喻为不可预测的因素。因此，将"wildcard events"译为"不可预测事件"。

这类造成了全球影响的不可预测事件包括：2001年发生的"9·11"恐怖袭击和流行性疾病（例如2002年到2003年亚洲爆发的SARS）（参见第五章）。"9·11"恐怖袭击清晰地反映出发生在特定地点的事件如何影响全球政治与经济体系。迄今为止，2001年9月11日当天以及后续的"反恐战争"的影响依旧通过旅游系统（机场和交通安保措施、对目的地的感知）在回荡（见照片7.1）。

不可预测事件发生在各个尺度上，且可能会对旅游业造成巨大的影响。此类事件的例子如表7.1所示。通常而言，不可预测事件的波及范围（它对旅游系统的影响）越大，那么它对于旅游业的影响也就越持久。

一些事件，例如2005年新奥尔良卡特丽娜飓风来袭及其对旅游业造成的严重影响和由此产生的大量环境难民，尽管属于高影响、低概率事件，但严格意义上不算是不可预测事件。这是因为当地发生飓风的可能性是广为知晓的。虽然恐怖袭击的可能性是可预测和可预防的，但依旧没法准确预测恐怖袭击发生的地点。这也是"9·11"恐怖袭击被视为不可预测事件的原因。此外，就卡特丽娜飓风来说，由于新奥尔良和美国海湾地区（美国的墨西哥湾地区）特殊的城市和自然地理因素，一些学者认为，它所带来的经济和社会影响是灾难性的且随时可能发生（Colten 2000；Brinkley 2006；Squires and Hartman 2006；Bergal et al. 2007）。正如科尔滕（Colten 2005：2）在一本有关新奥尔良的书（这本书正好在卡特丽娜飓风到来之前出版）中所述："把这座城市从水灾和其他相关问题中解救出来曾经是且现在依旧是关乎这座城市生死的核心议题……让这座城市远离水涝或让人造环境与自然环境隔离，对于新奥尔良而言，一直是场持久战。"

然而，诸如卡特丽娜飓风这类事件的重要性不仅在于它所造成的直接影响（尽管影响非常大），还在于它能为我们带来的有关充分准备以应对变化的经验教训。卡特丽娜飓风通常被看作环境变化（尤其是气候变化）所引发的自然灾害的案例，也因此被一些人认为是——如果目前有关气候变化和海平面上升的预测成真，那么世界将会发生什么的——一种预警（例如O'Brien 2006；Rayner 2006；Baker and Refsgaard 2007；Gupta et al. 2007）。同样重要的是，卡特丽娜飓风强调了这种可能性——如果不能在影响发生前就从科学的角度去解决合理的顾虑,那么气候事件可能会演变为环境的、社会的和经济的灾难(Ackerman and Stanton 2006; Baker and Refsgaard 2007)。

照片 7.1 纽约归零地纪念碑。这个名为"球体"(The Sphere)的雕塑,最初立在世贸中心的广场,作为世界和平的象征。它在"9·11"恐怖袭击中幸存下来了,现在坐落于巴特里公园,距世贸中心几个街区之外。2002年9月11日,也就是"9·11"恐怖袭击一年后,在最显著位置,永恒的火焰被点亮以纪念逝者。"9·11"之后,前往美国的国际游客量急剧下降,且由于各种原因直到2007年还没有完全恢复。(Alan A. Lew 摄)

表 7.1 不可预测事件

尺度	事件描述	对旅游业的影响
全球	2001年9月11日发生在纽约和华盛顿的恐怖袭击	全球范围内的国际旅行急剧下滑,尤其是进出美国的国际旅行线路。
超国家 (印度洋沿岸)	2004年12月6日,印尼苏门答腊岛沿海发生地震,随后引发大海啸	因基础设施损毁导致印度洋沿岸滨海目的地遭受影响;导致印度洋沿岸许多国家的游客接待量减少。

续表

尺度	事件描述	对旅游业的影响
全国性	1987年5—10月、2000年5月、2005年12月，斐济发生军事政变	虽然军事政变没有造成游客伤亡，但每次政变都会导致未来几年内投资商和游客对斐济的信心下滑，多年后游客量才开始回升。
区域性	2002年10月12日，印尼巴厘岛库塔区遭遇恐怖袭击	此次恐怖袭击造成88名澳大利亚游客丧生，导致澳大利亚、新西兰和其他国家游客对造访巴厘岛的信心的长期下滑。

【案例7.1】

卡特丽娜飓风对新奥尔良旅游业的影响

2005年8月29日早上，美国的墨西哥湾沿海地区遭受了现代历史上最具破坏性的飓风（之一）的袭击。四级（Category 4）飓风卡特丽娜在路易斯安那州的海岸登陆，并向东北经过密西西比州和亚拉巴马州。随后，次日降级为热带风暴。四级飓风意味着：

- 风速达210—249千米/小时（131—155英里/小时）；
- 风暴潮通常高于正常潮高4—5.5米（13—18英尺）；
- 更大面积的幕墙倒塌，一些小户型住宅的屋顶被完全掀起；
- 灌木、树木和所有的标志都被吹倒；移动房屋被彻底摧毁；对门窗造成大面积破坏；
- 在飓风中心抵达前3—5个小时，地势低洼的逃生路线可能被洪水切断；
- 近海岸建筑的较低楼层遭受重大破坏；
- 地势在海平面以上不足3米（10英尺）的地方可能会遭遇洪水——需要大规模地将居民区向内陆10公里（6英里）以外的地方疏散。

飓风的最后一个特征严重地破坏了路易斯安那州的新奥尔良市，因为当该市的防洪大堤被毁坏后，大约有80%的城区被洪水触及。卡特丽娜飓风也因此最终造成了这座城市"最糟糕的情况"。即使许多科学家已经预测到发生这种灾难的可能性,且这种灾难的可能性也曾被作为一些电视纪录片的主题,但随后发生的系列事件表明,该市对飓风普遍缺乏准备和应对措施(Cooper and Hall 2008)。

卡特丽娜飓风对路易斯安那州和新奥尔良市的旅游业产生了显著的影响。2006 年年中,路易斯安那州文化、游憩和旅游部(DCRT 2006a:1)报道:"媒体塑造的受灾区的负面形象……导致人们对于前往(路易斯安那州)旅游的兴趣显著下滑。"预计一年内,路易斯安那州将损失 20% 的旅游收入(约 22 亿美元),而新奥尔良的旅游业则平均每天损失 1520 万美元。随之而来的是当年州和地方约为 1.25 亿美元的税收损失。

卡特丽娜飓风对路易斯安那州和新奥尔良市经济的影响也被"放大",因为旅游业,与港口运营和教育一起,被认为是地方经济的三大基石和创造就业的主要领域——当其他行业的就业机会逐渐消失的时候。2000 年,旅游业创造了新奥尔良市 16% 的就业岗位和 8% 的工资总额(Dolfman et al.2007)。在 1990—2004 年期间,旅游业的就业岗位增长了 33%,并在卡特丽娜飓风抵达之前的几个月里保持了持续的增长。根据多尔夫曼等学者(Dolfman et al.20072007:6)的研究,新奥尔良市遭受了双重打击:在所有行业中,旅游业遭受的就业损失最大,且"如果没有飓风袭击,旅游业的就业还会进一步增长"。在飓风过后的 10 个月里,新奥尔良市的旅游业损失了大约 22,900 个就业岗位和约 3.827 亿万美元的工资总额。

卡特丽娜飓风和丽塔飓风(Hurricane Rita;在卡特丽娜飓风之后不久袭击路易斯安那)过后,通过互联网、电话和电子邮件向路易斯安那州旅游业办公室(Louisiana Office of Tourism)咨询的数量下跌了 1/3,由 2003—2005 年的超过 300 万下降到 2005—2006 年的低于 200 万(DCRT 2006b)。然而,除了对潜在访客的影响,飓风的影响更多是与路易斯安那州和新奥尔良市的形象有关。路易斯安那州也承认飓风已经"减弱了投资者在路易斯安那州进行投资的信心"(DCRT 2006a:3)。坎宁安研究机构(Cunningham Research 2005)的一项研究表明了飓风对该地区形象的影响。研究表明,在考虑去新奥尔良市旅游时,游客最关心他们的人身安全和财务状况。在表示有意造访新奥尔良市的受访者中,50 % 的人或多或少或非常关心在离家前收到目的地有飓风的预告，差不多数量（约50%）的受访者还担心预先支付的旅行费用将受损，或担心因为延误产生额外的费用。公众对各级政府领导力的信心整体下滑，这也被认为影响到了新奥尔良市作为一个旅游目的地的吸引力（CBS 2005）。

然而，尽管有关卡特丽娜飓风的负面新闻影响了新奥尔良市和路易斯安那州的形象和经济，但媒体也被视为重新发展旅游的解决方案的一部分。为了应对卡特丽娜飓风对新奥尔良市和路易斯安那州旅游发展的物质和形象两方面所造成的破坏，路易斯安那州启动了一个"重生计划"（DCRT 2005）。就业、灾后重建物质的和社会的基础设施被认为与信息供给、公共关系活动同等重要。根据"重生计划"，"人们需要对路易斯安那有一个新的形象感知，以取代电视上的负面形象"（DCRT 2005：3）。对旅游业而言，"重生计划"识别出以下五大策略：

1. 公共关系活动——"立即并积极地推进州内目前对商业开放的领域；开展积极的公共关系活动"；

2. 商业援助——"利用所有可用的联邦政府基金、私人基金和州基金，快速开发和实施全州范围内的旅游小企业援助计划"；

3. 基础设施——"促进州内基础设施的快速重建和完善"；

4. 形象——"重建和提升路易斯安那州作为一个有吸引力的、引人注目的、独特的旅游目的地的国内形象和国际形象"；

5. 领导机构——"副州长办公室作为政策制定、政府间关系的领导机构和信息交换室"。（DCRT 2005：7）

2006年，路易斯安那州修订了旅游营销计划，以增加飓风受灾地区的游客人数，并投资了2850万美元用于一项全国性的活动和其他举措，旨在将州外的游客再吸引回路易斯安那州旅游。虽然会议和商务旅行者也是主要市场，但营销计划的主要目标是休闲游客。计划包括：

1. 会议与互动营销、向旅行社促销及相关活动。

2. 集中在新奥尔良、路易斯安那东南部和西南部的地方性的宣传活动。

3. 利基（niche）市场营销方案，旨在促进家庭活动和提升受飓风破坏最严重的地区所独有的节日和文化吸引物。

第七章　旅游的未来

4. 协调路易斯安那州文化、游憩和旅游部和经济发展部的营销工作，重拾投资者在路易斯安那州投资和创造就业机会的信心（DCRT 2006a：4）。

截至 2006 年 9 月，新奥尔良市和路易斯安那州的旅游资源恢复工作已经取得显著进展。在卡特丽娜飓风和丽塔飓风之前，21% 的美国旅行者和 53% 的路易斯安那州区域性旅游市场（旅行者）表达了在未来的 24 个月内前往路易斯安那旅游的意向。飓风过后，前一数据下降到 13%，而后一区域市场数据则下降到 37%。截至 2006 年 5 月，区域市场的这一数据已增至 47%（DCRT 2006b：4）。尽管如此，新奥尔良旅游业长远的未来将有可能受到城市更新力度（包括新的防洪保护措施）的影响（Gladstone and Préau 2008）以及未来任何一次飓风对城市的影响（Cooper and Hall 2008）。

来源：路易斯安那州旅游业办公室（Louisiana Office of Tourism）：www.crt.state.la.us/tourism。

新奥尔良会议与访客局（New Orleans Convention and Visitors Bureau）：www.neworleanscvb.com。

严重的不良后果也可能与某个大型影响事件无关，或至少只与相对小的事件有关。但这些事件都可能触发一系列不可预期的后果。在这些情况下，我们必须意识到量变的重要性。伴随量变而来的是我们逐渐意识到问题来了。"一点一点"的缓慢的量变可能并不被认为是不好的，或者直至系统达到临界点时都还在发生。超越这个零界点后，系统的属性发生显著的变化且变化变得不可逆转。

自然系统和社会系统都存在临界点。举例来说，就气候变化而言，有学者（例如 Hansen 2006）关注到，不管未来的排放率是否降低，在大气中现有的温室气体量所导致的气候变暖和海平面上升方面，这一临界点已经达到。在社会科学中，临界点的概念因格拉德韦尔（Gladwell 2000）有关理念和产品扩散的书而流行起来。但是，这一概念现在被社会学、地理学和健康研究广泛地用于描述变化和适应的动力如何变得不可阻挡，因而不可逆转。

在本书中，我们强调了旅游是如何为经济、社会—文化和自然环境的变化提供动力的，也强调了环境以及其中的能动者如何影响旅游。在旅游影响备受关注的情况下，许多社区所担心的是目的地将会遭受不可逆转的变化，从而影响这些地方在本地人和访客心中的合意性和吸引力。然而，正如上一章所表明的，战略规划和战略可能有助于避免这些变化，并且至少通过给予足够的调适时间来将变化限制在一个可以接受的速度内。

好的旅游规划和影响管理是建立在识别可能会导致变化的因素并因此预计对这些因素的潜在回应的能力之上的；同时，它也深深地立足于对已发生影响的回应（Hall 2008c）。然而，应对旅游的未来的方案以及我们对将从哪些维度来规划和管理这些变化的理解，目前看起来几乎有点自相矛盾：对大幅度增长的预测与对环境变化的效应的恐惧。再者，顾名思义，"未来"是很难准确地被预测的（见案例7.2）。

本章将检视几种可供旅游业选择的不同的前景以及它们被预测到的可能出现的方式。本章第一部分将讨论有关旅游业增长和旅游业新的发展机会的一些积极预测。第二部分将讨论在气候变化和不断上升的能源成本方面旅游业增长面临的潜在限制。最后一部分讨论在多大程度上上述两方面的未来远景可以被有效地调和。

【案例7.2】

预测未来：1974年对未来休闲环境的预测

  专家小组被要求对与自然—资源管理、荒野地—游憩管理、环境污染、人口—劳动力—休闲，以及城市环境有关的未来事件的概率作出预测，以作为关乎未来环境问题的政策制定和决策的一种辅助。虽然有些预测到2050年的预言现在听起来可能难以置信，但作者们却认为，一些被预测的事件可能比预测时间更早发生。

（Shafer et al. 1974：ii）

在1973年和1974年，美国林业局进行了一项由904名专家组成的德尔菲调查，以识别可能会发生在美国且可能会对休闲环境产生影响的新情

第七章 旅游的未来

况（Shafer et al.1974）。专家小组识别出在 2000 年之前会发生的一系列事件，其中一些概述如下〔2000 年的实际情况标注"[ ]"并显示出在预测未来（即使只是几十年）时所面临的挑战〕：

1. 500 英里（800 千米）被认为是周末休闲旅行的合理的单程距离［这只适用于乘飞机进行周末休闲旅行的小部分人］。

2. 平均退休年龄为 50 岁［平均退休年龄已经保持在 60 岁以上并且在持续上升］。

3. 美国中产阶级家庭在其他大洲度假就像 20 世纪 70 年代他们在美国度假一样平常［美国中产阶级在国内的度假仍然远多于国际度假］。

4. 电力或其他无污染的推进装置取代了房车中的内燃机［很少有房车使用电力或非污染发动机］。

5. 在大型公园内旅行只能使用产生最低影响的公共交通，例如有轨电车、航空运输和地铁［尽管有过关于采用替代交通的讨论，但是在大型公园内的旅行仍然主要经由汽车。鉴于目前对航空运输的噪声和污染的关注，在当时将它描述为最小影响的交通方式也是蛮有意思的］。

6. 大多数海洋和河口地区被作为鱼类和野生动物栖息地来管理［虽然自 1974 年以来，海洋和河口地区的保护和管理得到改善，（如果算是有点管理的话）大多数海洋和河口地区的管理也是为了更广泛的多种用途］。

7. 在政府与私营企业之间协同的环境规划［尽管政府与私营企业在若干领域的协同得到了改善，但在环境规划方面，政府和私营企业的进路仍然存在巨大差异］。

8. 最受欢迎的游憩区域建有小型机场和直升飞机起降场［由于噪声和视觉污染，大多数的公共自然区域限制空中活动］。

9. 小型私人游憩潜艇的使用就像今天雪地车的使用一样普遍［很少有这样的潜艇存在］。

10. 国际机构得以建立来进一步遏制空气污染和水污染［的确存在一些国际机构和公约，但国家的立法和规制权力仍然占主导地位］。

11. 消费者承担污染控制的主要成本［虽然对污染控制的态度越来越积极，但广泛的行为变化和对高成本的支持态度是非常有限的，而且是存疑的]。

12."周末"分布在整个星期[虽然有些地方出现了一周只工作四天，但是与之伴随的是每天工作的时间更长；美国人每年的工作总时长比以往增加了]。

13.休闲是一种被接受的生活方式[显然只出现在年轻一代的某些群体中，可能并不会长时间存在]。

14.试图通过税收激励来控制人口[税收激励通常用于鼓励生育更多小孩，而不是更少；这更像是1974年的目标，不像是2000年的目标]。

15.模拟室内环境提供现在只有户外才能提供的游憩机会[攀登墙、波浪池和室内滑雪坡是这一预言的典型例子]。

16.大多数都市圈之间拥有绿地[非常有限]。

17.一些城市公园或公园的一部分被封闭在全天候保护罩里[保护罩主要用于网球场，在其他游憩活动中的使用则非常有限]。

18.计算机用来指挥和控制单个运输单位的运动[使用得有限，主要用于某些城市的公共交通铁路和地铁系统]。

来源：Shafer et al. 1974；Cooper and Hall 2008。

预见

　　预见是对未来的情况评估。虽然人们普遍认为，随着预见方法的改进，未来将会变得更加可预测，但未来研究和预见领域的专家们却形成了一种认为未来在本质上是不确定的观点（也就是说，无论预见方法变得多么精密、多么严谨，我们仍然无法依照现实条件直接预测未来）（Skumanich and Silbernagel 1997）。案例7.2就是一个很好的例证。考虑到未来的不确定性本质，一些研究人员甚至认为，预测未来是毫无意义的，尤其是在预测影响大但发生概率较小的潜在事件时。例如，在旅游情境下，雷伯（Leiper 2000：808）认为"当所有官方预测机构都看好旅游业增长前景的时候，如果没有人预料到1997年年中开始亚洲地区的旅游业会遭受严重的业绩下滑，那么，所有依照当前的研究方法对下个世纪旅游业的发展的预测都毫无意义"。然而，霍尔（Hall 2005c）认为上述情况并不能说明旅游预测毫无价

第七章 旅游的未来

值。定性研究方法（例如环境扫描调查、关键力识别）和量化评估的结果，都是政府和行业在构建方案时的重要参考。它们有助于回答"如果…怎么办"这类问题，以合理地应对未来的潜在事件和议题（参见 Yeoman and McMahon-Beattie 2005；Yeoman et al. 2006）。

> 后向估计法在旅游情境下使用得很少：选择合意的未来，然后寻找实现的方法。后向估计法这一过程的要素见诸于战略规划的愿景、任务、目标和行动计划的形成阶段，但是这些要素总体上而言并没有被精心地运用于地方。事实上，这样的一种方向上的改变可能是极其重要的，因为它也聚焦于回答我们实际上需要一个什么样的未来。
>
> （Hall 2005c：224）

预见未来的方法有许多且各不相同。斯库曼尼奇和西尔贝纳格尔（Skumanich and Silbernagel 1997）识别了六类不同的预见方法：

- 环境扫描与监测法；
- 趋势外推法；
- 意见调查法；
- 情境建构法；
- 建模法；
- 形态分析法。

环境扫描与监测法主要是数据搜集活动，它们为理解当前环境——以便为环境趋势的识别和分析提供基础——提供所需的大部分基础性的经验数据。典型的例证就是环境现状报告。需要注意的是，这里所说的环境，并非只是自然环境，还包括特定组织和不同地点（例如公司、目的地和政府）的社会—文化环境、经济环境和政治环境。

趋势外推法就是依照过去和当前的状况预测未来的发展趋势，与环境扫描与监测法一样，都是最简易的预测方法。联合国世界旅游组织（UNWTO）的预测主要基于环境监测和趋势外推。但是，斯库曼尼奇和西尔贝纳格尔（Skumanich and Silbernagel 1997）认为：

这种方法主要有两个劣势。首先，这种方法假设未来会延续过去的趋势。但这通常是一种谬误。由于缺乏更好的信息，人们通常会有此类假设。但是，任何基于这类假设的预测都不够准确。这一方法的第二个劣势在于，它仅提供单一变量的信息。而在当前全球背景下，任何变量都不可能独自发挥作用。在大多数情况下，外界因素的影响有可能会急剧地改变任何事件或情况的前景。

　　意见调查法经常被用于收集专家意见和更广泛的公众意见。然而，有证据表明，基于专家判断的预测很少是准确的——大量的研究显示，各行各业内，专家的预测不见得比那些接受过一定训练的非专家的预测更准（如案例7.2所示）。不仅如此，专家的定性预测完全比不过简单统计模型的预测（Hall 2005a，c）。

　　定性情境建构法被认为最适合应对意外事件。这些意外事件不能轻易地被纳入更为定量的预测中。这一方法涉及开发不同的情境以探索一系列可能的未知结果。基于不同的组合或驱动力的变化所生成的情境将会是一个"一切照旧"的情境、一个最坏的情境和一个最好的情境。例如，2001年9月11日的事件，将只能被预料为最坏的情境[Commission for Environmental Cooperation（CEC）2003]。

　　情境建构法（见案例7.3）经常被建模法和形态分析法所补充，后者（形态分析法）是更少地依赖定量数据的建模。模型也被用来理解经济与环境之间的联系和对未来的启示（Yeoman and McMahon–Beattie 2005）。经济模型已成为公共政策分析不可分割的一个组成部分。最近，利用对环境的经济建模和科学建模的生物经济模型已获得发展。"访问苏格兰"——苏格兰的国家旅游组织，一直广泛地使用情境建构法来进行旅游规划（Yeoman et al.2006）。也许，更广为人知的是政府间气候变化专门委员会（IPCC）的各种气候变化模型。它（IPCC）表明，这些模型可以产生围绕不同假设的定量预测结果，从而能引致有焦点的政策辩论。然而，政府间气候变化专门委员会的预测也说明了在管理预期（即什么样的预测数据可满足我们对确定性的渴望）方面的困难。我们知道的还不够多，不足以有高度的信心来预测未来,这极大地将有关气候变化的政治辩论复杂化了。

类似地,使用这些与旅游相关的预测也表明,我们难以假定由专家产生的报告在预测行为方面是具有决定性意义的。表7.2概述了在不同的气候变化情境下,当前的模型在预测客流方面的主要劣势。事实上,在不同的预见技术的整体价值方面,环境合作委员会(CEC)的结论确实是有益的:

> 一般公众和许多决策者从预测未来的高度量化的方法(例如建模法和趋势外推法)所具有的表观权威中获得欣慰。由于这个原因,这些方法代表了用于说服公众和推进决策一种有力的工具。

表7.2 当前模型在预测客流方面的主要劣势

- 统计数据库的效度和结构
- 温度被假定为是最重要的天气参数
- 对其他天气参数的重要性知之甚少(雨、暴风雨、湿度、日晒时长、空气污染)
- 对极端气候的作用知之甚少
- 信息在决策中的作用不明确
- 非气候参数的作用不明确(例如,社会动乱、政治不稳定、风险感知、目的地感知)
- 模糊变量的存在是存疑的(恐怖主义、战争、流行病、自然灾害)
- 假定行为变化的线性特征是不切实际的
- 未来的交通成本和旅游基础设施的可得性是不确定的
- 未来分配给旅行的个人可支配收入水平(经济预算)和闲暇时间的可得性(时间预算)是不确定的

来源:Gössling and Hall 2006 a,b。

然而,这些技术很少能预测到一些对未来的环境状况有重大影响的突发事件。出于这样的目的,更具想象性的技术(例如情境构建)会非常有用。使用任何一种方法的合适性将取决于分析的目标及所处情境、可得的数据种类和要求分析的问题的本质。

(CEC 2003:49)

【案例7.3】

英国对智能基础设施系统的预见

英国远见理事会（The UK Foresight Directorate）承担旨在帮助政府制定政策和战略的未来研究（Foresight 2007）。2006年，理事会承担了一个有关智能基础设施系统的项目。它的主要目标是：

● 关注货物与人的运输以及大规模人口移动的替代性选择；
● 审视交通运输系统的未来，以及信息技术的应用与基础设施，并且提供：
——对未来技术的看法和对我们将如何部署那些技术的方案的探索；
——对如何最好地运用这些技术以实现我们目标的理解；
——对智能基础设施将带来的机会与挑战的看法；
——对支撑我们所做的决策的假设的理解；
——英国和大多数其他社会所面临的战略抉择。

因为聚焦于交通和流动性议题，这个项目是与旅游有关的。这一点被认为是非常重要的，因为英国的交通政策和基础设施面临着各种压力；它们包括：能源成本、气候变化、污染和对一些重大基础设施建设项目的反对声。正如英国远见理事会（Foresight Directorate 2006a）在智能基础设施系统报告中所观察的：

> 能源不便宜，并且非常不可能在50年后会更便宜。事实上，大多数人会预计到更高昂的价格。英国能跟以它在过去的半个世纪里一样的速度来建设新道路的想法根本站不住脚——"道路抗议"在50年前并不存在。至于市场力量，对于未来情境的新假设——我们必须预计并改善气候变化可能造成的影响，并且可持续性现在应当获得与经济增长一样的关注——使得我们很难看出，私营部门如何可以单独地做艰难的选择。

第七章 旅游的未来

为了人类流动性的未来,英国远见理事会列出了在个人交通的"后石油世界"里所设置的四种情境,包括旅游(Foresight Directorate 2006b)。驱动情境的主要不确定性在于是否会开发低环境影响的交通系统和人们是否会接受智能基础设施。所提出的四种情境分别被命名为"永恒运动""城市殖民地""部落交易""好的意图"(Foresight Directorate 2006a:43-44)。

- 好的意图情境:
  - ——减少碳排放量的需要抑制了个人的流动性。
  - ——交通流量已下降,且大众交通得以更广泛使用。
  - ——企业采用了节能的做法:它们使用无线识别和跟踪系统来优化物流和配送。
  - ——某些农村地区的潮间水塘群落(pool community)用碳信用额来谋求地方交通供给,其他一些社区还在努力中。
  - ——航空公司继续利用"碳执行框架"的漏洞。

- 永恒运动情境:
  - ——社会被持续的信息、消费和竞争所驱动。在这个世界,即时通讯和持续全球化加速了增长:对旅行的需求依旧强劲。
  - ——新的、清洁的能源技术变得越来越普及。尽管交通流量和速度依然高,道路使用所造成的环境破坏越来越少。航空仍然依赖碳燃料——它依然昂贵且逐渐被"远程即席"(telepresencing)业务(在商务方面)和快速列车(在旅行方面)所替代。

- 部落交易情境:
  - ——世界已经经历了一场急剧而残酷的能源冲击。全球经济体系被严重创伤且基础设施已年久失修。
  - ——远途旅行是一项仅少数人能够承受的奢侈品;并且,对大多数人而言,世界已经缩水为他们自己所在的社区。
  - ——城市已衰减,且地方性的食物生产和服务已增加。
  - ——仍然有一些汽车,但地方交通工具主要是自行车或马。
  - ——当地有因为资源而产生的冲突:无法纪水平和无信任水平居高不下。

- 城市殖民地情境：
　　——对技术的投资主要聚焦于减少环境影响。
　　——良好的环保实践是英国经济和社会政策的核心：可持续的建筑、分布式的发电和新的城市规划政策创造了紧凑、密集的城市。
　　——只允许绿色和清洁的交通运输——使用汽车在能耗上是昂贵的，且是受限制的。
　　——公共交通——电力驱动而且低能耗——高效且被广泛使用。

每一种情境都为2055年发达地区的社会在交通和流动性方面提供了一张不同的图景。情境的作用在于允许人们看到事件、创新和社会变化的特定组合可以怎样去改变未来。正如理事会指出的，2055年的真实世界可能会包含所有这些情境的某些元素："情境使得我们可以看到我们可能需要为什么做准备，以及如果我们设定了正确的前行道路，等待我们的机会将会是什么。"（Foresight Directorate 2006a：43）

不同的情境提出了关于旅游的未来和我们将居住的世界的根本性问题（Cooper and Hall 2008），而且可以为应对当代需求和忧虑的政策的发展提供指导。人们比过去任何时候都更有流动性，尤其是在长距离旅行方面。许多人相信他们有流动的权利。但与此同时，流动的机会可能正在变得愈加受限。

参见：Foresight（2007）Intelligent Infrastructure Systems, online at: http://www.foresight.gov.uk/Drumbeat/OurWork/CompletedProjects/IIS/

二、旅游积极的未来

有关国际旅游的未来，最广为引用的资料来源可能就是联合国世界旅游组织（UN World Tourism Organization 1997）《旅游业2020年愿景》的长期预测了。预测指出，国际游客接待量预计将在2020年达到近16亿。根据联合国世界旅游组织的说法：

　　到2020年，游客将已征服地球的每一个角落，并参加低轨道太空之旅，还可能是月球之旅。《旅游业2020年愿景》预测，到2020年，全球范围内国际游客接待量将增加到近16亿,这是20世纪90年代末所记录的游客量的2.5倍……尽管增长速度会降低到预计的平均每年4%——这意味着18年内翻一番,但完全没有迹象表明旅游业的迅速扩张将会停止……尽管据预测2020年的旅游接待量会十分庞大,但重要的是我们要认识到,国际旅游还有巨大的开发潜力……据计算,参与国际旅游的全球人口的比例仅为3.5%。

(UNWTO 2001:9,10)

在2020年的国际游客接待量中,预计将有12亿是地区内游客,3.78亿是长途的跨地区游客。根据联合国世界旅游组织的预测,到2020年,接待国际游客最多的地区将会是欧洲(7.17亿游客)、东亚和太平洋地区(3.97亿游客),以及美洲(2.82亿游客),随后是非洲、中东地区和南亚地区。据估计,这一时期的国际旅游增速的世界平均水平为4.1%,东亚和太平洋地区、南亚、中东和非洲的增速将创纪录地超过5%,而欧洲和美洲的增速将低于世界平均水平。据预计,欧洲在全球游客接待量中的占比依然是最高的,但比例将从1995年的60%下降到2020年的46%。在世界范围内,长途旅行(在1995-2020年期间达到年均5.4%的增长率)也将比地区内的旅行(在上述所述的几个主要地区内;年均3.8%的增长率)增长得更快。因此,联合国世界旅游组织预计,地区内旅行与长途旅行之间的比率将从1995年约82:18转变为2020年约76:24。

尽管自2000年以来的许多事件(例如"9·11"恐怖袭击、马德里的铁路爆炸案以及航空燃料的成本增加)对国际旅游造成了影响,联合国世界旅游组织仍然对他们的预测保持积极的态度。2008年6月,联合国世界旅游组织在其官网声明:

虽然旅游业的演化在过去几年里一直是无规律可循的,但现阶段联合国世界旅游组织仍坚持它的长期预测。我们认为,预测的基础性的结构性趋势并没有发生显著改变。经验表明,在短期内,快速增长期(1995年、1996年、2000年)和慢速增长期(2001—2003年)是交替出现的。截至2000年的增度实际上超过了《旅游业2020年愿景》的预测，人们普遍预期，当前的增长放缓将在中长期得到弥补。

（UNWTO 2008a）

伴随"全球经济失衡"和"高油价"，在经济不确定性的影响（紧随"次贷危机"后）以及美国经济前景方面，类似的乐观情绪也在2008年末出现。联合国世界旅游组织对其发布的2007年国际游客接待量的初步数据总结并声明："国际旅游可能会受这次全球环境的影响。但是，根据以往的经验，基于旅游业久经验证的恢复力并考虑到当前数据，联合国世界旅游组织并不认为增长将会停止"（UNWTO 2008b）。

世界旅游理事会也看好旅游业未来的增长。2008年3月，它宣布："抛开这次周期性低迷，长期预测表明，2009年到2018年世界旅游业将进入一个成熟而稳定的增长阶段，平均每年4.4%的增长率，支持2.97亿个就业岗位，到2018年占全球生产总值的10.5%。"据世界旅游理事会总裁让－克劳德·鲍姆加腾（Jean-Claude Baumgarten）所言：

挑战来自美国经济放缓和美元疲软，燃料成本上升和对气候变化的忧虑。然而，新兴国家的持续强劲扩张——既作为旅游目的地又作为新兴的国际客源地——意味着，旅游业的前景从中期来看依然是光明的……更重要的是，即使在经济增长放缓的国家，也有可能出现从国际旅行到国内旅行的转换，而不是旅游需求的萎缩。

（WTTC 2008a）

有趣的是，世界旅游理事会早前的新闻稿的确表达出因经济低迷和能源成本上升而对旅游业产生的担忧。但是，对于后者（能源成本上升），世界旅游理事会指出：

能源价格上升是一个"双管齐下"的挑战，因为它们在全球范围内压缩了家庭预算并且提高了旅游产业的关键投入的成本。鲍姆加藤表示，这一挑战甚至有它积极的方面。他解释说："高收入提高了石油生产国的收入并增加了投入经济多元化项目的资金。这些项目通常关注到旅游业勿庸置疑的前景"。

（WTTC 2008b）

其他与旅行的未来有关的有影响力的预测来自航空公司，例如波音和空客。航空公司的预测也极为重要，因为未来潜在的排放量来自飞机。波音公司预测，在 2006–2026 年间，航空乘客的数量将每年增加 4.5%，而表达为"客公里"（Revenue Passenger-Kilometres）[①] 的航空交通量将增长 5.0%。这意味着世界航空客运交通量将从 2006 年的 4.2 万亿增加到 2026 年的 11.4 万亿（客公里）。为了满足这种预测的需求，波音公司预计，到 2026 年将有 36,420 架飞机在营运，与 2006 年的 18,230 架飞机形成鲜明对比；但有 28,600 架飞机是在 2006 年后交付使用的（Boeing 2007）。

空中客车公司（空客）对航空业的未来也有着类似的乐观态度。空客（Airbus 2008）预测，在 2008 至 2026 年期间，会有 24,300 架新客运飞机和新货运飞机的需求。客运交通量预计将以平均每年 4.9% 的速度增长，这将导致预测期内客运交通量增长近 3 倍，且这一数据也会因航空业的周期效应而保持弹性。空客的预测意味着他们期望，在全球范围内航空公司将它们 100 座及以上的客机的编队翻倍，客机数从 2008 年初的大约 13,300 架增加到 2026 年的约 28,550 架。在市场方面：

> 对客机最大的需求将来自亚太地区，它将占到全球飞机需求总量的 31%。接下来是北美（27%）和欧洲（24%）。新兴市场同样推动着交通需求。虽然中国和印度仍将保持最大的市场份额，空客公司预测，大约有 30 个其他的新兴经济体，包括阿根廷、巴西、南非和越南，总计近 30 亿人口，将在 2026 年以前变得越来越重要。

（Airbus 2008）

---

① 译者注：Revenue Passenger-Kilometres（RPKs）是航空运输业常用指标，表示承运旅客移动距离之和，反映航空公司产出情况，又称"旅客周转量"，等于"承运人数"乘以"航行距离"。

这些对国际旅游业增长的预测都指向一个看上去光明的前景。然而，正如接下来的部分所讨论的一样，诸多因素（例如环境变化，特别是气候变化）对旅游业的影响（已在第五章讨论）以及从长远来看不断攀升的油价，都备受关注。

通信技术的改变

1965年，英特尔创始人之一的戈登·摩尔（Gordon Moore）观察到，在储存能力和速度方面，数字技术正在呈现以指数方式的增长，导致每一到两年就翻倍（Moore 1965；Hutcheson 2005）。虽然摩尔定律最初是被设想为与电路板上的晶体管密度相关，但这个概念已经得到许多消费者技术和工业技术的认可，包括计算机处理器速度、数字储存容量、数字设备的物理尺寸，以及设备上可得和互联网上可用的信息量。基于原子粒子的大小，摩尔定律有理论上的限制，但到目前为止，技术创新一直在设法以非凡的速度推进。预计将允许技术在未来进一步推进的创新包括：允许更大的数字容量和速度的新材料和新制造技术，以及将在数字设备上扮演新的角色的纳米技术、生物和化学的进步（Kanellos 2005）。

这些技术进步，通过降低旅游行业和游客的成本，促进了旅游业在过去的几十年中惊人的增长。例如，全球定位系统（GPS）已使得航空飞行员的飞行更安全，并且作为辅助定位和"找路"的消费者设备，已变得越来越普遍；同时，它还提供基于位置的旅游服务和景点信息（Lew 2009）（参见照片7.2）。现在，通过手持电话就可浏览的互联网，为消费者提供了在几十年前不可想象的旅程规划和预定服务的机会。在未来，通过手机和其他可连接网络设备的基于位置的服务将为旅游业的创新提供新的机会。

通讯技术的这些进步为企业提供了与消费者沟通并为消费者提供服务的新方式，也为消费者提供了作为游客来了解目的地及他们所面临的不同选择的新方式（Fessenmaier and Gretzel 2004）。因此，利基旅游目的地和景点能够通过使用Web 2.0社交媒体工具，例如博客、论坛、播客（podcasts）和协作式站（例如分享故事与图片），创建属于他们自己的由积极性高的消费者构成的专业市场（Gillin 2007；Lew 2009）。例如，目的地的会议和访客局（convention and visitors bureaus）正在逐步拓展对音频播客和视频播客的使用，来为游客提供备选形式的有关景点和服务的信息（Xie and Lew 2009）。这些服务可以采取一次性介绍目的地的各种景点的形式，或采取步行音频播放或驾车音频播放的形式，或每周对特殊事件进行更新。随着这项技术在目的地的应用中变得更广泛，同时也在消费者群体中变得更普遍，其他创新性的应用程序可能会在未来出现。

虚拟旅行是一项为旅行和旅游的未来打造的长远的技术创新。当前，虚拟世界和目的地都提供高度人为的和动画化的体验。但是，

> 除了基于位置的技术外，对真实地点的虚拟化体验有着很可观的前景很，这可能会降低每个人都要亲自去世界每一个角落旅行的需要。正如现在大多数的虚拟世界一样，这种体验可能会是非常社交化的，并提供真实的、身外的和"亲临实地"般的体验。
>
> （Lew 2009）

三维数字室——人们四面都被各种移动展示的真实的和虚构的景物环绕着——目前还在实验阶段，只有少数几间存在于当今世界。模拟"灵魂出窍"体验的探索才刚开始，但终极前景却是能够体验一个不同的地方且无需"亲身"离开你的家。也可能随着虚拟体验技术的进步，体验这些技术的机会本身就会成为休闲和游憩吸引物。

交通技术的进步也会缓解由旅行和旅游所带来的温室气体排放和石油消费问题，这将在下文论及，也已在第五章讨论过。例如，"通过使用最新的燃料数据、优先起飞间隙、悉尼机场附近在正常情况下受限制的空域，以及新的抵达流程——有了新技术，所有这一切都是可能的"（United Airlines 2008），从澳大利亚悉尼飞往加利福尼亚旧金山的美国联合航空公司航班比标准的航班能够节省1564加仑和32,656磅的二氧化碳排放。这一排放的减少是相比于一年内同一航线的常规航班而言的，需要对飞行员做特殊训练，还需要在驾驶舱内新装燃料监控仪。这些技术，连同替代性燃料来源，给了旅行和旅游的未来以很大的希望。

照片 7.2 美国旧金山的 GoCars。这两辆乘客用车宣传自己为"计算机辅助导游"，它们使用全球定位系统和基于位置的音频轨迹在整个旧金山市内为游客导览。景点和服务供应商可以定制它们的音频，以便当车辆靠近它们时会播放特制的信息；同时，企业也可以设计聚焦于特定市场兴趣的"特别之旅"。在美国和欧洲的其他不少城市也可以找到 GoCars。（Alan A. Lew 摄）

三、旅游消极的未来

（一）石油成本

介入旅游的能力受到诸多因素的限制，包括成本、时间、监管、可进入性和动机（参见第四章）。部分限制因素将直接或间接地受到旅游业未来增长的诸多挑战的影响，例如能源成本，特别是航空燃料的成本。据瑞典皇家科学院能源委员会关于石油的声明（ECRSRS 2005：1）所言："由于传统的（容易进入的）石油行业目前面临着资源有限和生产问题，在能源供应方面，世界很可能正在进入一个具有挑战性的时期。世界能源的近 40% 是由石油提供的，且 50% 以上的石油都用于交通部门。"

对旅游业而言，燃料成本极为重要，因为它影响旅行成本，并因此影响目的地的相对可进入性。石油在旅游业也占有核心地位，因为作为能源，它对于许多主要的旅游交通运输方式而言都是不易替代的,例如航空、航运(邮轮和轮渡);还有,在很大程度上,石油对汽车和公交车(尤其是长途)而言也是不易替代的(见案例7.4)。唯一可以相对容易地替换掉石油(作为燃料)的交通运输方式是铁路,因为它可以电气化。尽管这对于陆上目的地而言非常重要(因为铁路仍然可以运送国际游客),但它显然不是一个与跨海目的地和岛屿目的地相关的方案。

【案例7.4】

航空业——"石油就是一切"

2008年6月,国际航空运输协会(IATA)——代表230家航空公司并占定期航班空中交通量的94%——将它对2008年的行业财务的预测显著地向下调整为亏损23亿美元。2008年6月的预测使用的每桶原油(布兰特)的共识价格是106.5美元,意味着比之前(3月份)预测的利润低了68亿美元。3月份发布的预测基于平均每桶86美元的油价进行测算,预计全行业有45亿美元的盈利。航空运输业的总燃料账单(支出额)的变化是显著的:

- 2002年,该账单是400亿美元,相当于成本的13%;
- 2006年,该账单是1360亿美元,相当于运营成本的29%;
- 2008年,该账单预计将达1760亿美元(基于每桶106.5美元的石油价格),占运营成本的34%。

(IATA 2008a)

据国际航空运输协会总干事兼首席执行官乔瓦尼·比西尼亚尼(Giovanni Bisignani)的说法:

> 我们也还需要检查一下现实。尽管专家们对油价有共识,但今天的油价使得23亿美元的亏损看起来乐观。因为石油价格每上涨一美元,我们就会增加16亿美元的成本。如果今年接下来的油价是135美元,

我们的亏损可能会是 61 亿美元……石油在改变一切。答案远没有这么简单。在过去的六年中，航空公司的燃油效率提高了 19%，非燃料单位成本减少了 18%。没有多少可以提升的空间了。为了在这个危机中生存下来，我们甚至需要更多、更快的巨大变化。

（IATA 2008a）

到 2008 年 11 月，尽管石油价格已经显著地下降到每桶低于 60 美元，但经济损失已经造成；并且，国际航空运输协会（2008d）预测，2008 年的航空业净亏损将总计达到 52 亿美元，财务绩效的疲软状态将持续到 2009 年，进一步的净亏损为 41 亿美元。石油价格和国际经济的低迷对航空公司——即使那些来自石油藏量丰富的国家的航空公司——有显著的影响。例如阿联酋航空公司公布，在截至 2008 年 9 月 30 日的 6 个月里，它的净利润下降了 88%，主要原因是油价上涨。这家由迪拜政府所有的航空公司的燃油成本比它预算所计划的高出了 4.69 亿美元。阿联酋航空主席艾哈迈德·本·赛义德·阿勒马克图姆酋长（Sheikh Ahmed bin Saeed al-Maktoum）在一份声明中说："今年上半年，对航空业来说，是非常艰难的半年，创纪录的燃料价格迫使许多航空公司关门或联合。"（BBC News 2008f）旅游目的地的日子也很艰难。因为航空公司减少它们的航班量甚至宣布破产，更多偏远社区和遥远岛屿的游客到访量大幅下降（参见照片 7.3）。

在米尔莫（Milmo 2008）的报告中也可看到油价上涨的影响。报告说，英国航空公司（British Airways）是 2008 年上半年全世界仅有的利润率超过 10% 的 14 家航公公司之一。尽管它的资产负债表很稳健，但囿于燃料成本的压力，也承认到 2010 年，可能会从盈利 8.83 亿英镑转到出现亏损。其它航空公司的恢复力更低，平均的运营利润率仅仅超过 1%，因而彰显了燃油成本的突然飙升所带来的威胁。事实上，在 2007 年 12 月到 2008 年 4 月之间，三家英国航空公司（Maxjet，Eos and Silverjet）和三家美国航空公司（Aloha，ATA and Frontier），主要由于不断上涨的油价已经停飞并宣布破产。到 2008 年中期，世界范围内约有 30 家航空公司破产；尽管燃油价格回落，但由于全球信贷危机导致的消费者支出下降，另有 30 家航空公司预计将在

2009 年中期之前宣布破产。

在土耳其的伊斯坦布尔举行的国际航空运输协会第 64 届年会和世界航空运输峰会上,比西尼亚尼在他的行业现状发言中声明,"燃料危机"应该是在双边体系——在四个不同领域提供各种航空自由:贸易限制、安全、对垄断的管制、环境——中促成变化的催化剂(IATA 2008b)。据比西尼亚尼所言,

> 为了有效地抵抗危机,限定我们的业务的必须是品牌而不是国旗……我们必须清楚地向政府传达石油危机的规模,航空运输业如果破产对全球经济的潜在影响,航空公司为了生存正采取的措施,以及我们需要他们采取的行动。……是时候撕掉 3500 条双边协议,并代之以一份无关任何商业管制的"干净的文件"。航空公司可以自由地创新、竞争、增长,财务状况变得良好,甚至消失。政府也有一个重要的角色:确保一个公平竞争的环境,并对安全和环保绩效进行规制。
>
> (IATA 2008b)

然而,关于环境,比西尼亚尼也批评了某些形式的政府干预,尤其是欧盟对碳排放交易采取的行为:

> 当前的燃料危机必须成为敦促政府发布成果——影响环境的燃油消耗减少——的催化剂。我们的远景——从碳平衡的增长到无碳的未来——设定标杆……但是政府仍专注于惩罚性经济措施,例如,欧盟排放交易计划。当油价可能会重塑这个行业的时候,这些决定是鲁莽的。政府必须将政治"带出"空中交通管理,在全球范围内对排放交易采取行动,并支持用于推动创新的积极的经济措施,从而推动进步。
>
> (IATA 2008b)

我们可以识别出与石油供应相关的许多关键问题 [ECRSAS 2005; International Energy Agency(IEA)2007]。

照片 7.3　波多黎各的康达多海滩。这是波多黎各岛的旅游核心，对来自寒冷的北方气候区的人而言，是一个受欢迎的拥有阳光和沙滩、能冲浪的目的地。2008 年，航空业减少航班和解雇员工，以应对高油价。这导致波多黎各和加勒比海地区的其他岛屿目的地的游客量显著下降。波多黎各的应对措施是采取营销活动和奖励来鼓励航空公司维持它们前往该地的航班。（Alan A. Lew 摄）

1. 石油短缺

全球的石油需求每年增长近 2%，2008 年的平均每天消耗是 8589 万桶（1 桶 =159 升或 42 加仑），当年的消耗量超过 310 亿桶；尽管全球经济放缓，但据预计，2009 年的石油消耗仍将增加（Schenk 2008）。寻找另外的供应源已越来越成为问题，因为绝大多数主要的油田已经"成熟"；在 65 个主要石油生产国中，有 54 个已经降低产量。截至 2005 年底，发现新储量的速度还不及新增消费速度的三分之一。国际能源署（IEA 2007：5）预测："据判断，全球石油资源足够满足 2030 年增长之所需，但石油产出越来越多地集中在'欧佩克'（石油输出国组织）国家——这一判断的前提则是必要的投资即将到来"。他们补充了一个重要的警示：

虽然新建项目所增加的石油生产能力预计在未来五年内会增加，但是并不确定是否足以弥补现有油田产量的下降以及是否跟得上预计的需求的增长。当前至 2015 年的时期内，供给紧缩导致油价突涨的情

第七章　旅游的未来

况亦有可能发生。

（IEA 2007：5）

对石油短缺的担忧也导致了公众对石油峰值（peak oil）的概念及其对旅游业的影响的重要讨论。例如，国际航空运输协会（IATA 2008e：1）认为，2008年的油价上涨"并不是因为'石油峰值'——这一观点认为，我们正在迅速耗尽石油"，而是受期货市场"泡沫"的驱使。在英国，英国政府赞同国际能源署的预测。但是，在2008年10月，英国八家一流企业［英国奥雅纳工程顾问公司（ARUP）、第一集团（FirstGroup）、福斯特建筑事务所（Foster +Partners）、苏格兰及南方能源（Scottish and Southern Energy）、太阳能世纪（Solarcentury）、捷达集团（Stagecoach Group）、维京集团（Virgin Group）、雅虎（Yahoo）］——它们被称为"英国石油峰值和能源安全行业特别工作组"或"石油峰值集团"——发布了一份报告，警告说，便宜、容易获得的石油产量可能会在2013年达到一个峰值，这将会对英国和世界经济构成一个主要危机。很明显，石油峰值和石油可得性是一个重要的政策议题。

石油峰值是指这样的一个时间点：在这个时间点上，考察中的任何地区（例如从一个具体的地点到全球尺度）的石油生产达到最大额；在这个时间点之后，石油生产速度则逐步下降；在通常情况下，生产成本也日渐昂贵（表7.3概括了一些有关世界石油产量峰值的预测）。因此，石油峰值并不意味着"没有石油"或石油"耗尽"。总会找到石油，但关键是成本方面的可得性。因此，石油峰值所关注的是石油的流动。正如安德鲁斯和尤德尔（Andrews and Udall 2008）所说的：

> 为什么否认石油峰值的人的混淆视听很有市场？"供给增长"世界的终点即将到来，这要求有巨大的范式转变：会有越来越少的石油分配给越来越多的人。我们将需要狠狠地节约，并且代之以创新、智慧与效率。不把这一（即将到来的）事件看作一个问题最终可能会以巨大的痛苦而收尾。

2. 常规石油储备

自 20 世纪 90 年代中期开始，常规石油储量增长的三分之二是基于现有油田复苏的增量估计，三分之一是基于新发现的油田。根据美国地质勘探的保守估计，已发现的石油储量和未发现的可采石油储量约有 1.2 万亿桶，包括全世界沉积盆地中尚未采掘的 3000 亿桶（ECRSAS 2005）。国际航空运输协会（IATA 2008e：1）表示："如果没有发现更多的石油，我们继续按照 85mb/d 的速度消耗石油，探明的石油储量仅够维持 40 年，至 2052 年将耗尽。"

决定当前和未来石油流量的因素是：
- 世界上 85% 的石油产自 21 个最大的生产国。
- 其中，产量出现下降的六个国家：美国、印度尼西亚、英国、挪威、墨西哥和委内瑞拉。
- 产量出现持平或不稳定的国家有：俄罗斯、伊拉克、伊朗、尼日利亚和阿尔及利亚。
- 其他国家的产量在增加。"沙特阿拉伯、科威特、卡塔尔和阿拉伯联合酋长国并无产量扩张计划。加拿大和利比亚还能继续增长，但增长有限……可能只有巴西、哈萨克斯坦和安哥拉的产量能够充分增长，能在 2010 年后有所作为。"（Andrews and Udall 2008）

表 7.3　世界石油产量峰值的预测

预计的峰值时间	预计来源	背景和参考文献
2005 年	布恩·皮肯斯（Pickens, T. Boone）	石油和天然气投资者；《布恩·皮肯斯对石油生产峰值发出警告》，载《电动车世界》（*EV World*），2005 年 5 月 4 日
2005 年 12 月	德费耶（Deffeyes, K.）	普林斯顿大学退休教授和壳牌公司退休的地质学家；http://www.defense-and-society.org/fcs/crisis_unfolding.htm. 2006 年 2 月 11 日
2006—2007 年	巴希塔里（Bakhitari, A.M.S.）	伊朗石油高管；《世界石油生产能力模型显示产出峰值会出现在 2006-2007》，载《石油天然气期刊》（*Oil & Gas Journal*），2004 年 4 月 26 日
最近或已过去	赫雷拉（Herrera, R.）	英国石油公司退休的地质学家；Bailey, A.,《石油产量过了峰值了吗？》，载《石油新闻》（*Petroleum News*），2006 年 5 月 26 日

第七章　旅游的未来

续表

预计的峰值时间	预计来源	背景和参考文献
2007—2009 年	西蒙斯 （Simmons, M.R.）	投资银行家；Simmons, M.R. 石油和天然气峰值研究协会研讨会，2003 年 5 月 26 日；圣路易斯特许金融分析师协会（密苏里州布伦特伍德），第 23 页幻灯片，《世界应该假设我们正处在石油和天然气的峰值》，2006 年 5 月 24 日
2007 年之后	斯克里波斯基 （Skrebowski, C.）	石油期刊编辑；《油田大型项目 -2004》，载《石油评论》（*Petroleum Review*），2004 年 1 月
即将到来	韦斯特韦尔特等 （Westervelt, E.T. et al.）	美国陆军工程兵部队；《能源趋势及其对美军设施的影响》，ERDC/CERL TN-05-1，2005 年 9 月
2009 年前	德费耶 （Deffeyes, K.S.）	石油公司地质学家（退休）；《哈伯特峰值：即将到来的全球石油短缺》，普林斯顿大学出版社，2003 年
很快	格罗佩 （Groppe, H.）	石油/天然气专家和商人；《石油峰值：虚构 vs 现实》，丹佛世界石油大会，2005 年 11 月 10 日
2010 年前	古德斯坦 （Goodstein, D.）	加州理工学院副教务长；《燃料用完——石油时代的终结》，诺顿出版社（W.W. Norton），2004 年
2010 年左右	宾利 （Bentley, R.）	大学能源分析师；《石油峰值的情况下，美国能源部/环保局石油输送模型》，2006 年 4 月 21 日
2010 年左右	坎贝尔 （Campbell, C.J.）	石油公司地质学家（退休）；《业界呼吁留意常规石油产量高峰，枯竭信号已经发出》，载《油气杂志》（*Oil & Gas Journal*），2003 年 7 月 14 日；《一个更新的损耗模型》，《石油和天然气峰值研究协会新闻通讯》，第 64 期，2006 年 4 月
2010 年前后一年	斯克里波斯基 （Skrebowski, C.）	《石油评论》（*Petroleum Review*）编辑；《石油峰值：新的现实》，ASPO-5 会议，意大利比萨，2006 年 7 月 18 日
2010 年之后	世界能源委员会 （World Energy Council）	非政府组织；《能源世界的驱动力》，世界能源委员会，2003 年
2011 年左右的一个挑战	梅林 （Meling, L.M.）	挪威国家石油公司地质学家；《石油供应，接近峰值了吗？》，全球能源研究中心，2005 年 9 月 29—30 日

续表

预计的峰值时间	预计来源	背景和参考文献
2012 年左右	庞雄奇等（Pang, X. et al.）	中国石油大学；庞雄奇等，《中国油气短缺带来的挑战及其应对》，石油和天然气峰值研究协会第四届石油和天然气消耗国际研讨会，2005 年 4 月 19—20 日
2012 年左右	科佩拉（Koppelaar, R.H.E.M.）	荷兰石油分析师；《世界石油产量和峰值展望》，荷兰石油峰值研究基地，2005 年
2010–2020 年	拉埃勒尔（Laherrere, J.）	石油公司地质学家；能源转换会议中心，苏黎世，2003 年 5 月 7 日
十年内	沃尔沃卡车（Volvo Trucks）	瑞典公司；沃尔沃（Volvo）网站
十年内	德马杰里（De Margerie, C.）	石油公司高管；《石油和天然气峰值研究协会新闻通讯》，第 65 期，2006 年 5 月
2015 年左右	侯赛因（al Husseini, S.）	退休高管；沙特阿拉伯国家石油公司副总裁；《一个时代的结束》，载《宇宙》（Cosmos），2006 年 4 月
2015—2020 年	瑞典皇家科学院能源委员会（ECRSAS）	《石油报告》（Statements on Oil），10 月 14 日，斯德哥尔摩：瑞典皇家科学院能源委员会，2005 年
2015—2020 年	韦斯特（West, J.R.）和美国百利能源	咨询顾问；《能源不安全》，在美国参议院商务、科学和运输委员会证词，2005 年 9 月 21 日
2016 年	美国能源情报署（EIA）的名义案例	美国能源部分析 / 情报机构；美国能源部能源情报署，《世界石油的长期供给》，2000 年 4 月 18 日
2020 年左右或者更早	麦斯威尔和威登事务所（Maxwell, C.T., Weeden & Co.）	经纪 / 金融；《极速风暴》，载《巴伦周刊》（Barron's），2004 年 11 月 14 日
15 年内	阿马拉赫咨询公司（Amarach Consulting）	爱尔兰；《爱尔兰石油依赖的基础研究》，阿马拉赫咨询公司，爱尔兰，2005 年 12 月
2020 年达到严格的供求平衡	伍德麦肯兹（Wood Mackenzie）	能源咨询；《宏观能源的长期展望——2006 年 3 月》，伍德麦肯兹
2020 年左右	道达尔公司（Total）	法国石油公司；柏金（Bergin, T.），《道达尔公司认为 2020 年将出现石油产量峰值，呼吁减少需求》，路透社，2006 年 6 月 7 日

第七章　旅游的未来

续表

预计的峰值时间	预计来源	背景和参考文献
2020 年之后	英国土木工程研究协会（CERA）	能源咨询；杰克逊等（Jackson, P.et al.）。《三重的石油巫时在 2004 年出现，但这还不是真正的灾难》，载《英国土木工程研究协会警报》，2004 年 4 月 7 日
2025 年或之后	壳牌公司（Shell）	大型石油公司；戴维斯（Davis, G.），《满足未来的能源需求》，载《桥》（The Bridge），美国国家科学院出版社，2003 年夏
21 世纪 20 年代中后期	瑞士联合银行（UBS）	经纪/金融；《石油产出注定有峰值，但不存在燃料短缺——瑞士联合银行》，路透社，2006 年 8 月 24 日
2030 年之后	美国能源情报署（EIA）	美国能源部分析机构；莫尔豪斯（Morehouse, D.），私人交流，2006 年 6 月 1 日
2030 年之后	英国土木工程研究协会（CERA）	能源咨询；"除非有不可预见的事件，否则没有理由相信 2030 年之后的石油产能满足不了需求，英国土木工程研究协会的研究人员如是说。"斯特拉汉（Strahan, A.），《全球石油产能到 2015 年能增长 25%》，彭博社，2006 年 8 月 8 日
现在—2040 年	美国国会审计总署	《未来石油供应的不确定性使得制定一个应对石油生产峰值和下降的战略很重要》。GAO-07-283。2007 年 2 月
没有达到峰值的迹象	埃克森美孚	大型石油公司；www.exxonmobil.com. http://www.exxonmobil.com/Corporate/Files/Corporate/Op Ed_peakoil.pdf（截至 2007 年 3 月）
没有明显的峰值	林奇（Lynch, M.C.）	能源经济学家；《暴露在哈伯特模型和及其建模者的评价中的石油资源悲观情绪》，载《石油与天然气杂志》（Oil and Gas Journal），2003 年 7 月 14 日
不可能预测	英国石油公司首席执行官	大型石油公司首席执行官；《随着利润上升，英国石油公司首席试图平息愤怒》，载《华盛顿邮报》（Washington Post），2006 年 7 月 27 日
不同意石油峰值理论	石油输出国组织（OPEC）	尼尔·查泰吉（Neil Chatterjee），《"欧佩克"需要明确的闲置产能的需求信号》，《邮卫报（在线）》（Mail & Guardian Online）2006 年 7 月 11 日

来源：ECRSAS 2005；Hirsch et al. 2005；Hirsch 2007a，b。

3. 中东的关键作用

瑞典皇家科学院能源委员会（ECRSAS 2005）指出，只有中东和前苏联有潜力（被证实有1300亿桶储量）大大地提高生产率来弥补其他国家生产率的下降。截至2005年底，沙特阿拉伯每天提供950万桶（占全球生产力的11%）。

4. 非常规石油资源

地球上存有非常大量的碳氢化合物资源，即所谓的非常规石油，包括天然气（大约1万亿桶的石油当量，绝大部分可以被转化为液体燃料）、重质油和沥青砂（大约8000亿桶）、油页岩（约2.7万亿桶）和煤炭（ECRSAS 2005）。非常规资源的问题包括开发周期长、显著的环境影响以及在生产和精炼过程中水和天然气的可得性。

5. 供给的即时措施

为避免油价猛涨，需要促进对传统石油的勘探和恢复，并且提高非传统石油的生产率。瑞典皇家科学院能源委员会（ECRSAS 2005）指出，石油价格波动的不稳定性会导致世界经济在接下来的几十年里不稳定。国际能源署（IEA 2007：13）还指出，全球能源面临着一个影响世界经济的重要的挑战，并认为"地球面临的主要稀缺资源，不是自然资源也不是金钱，而是时间。现在正投在能源供给基础设施方面的资金，将会锁定在技术领域，特别是在发电的技术领域，长达几十年"。

6. 液体燃料和运输系统

石油供应是液体燃料的难题，而不太是一般性的能源供给难题，因为世界上57%的石油消耗发生在交通运输行业（ECRSAS 2005）。交通运输领域需要开发石油的替代品，否则不仅石油价格会增加，而且交通运输行业和其他石油用户之间的竞争也会加剧。对许多交通方式而言，能源来源缺乏可转移性（替代性）意味着：尽管消费者对不同的交通运输方式的需求存在一定程度的弹性和替代性，但是交通运输行业对石油的需求相对没有价格弹性。

7. 经济上的考虑

从长远来看，替代品的价格将决定原油价格。瑞典皇家科学院能源委员会（ECRSAS 2005）预计，只要来自扩张中的亚洲经济体的压力得以继续，油价就会持续居高。国际能源署（IEA 2007：9）也注意到"中国和印度日益增长的出口也对其他国家新增了竞争压力，导致结构性调整……特别是，如果供给方面的投资受到限制，不断上涨的对大宗商品的需求将会冒着推高包括能源在内的大宗商品的国际价格的风险"。

8. 环境问题

非常规石油将显著地延长碳氢化合物时代的存在，并随之导致温室气体排放量的增加。类似地，那些强加在其他化石燃料上的约束（例如排放控制和二氧化碳封存）是有必要的，并对行业产生了重大挑战。国际能源署（IEA 2007）的报告也说，大气中不断上升的二氧化碳和其他温室气体的浓度——主要源自化石能源燃烧，正在导致全球温度上升和气候变化。国际能源署在对2005—2030年这一阶段的预测中指出，"在预测期内，不断增长的化石燃料的使用将会继续推高全球与能源相关的二氧化碳的排放量"（IEA 2007：11）。在国际能源署为其预测所引用的参照场景中，"在2005—2030年间，排放量将增加57%。美国、中国、俄罗斯和印度为这一增长贡献了三分之二。截至目前，中国是新增排放量最大的贡献者，在2007年，取代美国成为世界上最大的排放国。印度在2015年左右成为第三大排放国"（IEA 2007：11）。

值得注意的是，国际能源署认为，"如果要将温室气体的浓度稳定在一个可以防止它和气候系统产生危险冲突的水平，需要采取紧急的行动"（IEA 2007：12）——限制燃煤发电厂排放（国际能源署所采取行动的重点）以及通过提高化石燃料的使用效率、转用核能和可再生能源、大范围采用二氧化碳捕捉和存储机制（CCS）来减少排放。"为将上述情况变为现实，需要所有国家采取异常快速且有力的政策行动，采纳前所未有的先进技术，以及耗费高昂的成本"（IEA 2007：12）。他们指出，也许更积极的是，"现行的许多缓解能源危机的政策也可以帮助减轻当地的污染和气候变化，反之亦然。正如可选择政策情景（Alternative Policy Scenario）所展示的那样，在很多情况下，这些政策也会通过降低能源成本而带来经济效益——一个'三赢'的结果"（IEA 2007：13）。

（二）旅游和温室气体排放：调适和缓解

正如第五章指出的，环境与旅游的关系主要焦点之一就是气候变化。即使业已讨论过的有关旅游业增长的预测值已经被"砍掉"一半，旅游业仍然肯定会导致排放的增加。联合国世界旅游组织等（UNWTO et al. 2008）在2007年末的预测是，旅游业产生的二氧化碳排放在2005—2030年间将会增长2.5倍，主要是由于航空旅行的增长。但是，这样的增长违背了《京都议定书》和联合国政府间气候变化专门委员会（IPCC）文件所达成有关全球排放减少需要的共识。为了将全球气温的平均增幅限制在不超过2.4℃（联合国政府间气候变化专门委员会所有方案中的最小增幅），大气中温室气体浓度需要稳定在450 ppm[①]左右。为了实现这一目标，二氧化碳的排放量最迟需要在2015年达到峰值，并需要在2050年下降到50%—80%之间（低于2000年的水平）。联合国政府间气候变化专门委员会（IPCC 2007）推荐了这样一个目标：在本世纪末，将排量减少至每人每年约一吨二氧化碳。像瑞典和英国这样的国家已经开始讨论在2050年前减少60%—80%的排量。

然而，很少有政府采取任何行动来应对航空业或旅游业的排放，虽然在这一领域内争论频发（Gössling et al. 2009）。政府行动的出现始于欧洲理事会——不顾国际航空运输协会和美国政府的反对——颁布了一个将飞机也纳入到它的碳排放交易方案的指令（Stone 2008）。虽然这项指令要2012年才生效，但它将包括欧盟内的所有航班，以及任何从欧盟机场出发或离开的跨区域航班。在排放交易方案下，产生二氧化碳的活动会被给予一个略低于实际排放量的限额。它们要么采用新方法或技术将自己的排放减少至更低水平，要么从能够减少排放的使用者手中购买（交易）这些限额。对于航空公司来说，2012年的初始排放上限将会是2004—2006年预估排放水平的97%；到2013年，这一比例将进一步降为95%。

这一环境政策颇具争议的原因是它主要涉及减排的成本和调适策略（Monbiot 2006）。例如，将"污染者付费"原则应用到诸如航空等领域将对乘客的成本、货运成本和他们的需求水平产生显著的影响。更进一步来

[①] 译者注：百万比浓度。

第七章　旅游的未来

说，气候变化现在是更广泛的政治争论的一部分，似乎成为竞选活动的一个影响因素。例如，在澳大利亚，在总理约翰·霍华德（1996年至2007年）领导下的保守派联盟政府并不批准《京都协议书》。这个议题多次出现在2007年的澳大利亚联邦选举中（例如Murphy 2007）。旅游和气候变化的关系直接与反对派工党领袖陆克文（Kevin Rudd）的竞选活动相关联。他宣布了一项2亿澳元（9000万英镑、1.855亿美元）的计划来保护大堡礁——这一澳大利亚重要的旅游吸引物，它正遭受着主要源自水土流失的水污染、日渐上升的海水温度的破坏（BBC News 2007f）。

同样，在2008年巴拉克·奥巴马的竞选中，气候变化和环境问题也被看作重要的部分。英国的政党在下一届选举的准备阶段也积极地寻求在气候变化方面有所定位；工党政府宣布了一项"更强硬"的气候变化法案来减少英国的碳排放，以增强英国在应对气候变化中的国际地位（Ryan and Stewart 2007）。经过一段时间的公共咨询和审查，对这一法案的建议修改包括：在英国温室气体减排的"靶子"中增加来自航空和船舶工业的排放。这项措施立足于2007年10月英国政府立场的变化。当时，英国政府宣布从2009年开始将会对航班，而不是乘客，征收航空税。这是一个被认为更好地针对削减碳排放的措施（Wintour and Elliott 2007），也是当时的反对派保守党的政策。有趣的是，这个政策立场也得到廉价航空公司——易捷航空的公开支持。它认为，应降低航空旅客税费以支持这样一个计划——应根据二氧化碳排放和旅程长度来划定飞机的等级（Milmo 2007）。然而，考虑到飞机的潜在寿命，这将会使得排放量高的老龄飞机被调到非洲、亚洲或拉丁美洲等排放规则更宽松较少的地区。

正如第五章指出的，气候变化的影响将会是广泛的，并会深远地影响旅游和与旅游相关的社区和环境。由于气候变化，旅游业可能会经历客流的改变和长短周期模式的改变，例如因为气候变化和极端事件而出现的滑雪季节缩短、滑雪区域和海岸资源减少以及旅游目的地竞争力的变化（参见案例7.1）。尽管在地方尺度上预测气候变化对旅游业的影响很难，但是表7.4还是分地区地概括了影响旅游目的地的主要的气候变化影响的分布。此外，表7.4还识别出在气候和环境变化的累积效应方面最危险的六个目的地：南非、地中海、昆士兰（澳大利亚）、美国西南部、玻利尼西亚（中太平洋的岛群）/密克罗尼西亚（西太平洋岛群）。

这样的预测极其困难。原因在于，在气候和环境变化对旅游的影响以及它们对目的地和游客的调适和缓解实践/行为的影响方面，我们的知识还存在巨大的缺口（表7.5）。的确，对旅游业而言，至少在短期内，从环境变化中，既有"赢家"也有"输家"。例如，在亚洲，生态旅游被认为是滑雪的潜在替代品（Fukushima et al. 2002）。阿尼西莫夫等（Anisimov et al. 2007）曾表明，生态旅游的潜在重要性是它能作为北极和亚北极区域原住民族的适应机会。但是，这些地区的生物多样性和景观正在经历这个星球上目前最快速的、与气候相关的环境变化；北极地区平均温度上升的速度几乎是世界其他地方在过去100年中的升温速度的两倍[Arctic Climate Impacts Assessment（ACIA）2005；Solomon et al. 2007]。

甚至近些年气候变化最引人注目的方面之一——2007年，由于夏季冰层的融化，通过北冰洋的西北航道得以开通——都被视为对旅游业有潜在的好处。阿尼西莫夫等（Anisimov t al. 2007：676）说道："北海航线将为邮轮航运创造新的机会。预测显示，到2050年，北海航线每年将有125天的海冰覆盖小于75%。"同样，因斯塔尼斯等（Instanes et al. 2005）也曾表示，这会提高海洋航行的可能性，并且暖季的延长将会改善旅游业的条件。

气候变化中既可能出现"赢家"（至少在短期内）也可能出现"输家"的事实，反映出不同地区、行业、行动者和公司的调适能力。"调适能力是一个系统成功地应对气候变异和气候变化的能力和潜力，并包括行为、资源与技术的调整"（Adger et al. 2007：727）。因为明确的关注点是现实世界的行为，对调适实践的评估不同于对潜在反应的更理论性的评估（见照片7.4）。然而，在这个阶段，我们对与气候变化相关的各种旅游要素的调适能力和调适实践的理解都很有限（Becken 2005；Hall and Higham 2005；Gössling & Hall 2006a；UNWTO et al. 2008）。这种情况，可以说反映了与旅游和气候变化相关的诸多研究领域存在巨大的知识缺口。

（三）旅游业，路在何方？响应变化

旅游业似乎正处在发展中的一个重要的十字路口。其中的一条道路表明——正如联合国世界旅游组织和世界旅游理事会对旅游增长的乐观预期所概括的——只要进一步放松管制、鼓励经济一体化，旅游业将在未来经历几乎无限的增长，或至少在2020年或2030年前。这也被视为能够帮助欠发达国家的贫困人口脱贫，从而潜在地帮助实现联合国的"千禧"目标。对联合国世界旅游组织而言，这些国家增加对旅游业的关注，将会成为这一（减贫）战略不可分割的部分。

表7.4 影响旅游目的地的主要的气候变化影响的分布（分地区）

影响	非洲	澳大利亚/新西兰	加勒比海	印度洋小岛国	地中海	中东	北美	北欧	太平洋小岛国	南美	南亚/东亚
疾病爆发增多	o+	o	+		o+		o	o+			+
极端事件增多			+	-			+		+	+	+
陆地生物多样性丧失	o+			+	o+		o+	+	o+	+	o
海洋生物多样性丧失		+		o+	o+				+	o+	o+
政治不稳定	o+					+					+
海平面抬升		o	+	+	+		o+		o+		o+
由缓解政策导致的主要市场的旅行费用增加	o+	o	+	+					o+	+	
城市化					o		o				o
夏季变热	o+	o	+		o+		o+			o+	
冬季变热	o						o+	o+			
水资源安全	o+	o	+	+	o+	+	o+		+		

关键：+ 表示在 UNWTO et al. 2008 和 UNWTO and UNEP 2008 中被识别出；o 表示在 Gössling and Hall 2006d 中被识别出。

表 7.5　旅游领域具体的气候变化知识的相对水平和气候变化对旅游的预估影响（分地区）

区域	气候变化对旅游的预估影响	旅游领域具体的气候变化知识的相对水平
非洲	中度—高度负面影响	极其缺乏
亚洲	低度—中度负面影响	极其缺乏
澳大利亚和新西兰	中度—高度负面影响	缺乏—中等（大堡礁：高）
欧洲	低度—中度负面影响	中等（高寒地区：高）
拉丁美洲	低度—中度负面影响	缺乏
北美	低度负面影响	中等（海岸和滑雪区域：高）
极地地区	低度负面—低度正面影响	缺乏
小岛	高度负面影响	中等

来源：Gössling and Hall 2006a；Parry et al. 2007；UNWTO et al. 2008；Hall 2008b。

照片 7.4　新加坡樟宜国际机场。从这张照片，可以看见机场（亚洲最繁忙的机场之一）的一半，以及这个现代岛屿城市国家东部的一部分。作为全球交通枢纽，许多在这里起飞和降落的飞机都是往返欧洲、澳大利亚和东北亚（中国和日本）的长途航班。新加坡人居住在全世界土地面积较小的国家，但他们是最狂热的旅行者，这使得他们的碳足迹与美国和澳大利亚的碳足迹相当。改变我们人类旅行的愿望将会是未来几十年全世界面临的最大挑战之一。（**Alan A. Lew** 摄）

第七章 旅游的未来

另一条道路——虽然并不是反对旅游，但更为谨慎——表明，环境变化的影响，特别是全球变暖的影响，威胁着石油供给并增加了对旅游发展的环境影响的担忧。这些可能会导致缓和性的政府行动——寻求对旅游业施加更多的限制和控制。此外，这一更加谨慎的方法也表明，新能源和排放环境下的总体经济动荡也可能会影响人们的消费习惯，从而影响旅行和旅游习惯（例如 Monbiot 2006）。也许，对旅游业的未来而言，相当不幸的是，现实似乎是这样的：

> 现在的旅游基础设施中，绝大部分是受到近半个世纪以来的如下假设的影响：我们会有廉价的石油和能源，可以通过扩展容量来应对市场需求，以及这种基础设施供给的"预测和提供"假设将能满足交通需求。这样的假设不仅影响了基础设施建设，而且使得（发达）国家一代又一代的人们将远距离流动作为一种常态。
>
> （Cooper and Hall 2008：367-368）

照片 7.5 气候变化作为选举中的一个议题：2008 年新西兰竞选活动的竞选广告牌。作为和行动党（ACT Party）在选举后谈判的一部分，新的国家党（National Party）政府暂停了上一届政府的排放交易方案并且取消了对燃煤发电的禁令。（C.Michael Hall 摄）

然而，从环境变化研究和其他形式的与旅游相关的变化中传递出一个明确的消息，就是人、地方和企业可以调适（Gössling et al. 2009）。霍尔（Hall 2009a）指出，旅游企业生存和成长的能力可用作对个体弹性的衡量，也可用作目的地层面的系统弹性的潜在指标。例如，企业生存被公认为与这些企业的创新能力有关（Hall and Williams 2008），这通常涉及对它们所面临的变化着的物理环境、社会环境和经济环境的不同调适。因此，旅游企业调适和创新的能力是企业特征以及它们在旅游和创新系统中的嵌入性的产物（见案例2.4）。从全系统的角度来看，社会—生态系统（例如旅游目的地）的弹性，将会受到系统内的旅游企业的创新多元化的影响。这意味着，企业对针对系统的特定干扰具有不同的敏感性，例如，经济和社会变迁以及再结构化。这些不同的敏感性将会减少目的地应对这些干扰的脆弱性。正如本书多次提到的，变化是正常的过程。在企业和目的地的可持续性方面，最根本的问题，与其说是改变本身，不如说是——在没有损害对社会的、经济的和政治的福祉而言必不可少的自然资本的情况下——与系统的适应能力和发展能力相关的变化的幅度。

【案例7.5】

旅游企业调适模型

理解企业如何增加价值和自我组织，对了解旅游企业如何适应变化带来的挑战，尤其是环境变化带来的挑战，是很有帮助的。这可以通过企业的商业模式来实现。商业模式是一个概念工具，它包含一系列要素和它们之间的关系以允许某个特定的企业表达它的商业逻辑（Hall and Williams 2008）。"这是一种对一家公司为一类或多类顾客提供的价值的描述；也是一种对用来创造、营销、传递这种价值和关系资本以产生盈利和持续的收入来源的公司架构及其合作网络的描述"（Osterwalder et al. 2005：17-18）。

图7.1展示了旅游企业的创新价值创造点这一商业模式（Hall and Williams 2008）。创建这一参考模型的主要理念是，它能够识别出旅游企业间共有的领域、概念和关系，无论这些企业所处何方。然而，旅游业的服务面向还需考虑到大量的常见因素和维度。识别出如下的十一个维度：（1）

商业模式(参照整体方法);(2)网络和联盟;(3)保障流程;(4)服务设计和开发;(5)服务价值;(6)分销;(7)品牌;(8)服务场景;(9)顾客服务经验;(10)顾客满意度;(11)顾客忠诚度。应该注意的是,模型中许多因素彼此间密切相关。此外,还存在另一个维度,它通常被描述为商业战略——商业模式的所有元素被通盘考虑。需要指出的是,上述每一个维度都是企业层面创新和调适的机会。

这个模型表明,我们需要把可持续旅游创新理解为主要是基于企业组织和行为——创新的社会维度——而不是基于技术的利用。这个模型还说明,作为旅游系统中的行动者,可持续的企业应当是具有自生能力和盈利能力的,因为如果它们不复存在,也就谈不上可持续。然而,自生能力这一概念也意味着,对企业行为的概念化需要扩展,不仅仅是只对股东负责(关注短期回报);相反,需要从长期视角来理解回报。在某种意义上说,这个方法接近持续收益的概念,而不是即时满足。因此,正如创新一样,可持续旅游是社会建构的,因为它要求我们有全新的态度和测量方式,以及思考利润、成功和股东价值的方式。

来源:Hall 2009a。

四、总结和结论

本书概述了旅游的影响以及它们在有关旅游业的未来的关键时点上与经济、社会、环境变化之间的关系。旅游业不能再被视为"无烟"产业;在环保活动的总体水平和无害环境的替代方案的供给方面,它甚至落后于许多其他行业或消费领域(图 7.2)(Martens and Spaargaren 2005)。我们逐渐意识到,旅游业和其他的开发形式是一样的:它有它的成本和收益。但是,由于某些原因,旅游似乎常被看作是与众不同的,而且似乎也自认为与众不同。也许这是因为,至少大部分发达国家的绝大多数人口,当然还有本书的几乎所有读者,都曾做过游客。

→ 越来越以顾客为中心

价值链中的创新点	商业模式	网络和联盟	保障流程	服务设计和开发	服务价值	分销	品牌	服务场景	顾客服务经验	顾客满意度	顾客忠诚度
智力资本	企业如何赚钱且其是如何构成的	与其他企业和行动者的经济关系、知识关系	支持企业的核心流程和员工	服务开发的结构和系统。将服务与细分市场相匹配	在产品方面为顾客和消费者创造价值	产品供给如何进入市场	与产品、价值和期望相关联的所有信息的符号化体现	服务和品牌展现的实物证据	在共创点、生产点上顾客所拥有的经历	随着时间的推移,顾客对体验的满意度水平	与顾客的长期关系
创新能力和潜力	商业模式,包括所有权结构、支付和现金流系统,以及区位	新的行动者关系创造新的经济和社会资本。新的供应链也影响产品供给	提高员工满意度、留职意向和生产率	新的服务设计,包括服务蓝图、内部服务质量过程评估和市场细分	新的服务和为顾客新增价值的方式	新渠道的利用、渠道和中间人的组合	利用新的方法来沟通产品并创造品牌价值	开发和设计新的服务场景,包括虚拟世界	提供新的体验	跟踪顾客满意度	顾客关系管理战略
潜在的与可持续性相关的企业创新的例子	以地方为基础的所有权强化本地的供应链	发展本地的供应链可以最小化供应链	通过减少能源消耗和浪费来提高生产力	可以通过设计服务来减少排放和更有效地利用能源	新的绿色服务可以吸引新的顾客,并创造新的企业产品	开发排放低和能源需求低的分销渠道	在企业和目的地尺度上利用品牌来强调正面的环境价值	设计可以让措施具体化以减少排放和能源使用,并提升体验	对以往经验的了解可有助于采取顾客能接受的环保措施	对顾客满意度的了解可以更好地形成环保成本以提高单位顾客的产出	忠诚的顾客会成为企业绿色商业活动的拥护者

来源:Hall 2009a,据 Hall and Williams 2008 修改。

图 7.1　与可持续性相关的旅游企业的创新价值创造点

第七章 旅游的未来

由于这个原因，旅游业受制于某种类似于哈丁的"公地悲剧"（Hardin 1968）的东西，即由于对某个有限资源的免费使用和无限制需求，最终因为过度开发而在结构上毁灭了这一资源。在哈丁的文章中，以及在旅游世界里，"解决方案"一直是通过各种方式管理"公地问题"，例如法规、适用"污染者付费"原则、甚至将以往不受管制的公共资源企业化和私有化。在某些"公地"资源（例如空气和大海）的情况下，管制和"污染者付费"政策经常受到旅游业的极大抵制。旅游行业通常用更广义的"公共品"——他们的经济活动产生的就是"公共品"——作为理由来要求减少监管。当然，这样的观点是毫无意义的，因为所有的企业通过购买和雇佣能力使之成为一个"公共经济品"，然而，即便是公共物品（例如空气和道路）仍需有效地管理以避免过度使用而遭退化。

就个体游客而言，极为可能的情况是，他们中很少有人会故意滥用他们所参观的目的地和他们所消费的社会和环境资源。逐渐地，人们甚至开始追求对环境和社会友好的旅游购买决策。正如在"公地悲剧"中的那样，旅行者个体通常不相信他们的消费会带来负面影响。事实上，大多数人可能会认为，作为一个游客，他们对旅游目的地是有好处的，因为能带来就业。然而，正是所有个体游客的消费决策的加总在导致经济、社会和环境方面的挑战。

不幸的是，并没有轻松的方案能解决这些挑战，因为阻止人们出游将只能产生政治问题，而且只会让所有的消费（和随之而来的污染）转移到其他地方。反而，解决之道就在哈丁的那篇著名的文章的副标题上："它需要道德的根本延伸"。很显然，这一问题不仅仅关乎旅游，也根植于自我反思方面的道德观，对我们消费何物以及为何消费的自觉思考，以及如何可以鼓励为了共同利益的合作（Ostrom et al. 1999）。毫无疑问，为了更好地理解我们如何才能做到这一点，在旅游领域，我们已经采取了一些措施。但是，除了一些"孤例"，旅游既没有成为"和平力量"也没有实现可持续性和生态旅游的初始愿景。相反，旅游的大部分已经成为或正在成为一种"漂绿行为"。

照片 7.6 英国西德茅斯（Sidmouth）。为了保护西德茅斯度假胜地的沙滩，已建有大型防波堤以减少风暴对海岸的影响。作为气候变化的结果，日益增多的风暴和日益抬升的海平面意味着其他的许多海滨度假地将需要利用昂贵的工程措施来保护海岸。（C. Michael Hall 摄）

阶段1：对需求的确认和认可　　阶段2：替代方案的产生和供给　　阶段3：高水平的调适　　阶段4：标准化

产业环保水平提升的各个阶段
（通过无害环境的消费替代方案的供给与调适）

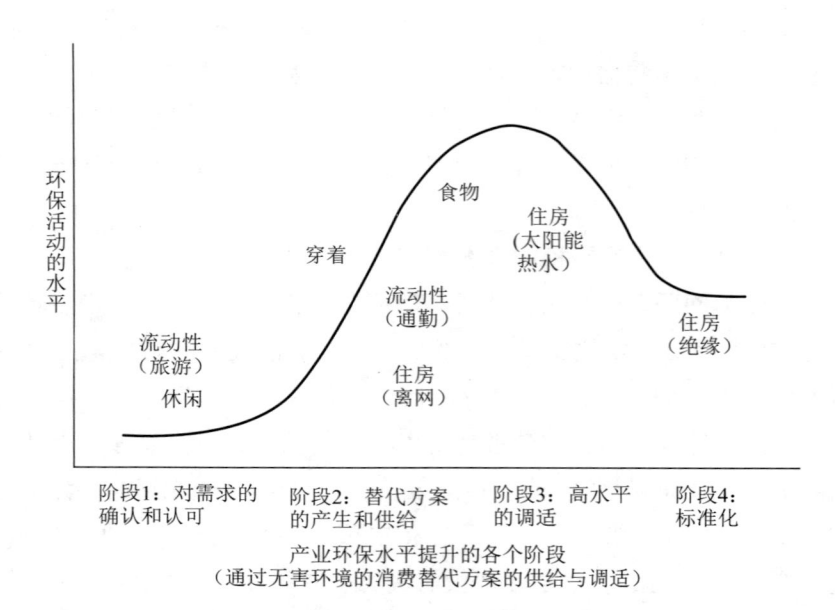

图 7.2　环保活动的相对水平和不同消费领域无害环境的替代方案的供给与调适

接下来，该做什么？如果旅游的商业运作要对这个星球以及整个行业的可持续性做出贡献的话，那么，至关重要的是，旅游的积极影响和消极影响是什么要获得更广泛的公众认同，并因此将旅游业视为更宏大的社会—经济系统和生物物理系统的一部分。修改一下古德兰德和戴利（Goodland and Daly 1996：1002）的研究，我们可以发现，可持续旅游发展是不需要在再生和吸收能力之外新增任何物质和能源吞吐量的旅游发展。虽然通常被认为是服务行业，旅游业仍然消耗了实实在在的物品。为了减少环境足迹，旅游业需要成为循环经济（而不是线性经济）的一部分。这样可以减少原材料和能量的输入，以及需要处理的以排放物和废物形式存在的输出。这种变化通常被归类为可持续消费，也类似于稳态经济的概念（Hall 2009c）（见案例7.6）。

在旅游系统中，主要有两种改变力量在鼓励这种方法（见图7.3）。第一种是效率方法，它致力于通过更有成效地使用材料来降低消耗速度。这种方法将更多注意力放在回收利用、更高效地利用能源、以及减少排放上，但在其他方面却"一切照旧"。这样的例子包括波音和空客在努力生产更节能的飞机。第二种方法可以被称为"缓慢消耗法"。它主要由消费者引导，但也受不同尺度的治理下的政策动议的影响。包括：

● 在地区、国家和国际尺度上环境标准的发展，例如"北欧天鹅"标签（Bohdanowicz 2006）。

● 诸如农贸市场和"百英里饮食"等本土化计划。它们通过本地采购提升潜在的经济、社会和环境效益，并且可能从本地政府那里得到实质性的支持（Hall et al. 2008；Hall and Sharples 2008）。

● 通过合乎道德的和负责任的旅游的伦理消费（Goodwin and Francis 2003）。

● 所谓的"新消费政治"，例如"文化恶搞"和"反消费主义"（Ropke and Godsaken 2007）。

第二种方法的重要例子包括"慢食运动"（Hall and Sharples 2008；Miele 2008）和"公平贸易运动"（Clevedon and Kalisch 2000；Goodwin and Francis 2003）。诚然，也曾有组织尝试将两种方式的各种元素结合起来，就像石油峰值与能源安全行业工作小组（ITPOES 2008）在应对石油峰值问题上的立场一样。产品寿命的提高、能源使用的减少也能促进效率和自给自足率（Cooper 2005；Jackson2005）。这包括更有效地使用原料（例如同样数量的原料，但提供更长时间的服务）和放缓消耗（例如降低产品更换的频率；另外，就旅游而言，缩短旅行的距离——即所谓的"居家度假"的方法）。这种生命周期的思考也被引入其他部门，例如制造业，但就旅游业来说，是时候开始考虑这方面的做法了。

不断上升的能源成本，特别是用于交通运输的石油成本，为变化提供了一个外部因素。正如壳牌公司前主席罗恩·奥克斯伯格勋爵在石油峰值与能源安全行业工作小组（ITPOES）有关石油峰值的报告的前言中所写的那样：

> 今天的高油价正在给世界传递一个只用言语无法传达的信息，即：我们不仅正在远离一个廉价能源的时代，我们还必须彻底挥别化石燃料。这次，"正确的即是权宜的"——我们知道我们必须停止燃烧化石燃料，因为它们造成不可逆转的环境破坏，并且现在这样做的成本可能会更低！问题是，在发达国家，电力和交通基础设施几乎完全基于化石燃料。带着最美好的愿望，用世界上最好的技术，完成这种改变仍需几十年的努力。

（ITPOES 2008：3）

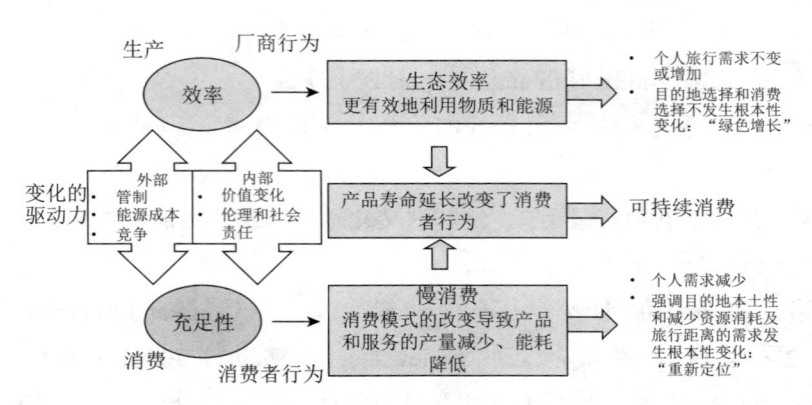

图 7.3 迈向可持续的旅游消费（Hall 2007f）

可持续旅游消费并不必然意味着人们减少外出旅行,尽管长途航空旅行可能会有减少,但它也意味着人们的本地旅行会增多。并且,当人们做长途旅行时,他们可能会停留更长的时间,从而在排放和能源消耗方面减少他们的旅行所带来的整体的环境影响。虽然一些远离客源市场的目的地将受到影响,但很多目的地则会受益。

【案例7.6】

走向稳态旅游?

可持续旅游发展是指不需要在再生能力和吸收能力之外新增任何物质和能源吞吐量的旅游发展。基于这个概念,霍尔(Hall 2009c)认为,我们需要在稳态经济下聚焦旅游业发展,我们可以将之称为"稳态旅游"。正如我们当前所测算的那样,大部分的旅游增长与大部分一般的经济增长一样,在目前的利润率下是不经济的。戴利(Daly 2008:2)评论道:

> 增长型经济正在走向失败。换句话说,经济子系统在数量上的扩张使得环境和社会成本的增加速度比生产效益的增长速度更快,这使我们更加贫穷而不是更加富裕,至少在高消费国家是这样的。在已知边际效用递减法则和边际成本递增法则的情况下,这不应该是未曾预计到的……很难确定现在的增长所新增的成本会高于新增的收益,因为在国民账户中,我们并不愿费心将成本从收益中分离。相反,我们把它们混在一起作为"经济活动"计算入国内生产总值。

因此,稳态旅游是一个旅游系统——它鼓励质的发展,而不是将损害自然与人力资本的量的增长加总(Hall 2009c)。稳态经济,包括在目的地层级的稳态经济,可以被定义为:"恒定的流量(吞吐量)维持在一个可持续的(低)水平上,可自如地进行规模调整的人口和资本存量能被始于消耗、终于污染的流量(吞吐量)所维持。"(Daly 2008:3)。这样的做法有意识地寻求在任何一组国家或地区的经济账户(包括卫星账户)中将增长的成本变得透明（见第三章）。此外，游客人数也将会被包括在对当地人口存量的评估中。

霍尔（Hall 2009c）认为，可持续旅游的政策应着眼于在边际成本等于边际收益时停止旅游继续增长。然而，大部分对旅游的思考，即使承认经济成本的存在，都还没有充分考虑到经济增长的边际效益在多大程度上与成本相关。相反，"任何对人工或自然资本的消耗，都必须在计算收入时减掉"（Daly 2008：10）。霍尔（Hall 2009c）认可气候变化和应对全球贫困的挑战是旅游业面临的两大难题；但认为联合国世界旅游组织和世界银行等组织的"解决方案"是错误的。相反，不考虑环境变化而促进中、长途距离的旅游只会继续使用稀缺的能源资源并增加排放。这会导致全球变暖，并最终消耗自然资本，特别是当人口增长的速度和人均旅游流动性超过了目前旅游业所取得的环境效率时。若想要实现真正的可持续发展，人力资本的扩张不能以牺牲自然资本为代价。在"经济主义"的主导信条——增长终归是好事——之下，发达国家以及新兴工业化国家应继续尽快增长来为穷人提供市场并积累资本以投资于欠发达世界（假设国内生产总值的增长实际上是合理地分布在这些国家的）。与之相对应的是，稳态的方法则侧重于在人力资本和自然资本的约束下控制合理的经济规模。稳态方法表明，发达国家"应减缓它们的吞吐量增长以腾出资源和生态空间供贫穷国家使用；与此同时，将国内力量集中在可以与贫穷国家免费分享的开发、技术和社会进步上（Daly 2008：2）。

因此，这将我们带回到本书的开端和把旅游业作为一个系统来理解的需要。最后的一章突显了——在组织角色和致力于在不同的价值立场之间寻找共同点方面——理解旅游影响的综合方法的重要性。本章，即便不是整本书，突显了将我们对可持续性的理解整合进我们规划、管理和思考（对本学科的学生而言，非常重要）旅游的整体进路中的重要性。对旅游及其影响的研究和思考需要将我们对访客消费的研究兴趣从购买点拓展到旅游产品和体验的整个生命历程的所有阶段，从产生到结束，从构想到最终支配。理解旅游对地方的影响依然是重要的，但我们越来越意识到，影响不仅发生在景区或目的地,而是发生在旅游消费的整个过程中。

旅游是一个重要的产业。但是,是时候超越旅游业是世界上"增长最快的产业"或"最大的产业"这样的宣传标语了;而应该对它与经济、社会和环境的关系作出更加均衡、系统、综合的评价。在此之前,旅游业影响可持续变化的长期潜力是无法实现的。

五、复习题

1. 预见研究的主要方法有哪些?
2. 技术进步可能会如何影响未来的旅行和旅游?
3. 为什么石油供给是国际旅游如此重要的议题?
4. 为什么难以预测气候变化对目的地旅游流的影响?
5. 2008年11月,马尔代夫的第一位民选总统穆罕默德·纳希德宣布,该国将开始将每年数十亿美元的旅游收入的一部分用于在另一个国家购买新的家园——作为应对气候变化的保险政策。气候变化恐将使30万岛民沦为环境难民(Ramesh 2008)。利用产生大量排放的国际旅游业来做这样的事(到另一个国家购买新的家园),在多大程度上是合乎道德的?

六、延伸阅读推荐

Gössling, S., Hall, C.M. and Weaver, D. (eds) (2009) *Sustainable Tourism Futures: Perspectives On Systems, Restructuring and Innovations*, New York: Routledge.

好几章讨论了实现可持续旅游的一些维度。

Gössling, S. and Hall, C.M. (eds) (2006) *Tourism and Global Environmental Change*, London: Routledge.

旅游和全球环境变化之关系的最全面的解释。

Hall, C.M. (2005) *Tourism: Rethinking the Social Science of Mobility*, Harlow: Prentice-Hall.

最后四章涉及旅游业的未来以及旅游研究的未来。

Lew, A.A. (2009) 'Long tail tourism: new geographies for marketing niche tourism products', *Journal of Travel and Tourism Marketing* 25 (3/4) : 409-419.

提供 Web 2.0 技术和社交媒体的概述及其在互联网旅游营销中的应用。

Monbiot, G. (2006) . *Heat: How to Stop the Planet Burning*, London: Allen Lane.

为与气候变化和可持续未来的可能性有关的议题（包括被描述为"爱情里程"的航空与旅游议题），提供一份具有挑战的阅读材料。

七、网络资源

石油和天然气峰值研究协会（Association for the Study of Peak Oil and Gas［ASPO］）：http://www.peakoil.net/

瑞典皇家科学院能源委员会（Energy Committee at the Royal Swedish Academy of Sciences［ECRSAS］）：http://www.kva.se/KVA_Root/eng/society/energy/index.asp?br=ns&ver=6up

美国能源情报署（Energy Information Administration［EIA］，美国官方能源统计数据）：http://www.eia.doe.gov/

国际航空运输协会（International Air Transport Association［IATA］）：http://www.iata.org/index.htm

国际能源署（International Energy Agency［IEA］）：http://www.iea.org/

石油危机后的生活：你处理现实还是现实处理你（Life after the Oil Crash: Deal with Reality or Reality Will Deal with You）：http://www.life after the oil crash.net/

石油峰值和新闻留言板（Peak Oil News and Message Boards，石油峰值的社区门户网站）：http://www.peakoil.com/

英国石油峰值和能源安全行业特别工作组（UK Industry Taskforce on Peak Oil and Energy Security）：http://peakoil.solarcentury.com/

航空交通运输行动组织（Air Transport Action Group）：http://www.

environ.aero

虚拟世界中的旅游地（Tourism Place in Second Life；连接虚拟世界）：http://snipr.com/5k33e

《地理杂志》(*Geographical Magazine*)，"旅游的未来"专题（2008年12月）。英国皇家地理学旗下的杂志的这一期致力于探讨旅游的未来：http://www.geographical.co.uk/Home/index.html

八、关键概念与定义

适应能力：调适能力是一个系统成功地应对气候变异和气候变化的能力和潜力，并包括行为、资源与技术的调整。

石油峰值：是指这样的一个时间点：在这个时间点上，考察中的任何地区（例如从一个具体的地点到全球尺度）的石油生产达到最大额；在这个时间点之后，石油生产速度则逐步下降；在通常情况下，生产成本也日渐昂贵。

稳态旅游：稳态旅游是一个旅游系统——它鼓励质的发展，而不是将损害自然与人力资本的量的增长加总。

稳态目的地经济：恒定的流量（吞吐量）维持在一个可持续的（低）水平上，可自如地进行规模调整的人口存量、访客数量、自然资本和人力资本能被始于消耗、终于污染的流量（吞吐量）所维持。"

可持续旅游发展：不需要在再生能力和吸收能力之外新增任何物质和能源吞吐量的旅游发展。

临界点：一个节点，超越这个点后，自然系统或其他系统的属性发生显著的且不可逆转的变化。

不可预测事件：影响高、概率非常低的事件。

社交媒体：基于互联网的能够促成社群的生成的工具，包括论坛、音频和视频播客、有空间评论的博客、分享照片和故事的网站以及产品评论的网站。

参考文献

Aa, B.J.M. van der, Groote, P.D. and Huigen, P.P.P. (2004) 'World heritage as NIMBY: the case of the Dutch part of the Wadden Sea', *Current Issues in Tourism,* 7(4-5): 291-302.

Ackerman, F. and Stanton, E. (2006) *Climate Change - The Costs of Inaction.* Report to Friends of the Earth England, Wales and Northern Ireland, Global Development and Environment Institute, Tufts University.

Adger, W.N., Agrawala, S., Mirza, M.M.Q., Conde, C., O'Brien, K., Pulhin, J. et al. (2007) 'Assessment of adaptation practices, options, constraints and capacity', in M.L. Parry, O.F. Canziani, J.P. Palutikof, P.J. van der Linden and C.E. Hanson (eds) *Climate Change 2007: Impacts, Adaptation and Vulnerability,* Cambridge: Cambridge University Press.

Agrawala, S. (2007) *Climate Change in the European Alps: Adapting Winter Tourism and Natural Hazard Management,* Paris: OECD.

Airbus (2008) Airbus foresees demand for some 24,300 aircraft in the next 20 years, Press Release, 7 February, ttp://www.airbus.com/en/presscentre/pressreleases/press releases_items/08_02_07_airbus_forecast_2008.html

Alcamo, J., Moreno, J.M., Nováky, B., Bindi, M., Corobov, R., Devoy, R.J.N. et al. (2007) 'Europe', in M.L. Parry, O.F. Canziani, J.P. Palutikof, P.J. van der Linden and C.E. Hanson (eds) *Climate Change 2007: Impacts, Adaptation and Vulnerability,* Cambridge: Cambridge University Press.

Amelung, B. and Viner, D. (2006) 'Mediterranean tourism: exploring the future with the tourism climatic index', *Journal of Sustainable Tourism,* 14: 349-66.

Anderson, M.R. (1996) 'Human rights approaches to environmental protection: an overview', in A.E. Boyle and M.R. Anderson (eds) *Human Rights Approaches to Environmental Protection,* pp. 21-2, New York: Oxford University Press.

Andrews, S. and Udall, R. (2008) Peak Oil: 'It's the Flows, Stupid!', 12 May. Association for the Study of Peak Oil and Gas - USA. Energy Actions for a Healthy Economy and a Clean Environment, http://www.aspo-usa.com/index.php?option=com_content& task=view&id=370&Itemid=91

Ang, A. (2008) 'Tibet tourism plunges in the wake of protests', *USA Today,* 19 May, http://www.usatoday.com/travel/destinations/2008-05-19-tibet-protests_N.htm

Anisimov, O.A., Vaughan, D.G., Callaghan, T.V., Furgal, C., Marchant, H., Prowse, T.D. et al. (2007) 'Polar regions (Arctic and Antarctic)', in M.L. Parry, O.F. Canziani, J.P. Palutikof, P.J. van der Linden and C.E. Hanson (eds) *Climate Change 2007: Impacts, Adaptation and Vulnerability,* Cambridge: Cambridge University Press.

Archer, B.H. (1982) 'The value of multipliers and their policy implications', *Tourism Management,* 3: 236-41.

Arctic Climate Impacts Assessment (ACIA) (2005) *Impacts of a Warming Arctic: Arctic Climate Impacts Assessment,* Cambridge: Cambridge University Press.

Arkell, J. (2003) Background paper on GATS issues. Presented at Commonwealth Business Council, Symposium on Trade Policy Challenges in East Asia: The New Regionalism and the WTO, 20 February.

Ashworth, G.J. and Kuipers, M J. (2001) 'Conservation and identity: a new vision of pasts and futures in the Netherlands', *European Spatial Research Policy,* 8(2): 55-65.

Ashworth, G.J. and Tunbridge (2004) 'Whose tourist-historic city? Localizing the global and globalizing the local', in A.A. Lew, C.M. Hall and A.M. Williams (eds) *Companion to Tourism,* London: Blackwell.

Ateljevic, I. and Doorne, S. (2000) 'Staying within the fence: lifestyle entrepreneurship in tourism', *Journal of Sustainable Tourism*, 8(5): 378-92.

Australian Bureau of Statistics (2006) *Innovation in Australian Business 2005, Catalogue no 8158.0,* Canberra: Australian Bureau of Statistics.

——(2007) *ABS Catalogue no. 8158.0,* Canberra: Australian Bureau of Statistics.

Ausubel, J.H., Marchetti, C. and Meyer, P. (1998) 'Toward green mobility: the evolution of transport', *European Review,* 6(2): 137-56.

Baade, R. and Matheson, V. (2002) 'Bidding for the Olympics: fool's gold?' in C. Barros, M. Ibrahimo and S. Szymanski (eds) *Transatlantic Sport,* London: Edward Elgar.

Badalamenti, F., Ramos, A.A., Voultsiadou, E., Sánchez Lizaso, J.L., D'anna, G., Pipitone, C. et al. (2000) 'Cultural and socio-economic impacts of Mediterranean marine protected areas', *Environmental Conservation,* 27: 110-25.

Baggio, R. (2007) Symptoms of complexity in a tourism system, arXiv:physics/0701063v2 [physics. soc-ph]

Baker, D. and Refsgaard, K. (2007) 'Institutional development and scale matching in disaster response management', *Ecological Economics,* 63(2-3): 331-43.

Bartlett, R.V. and Kurian, P.A. (1999) 'The theory of environmental impact assessment: implicit models of policy making', *Policy and Politics,* 27(4): 415-33.

Baum, T. (2006) *Human Resource Management for the Tourism, Hospitality and Leisure Industries: An International Perspective,* London: Thompson.

BBC News (2004) 'What makes Heritage List and why?' *BBC News,* 1 July, http://news.bbc.co.uk/l/hi/world/asia-pacific/3858079.stm (accessed 18 February 2008).

——(2006) 'Trump "in talks" over development', *BBC News,* 12 January, http://news.bbc.co.uk/2/hi/uk_news/scotland/4607062.stm (accessed 25 January 2006).

——(2007a) 'Tibet tourism "hits record high", *BBC News, Asia-Pacific*, 17 December, http://news.bbc.co.uk/2/hi/asia-pacific/7147366.stm

——(2007b) 'Scheme to boost beaver population', *BBC News,* 1 October, http://news.bbc.co.uk/2/hi/uk_news/scotland/glasgow_and_west/7021983.stm

——(2007c) 'Trump's £1bn golf plan rejected', 29 November, http://news.bbc.co.uk/2/hi/uk_news/scotland/north_east/7118105.stm (accessed 3 December 2007).

——(2007d) 'Trump's £1 bn resort plan "dead"', 2 December, http://news.bbc.co.uk/2/hi/uk_news/scotland/north_east/7123779.stm (accessed 3 December 2007).

——(2007e) 'Ministers to decide Trump plans', 5 December, http://news.bbc.co.uk/2/hi/uk_news/scotland/north_east/7127760.stm (accessed 22 December 2007).

——(2007f) 'Rudd unveils Barrier Reef plan', 29 October, http://news.bbc.co.uk/2/hi/asia-pacific/7067158.stm (accessed 29 October 2007).

——(2008a) 'Tourism crash threatens big cats', *BBC News,* 29 April, http://news.bbc.co.uk/go/pr/fr/-/2/hi/science/nature/7372298.stm

——(2008b) 'Senegal city is "most threatened"', *BBC News,* 13 June, http://news.bbc.co.uk/2/hi/africa/7452352.stm

——(2008c) 'Trump "signals a new local era"', 5 November, http://news.bbc.co.uk/2/hi/uk_news/scotland/north_east/7710375.stm (accessed 5 November 2008).

——(2008d) 'Trump's £1bn golf resort approved', 3 November, http://news.bbc.co.uk/2/hi/uk_news/scotland/north_east/7700074.stm (accessed 4 November 2008).

——(2008e) 'Trump golf inquiry in full swing', 10 June, http://news.bbc.co.uk/2/hi/uk_news/scotland/north_east/7444123.stm (accessed 14 June 2008).

——(2008f) 'Emirates profit sinks on oil cosf', *BBC News,* 10 November, http://news.bbc.co.uk/2/hi/business/7719620.stm (accessed 10 November, 2008).

Becken, S. (2005) 'Harmonizing climate change adaptation and mitigation. The case of tourist resorts in Fiji', *Global Environmental Change - Part A,* 15(4): 381-93.

Becker, H.A. (2000) 'Social impact assessment', *European Journal of Operational Research,* 128(2): 311-21.

Becker, H.A. and Vanclay, F. (eds) (2003) *The International Handbook of Social Impact Assessment: Conceptual and Methodological Advances,* Cheltenham: Edward Elgar.

Beeton, S. (2005) *Film-Induced Tourism,* Clevedon: Channel View Publications.

Beeton, S. and Benfield, R. (2002) 'Demand control: the case for demarketing as a visitor and environmental management tool', *Journal of Sustainable Tourism,* 10(6): 497-513.

Beldona, S. (2005) 'Cohort analysis of online travel information search behavior: 1995-2000', *Journal of Travel Research,* 44(2): 135-42.

Bell, C. and Lewis, M. (2005) 'The economic implications of epidemics old and new', Centre for Global Development Working Paper No. 54, Washington, DC: Centre for Global Development.

Bendor, J. (1995) 'A model of muddling through', *American Political Science Review,* 89(4): 819-40.

Bergal, J., Hiles, S.S. and Koughan, F. (2007) *City Adrift: New Orleans Before and After Katrina,* Baton Rouge: Louisiana State University Press.

Berger, J. (2007) 'Fear, human shields and the redistribution of prey and predators in protected areas', *Biology Letters,* 3(6): 620-3.

BEUC (2008) Airline tickets on the internet: fair practices are still to take off/ Billets d'avion sur Internet: Ça vole bas! BEUC Press Release, PR 023/2008, 8 May.

Biosecurity Strategy Development Team (2001) *A Biosecurity Strategy for New Zealand, Strategy Vision Framework Background Paper for Stakeholder Working Groups,* Wellington: Biosecurity Strategy Development Team.

Blair, J. (1995) *Local Economic Development: Analysis and Practice,* Thousand Oaks, CA: Sage.

Boden, M. and Miles, I. (2000) *Services and the Knowledge-based Economy,* London: Continuum.

Boeing (2007) *Current Market Outlook 2007: How Will You Travel Through Life,* Seattle: Boeing Commercial Airplanes, Market Analysis.

Bohdanowicz, P. (2006) 'Environmental awareness and initiatives in the Swedish and Polish hotel industries—survey results', *International Journal of Hospitality Management,* 25(4): 662-82.

——(2009) 'Theory and practice of environmental management and monitoring in hotel chains', in S. Gössling, C.M. Hall and D. Weaver (eds) *Sustainable Tourism Futures: Perspectives on Systems, Restructuring and Innovations,* New York: Routledge.

Boko, M., Niang, I., Nyong, A., Vogel, C., Githeko, A., Medany, M. et al. (2007) 'Africa', in M.L. Parry, O.F. Canziani, J.P. Palutikof, P.J. van der Linden and C.E. Hanson (eds) *Climate Change 2007: Impacts, Adaptation and Vulnerability,* Cambridge: Cambridge University Press.

Boyd, S.W. and Butler, R.W. (1996) 'Managing ecotourism: an opportunity spectrum approach', *Tourism Management,* 17(8), 557-66.

Boyle, P., Halfacree, K. and Robinson, V. (1998) *Exploring Contemporary Migration,* Harlow: Addison Wesley Longman.

Bradley, D.J. (1989) 'The scope of travel medicine: an introduction to the conference on international travel medicine', in R. Steffen, H.O. Lobel and J. Bradley (eds) *Travel Medicine: Proceedings of the First Conference on International Travel Medicine, Zurich, Switzerland, April 1988,* Berlin: Springer-Verlag.

Brandon, K. (1996) *Ecotourism and Conservation: A Review of Key Issues,* Environment Department Paper no.33. Washington DC: World Bank.

Bread Not Circuses (1998a) *Bread Alert! (E-mail edition)* 2(2) February 20.

——(1998b) *Bread Alert! (E-mail edition)* 2(3) February 26.

Brimblecombe, P. (1987) *The Big Smoke: A History of Air Pollution in London Since Medieval Times,* London: Routledge.

Brinkley, D. (2006) *The Great Deluge: Hurricane Katrina, New Orleans, and the Mississippi Gulf Coast,* New York: Morrow.

Britton S. (1991) 'Tourism, capital, and place: towards a critical geography of tourism', *Environment and Planning D: Society and Space,* 9(4) 451-78.

Brown, D. and Reeder, R. (2005) 'Rural areas benefit from recreation and tourism development', *Amber Waves* (September), http://ers.usda.gov/AmberWaves/September05/Features/RuralAreasBenefit.htm (accessed 28 February 2008).

Brown, L. (1981) *Building a Sustainable Society,* New York: W.W. Norton.

Bryman, A., Bytheway, B., Allatt, P. and Keil, T. (1987) 'Introduction', in A. Bryman, B. Bytheway, P. Allatt and T. Keil (eds) *Rethinking the Life Cycle,* Basingstoke: Macmillan.

Budowski, G. (1976) 'Tourism and conservation: conflict, coexistence or symbiosis', *Environmental Conservation,* 3(1): 27-31.

Bull, A. (1994) *The Economics of Travel and Tourism,* 2nd edn, South Melbourne: Longman Australia.

Burdge, R.J. (2002) "Why is social impact assessment the orphan of the assessment process?' *Impact Assessment and Project Appraisal,* 20(1): 3-9.

Butler, R.W. (ed.) (2006a) *The Tourism Life Cycle. Vol.1, Applications and Modifications,* Clevedon: Channel View Publications.

——(2006b) *The Tourism Life Cycle, Vol.2, Conceptual and Theoretical Issues,* Clevedon: Channel View Publications.

Butler, R.W. and Waldbrook, L.A. (2003) 'A new planning tool: the Tourism Opportunity Spectrum', *Journal of Tourism Studies,* 14(1): 21-32, http://www.jcu.edu.au/busitiess/idc/groups/public/documents/joumal_article/jcudev_012854.pdf (accessed 8 May 2008).

Buultjens, J., Ratnayake, I., Gnanapala, A. and Aslam, M. (2005) 'Tourism and its implications for management in Ruhuna National Park (Yala), Sri Lanka', *Tourism Management,* 26(5): 733-42.

Candela, G., Figini, P. and Scorcu, A.E. (2005) *The Economics of Local Tourist Systems,* Nota di Lavoro 185.2005. Milan: Fondazione Eni Enrico Mattei.

Carlsen, J. (1999) 'A systems approach to island tourism destination management', *Systems Research and Behavioral Science,* 16(4): 321-7.

Carlton, J.T. (1999) 'The scale and ecological consequences of biological invasion in the World's oceans', in O.T. Sandlund, P.J. Schei and Á. Viken (eds) *Invasive Species and Biodiversity Management,* Dordrecht: Kluwer.

Carroll, R. (2008) 'Tourism curbed in bid to save Galapagos haven', The Observer, 12 October, http://www.guardian.co.uk/travel/2008/oct/12/galapagosislands-travelnews

Carson, R. (1962) *Silent Spring,* New York: Houghton Mifflin.

Caton, K. and Santos, C.A. (2007) 'Heritage tourism on Route 66: deconstructing nostalgia', *Journal of Travel Research,* 45(4): 371-86.

CBS (2005) *Poll: Katrina Response Inadequate,* http://www.cbsnews.com/stories/2005/09/08/opinion/polls/main824591.shtml (accessed August 23, 2006)

Ceballos-Luscarain, H. (1990) 'La Ruta Maya: a transfrontier ecocultural tourist circuit in the Yucatan region', in J. Thorsell (ed.) *Parks on the Borderline: Experiences in Transfrontier Conservation,* Gland, Switzerland: IUCN.

Centre on Housing Rights and Evictions (COHRE) (2007) *Fair Play for Housing Rights. Mega-Events, Olympic Games and Housing Rights. Opportunities for the Olympic Movement and Others,* Geneva: COHRE.

Ceron, J-P. and Dubois, G. (2003) 'Tourism and sustainable development indicators: the gap between theoretical demands and practical achievements', *Current Issues in Tourism,* 6(1): 54-75.

Chan, W.W. and Lam, J.S. (2000) 'The lodging industry's contribution to Hong Kong's gross domestic product', *International Journal of Contemporary*

Hospitality Management, 12(2): 86-98.

Chang, T.C. (2000) 'Singapore's Little India: a tourist attraction as a contested landscape', *Urban Studies,* 37(2): 343-66.

Chang, T.C. and Huang, S. (2004) 'Urban tourism: between the global and the local', in A.A. Lew, C.M. Hall and A.M. Williams (eds) *Companion to Tourism,* London: Blackwell.

Chape, S., Blyth, S., Fish, L., Fox, P. and Spalding, M. (compilers) (2003) *2003 United Nations List of Protected Areas,* Gland and Cambridge: IUCN and UNEP-WCMC.

Chen, A. (2007) 'For Olympics in China, a dizzying hotel boom', *International Herald Tribune,* 22 August 2007, http://www.iht.com/articles/2007/08/22/travel/trbeijing.php (accessed 28 February 2008).

Chemushenko, D. (1994) *Greening our Games: Running Sports Events and Facilities that Won't Cost the Earth,* Ottawa: Centurion.

China National Tourism Organization (CNTO) (2007) China Tourism Statistics, http://www.cnto.org/chinastats.asp#transport (accessed 27 February 2008).

Christ, C., Hilel, O., Matus, S. and Sweeting, J. (2003) *Tourism and Biodiversity: Mapping Tourism's Global Footprint,* Washington, DC: Conservation International.

Clark, W. and Munn, R.E. (eds) (1986) *Ecologically Sustainable Development of the Biosphere,* New York: Cambridge University Press.

Clarke, J.N. and McCool, D. (1985) *Staking Out the Terrain: Power Differentials Among Natural Resource Management Agencies,* Albany: State University of New York Press.

Clevedon, R. and Kalisch, A. (2000) 'Fair trade in tourism', *International Journal of Tourism Research,* 2(3): 171-87.

Cliff, A. and Haggett, P. (2004) 'Time, travel and infection', *British Medical Bulletin,* 69: 87-99.

Cohen, E. (1979) 'A phenomenology of tourist experiences', *Sociology,* 13: 179-

201.

Cohen, M.P. (1984) *The Pathless Way: John Muir and American Wilderness,* Madison: University of Wisconsin Press.

Cole, S. (2007) 'Beyond authenticity and commodification', *Annals of Tourism Research,* 34(4): 943-60.

Coles, T.E. (2008) 'Introduction: tourism and international citizenship and the state: hidden features in the internationalization of tourism', in T.E. Coles and C.M. Hall (eds) *International Business and Tourism: Global Issues, Contemporary Interactions,* London: Routledge.

Coles, T.E. and Hall, C.M. (eds) (2008) *International Business and Tourism: Global Issues, Contemporary Interactions,* London: Routledge.

Coles, T.E. and Timothy, D. (eds) (2004) *Tourism, Diasporas and Space,* London: Routledge.

Coles, T.E., Duval, D. and Hall, C.M. (2004) 'Tourism, mobility and global communities: new approaches to theorising tourism and tourist spaces', in W. Theobold (ed.) *Global Tourism,* 3rd edn, Oxford: Heinemann.

Coles, T.E., Hall, C.M. and Duval, D. (2005) 'Mobilising tourism: a post-disciplinary critique', *Tourism Recreation Research,* 30(2), 31-41.

Colten, C.E. (ed.) (2000) *Transforming New Orleans and Its Environs: Centuries of Change,* Pittsburgh, PA: University of Pittsburgh.

Colten, C.E. (2005) *An Unnatural Metropolis: Wrestling New Orleans from Nature,* Baton Rouge: Louisiana State University Press.

Commission for Environmental Cooperation (CEC) (2003) *Understanding and Anticipating Environmental Change in North America: Building Blocks for Better Public Policy,* Montréal: Commission for Environmental Cooperation.

Committee for the Activities of the Council of Europe in the Field of Biological and Landscape Diversity (CO-DBP) (1999) *European Code of Conduct for Coastal Zones,* CO-DBP (99)11, Secretariat General Directorate of Environment and Locul Authorities, Strasbourg.

Community Affairs, http://www.msu.edu/course/prr/840/econimpact/pdf/ ecimpvoll.pdf (accessed 28 February 2008).

Convery, I. and Dutson, T. (2008) 'Rural communities and landscape change: a case study of wild Ennerdale', *Journal of Rural Community Development*, 3: 104-18.

Cooper, C. and Hall, C.M. (2008) *Contemporary Tourism: An International Approach,* Oxford: Butterworth Heinemann.

Cooper, T. (2005) 'Sustainable consumption: reflections on product lifespans and "throwaway society"', *Journal of Industrial Ecology,* 9(1-2): 51-67.

Comelissen, S. (2005) *The Global Tourism System: Governance, Development and Lessons from South Africa,* Aldershot: Ashgate.

Council of the European Communities (CEC) (1985) EU European Council Directive of 27 June 1985, The assessment of the effects of certain public and private projects on the environment, 85/337/EEC, http://eur-lex.europa.eu/ LexUriServ/LexUriServ.do?uri= CELEX:31985L0337:EN:HTML

Cox, G., Darcy, M. and Bounds, M. (1994) *The Olympics and Housing: A Study of Six International Events and Analysis of Potential Impacts,* Sydney: University of Western Sydney.

Crick, M. (1989) 'Representations of international tourism in the social sciences: sun, sand, sex, sights, savings and servility', *Annual Review of Anthropology,* 18: 307-44.

Crumbo, K. and George, R. (2005) *Protecting and Restoring the Greater Grand Canyon Ecoregion: Finding Solutions for an Ecoregion at Risk,* Flagstaff: Sierra Club Grand Canyon Chapter.

Cunningham Research (2005) *Study of 2005 Hurricane Impacts on Tourism,* http://www.cunninghamresearch.com/release.html (accessed 17 July 2006).

Daly, H.E. (2008) *A Steady-State Economy,* London: Sustainable Development Commission.

Daniels, P.W. and Bryson, J.R. (2002) 'Manufacturing services and servicing

参考文献

manufacturing: knowledge-based cities and changing forms of production', *Urban Studies,* 39(5/6): 977-91.

Davidoff, P. (2003) 'Advocacy and pluralism in planning', in S. Campbell and S.S. Fainstein (eds) *Readings in Planning Theory,* 2nd edn, London: Blackwell.

Davies, C. (2008) 'Great apes face threat from germs carried by eco-tourists: jungle holidays raise funds to protect wildlife, but humans harbour viruses that have killed chimps and could be fatal for gorillas and orangutans', *The Observer,* 3 February.

De Lollis, B. (2008) 'Economic woes cause travelers to postpone, cancel trips', *USA Today,* 9 October, http://www.usatoday.com/travel/news/2008-10-09-travel-mood_N.htm (accessed 31 October 2008).

De Stefano, L. (2004) *Freshwater and Tourism in the Mediterranean,* WWF Mediterranean Programme, Rome.

Debbage, K. and Ioannides, D. (2004) 'The Cultural Turn? Towards a more critical economic geography of tourism', in A.A. Lew, C.M. Hall and A.M. Williams (eds) *Companion to Tourism,* London: Blackwell.

Department of Culture, Recreation and Tourism (DCRT) (2005) *Louisiana Rebirth: Restoring the Soul of America,* Baton Rouge, LA: Department of Culture, Recreation and Tourism.

——(2006a) *Tourism Action Plan Amendment: Louisiana Tourism Marketing Program,* Baton Rouge, LA: Department of Culture, Recreation and Tourism.

——(2006b) *Louisiana Rebirth Scorecard,* Baton Rouge, LA: Department of Culture, Recreation and Tourism.

Department of Industry, Tourism and Resources (DITR) (2002) *Research Report Number 2: Tourism Productivity and Profitability,* Canberra: DITR.

d'Hautserre, A-M. (1999) 'The French mode of social regulation and sustainable tourism development: the case of Disneyland Paris', *Tourism Geographies,* 1(1): 86-107.

Dockerty, T., Lovett, A. and Watkinson, A. (2003) 'Climate change and nature reserves: examining the potential impacts, with examples from Great Britain', *Global Environmental Change,* 13: 125-35.

Dolfman, M.L., Wasser, S.F. and Bergman, B. (2007) 'The effects of Hurricane Katrina on the New Orleans economy', *Monthly Labor Review,* June: 3-18.

Dooley, K. (1997) 'A complex adaptive systems model of organization change', *Nonlinear Dynamics, Psychology, and Life Science,* 1(1); 69-97.

Doxey, G.V. (1972) 'Administration in the tourist industry: a comment', *Canadian Public Administration,* 15(3): 487-9.

——(1975) 'A causation theory of visitor-resident irritants, methodology and research inferences', in *Conference Proceedings: Sixth Annual Conference of Travel Research Association,* San Diego, CA.

Duffield, B.S. and Walker, S.E. (1984) 'The assessment of tourism impacts', in B.D. Clark, A. Gilad, R. Bisset and P. Tomlinson (eds) *Perspectives on Environmental Impact Assessment,* Dordrecht: D. Reidel.

Duggan, I.C., van Overdijk, C.D.A., Bailey, S.A., Jenkins, P.T., Limén, H. and Maclsaac, H.J. (2005) 'Invertebrates associated with residual ballast water and sediments of cargo-carrying ships entering the Great Lakes', *Canadian Journal of Fisheries and Aquatic Sciences,* 62: 2463-74.

Dunlop, A. (2003) *Tourism Services Negotiation Issues: Implications for Cariform Countries,* Barbados: Caribbean Regional Negotiating Machinery.

Dye, T. (1992) *Understanding Public Policy,* 7th edn, Englewood Cliffs, NJ: Prentice Hall.

Eagles, P.F.J., McCool, S.F. and Haynes, C.D. (2002) *Sustainable Tourism in Protecled Areas: Guidelines for Planning and Management,* Gland, Switzerland: IUCN.

Eden, S. (2000) 'Environmental issues. Sustainable progress?' *Progress in Human Geography,* 24: 111-18.

Edquist, C. (ed.) (1997) *Systems of Innovation: Technology, Institutions and Organizations,* London: Pinter.

Elegant, S. (2006) 'China's hotel boom' *Time,* 26 June, http://www.time.com/time/magazine/article/0,9171,1207866,00.html (accessed 28 February 2008).

Elsasser, H. and Bürki, R. (2002) 'Climate change as a threat to tourism in the Alps'. *Climate Research,* 20: 253-7.

Energy Committee at the Royal Swedish Academy of Sciences (ECRSAS) (2005) *Statements on Oil,* 14 October, Stockholm: ECRSAS.

Environmental Protection Agency (EPA) (1997) *Terms of Environment: Glossary, Abbreviations, and Synonyms,* EPA 175-B-97-001, Washington, DC: EPA.

eTurboNews (ETN) (2008) 'US travel industry lost $26 billion in 2007 due to "air security measures"', eTurboNews: Global Travel Industry News (29 June), http://www.eturbonews.com/3403/us-travel-industry-lost-26-billion-2007-due-air-security-measures (accessed 1 November).

European Communities (2007) *Inbound and Outbound Tourism in Europe.* Statistics in Focus. Industry, Trade and Services: Population and Social Conditions 52/2007. Luxembourg: European Communities.

European Union (EU) (2006) Assessment of the environmental impact of projects, Europa Activities of the European Union, Summaries of Legislation, http://europa.eu/scadplus/leg/en/1vb/128163.htm

Evans, G. (2001) *Cultural Planning: Towards an Urban Renaissance,* London: Routledge.

Evans-Pritchard, D. (1989) 'How "they" see "us": Native American images of tourists', *Annals of Tourism Research,* 16: 89-105.

Farrell, B.H. and Twinning-Ward, L. (2004) 'Reconceptualizing tourism', *Annals of Tourism Research,* 31(2): 274-95.

Faulkner, B. and Russell, R. (2003) 'Chaos and complexity in tourism: in search of a new perspective', in H.W. Faulkner, L. Fredline, L. Jago and C.P. Cooper (eds) *Progressing Tourism Research - Bill Faulkner,* Clevedon: Channel View Publications.

Fennell, D. (2001) 'A content analysis of ecotourism definitions', *Current Issues in Tourism,* 4: 403-21.

Fesenmaier, D.R. and Gretzel, U. (2004) 'Searching for experience: technology-related trends shaping the future of tourism', in K. Weimair and C. Mathies (eds) *The Tourism and Leisure Industry: Shaping the Future,* Binghamton, NY: Haworth Press.

Fidler, D.P. (1999) *International Law and Infectious Diseases,* Oxford: Oxford University Press.

Field, C.B., Mortsch, L.D., Brklacich, M., Forbes, D.L., Kovacs, P., Patz, J.A. et al. (2007) 'North America', in M.L. Parry, O.F. Canziani, J.P. Palutikof, P.J. van der Linden and C.E. Hanson (eds) *Climate Change 2007: Impacts, Adaptation and Vulnerability,* Cambridge: Cambridge University Press.

Flack, W. (1997) 'American microbreweries and neolocalism: "ale-ing" for a sense of place', *Journal of Cultural Geography,* 16(2): 37-53.

Flyvbjerg, B., Bruzelius, N. and Rothengatter, W. (2003) *Megaprojects and Risk,* Cambridge: Cambridge University Press.

Foresight (2007) Intelligent Infrastructure Systems, online at: http://www.foresight.gov.uk/Drumbeat/OurWork/CompletedProjects/IIS/Index.asp.

Foresight Directorate (2006a) *Intelligent Infrastructure Futures: Project Overview,* London: Foresight Directorate.

——(2006b) *Intelligent Infrastructure Futures: The Scenarios - Towards 2055,* London: Foresight Directorate.

Fotsch, P.M. (2004) 'Tourism's uneven impact - history on Cannery Row', *Annals of Tourism Research,* 31(4): 779-800.

Frändberg, L. and Vilhelmson, B. (2003) 'Personal mobility - a corporeal dimension of transnationalisation. The case of long-distance travel from Sweden', *Environment and Planning A,* 35, 1751-68.

Franklin, A. and Crang, M. (2001) 'The trouble with tourism and travel theory?' *Tourist Studies,* 1: 5-22.

Fridgen, J.D. (1984) 'Environmental psychology and tourism', *Annals of Tourism*

Research, 11: 19-40.

Frost, W. and Hall, C.M . (eds) (2009) *Tourism and National Parks,* London: Routledge.

Fukushima, T., Kureha, M., Ozaki, N., Fujimori, Y. and Harasawa, H. (2002) 'Influences of air temperature change on leisure industries: case study on ski activities', *Mitigation and Adaptation Strategies for Global Change,* 7, 173-89.

Garcia, O. (2008) 'Weak US dollar can't entice foreign tourists', *ABC News* (8 July), http://abcnews.go.com/Travel/BusinessTravel/wireStory?id=5321573 (accessed 1 November 2008).

Gaston, K.J. (2003) *The Structure and Dynamics of Geographic Ranges,* Oxford: Oxford University Press.

Geertz, C. (1973) *The Interpretation of Cultures,* New York: Basic Books.

German Federal Agency for Nature Conservation (1997) *Biodiversity and Tourism: Conflicts on the World's Seacoasts and Strategies for Their Solution,* Berlin: Springer Verlag.

Getz, D. and Carlsen, J. (2000) 'Characteristics and goals of family and owner-operated businesses in the rural tourism and hospitality sectors', *Tourism Management,* 21: 547-60.

Gielen, D.J., Kurihara, R. and Moriguchi, Y. (2002) 'The environmental impacts of Japanese tourism and leisure', *Journal of Environmental Assessment Policy and Management,* 4(4): 397-424.

Gillin, P. (2007) *The New Influencers: A Marketer's Guide to Social Media,* Sanger, CA: Quill Driver Books-World Dancer Press.

Gilpin, A. (1995) *Environmental Impact Assessment (EIA): Cutting Edge for the Twenty-first Century,* Cambridge: Cambridge University Press.

Gladstone, D. and Preau, J. (2008) 'Gentrification in tourist cities: evidence from New Orleans before and after Hurricane Katrina', *Housing Policy Debate,* 19(1): 137-75.

Gladwell, M. (2000) *The Tipping Point: How Little Things Can Make A Big*

Difference, New York: Little Brown.

Glasson, J., Therivel, R. and Chadwick, A. (2005) *Introduction to Environmental Impact Assessment: Principles and Procedures, Process, Practice and Prospects,* 3rd edn, London: Routledge.

Goodland, R. (1995) 'The concept of environmental sustainability', *Annual Review of Ecology and Systematics,* 26: 1-24.

Goodland, R. and Daly, H. (1996) 'Environmental sustainability: universal and non-negotiable', *Ecological Applications,* 6(4): 1002-17.

Goodwin, H. and Francis, J. (2003) 'Ethical and responsible tourism: consumer trends in the UK', *Journal of Vacation Marketing,* 9(3): 271-84.

Gordon, I. and Goodall, B. (2000) 'Localities and tourism', *Tourism Geographies,* 2(3): 290-311.

Gössling, S. (2002) 'Global environmental consequences of tourism', *Global Environmental Change,* 12: 283-302.

Gössling, S. and Hall, C.M. (eds) (2006a) *Tourism and Global Environmental Change, Ecological, Social, Economic and Political Interrelationships,* London: Routledge.

Gössling, S. and Hall, C.M. (2006b) 'Uncertainties in predicting tourist flows under scenarios of climate change', *Climatic Change,* 79(3-4): 163-73.

Gössling, S. and Hall, C.M. (2006c) 'An introduction to tourism and global environmental change', in S. Gössling and C.M. Hall (eds) *Tourism and Global Environmental Change,* London: Routledge.

Gössling, S. and Hall, C.M. (2006d) 'Conclusion: wake up ... this is serious', in S. Gössling and C.M. Hall (eds) *Tourism and Global Environmental Change,* London: Routledge.

Gössling, S. and Hall, C.M. (2008) 'Swedish tourism and climate change mitigation: an emerging conflict?' *Scandinavian Journal of Hospitality and Tourism,* 8(2): 141-58.

Gössling, S., Hall, C.M. and Weaver, D. (eds) (2009) *Sustainable Tourism*

Futures: Perspectives on Systems, Restructuring and Innovations, New York: Routledge.

Gössling, S., Hansson, C.B., Horstmeier, O. and Saggel, S. (2002) 'Ecological footprint analysis as a tool to assess tourism sustainability', *Ecological Economics,* 43: 199-211.

Gössling, S., Lindén, O., Helmersson, J., Liljenberg, J. and Quarm, S. (2007) 'Diving and global environmental change: a Mauritius case study', in B. Garrod and S. Gössling (eds) *New Frontiers in Marine Tourism: Diving Experiences, Management and Sustainability,* Oxford: Elsevier.

Goudie, A. (2005) *The Human Impact on the Natural Environment: Past, Present, and Future,* 6th edn, Oxford: Blackwell.

Graburn, N.H. (ed.) (1976) *Ethnic and Tourist Arts. Cultural Expressions from the Fourth World,* London: University of California Press.

Grant, A. (1995) 'Human impacts on terrestrial ecosystems', in T. O'Riordan (ed.) *Environmental Science for Environmental Management,* Harlow: Longman.

Gross, Julian (2005) *Community Benefits Agreements: Making Development Projects Accountable,* Washington, DC: Good Jobs First, http://www.goodjobsfirst.org/pdf/cba2005final.pdf

Guidetti, P., Fanellib, G., Fraschettia, S., Terlizzia, A. and Boero, F. (2002) 'Coastal fish indicate human-induced changes in the Mediterranean littoral', *Marine Environmental Research,* 53(1), 77-94.

Gupta, J., van der Leeuw, K. and de Moel, H (2007) 'Climate change: a "glocal" problem requiring "glocal" action', *Environmental Sciences,* 4(3): 139-48.

Hall, C.M. (1994) *Tourism and Politics: Policy, Power and Place,* Chichester: John Wiley.

——(1997) 'Geography, marketing and the selling of places', *Journal of Travel and Tourism Marketing,* 6(3/4): 61-84.

——(1998) 'Historical antecedents of sustainable development and ecotourism: new labels on old bottles?' in C.M. Hall and A.A. Lew (eds) *Sustainable*

Tourism: A Geographical Perspective, London: Addison Wesley Longman.

——(2000) *Tourism Planning. Policies, Processes and Relationships,* Harlow: Prentice-Hall.

——(2001) 'Imaging, tourism and sports event fever: the Sydney Olympics and the need for a social charter for mega-events', in C. Gratton and I.P. Henry (eds) *Sport in the City: The Role of Sport in Economic and Social Regeneration,* London: Routledge.

——(2003) 'Tourism and temporary mobility: circulation, diaspora, migration, nomadism, sojourning, travel, transport and home', International Academy for the Study of Tourism (IAST) Conference, 30 June-5 July, Savonlinna, Finland.

——(2004a)'Tourism and mobility', in *Creating Tourism Knowledge, 14th International Research Conference of the Councilfor Australian University Tourism and Hospitality Education, 10-13 February,* St Lucia: School of Tourism and Leisure Management, University of Queensland.

——(2004b) 'Scale and the problems of assessing mobility in time and space', paper presented at the Swedish National Doctoral Student Course on Tourism, Mobility and Migration, hosted by Department of Social and Economic Geography, University of Umeå, Umeå, Sweden, October.

——(2005a) *Tourism: Rethinking the Social Science of Mobility,* Harlow: Prentice-Hall.

——(2005b) 'Reconsidering the geography of tourism and contemporary mobility', *Geographical Research,* 43(2): 125-39.

——(2005c) 'The future of tourism research', in B. Ritchie, P. Bums and C. Palmer (eds) *Tourism Research Methods,* Wallingford: CAB International

——(2006a) 'Tourism urbanisation and global environmental change', in S. Gössling and C,M. Hall (eds) *Tourism and Global Environmental Change,* London: Routledge.

——(2006b) 'Tourism, disease and global environmental change: the fourth transition', in S. Gössling and C.M. Hall (eds) *Tourism and Global*

Environmental Change, London: Routledge.

——(2006c) 'Tourism, biodiversity and global environmental change', in S. Gössling and C.M. Hall (eds) *Tourism and Global Environmental Change,* London: Routledge.

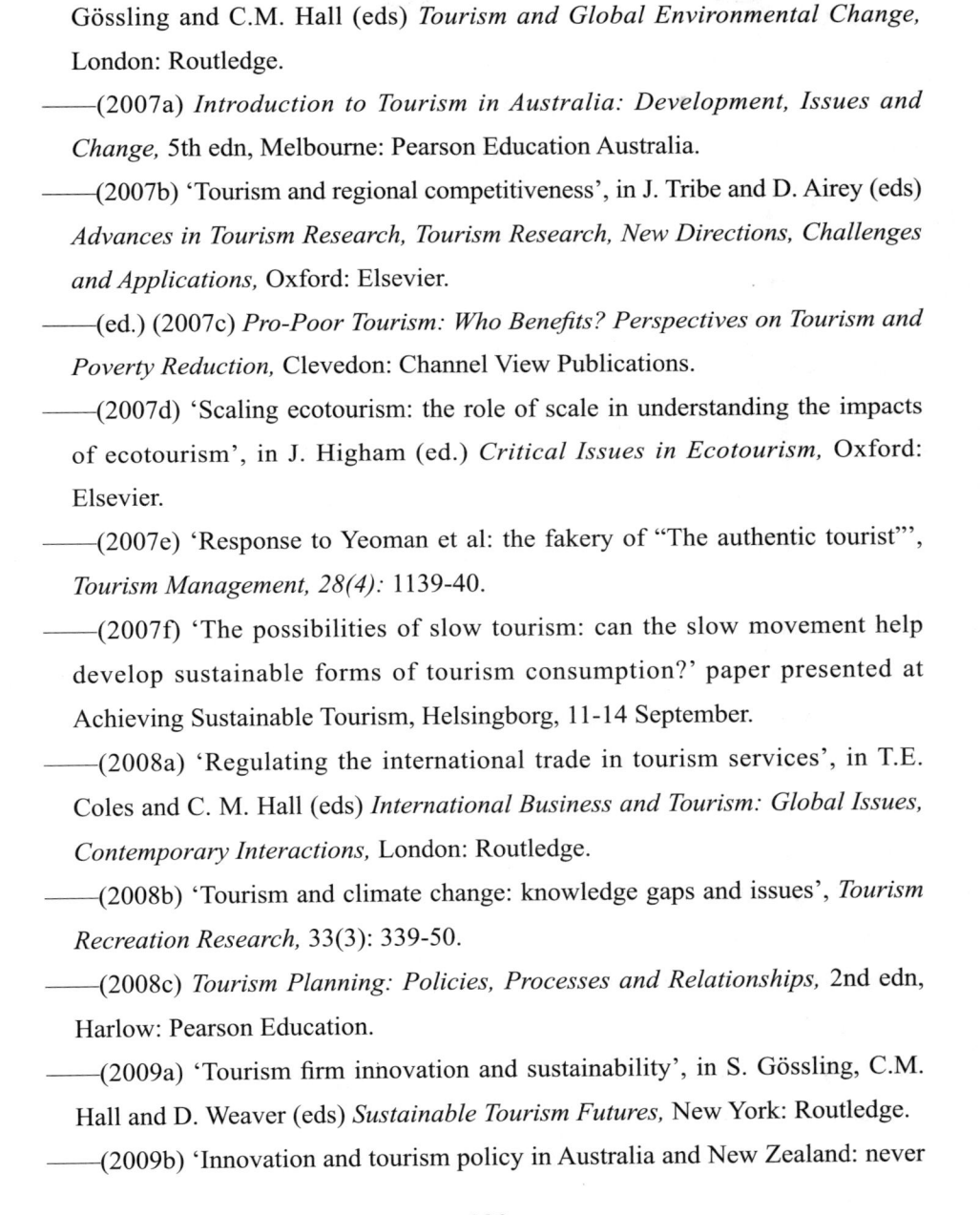

——(2007a) *Introduction to Tourism in Australia: Development, Issues and Change,* 5th edn, Melbourne: Pearson Education Australia.

——(2007b) 'Tourism and regional competitiveness', in J. Tribe and D. Airey (eds) *Advances in Tourism Research, Tourism Research, New Directions, Challenges and Applications,* Oxford: Elsevier.

——(ed.) (2007c) *Pro-Poor Tourism: Who Benefits? Perspectives on Tourism and Poverty Reduction,* Clevedon: Channel View Publications.

——(2007d) 'Scaling ecotourism: the role of scale in understanding the impacts of ecotourism', in J. Higham (ed.) *Critical Issues in Ecotourism,* Oxford: Elsevier.

——(2007e) 'Response to Yeoman et al: the fakery of "The authentic tourist"', *Tourism Management, 28(4):* 1139-40.

——(2007f) 'The possibilities of slow tourism: can the slow movement help develop sustainable forms of tourism consumption?' paper presented at Achieving Sustainable Tourism, Helsingborg, 11-14 September.

——(2008a) 'Regulating the international trade in tourism services', in T.E. Coles and C. M. Hall (eds) *International Business and Tourism: Global Issues, Contemporary Interactions,* London: Routledge.

——(2008b) 'Tourism and climate change: knowledge gaps and issues', *Tourism Recreation Research,* 33(3): 339-50.

——(2008c) *Tourism Planning: Policies, Processes and Relationships,* 2nd edn, Harlow: Pearson Education.

——(2009a) 'Tourism firm innovation and sustainability', in S. Gössling, C.M. Hall and D. Weaver (eds) *Sustainable Tourism Futures,* New York: Routledge.

——(2009b) 'Innovation and tourism policy in Australia and New Zealand: never the twain shall meet?' *Journal of Policy Research in Tourism, Leisure and Events*, 1(1): 2-18.

——(2009c) 'Degrowing tourism: décroissance, sustainable consumption and steady-state tourism', *Anatolia: An International Journal of Tourism and Hospitality Research,* 20(1), in press.

Hall, C.M. and Boyd, S. (2005) 'Nature-based tourism and regional development in peripheral areas: Introduction', in C.M. Hall and S. Boyd (eds) *Tourism and Nature based Tourism in Peripheral Areas: Development or Disaster,* Clevedon: Channel View Publications.

Hall, C.M. and Coles, T.E. (2008a) 'Introduction: tourism and international business tourism as international business', in T.E. Coles and C.M. Hall (eds) *International Business and Tourism,* London: Routledge.

Hall, C.M. and Coles, T.E. (2008b) 'Conclusion: mobilities of commerce', in T.E. Coles and C.M. Hall (eds) *International Business and Tourism,* London: Routledge.

Hall, C.M. and Frost, W. (2009) 'The future of the national park concept', in W. Frost and C.M. Hall (eds) *Tourism and National Parks,* London: Routledge.

Hall, C.M. and Higham, J. (eds) (2005) *Tourism, Recreation and Climate Change,* Clevedon: Channel View Publications.

Hall, C.M. and Jenkins, J. (1995) *Tourism and Public Policy,* London: Routledge.

Hall, C.M. and Lew, A. A. (eds) (1998) *Sustainable Tourism: A Geographical Perspective,* London: Addison Wesley Longman.

Hall, C.M. and McArthur, S. (1996) 'The human dimension of heritage managemeni different values, different interests ... different issues', in C.M. Hall and S. McArthui (eds) *Heritage Management in Australia and New Zealand: The Human Dimension,* Sydney: Oxford University Press.

Hall, C.M. and McArthur, S. (1998) *Integrated Heritage Management,* London: The Stationery Office.

Hall, C.M. and Muller, D. (eds) (2004) *Tourism, Mobility and Second Homes:*

Between Elite Landscape and Common Ground, Clevedon: Channel View Publications.

Hall, C.M. and Page, S.J. (2006) *The Geography of Tourism and Recreation: Environment, Place and space,* 3rd edn, London: Routledge.

Hall, C.M. and Rusher, K. (2004) 'Risky lifestyles? Entrepreneurial characteristics of the New Zealand bed and breakfast sector', in R. Thomas (ed.) *Small Firms in Tourism: International Perspectives,* Oxford: Elsevier.

Hall, C.M. and Rusher, K. (2005) 'Entrepreneurial characteristics and issues in the small scale accommodation sector in New Zealand', in E. Jones and C. Haven (eds) *Tourism SMEs, Service Quality and Destination Competitiveness: International Perspectives,* Wallingford: CAB International.

Hall, C.M. and Sharpies, L. (2008) 'Food events and the local food system: marketing, management and planning issues', in C.M. Hall and L. Sharples (eds) *Food and Wim Festivals and Events Around the World,* Oxford: Butterworth Heinemann.

Hall, C.M. and Williams, A. (2008) *Tourism and Innovation,* London: Routledge.

Hall, C.M., Mitchell. R., Scott, D. and Sharpies, L. (2008) 'The authentic market experiences of farmers' markets', in C.M. Hall and L. Sharpies (eds) *Food and Wine Festivals and Events Around the World,* Oxford: Butterworth Heinemann.

Hall, C.M., Muller, D. and Saarinen, J. (2009) *Nordic Tourism,* Clevedon: Channel View Publications.

Hall, P. (2002) *Urban and Regional Planning,* 4th edn, London: Routledge.

Hannigan, J. (1998). *Fantasy City: Pleasure and Profit in the Postmodern Metropolis,* London: Routledge.

Hansen, J.E. (2006) 'Can we still avoid dangerous human-made climate change?' *Social Research: An International Quarterly of Social Sciences,* 73(3): 949-74.

Hanson, A. and Hanson, L. (eds) (1990) *Art and Identity in Oceania,* Bathurst: Crawford House Press.

Hardin, G. (1968) 'The tragedy of the commons: the population problem has no technical solution; it requires a fundamental extension in morality', *Science,* 162(3859): 1243-8.

Harper, D.A. (1996) *Entrepreneurship and the Market Process,* London: Routledge.

Harvey, D. (1969) *Explanation in Geography,* London: Edward Arnold.

——(1989) *The Condition of Postmodernity: An Enquiry into the Origins of Cultural Change,* Oxford: Basil Blackwell.

Hassan, J.A. (2008) 'The growth and impact of the British water industry in the nineteenth century', *Economic History Review,* 38(4): 531-47.

Hauvner, E., Hill, C. and Milburn, R. (2008) *Here to Stay: Sustainability in the Travel and Leisure Sector,* Hospitality Directions Europe 17, London: PricewaterhouseCoopers.

Hawaii Visitors and Convention Bureau (HVCB) (2007) Annual Visitor Research Report-2006, http://www.hawaii.gov/dbedt/info/visitor-stats/visitor-research/2006-annual- research-r.pdf (accessed 28 February 2008).

Hawkins, D.E. and Mann, S. (2007) 'The World Bank's role in tourism development' *Annals of Tourism Research,* 34(2): 348-63.

Hay, A.M. (2000) 'System', in R.J. Johnston, D. Gregory, G. Pratt and M. Watts (eds) *The Dictionary of Human Geography,* Oxford: Blackwell.

Hays, S.P. (1957) *The Response to Industrialism, 1885-1914,* Chicago, IL: University of Chicago Press.

——(1959) *Conservation and the Gospel of Efficiency: The Progressive Conservation Movement 1890-1920,* Cambridge, MA: Harvard University Press.

Healy, P. (2003) 'The communicative turn in planning theory and its implications for spatial strategy formation', in S. Campbell and S.S. Fainstein (eds) *Readings in Planning Theory,* 2nd edn, London: Blackwell.

Hewison, R. (1991) 'Commerce and culture', in J. Comer and S. Harvey (eds) *Enterprise and Heritage: Crosscurrents of National Culture,* London:

Routledge.

Hill, P. (1999) 'Tangibles, intangibles and services: a new taxonomy for the classification of output', *Canadian Journal of Economics,* 32(2), 426-46.

Hirsch, R.L. (2007a) Peaking of world oil production: Recent forecasts. DOE/NETL-2007/1263, 5 February. National Energy Technology Laboratory.

——(2007b) Peaking of world oil production: Recent forecasts. *WorldOil.com The oilfield information source,* 228(4) April. This work (except for the GAO Addendum) was sponsored by the US Department of Energy, National Energy Technology Laboratory, under Contract No. DE-AM26-04NT41817, http://www.worldoil.com/Magazine/MAGAZINE_DETAIL.asp?ART_ID=3163&MONTH_YEAR=Apr-2007

Hirsch, R.L., Bezdek, R. and Wendling, R. (2005) *Peaking of World Oil Production: Impacts, Mitigation, and Risk Management,* US report prepared for the US Department of Energy.

Hjalager, A. (1999) 'Tourism destinations and the concept of industrial districts', paper for ESRA conference, Dublin, August.

——(2002) 'Repairing innovation defectiveness in tourism', *Tourism Management,* 23: 465-74.

Holbrook, J.A. and Wolfe, D.A. (eds) (2000) *Knowledge, Clusters and Regional Innovation: Economic Development in Canada,* Montreal and Kingston, McGill-Queen's University Press for the School of Policy Studies, Queen's University.

Holling, C.S. (ed.) (1978) *Adaptive Environmental Assessment and Management,* New York: John Wiley.

Horst, R. and Webber, M. (1973) 'Dilemmas in a general theory of planning', *Policy Sciences,* 4: 155-69.

Hudson, B.M. (1979) 'Comparison of current planning theories: counterparts and contradictions', *Journal of the American Planning Association,* 45(October): 387-98.

Hughes, G. (2004) 'Tourism, sustainability and social theory', in A.A. Lew, CM. Hall and A.M. Williams (eds) *Companion to Tourism,* London: Blackwell.

Hulme, M., Conway, D. and Lu, X. (2003) *Climate Change: An Overview and its Impact on the Living Lakes.* A report prepared for the 8th Living Lakes Conference Climate Change and Governance: Managing Impacts on Lakes, Zuckerman Institute for Connective Environmental Research, University of East Anglia, Norwich, UK, 7-12 September. Norwich: Tyndall Centre for Climate Change Research, University of East Anglia.

Hutcheson, D.G. (2005) 'Moore's law: the history and economics of an observation that changed the world', *The Electrochemical Society INTERFACE,* 14(1): 17-21.

Industry Taskforce on Peak Oil and Energy Security (ITPOES) (2008) *The Oil Crunch Securing the UK's Energy Future,* London: IT POES.

Instanes, A., Anisimov, O., Brigham, L., Goering, D., Ladanyi, B., Larsen, J.O. and Khrustalev, L.N. (2005) 'Infrastructure: buildings, support systems, and industrial facilities', in C. Symon, L. Arris and B. Heal (eds) *Impacts of a Warming Arctic: Arctic Climate Impacts Assessment,* Cambridge: Cambridge University Press.

Intergovernmental Panel on Climate Change (IPCC) (1999) *Special Report on Aviation and the Global Atmosphere,* Geneva: 1PCC.

——(2007) *Summary for Policymakers of the Synthesis Report of the IPCC Fourth Assessment Report,* draft copy, 16 November, 23:04, Subject to final copy edit. Geneva: IPCC.

International Air Transport Association (IATA) (2008a) Crisis again - deep losses projected, IATA Press Release No. 26, 2 June, http://www.iata.org/pressroom/pr/ 2008-06-02-01.htm

——(2008b) Fuel crisis a catalyst for change, IATA Press Release No. 27, 2 June, http://www.iata.org/pressroom/pr/2008-06-02-02.htm

——(2008c) *Building a Greener Future,* 2nd edn, Geneva: IATA.

——(2008d) *Financial Forecast: Significant Losses Continue into 2009* (September), Geneva: IATA.

——(2008e) *I A TA Economic Briefing: Medium-term Outlook for Oil and Jet Fuel Prices* (October), Geneva: IATA.

International Association for Impact Assessment (IAIA) (1999) *Principles of Environmental Impact Assessment Best Practice,* Fargo, ND: IAIA and Lincoln: Institute of Environmental Assessment.

——(2003) *Social Impact Assessment: International Principles,* Fargo, ND: IAIA and Lincoln: Institute of Environmental Assessment.

International Energy Agency (IEA) (2007) *World Energy Outlook 2007 Executive Summary: China and India Insights,* Paris: OECD/IEA.

International Union for the Conservation of Nature (IUCN) (1994) *Guidelines for Protected Area Management Categories,* Gland, Switzerland: IUCN.

International Union for the Conservation of Nature and Natural Resources (IUCN) (1980) *World Conservation Strategy,* IUCN with the advice, cooperation and financial assistance of UNEP and WWF and in collaboration with the UN FAO and UNESCO, Morges: IUCN.

International Union of Tourism Organizations (IUOTO) (1974) 'The role of the state in tourism', *Annals of Tourism Research,* 1: 66-72.

Jackson, T. (2005) 'Live better by consuming less? Is there a "double dividend" in sustainable consumption?' *Journal of Industrial Ecology,* 9(1-2): 19-36.

Jacques, P. and Ostergen, D.M. (2006) 'The end of wilderness: conflict and defeat of wilderness in the Grand Canyon', *Review of Policy Research,* 23(2): 573-88.

Jones, D. and Smith, K. (2005) 'Middle-earth meets New Zealand: authenticity and location in the making of The Lord of the Rings', *Journal of Management Studies,* 42(5): 923-45.

Jutla, R.S. (2000) 'Visual image of the city: tourists versus resident perceptions of Simla, a hill state in Northern India', *Tourism Geographies,* 2(4): 403-20.

Kanellos, M (2005) 'New life for Moore's Law', CNET News (14 April), http://

news. cnet.com/New-life-for-Moores-Law/2009-1006_3-5672485.html (accessed 15 November 2008).

Kaplan, M. (2007) 'Moose use roads as a defence against bears', *Nature,* published online 10 October, doi:10.1038/news.2007.155

Kennedy, C.B. and Lew, A.A. (2000) 'Living on the edge: defending American Indian reservation lands and culture', in J.R. Gold and G. Revill (eds) *Landscapes of Defence,* London: Addison Wesley Longman.

Kent, M., Newnham, R. and Essex, S. (2002) 'Tourism and sustainable water supply in Mallorca: a geographical analysis', *Applied Geography,* 22(4): 351-74.

Kerr, B., Barron, G. and Wood, R.C. (2001) 'Politics, policy and regional tourism administration: a case examination of Scottish area tourist board funding', *Tourism Management,* 22(6), 649-57.

Kondgen, S., Kiihl, H., N'Goran, P.K., Walsh, P.D., Schenk, S., Ernst, N. et al. (2008) 'Pandemic human viruses cause decline of endangered great apes', *Current Biology,* article in press doi:10.1016/j.cub.2008.01.012

Kooiman,J. (1993) 'Findings, speculations and recommendations', in J. Kooiman (ed.) *Modern Governance: New Governmment-Society Interactions,* London: Sage.

Ksaibati, K., Wilson, E.M.,Warder, D.S. and Bryan, G. (1994) Determining Economic Effects of Wyoming's Loop Tours. Mountain-Plains Consortium, MPC Report No. 94-29A, http://www.mountain-plains.org/pubs/html/mpc-94-29A/ (accessed 28 February 2008).

Kuneva, M. (2008) 'European consumer commissioner, airline ticket sweep investigation', press conference speaking points, Brussels, 8 May, Reference SPEECH/08/235, http://europa.eu/rapid/pressReleasesAction.do?reference=SPEECH/08/235&format= HTM L&aged=0&language=EN

Lafferty, G. and van Fossen, A. (2001) 'Integrating the tourism industry: problems and strategies', *Tourism Management,* 22(1): 11-19.

Lamers, M. and Amelung, B. (2007) 'The environmental impacts of tourism to Antarctica. A global perspective', in P.M. Peeters (ed.) *Tourism and Climate Change Mitigation. Methods, Greenhouse Gas Reductions and Policies,* Breda: NHTV.

Lazanski, T.J. and Kljajic, M. (2006) 'Systems approach to complex systems modeling with special regards to tourism', *Kybernetes: International Journal of Systems and Cybernetics,* 35(7/8): 1048-58.

Lee, J.-W. and McKibbin, W.J. (2004) 'Globalization and disease: the case of SARS', Brookings Discussion Papers in International Economics No. 156, Washington, DC: Brookings Institute.

Leffel, T. (2006) 'US passport holders up to 27 percent', Cheapest Destinations (blog). http://travel.booklocker.com/index.php?p=132 (accessed 27 February 2008).

Lehtonen, M. (2004) 'The environment—social interface of sustainable development: capabilities, social and capital institutions', *Ecological Economics,* 49(2): 199-214.

Leiper, N. (1983) 'An etymology of "tourism"', *Annals of Tourism Research,* 10: 277-81.

——(1989) *Tourism and Tourism Systems,* Occasional Paper No. 1, Palmerston North: Department of Management Systems, Massey University.

——(1990) 'Partial industrialization of tourism systems', *Annals of Tourism Research,* 17: 600-5.

——(1999) 'A conceptual analysis of tourism-supported employment which reduces the incidence of exaggerated, misleading statistics about jobs', *Tourism Management,* 20(5): 605-13.

——(2000) 'An emerging discipline', *Annals of Tourism Research,* 27(3): 805-9.

Lennon, J.J. (ed.) (2003) *Tourism Statistics: International Perspectives and Current Issues,* London: Continuum.

Lew, A.A. (1987) 'A framework of tourist attraction research', *Annals of Tourism*

Research, 14(4): 553-75.

——(1988) 'Tourism and place studies: an example of Oregon's older retail districts', *Journal of Geography,* 87(4): 122-6.

——(1989) 'Authenticity and sense of place in the tourism development experience of older retail districts', *Journal of Travel Research,* 27(4): 15-22.

——(1991) 'Place representation in tourist guidebooks: an example from Singapore', *Singapore Journal of Tropical Geography,* 12(2): 123-37.

——(1992) 'Perceptions of tourists and tour guides in Singapore', *Journal of Cultural Geography,* 12(2): 45-52.

——(1998a) 'The Asia Pacific ecotourism industry: putting sustainable tourism into practice', in C.M. Hall and A.A. Lew (eds) *Sustainable Tourism: A Geographical Perspective,* London: Addison Wesley Longman.

——(1998b) 'American Indians in state tourism promotional literature', in A.A. Lew and G. Van Otten (eds) *Tourism and Gaming on American Indian Lands,* Elmsford, NY: Cognizant Communications.

——(1999) 'Managing tourist space in Pueblo Villages of the American Southwest', in T.V. Singh (ed.) *Tourism Development in Critical Environments,* Elmsford, NY: Cognizant Communications.

——(2007a) 'China's growing wander lust', *Far Eastern Economic Review,* (October): 60-3.

——(2007b) 'Tourism planning and traditional urban planning theory: planners as agents of social change', *Leisure/Loisir: Journal of the Canadian Association of Leisure Studies,* 31(2): 383-92.

——(2007c) 'Pedestrian shopping streets in the restructuring of the Chinese city', in T. Coles and A. Church (eds) *Tourism, Power and Place,* London: Routledge.

——(2008) 'On the use and abuse of Tourism Satellite Accounts', Tourism Place blog (5 May), http://tourismplace.blogspot.com/2008/05/on-use-and-abuse-of-tourism- satellite.html (accessed 11 June 2008).

——(2009) 'Long tail tourism: new geographies for marketing niche tourism products', *Journal of Travel and Tourism Marketing,* 25(3/4): 409-19.

Lew, A.A. and Hall, C.M. (1998) 'The geography of sustainable tourism: lessons and prospects', in C.M. Hall and A.A. Lew (eds) *Sustainable Tourism: A Geographical Perspective,* London: Addison Wesley Longman.

Lew, A.A. and Kennedy, C.L. (2002) 'Tourism and culture clash in American Indian Country', in S. Krakover and Y. Gradus (eds) *Tourism in Frontier Areas,* Lexington, MA: Lexington Books.

Lew, A.A. and McKercher, B. (2002) 'Trip destinations, gateways and itineraries: the example of Hong Kong', *Tourism Management,* 23(6): 609-21.

Lew, A. A. and Van Otten, G. (eds) (1998) *Tourism and Gaming on American Indian Lands,* Elmsford, NY: Cognizant Communications.

Lew, A.A. and Wong, A. (2003) 'News from the Motherland: a content analysis of existential tourism magazines in China', *Tourism Culture and Communication,* 4(2): 83-94.

Lew, A.A. and Wong, A. (2004) 'Sojourners, Gangxi and clan associations: social capital and overseas Chinese tourism to China', in D. Timothy and T. Coles (eds) *Tourism, Diasporas and Space,* London: Routledge.

Lew, A.A. and Wong, A. (2005) 'Existential tourism and the homeland seduction: the overseas Chinese experience', in C.L. Cartier and A.A. Lew (eds) *The Seduction of Place: Geographical Perspectives on Globalization and Touristed Landscapes,* London: Routledge.

Lew, A.A., Hall, C.M. and Timothy, D. (2008) *World Regional Tourism Geography,* Oxford: Elsevier.

Lew, A.A., Hall, C.M. and Williams, A.M. (eds) (2004) *A Companion to Tourism,* Oxford: Blackwell.

Lew, A.A., Wee, Tan, T.T. and Zafar, A.U. (1999) 'Tourism 21: keeping Singapore on top in the next millennium', in Hooi Den Huan (ed.) *Cases in Singapore Hospitality and Tourism Management,* Singapore: Prentice-Hall.

Ley, D. and Olds, K. (1988) 'Landscape as spectacle: World's Fairs and the culture of heroic consumption', *Environment and Planning D,* 6: 191-212.

Lindblom, C.E. (2003) 'The science of "muddling through"', in S. Campbell and S.S. Fainstein (eds) *Readings in Planning Theory,* 2nd edn, London: Blackwell.

Loizidou, X. (2003) 'Land use and coastal management in the Eastern Mediterranean: the Cyprus example', International Conference on the Sustainable Development of the Mediterranean and Black Sea Environment, May, Thessaloniki, Greece.

Lovelock, C. and Gummesson, E. (2004) 'In search of a new paradigm and fresh perspectives', *Journal of Service Research,* 7(1): 20-41.

Lowenthal, D. (1985) *The Past is a Foreign Country,* Cambridge: Cambridge University Press.

Lujan, C.C. (1998) 'A sociological view of tourism in an American Indian community: maintaining cultural integrity at Taos Pueblo', in A. A. Lew and G.A. Van Otten (eds) *Tourism and Gaming on American Indian Lands,* Elmsford, NY: Cognizant Communications. (Republished from *American Indian Culture and Research,* 17(3), (1993): 101-20.)

MacCannell, D. (1976) *The Tourist: A New Theory of the Leisure Class,* New York: Schocken Books.

McCool, S.F. (1994) 'Planning for sustainable nature dependent tourism development: the limits of acceptable change system', *Tourism Recreation Research,* 19(2), 51-5.

McCorran, R., Price, M.F. and Warren, C.R. (2008) 'The call of different wilds: the importance of definition and perception in protecting and managing Scottish wild landscapes', *Journal of Environmental Planning and Management,* 51(2): 177-99.

MacDonald, D., Crabtree, J.R., Wiesinger, G., Dax, T., Staniou, M., Fleury, P. et al. (2000) 'Agricultural abandonment in mountain areas of Europe: environmental consequences and policy response', *Journal of Environmental Management,* 59(1): 47-69.

Mcelroy, J. and De Albuquerque, K. (1986) 'The tourism demonstration effect in the Canbbean', *Journal of Travel Research,* 25(2): 31-4.

Macfarlane, R. (2007) 'Imaging a Britain running wild: bulldozers threaten the land around our cities, but elsewhere in Britain, untamed nature is being allowed to reassert itself', *The Observer,* 19 August, http://www.guardian.co.uk/environment/2007/aug/19/ conservation

McGeoch, M.A., Chown, S.L. and Kalwij, J.M. (2006) 'A global indicator for biological invasion', *Conservation Biology,* 20(6): 1635-46.

McKercher, B. (1999) 'A chaos approach to tourism', *Tourism Management,* 20(4): 425-34.

McKercher, B. and Lau, G. (2007) 'Understanding the movements of tourists in a destination: testing the importance of markers in the tourist attraction system', *Asian Journal of Tourism and Hospitality Research,* 1(1): 39-53.

McKercher, B. and Lew, A. A. (2003) 'Distance decay and the impact of effective tourism exclusion zones on international travel flows', *Journal of Travel Research,* 42(2): 159-65.

Macleod, D.V.L. (2004) *Tourism, Globalisation and Cultural Change: An Island Community Perspective,* Clevedon: Channel View.

McMichael, A.J. (2001) *Human Frontiers, Environments and Disease: Past Patterns, Uncertain Futures,* Cambridge: Cambridge University Press.

MacNab, J. (1985) 'Carrying capacity and related slippery shibboleths', *Wildlife Society Bulletin,* 13(4): 403-10.

Malerba, F. (2001) 'Sectoral systems of innovation and production: concepts, analytical framework and empirical evidence', in *Conference 'The Future of Innovation Studies',* Eindhoven University of Technology, the Netherlands, 20-23 September. Eindhoven: Eindhoven Centre for Innovation Studies.

——(2002) 'Sectoral systems of innovation and production', *Research Policy,* 31: 247-64.

——(2005a) 'Sectoral systems of innovation: basic concepts', in F. Malerba (ed.)

Sectoral Systems of Innovation: Concepts, Issues and Analyses of Six Major Sectors in Europe, Cambridge: Cambridge University Press.

——(ed.) (2005b) *Sectoral Systems of Innovation: Concepts, Issues and Analyses of Six Major Sectors in Europe,* Cambridge: Cambridge University Press.

Malerba, F. and Orsenigo, L. (1996) 'The dynamics and evolution of industries', *Industrial and Corporate Change,* 5(1): 51-87.

Malerba, F. and Orsenigo, L. (1997) 'Technological regimes and sectoral patterns of innovation activities', *Industrial and Corporate Change,* 6(1): 83-118.

Malerba, F. and Orsenigo, L. (2000) 'Knowledge, innovative activities and industrial evolution', *Industrial and Corporate Change,* 9(2): 289-314.

Management Advisory Committee (2004) *Connecting Government: Whole of Government Responses to Australia's Priority Challenges,* Canberra: Commonwealth of Australia.

Mandelik, Y., Dayan, T. and Feitelson, E. (2005) 'Issues and dilemmas in ecological scoping: scientific, procedural and economic perspectives', *Impact Assessment and Project Appraisal,* 23(1): 55-63.

Mannion, A.M. (1991) *Global Environmental Change: A Natural and Cultural Environmental History,* New York: Longman.

Mark, S.R. and Hall, C.M. (2009) 'John Muir and William Gladstone Steel: activists and the establishment of Yosemite and Crater Lake National Parks', in W. Frost and C.M. Hall (eds) *Tourism and National Parks,* London: Routledge.

Marketwatch. (2008) 'Airlines on edge even as crude falls', *Wall Street Journal Digital Network* (15 October), http://www.eturbonews.coni/5605/airlines-oil-proving-two- edged-sword (accessed 31 October 2008).

Markusen, A. (1999) 'Fuzzy concepts, scanty evidence, policy distance: the case for rigour and policy relevance in critical regional studies', *Regional Studie,s* 33(9): 869-84.

Marsh, G.P. (1965) *Man and Nature; Or, Physical Geography as Modified by Human Action,* orig. 1864, ed. D. Lowenthal, Cambridge, MA: The Belknap

Press of Harvard University Press.

Martens, S. and Spaargaren, G. (2005) 'The politics of sustainable consumption: the case of the Netherlands', *Sustainability: Science, Practice, and Policy,* 1(1): 29-42.

Martin, C. (ed.) (1987) *The American Indian and the Problem of History,* New York: Oxford University Press.

Maslow, A.H. (1943) 'A theory of human motivation', *Psychological Review,* 50: 370-96.

Mason, P. (2003) *Tourism Impacts, Planning and Management,* Burlington, MA: Butterworth-Heinemann.

Mathews, G. (2000) *Global Culture/Individual Identity: Searching for Home in the Cultural Supermarket,* London: Routledge.

Mathieson, A. and Wall, G. (1982) *Tourism: Economic, Physical and Social Impacts,* Harlow: Longman.

Mattsson, J., Sundbo, J. and Fussing-Jensen, C. (2005) 'Innovation systems in tourism: the role of attractors and scene-takers', *Industry and Innovation,* 12(3): 357-81.

Max Planck Society (2008) Great Apes endangered by human viruses, Press Release, News B/2008(11), 25 January, http://www.mpg.de/english/illustrationsDocumentation/ documentation/pressReleases/2008/pressRelease20080125/index.html.

Max-Neef, M. (1991) *Human Scale Development,* New York: Apex Press.

Mayo, E.J. and Jarvis, L.P. (1981) *The Psychology of Leisure Travel, Effective Marketing and Selling of Travel Services,* Boston, MA: CBI Publishing.

Mbaiwa, J.E. (2005) 'Enclave tourism and its socio-economic impacts in the Okavango Delta, Botswana', *Tourism Management,* 26(2): 157-72.

Mendelovici, T. (2008) Kangaroo Island Tourism Optimisation Management Model: TOMM Process. http://www.tomm.info/Background/tomm_process.aspx (accessed 10 May 2008).

Meyer, W.B. and Turner II, B.L. (1995) 'The Earth transformed: trends, trajectories, and patterns', in R.J. Johnston, P.J., Taylor and M J. Watts (eds) *Geographies of Global Change: Remapping the World in the Late Twentieth Century,* Oxford: Blackwell.

Miele, M. (2008) 'CittàSlow: producing slowness against the fast life', *Space and Polity,* 12(1): 135-56.

Mill, R.C. and Morrison, A.M. (1985) *The Tourism System: An Introductory Text,* Englewood Cliffs, NJ: Prentice-Hall.

Milmo, D. (2007) 'EasyJet calls for tax on planes, not passengers', *The Guardian,* 19 September.

——(2008) 'Desperate times for airlines as oil price pushes losses towards $6bn', *The Guardian,* 3 June, http://www.guardian.co.uk/business/2008/jun/03/theairlmeindustry.oil

Ministry of Economic Development (2007) *SMEs in New Zealand: Structure and Dynamics,* Wellington: Ministry of Economic Development.

MKG Consulting (2005) The 10 Largest Hotel Groups and the 10 Largest Hotel Brands in the European Union, http://www.hotel-online.com/News/PR2005_lst/Feb05_MKG Rankmg.html (accessed 28 February 2008).

Monbiot, G. (2006) *Heat: How to Stop the Planet Burning,* London: Allen Lane.

Moore, G.E. (1965) 'Cramming more components onto integrated circuits', *Electronics* 38(8, April 19): no pages, ftp://download.intel.com/museum/Moores_Law/Articles- Press_Releases/Gordon_Moore_1965_Article.pdf (accessed 15 November 2008).

Morales-Moreno, I. (2004) 'Postsovereign governance in a globalizing and fragmenting world: the case of Mexico', *Review of Policy Research,* 21(1): 107-17.

More, T.A., Bulmer, S., Henzel, L. and Mates, A.E. (2003) *Extending the Recreation Opportunity Spectrum to Nonfederal Lands in the Northeast: An Implementation Guide,* Delaware, OH: US DA (United States Department of

参考文献

Agriculture Forest Service, Northeastern Research Station General Technical Report NE-309, August 2003), http://www.fs.fed.us/ne/newtown_square/publications/technical_reports/pdfs/ 2003/gtme309.pdf (accessed 8 May 2008).

Morgan, N. (2004) 'Problematizing place promotion', in A.A. Lew, C.M. Hall and A.M. Williams (eds) *Companion to Tourism Geography,* London: Blackwell.

Morrison, A.J., Rimmington, M. and Williams, C. (1999) *Entrepreneurship in the Hospitality, Tourism and Leisure Industries,* Oxford: Butterworth-Heinemann.

Morse, S.S. (1993) 'AIDS and beyond: defining the rules for viral traffic', in E. Fee and D.M. Fox (eds) *AIDS: The Making of a Chronic Disease,* Berkeley: University of California Press.

Mose, I. and Weixlbaumer, N. (2007) 'A new paradigm for protected areas in Europe?' in I. Mose (ed.) *Protected Areas and Regional Development in Europe: Toward a New Model for the 21st Century,* Aldershot: Ashgate.

Muir, J. (1914) *The Yosemite,* Boston, MA: Houghton Mifflin.

Murphy, K. (2007) 'Costello brothers at loggerheads over Kyoto Protocol', *The Age,* 5 November.

Myers, N. (1988) 'Threatened biotas: "hotspots" in tropical forests', *The Environmentalist,* 8: 1-20.

——(2003) 'Biodiversity hotspots revisited', *BioScience,* 53: 916-17.

Myers, N. and Gaia Ltd staff (1984) *Gaia: An Atlas of Planet Management,* New York: Anchor/Doubleday.

Myers, N., Mittermeier, R.A., Mittermeier, C.G., da Fonseca, G.A.B. and Kent, J. (2000) 'Biodiversity hotspots for conservation priorities', *Nature* 403: 853-8.

Nash, R. (1963) 'The American wilderness in historical perspective', *Journal of Forest History,* 6(4): 2-13.

——(1967) *Wilderness and the American Mind,* New Haven, CT: Yale University Press.

Naughton-Treves, L., Holland, M.B. and Brandon, K. (2005) 'The role of protected areas in conserving biodiversity and sustaining livelihoods', *Annual*

Review of Environment and Resources, 30: 219-52.

Nauwelaers, C. and Reid, A. (1995) *Innovative Regions? A Comparative Review of Methods of Evaluating Regional Innovation Potential. European Innovation Monitoring System (EIMS),* Publication No. 21, Luxembourg: European Commission, Directorate General XIII.

Ndou, V. and Petti, C. (2006) 'Approaching tourism as a complex dynamic system: implications and insights', in M. Hitz, M. Sigala and J. Murphy (eds) *Information and Communication Technologies in Tourism 2006, Proceedings of the International Conference in Lausanne, Switzerland,* Vienna: Springer.

Nepal, S.K. (2008) 'Residents' attitudes to tourism in Central British Columbia, Canada', *Tourism Geographies,* 10(1): 42-65.

Nicholls, R.J., Wong, P.P., Burkett, V.R., Codignotto, J.O., Hay, J.E., Mclean, R.F. et al. (2007) 'Coastal systems and low-lying areas', in M.L. Parry, O.F. Canziani, J.P. Palutikof, P.J. van der Linden and C.E. Hanson (eds) *Climate Change 2007: Impacts, Adaptation and Vulnerability,* Cambridge: Cambridge University Press.

Nordin, S. (2003) *Tourism Clustering and Innovation,* U 2003: 14, östersund: ETour.

Norkunas, M.K. (1993) *The Politics of Memory: Tourism, History, and Ethnicity in Monterey, California,* Albany: State University of New York Press.

Novacek, M.J. and Cleland, E.E. (2001) 'The current biodiversity extinction event: scenarios for mitigation and recovery', *PNAS,* 98(10): 5466-70.

Novelli, M., Schmitz, B. and Spencer, T. (2006) 'Networks, clusters and innovation in tourism: a UK experience', *Tourism Management,* 27(6): 1141-52.

O'Brien, K. (2006) 'Are we missing the point? Global environmental change as an issue of human security', *Global Environmental Change,* 16(1): 1-3.

Office of Travel and Tourism Industries (OTTI) (2008) About OTTI, http://www.tinet.ita.doc.gov/about/index.html#TD (accessed 13 May 2008).

Olds, K. (1988) 'Planning for the housing impacts of a halltnark event: a case study of Expo 1986', unpublished MA thesis, Vancouver: School of Community and Regional Planning, University of British Columbia.

——(1998) 'Urban mega-events, evictions and housing rights: the Canadian case', *Current Issues in Tourism,* 1(1): 2-46.

Oppermann, M. (1995) 'Travel life cycle', *Annals of Tourism Research,* 22(3): 535-52.

Organization for Economic Cooperation and Development (OECD) and Statistical Office of the European Communities (2005) *Oslo Manual: Guidelines for Collecting and Interpreting Innovation Data,* 3rd edn, Paris: OECD.

Osterwalder, A., Pigneur, Y. and Tucci, C.L. (2005) 'Clarifying business models: origins, present, and future of the concept', *Communications of the Association for Information Systems,* 15 (preprint).

Ostrom, E., Burger, J., Field, C.B., Norgaard, R.B. and Policansky, D. (1999) 'Revisiting the commons: local lessons, global challenges', *Science,* 284(9 April): 278-82.

Pacific Asia Travel Association (PAT A) (2002) PATA Traveller's Code, http://www.pata. org/patasite/index.php?id=419 (accessed 11 May 2008).

——(2004) 'WTO tourism negotiations: steady does it', *PATA Issues and Trends,* December.

Page, S. and Hall, C.M. (2003) *Managing Urban Tourism,* Harlow: Prentice-Hall.

Parliamentary Assembly, Council of Europe (2003) *Erosion of the Mediterranean Coastline: Implications for Tourism,* Doc. 9981 16 October, Report Committee on Economic Affairs and Development, http://assembly.coe.int/Documents/Working Docs/doc03/EDOC9981.htm (accessed 25 January 2005).

Parry, M.L., Canziani, O.F., Palutikof, J.P., Van der Linden, P.J. and Hanson, C.E. (eds) (2007) *Climate Change 2007: Impacts, Adaptation and Vulnerability. Contribution of Working Group II to the Fourth Assessment Report of the Intergovernmental Panel on Climate Change,* Cambridge: Cambridge

University Press.

Pearce, P.L. (1988) *The Ulysses Factor: Evaluating Visitors in Tourist Settings,* New York: Springer-Verlag.

——(2005) *Tourist Behaviour: Themes and Conceptual Schemes,* Clevedon: Channel View Publications.

Pearce, P.L. and Lee, U-I. (2005) 'Developing the travel career approach to tourist motivation', *Journal of Travel Research,* 43(3): 226-37.

Peeters, P., Szimba, E. and Duijnisveld, M. (2007) 'Major environmental impacts of European tourist transport', *Journal of Transport Geography,* 15: 83-93.

Philo, C. and Kearns, G. (1993) 'Culture, history, capital: a critical introduction to the selling of places', in G. Keams and C. Philo (eds) *Selling Places: The City as Cultural Capital, Past and Present,* Oxford: Pergamon Press.

Pimentel, D., McNair, S., Janecka, J., Wightman, J., Simmonds, C., O'Connell, C. et al. (2001) 'Economic and environmental threats of alien plant, animal, and microbe invasions', *Agriculture, Ecosystems and Environment,* 84: 1-20.

Pinchot, G. (1968 [1910]) 'Ends and means', in R. Nash (ed.) *The American Environment: Readings in the History of Conservation,* Reading: Addison-Wesley.

Prahalad, C.K. and Hammond, A. (2004) 'The co-creation of value', *Journal of Marketing,* 69: 23.

Prahalad, C.K. and Ramaswamy, V. (2002) 'The co-creation connection', *Strategy and Competition,* 27: 1-12 (reprint).

Prahalad, C.K. and Ramaswamy, V. (2004) 'Co-creation experiences: the next practice in value creation', *Journal of Interactive Marketing,* 18(3): 5-14.

Preobrazhensky, V.S., Yu, A., Vedenin, A., Zorin, I.V. and Mukhina, L.I. (1976) *Current Problems of Recreational Geography,* XXIII International G eographical Congress, Moscow.

Pride, W.M. and Ferrell, O.C. (2003) *Marketing: Concepts and Strategies,* 12th edn, Boston, MA: Houghton Mifflin.

参考文献

Productivity Commission (2005) *Assistance to Tourism: Exploratory Estimates,* Commission Research Paper, Canberra: Productivity Commission.

Ramesh, R. (2008) 'Paradise almost lost: Maldives seek to buy a new homeland', *The Guardian,* 10 November, http://www.guardian.co.uk/environment/2008/nov/10/ maldives-climate-change (accessed 10 November, 2008).

Raptopoulou-Gigi, M. (2003) 'Severe acute respiratory syndrome (SARS): a new emerging disease in the 21st century', *Hippokratia,* 7(2): 81-3.

Ratz, T.(2006) 'The sodo-cultural impacts of tourism', Budapest University of Economic Sciences, http://www.ratztamara.com/impacts.html (accessed 16 February 2008).

Rayner, S. (2006) 'What drives environmental policy?' *Global Environmental Change,* 16(1): 4-6.

Rein, S. (2007) 'Investing in China's tourism industry', Seeking Alpha (blog), http://seekingalpha.com/article/28889-investing-in-china-s-tourism-industry (accessed 27 February 2008).

Reisinger, Y. and Steiner, C.J. (2006) 'Reconceptulizing object authenticity', *Annals of Tourism Research,* 33(1): 65-86.

Relph, E. (1976) *Place and Placelessness,* London: Pion.

Ricciardi, A. (2007) 'Are modern biological invasions an unprecedented form of global change?' *Conservation Biology,* 21(2): 329-36.

Richardson, E.R. (1962) *The Politics of Conservation: Crusades and Controversies 1897-1913,* Berkeley: University of California Press.

Riley, M. (2004) 'Labor mobility and market structure in tourism', in A.A. Lew, C.M. Hall and A.M. Williams (eds) *Companion to Tourism,* London: Blackwell.

Riley, M., Ladkin, A. and Szivas, E. (2002) *Tourism Employment: Analysis and Planning,* Clevedon: Channel View.

Rittel, H.W.J. and Webber, M.M. (1973) 'Dilemmas in a general theory of planning', *Policy Sciences,* 4: 155-69.

Robertson, D. (2008) 'Airline industry faces "year of hell"', *TimeOnline* (9

October), http://business.timesonlme.co.uk/tol/business/industry_sectors/ transport/article49l64 36.ece (accessed 31 October 2008).

Robins, K. (1999) 'Tradition and translation: national culture in its global context', in D. Boswell and J. Evans (eds) *Representing the Nation: A Reader,* London: Routledge.

Robinson, J. (2003) *Work to Live,* New York: Penguin.

Rodrigues, A.S.L. and Gaston, K.J. (2001) 'How large do reserve networks need to be?' *Ecological Letters,* 4: 602-9.

Rodrigues, A.S.L. and Gaston, K.J. (2002) 'Rarity and conservation planning across geopolitical units', *Conservation Biology,* 16: 674-82.

Roehl, W. (1998) 'The tourism production system: the logic of industrial classification', in D. Ioannides and K.G. Debbage (eds) *The Economic Geography of the Tourist Industry: A Supply-side Analysis,* London: Routledge.

Rogers, E., Medina, U.E., Rivera, M.A. and Wiley, CJ. (2005) 'Complex adaptive systems and the diffusion of innovations', *Innovation Journal: The Public Sector Innovation Journal,* 10(3): www.innovation.cc/volumes-issues/rogers-adaptivesystem7final.pdf

Ropke, I. and Godsaken, M. (2007) 'Leisure activities, time and environment', *International Journal of Innovation and Sustainable Development,* 2(2): 155-74.

Rother, L. (1993) 'Fearful of tourism decline, Florida offers assurances on safety', *New York Times* (16 September), http://query.nytimes.coin/gst/fullpage.html?res=9F0CE 5DE1F3AF935A2575AC0A965958260 (accessed 31 October 2008).

Rothman, H.K. (1998) *Devil's Bargains: Tourism in the Twentieth-Century American West,* Lawrence: University Press of Kansas.

Royal Watch News (2008) 'Prince Philip's tourism rant', MandC Royal Watch, 27 October, www.monstersandcritics.com/people/royalwatch/news/article_1439296.php/ (accessed 28 October 2008).

Runte, A. (1990) *Yosemite: The Embattled Wilderness,* Lincoln: University of Nebraska Press.

——(1997) *National Parks: The American Experience,* 3rd edn, Lincoln: University of Nebraska Press.

Rushdie, S. (1991) *Imaginary Homelands,* London: Granta.

Ryan, R. and Stewart, E. (2007) 'Benn announces "stronger" climate change bill', *The Guardian,* 29 October.

Saarinen, J. and Tervo, K. (2006) 'Perceptions and adaptation strategies of the tourism industry to climate change: the case of Finnish nature-based tourism entrepreneurs', *International Journal of Innovation and Sustainable Development,* 1(3): 213-28.

Sangpikul, A. (2007) 'Travel motivations of Japanese senior travellers to Thailand', *International Journal of Tourism Research,* 10: 81-94.

Santarelli, E. (1998) 'Start-up size and post-entry performance: the case of tourism services in Italy', *Applied Economics,* 30(2): 157-63.

Sayre, N.F. (2008) 'The genesis, history, and limits of carrying capacity', *Annals of the Association of American Geographers,* 98(1): 120-34.

Schafer, A. (2000) 'Regularities in travel demand: an international perspective', *Journal of Transportation and Statistics,* 3(3): 1-31.

Schafer, A. and Victor, D. (2000) 'The future mobility of the world population', *Transportation Research A,* 34(3): 171-205.

Schenk, M. (2008) 'Oil falls to 21-month low on forecasts of lower global demand', Bloomber.com (12 November), http://www.bloomberg.com/apps/news?pid=2060 1081&sid=aozlmcJdgJ00 (accessed 14 November 2008).

Scott, D., McBoyle, G. and Mills, B. (2003) 'Climate change and the skiing industry in Southern Ontario (Canada): exploring the importance of snowmaking as a technical adaptation', *Climate Research,* 23: 171-81.

Scott, D., McBoyle. G. and Minogue, A. (2007) 'Climate change and Quebec's ski industry', *Global Environmental Change,* 17(2): 181-90.

Scott, N. and Laws, E. (2005) 'Tourism crises and disasters: enhancing understanding of system effects', *Journal of Travel and Tourism Marketing,* 19(2/3): 149-58.

Scottish Wildlife Trust (SWT) (2008) They will be back: licence granted to bring back beavers, Press Release, 25 May, http://www.swt.org.uk/SingleNewsPage.aspx?News Id=33

Scoullos, MJ. (2003) 'Impact of anthropogenic activities in the coastal region of the Mediterranean Sea', in *International Conference on the Sustainable Development of the Mediterranean and Black Sea Environment,* May, Thessaloniki, Greece.

Secretariat of the Convention on Biological Diversity (SCBD) (2006) *Global Biodiversity Outlook* 2, Montreal: SCBD.

Shackley, M (ed.) (1998) *Visitor Management: Case Studies from World Heritage Sites,* Oxford: Butterworth Heinemann.

Shafer, E.L., Moeller, G.H. and Getty, R.E. (1974) *Future Leisure Environments,* Forest Research Paper NE-301, Upper Darby, PA: US Department of Agriculture, Forest Service, Northeastern Forest Experiment Station.

Sharkey, J. (2008) 'The credit squeeze compresses travel, too', *International Herald Tribune* (21 October), http://www.iht.com/articles/2008/10/21/business/21road.php (accessed 31 October 2008).

Shaw, B. and Shaw, G. (1999) '"Sun, sand and sales": enclave tourism and local entrepreneurship in Indonesia', *Current Issues in Tourism,* 2(1): 68-81.

Shaw, G. (2004) 'Entrepreneurial cultures and small business enterprises in tourism', in A.A. Lew, C.M. Hall and A.M. Williams (eds) *Companion to Tourism,* London: Blackwell.

Shaw, G. and Williams, A.M. (1998) 'Entrepreneurship, small business culture and tourism developmenf', in D. Ioannides and K. Debbage (eds) *The Economic Geography of the Tourism Industry,* London: Routledge.

Shaw, G. and Williams, A.M. (2004) *Tourism and Tourism Spaces,* London: Sage.

Sinclair, M.T., Blake, A. and Sugiyarto, G. (2003) 'The economics of tourism', in C. Cooper (ed.) *Classic Reviews in Tourism,* Clevedon: Channel View Publications.

Singh, J.S. (2002) 'The biodiversity crisis: a multifaceted review', *Current Science,* 82(6): 638-47.

Sirgy, M.J. (1986) 'A quality-of-life theory derived from Maslow's developmental perspective: "quality" is related to progressive satisfaction of a hierarchy of needs, lower order and higher', *American Journal of Economics and Sociology,* 45(3): 329-42.

Skumanich, M. and Silbernagel, M. (1997) *Foresighting Around the World: A Review of Seven Best-In-Kind Programs,* Seattle, WA: Battelle Seattle Research Center.

Smith, S.L.J. (1998) 'Tourism as an industry: debates and concepts', in D. Ioannides and K.G. Debbage (eds) *The Economic Geography of the Tourist Industry: A Supply-side Analysis,* London: Routledge.

——(2004) 'The measurement of global tourism: old debates, new consensus, and continuing challenges', in A.A. Lew, C.M. Hall and A.M. Williams (eds) *A Companion to Tourism,* Oxford: Blackwell.

——(2007) 'Duelling definitions: challenges and implications of conflicting international concepts of tourism', in D. Airey and J. Tribe (eds) *Progress m Tourism Research,* Oxford: Elsevier.

Solomon, S., Qin, D., Manning, M., Chen, Z., Marquis, M., Averyt, K.B. et al. (eds) (2007) *Climate Change 2007: The Physical Science Basis. Contribution of Working Group I to the Fourth Assessment Report of the Intergovernmental Panel on Climate Change,* Cambridge: Cambridge University Press

Squires, G.D. and Hartman, C. (eds) (2006) *There Is No Such Thing as a Natural Disaster: Race, Class, and Hurricane Katrina,* New York: Routledge.

Stanway, D. (2008) 'Tibet under strain as visitors surpass locals', *The Guardian,* 14 January.

Statistics New Zealand (2006) *Business Operations Survey 2005,* Wellington: Statistics New Zealand.

——(2007) *Innovation in New Zealand 2005,* Wellington: Statistics New Zealand.

Statistics Norway (2006) *Tourism Satellite Accounts, Final Figures for 2004 and Preliminary Figures for 2005: Total Tourism Consumption NOK 90 billion,* Oslo: Statistics Norway, http://www.ssb.no/turismesat_en/main.html

Steiner, C.J. and Reisinger, Y. (2006) 'Understanding existential authenticity', *Annals of Tourism Research,* 33(2): 299-318.

Stem, N. (2006) *The Economics of Climate Change: The Stem Review,* London: HM Treasury.

Stewart, E.J., Glen, M.H., Daly, K and O' Sullivan, D. (2001) 'To centralize or disperse - a question for interpretation: a case study of interpretive planning in the Breckes', *Journal of Sustainable Tourism,* 9(4): 342-55.

Stone, J.J. (2008) 'Europe adds flights to its emission trading system', Red Green and Blue (26 October), http://redgreenandblue.org/2008/10/26/europe-adds-flights-to-its- emission-trading-system/ (accessed 14 November 2008).

Stynes, D.J. (1997) *Economic Impacts of Tourism,* Illinois Bureau of Tourism, Department of Commerce.

——(1999) 'Approaches to estimating the economic impacts of tourism, some examples', Michican State University, http://web4.msue.msu.edu/mgm2/econ/pdf/ecimpvol2.pdf (accessed 28 February 2008).

——(2007) *National Park Visitor Spending and Payroll Impacts 2006,* NPS Social Science Program, Washington, DC: National Park Service.

Stynes, D.J. and Sen, Y-Y. (2005) *Economic Impacts of Grand Canyon National Park Visitor Spending on the Local Economy, 2003,* East Lansing: National Park Service Social Science Program / Department of Community, Agriculture, Recreation and Resource Studies, Michigan State University.

Sulaiman, Y. (2007) 'UNESCO ponders if World Heritage Sites endangered by mass tourism', eTurboNews Asia/Pacific, http://www.travelindustryreview.

com/news/5672 (accessed 18 February 2008).

Sundbo, J., Orfila-Sintes, F. and Sørensen, F. (2007) 'The innovative behaviour of tourism firms', *Research Policy,* 36(1): 88-106.

Tanrivermis, H. (2003) 'Agricultural land use change and sustainable use of land resources in the Mediterranean region of Turkey', *Journal of Arid Environments,* 54(3): 553-64.

Tatem, A.J. and Hay, S.I. (2007) 'Climatic similarity and biological exchange in the worldwide airline transportation network', *Proceedings of the Royal Society B,* 274: 1489—96.

Tausie, V. (1981) *Art in the New Pacific,* Suva: Institute of South Pacific Studies.

Telfer, D.J. and Wall, G. (2000) 'Strengthening backward economic linkages: local food purchasing by three Indonesian hotels', *Tourism Geographies,* 2: 421-47.

Teo, P. andLeong, S. (2006) 'A post-colonial analysis of backpacking', *Annals of Tourism Research,* 33(1): 109-31.

Thomas, L. and Middleton, J. (2003) *Guidelines for Management Planning of Protected Areas,* Gland, Switzerland: IUCN - The World Conservation Union.

Tiebout, C.M. (1962) *The Community Economic Base Study,* New York: Committee for Economic Development.

Timothy, D. (2005) *Shopping Tourism, Retailing and Leisure,* Clevedon: Channel View.

Todtling, F. and Kaufmann, A. (1998) 'Innovation systems in regions of Europe: a comparative perspective', paper presented to the 38th Congress of the European Regional Science Association, Vienna, August-September.

Torres, R. (2003) 'Linkages between tourism and agriculture in Quintana Roo, Mexico', *Annals of Tourism Research,* 30(3): 546-66.

Torres, R. and Momsen, J.H. (2004)'Linking tourism and agriculture to achieve pro-poor tourism objectives', *Progress in Development Studies,* 4(4): 294-318.

Tourism Concern (2008) *Strategic Business Plan 2008—11,* London: Tourism

Concern.

Towner, J. (1996) *An Historical Geography of Recreation and Tourism in the Western World 1540-1940,* London: Routledge.

Travel Industry Association (TIA) (2008) 'TIA lauds federal advisory panel recommendation to launch US travel promotion campaign' (16 January 2008), http://www.tia.org/pressmedia/pressrec.asp?Item=865 (accessed 28 February 2008).

Turner, B.L., Clark, W.C., Kates, R.W., Richards, J.F., Mathews, J.Y. and Meyer, W.B. (eds) (1990) *The Earth as Transformed by Human Action,* Cambridge: Cambridge University Press.

United Airlines (2008) 'United environmental flight reduces carbon emissions by nearly 33,000 pounds', *Yahoo Finance* (14 November), http://biz.yahoo.com/praews/081 114/aqf062.html (accessed 15 November 2008).

United Nations (UN) (1994) *Recommendations on Tourism Statistics,* New York: United Nations.

United Nations and United Nations World Tourism Organization (UN and UNWTO) (2007) *International Recommendations on Tourism Statistics (IRTS) Provisional Draft,* New York/Madrid: UN and UNWTO.

United Nations Conference on Trade and Development (UNCTAD) (2002) Largest Transnational Corporations, http://www.unctad.org/Templates/Page.asp?intItemID= 2443&lang=l (accessed 28 February 2008).

United Nations Educational, Scientific, and Cultural Organization (UNESCO) (2002) *UNESCO Universal Declaration on Cultural Diversity,* http://unesdoc.unesco.org/ images/0012/001271/127160m.pdf (accessed 16 February 2008; and http://www. unesco.org/education/imld_2002/unversal_decla.shtml (posted 21 February 2002; accessed 30 January 2008).

United Nations Environment Programme (UNEP) (2000) 'Tools and institutional networks for disseminating environmental information in support of the Aarhus Convention', discussion paper by Dorte Bennedbaek Information Counsellor, Ministry for the Environment and Energy, Copenhagen, Denmark.

参考文献

INFOTERRA 2000 — Global Conference on Access to Environmental Information, Dublin, Ireland, 11-15 September, UNEP/INF2000/WP/13.

——(2001a) 'Economic impacts of tourism', http://www.unep.fr/scp/tourism/sustain/impacts/economic/development.htm (accessed 20 March 2009).

——(2001b) 'Socio-cultural impacts of tourism', http://www.unep.fr/scp/tourism/sustain/impacts/ (accessed 20 March 2009).

United Nations Environment Programme - Mediterranean Action Plan - Priority Actions Programme (UNEP/MAP/PAP) (2001) *White Paper: Coastal Zone Management in the Mediterranean, Priority Actions Programme,* Split: UNEP/MAP/PAP.

United Nations Environment Programme, United Nations World Tourism Organization and World Meteorological Organization (UNEP, UNWTO and WMO) (2008) *Climate Change Adaptation and Mitigation in the Tourism Sector: Frameworks, Tools and Practice* (M. Simpson, S. Gössling, D. Scott, C.M. Hall, and E. Gladin), Paris: UNEP, University of Oxford: UNWTO, WMO.

United Nations, European Commission, International Monetary Fund, Organization for Economic Co-operation and Development, United Nations Conference on Trade and Development, and World Trade Organization (2002) *Manual on Statistics of International Trade in Services,* Department of Economic and Social Affairs Statistics Division, Series M No.86. New York: United Nations.

United Nations World Tourism Organization (UNWTO) (1991) *Guidelines for the Collection and Presentation of Domestic and International Tourism Statistics,* Madrid: UNWTO.

——(1994) *Recommendations on Tourism Statistics,* Madrid: UNWTO.

——(1997) *Tourism 2020 Vision,* Madrid: UNWTO.

——(1999) Global Code of Ethics for Tourism, http://www.unwto.org/code_ethics/eng/principles.htm, and http://www.unwto.org/code_ethics/eng/brochure.

htm (accessed 3 May 2008).

——(2001) *Tourism 2020 Vision ~ Global Forecasts and Profiles of Market Segments,* Madrid: UNWTO.

——(2006) *International Tourist Arrivals, Tourism Market Trends, 2006 Edition - Annex,* Madrid: UNWTO.

——(2008a) 'Facts and figures, information, analysis and know how: Tourism 2020 Vision', http://www.unwto.org/facts/eng/vision.htm (accessed 1 June 2008).

——(2008b) World tourism exceeds expectations in 2007 - arrivals grow from 800 million to 900 million in two years, Press Release, Madrid 29 January, http://www. unwto.org/media/news/en/press_det.php?id= 1665

United Nations World Tourism Organization and United Nations Environment Programme (UNWTO and UNEP) (2008) *Climate Change and Tourism: Responding to Global Challenges* (prepared by Scott, D., Amelung, B., Becken, S., Ceron, J.P., Dubois, G., Gossling, S., Peeters, P. and Simpson, M.), Madrid/Paris: UNWTO/UNEP.

United Nations World Tourism Organization, United Nations Environment Programme and World Meteorological Organization (UNWTO, UNEP and WMO) (2007) *Climate Change and Tourism: Responding to Global Challenges: Summary,* (prepared by Scott, D., Amelung, B., Becken, S., Ceron, J.P., Dubois, G., Gossling, S., Peeters, P. and Simpson, M.), Madrid: UNWTO, and Paris: UNEP.

——(2008) 'Climate change and tourism: responding to global challenges, technical report'(draft), (prepared by Scott, D., Amelung, B., Becken, S., Ceron, J.P., Dubois, G., Gossling, S., Peeters, P. and Simpson, M.), Madrid: UNWTO, and Paris: UNEP.

United States Department of Transportation (USDOT) (2008) 'Aviation consumer protection division, organization and functions', http://airconsumer.ost.dot.gov/org.htm (accessed 13 May 2008).

参考文献

United States Environmental Protection Agency (USEPA) (2008) 'Environmental Management System', http://www.epa.gov/ems/ (accessed 13 June.

Urry, J. (2002) *The Tourist Gaze,* 2nd edn, London: Sage.

Uyarra, M.C., Cote, I., Gill, J., Tinch, R., Viner, D. and Watkinson, A. (2005) 'Island-specific preferences of tourists for environmental features: implications of climate change for tourism-dependent states', *Environmental Conservation* 32: 11-19.

van der Veen, T. (1995) 'Historical changes in Pacific arts', *Oceania* (11/12; Radboud University Nijmegen, Netherlands), http://cps.ruhosting.nl/12/ (accessed 3 November 2008).

Vargo, S.L. and Lusch, R.F. (2004) 'Evolving to a new dominant logic of marketing', *Journal of Marketing,* 68(1): 1-17.

Votolo, G. (2007) *Transport Design: A Travel History,* London: Reaktion Books.

Waldrop, M.M. (1992) *Complexity: The Emerging Science at the Edge of Order and Chaos,* New York: Touchstone.

Walker, P.A., Greiner, R., McDonald, D. and Lyne, V. (1998) 'The tourism futures simulator: a systems thinking approach', *Environmental Modelling and Software,* 14(1): 59-67.

Wall, G. (1997) 'Touristn attractions: points, lines and areas', *Annals of Tourism Research,* 24(1): 240-3.

Walton, J. (2003) *Storied Land: Community and Memory in Monterey,* San Francisco: University of California Press.

Wang, N. (2000) *Tourism and Modernity: A Sociological Analysis,* Amsterdam: Pergamon.

Warnes, A. (1992) 'Migration and the life course', in A. Champion and A. Fielding (eds) *Migration Processes and Patterns.* Vol. 1: *Research Progress and Prospects,* London: Belhaven.

Wamken, J. (2000) 'Monitoring diffuse impacts: Australian tourism developments', *Environmental Management,* 25(4): 453-61.

Wamken, J. and Buckley, R. (1998) 'Monitoring diffuse impacts: Australian tourism developments. Scientific quality of tourism environmental impact assessment', *Journal of Applied Ecology,* 35(1): 1-8.

Wamken, J., Thompson, D. and Zakus, D.H. (2002) 'Golf course development in a major tourist destination: implications for planning and managemenf, *Environmental Management,* 27(5): 681-96.

Watson, M. (2003) 'Environmental Impact Assessment and European Community law', XIV International Conference, Danube - River of Cooperation, Beograd, November.

Western Australian Tourism Commission (WATC) (1997) *Tourism Research Brief on Daytripping,* Perth: Western Australian Tourism Commission.

Whitson, D. and Home, J. (2006) 'Underestimated costs and overestimated benefits? Comparing the outcomes of sports mega-events in Canada and Japan', *Sociological Review Monograph, Sports Mega-events: Social Scientific Analyses of a Global Phenomenon,* 54(s2): 73-89.

Wild Ennerdale Partnership (2006) *Stewardship Plan Text 2006.* Wild Ennerdale Partnership.

Wiley, D.N., Moller, J.C., Pace III, R.M. and Carlson, C. (2008) 'Effectiveness of voluntary conservation agreements: case study of endangered whales and commercial whale watching', *Conservation Biology,* 22(2): 450-7.

Wilkinson, J. (1994) *The Olympic Games: Past History and Present Expectations,* Sydney: NSW Parliamentary Library.

Williams, A. (2004) 'Towards apolitical economy of tourism', in A.A. Lew, C.M. Hall and A.M. Williams (eds) *Companion to Tourism,* London: Blackwell.

Williams, A.M. and Montanari, A. (1999) 'Sustainability and self-regulation: critical perspectives', *Tourism Geographies,* 1(1): 26-40.

Wilpert, C.B. (1985) *Südsee Souvenirs,* Hamburg: Hamburgisches Museum für Völkerkunde.

Wincott, D. (2003) 'Slippery concepts, shifting context: (national) states and welfare in the Veit-Wilson/Atherton debate', *Social Policy and Administration,*

37(3): 305-15.

Winter, T. (2007) *Post-Conflict Heritage, Postcolonial Tourism: Tourism, Politics and Development at Angkor,* London: Routledge.

——(2008) 'An overview of the issue', *Post-Conflict Heritage Blog* (17 October), http://www.postconflictheritage.com/home/pch_blog/pch_blog-html (accessed 3 November 2008).

Wintour, P. and Elliott, L. (2007) 'Smash and grab: how Labour stole the Tories' big ideas', *The Guardian,* 10 October.

Woodside, A.G. and Dubelaar, C. (2002) 'A general theory of tourism consumption systems: a conceptual framework and an empirical exploration', *Journal of Travel Research,* 41(2): 120-32.

World Commission on Environment and Development (WCED) (the Brundtland Report) (1987) *Our Common Future,* Oxford: Oxford University Press.

World Health Organization (WHO) (2008) *International Travel and Health,* Geneva: WHO.

World Trade Organization (WTO) (1998) *Annual Report 1998,* Geneva: WTO.

——(2000) Communication from the United States: Tourism and Hotels, Council for Trade in Services, Special Session, 18 December (00-5572), World Trade Organization S/CSS/W/31.

——(2001a) *International Trade Statistics 2001,* Geneva: WTO.

——(2001b) Communication from Columbia: Tourism and Travel-Related Services, Council for Trade in Services, Special Session, 27 November (01-6056), World Trade Organization S/CSS/W/122.

——(2006) *International Trade Statistics 2006,* Geneva: WTO.

——(2007a) 'Merchandise trade by product', http://www.wto.org/english/res_e/statis_e/its2007_e/its07_merch_trade_product_e.htm (accessed 16 February 2008).

——(2007b) 'Trade in commercial services by category', http://www.wto.org/english/res_e/statis_e/its2007_e/its07_trade_category_e.htm (accessed 16

February 2008).

World Travel and Tourism Council (WTTC) (2008a) Continued growth signalled for travel and tourism industry, Press Release, 6 March, Berlin, http://www.wttc.org/eng/ Tourism_News/Press_Releases/Press_Releases_2008/Continued_ growth_signalled_f or_Travel_and_Tourism _Industry/

——(2008b) Travel and tourism leaders forecast continued growth for 2008, Press Release, 21January,Dubai,http://www.wttc.org/eng/Tourism_News/ Press_Releases/Press_Releases_2008/Travel_and_Tourism_leaders_forecast_ continued_growth_for_2008_/

——(2008c) *The 2008 Travel and Tourism Economic Research Executive Summary,* London: WTTC.

World Wide Fund for Nature (WWF) (2001) *Tourism Threats in the Mediterranean,* Rome: WWF Mediterranean Programme.

Worster, D. (1977) *Nature's Economy: A History of Ecological Ideas,* Cambridge: Cambridge University Press.

Wu, W.P. (2004) 'Cultural strategies in Shanghai: regenerating cosmopolitanism in an era of globalization', *Progress in Planning,* 61(3): 159-80.

Xie, P.F. and Lane, B. (2006) 'A life cycle model for aboriginal arts performance in tourism: perspectives on authenticity', *Journal of Sustainable Tourism,* 14(6): 545-61.

Xie, P.F. and Lew, A.A. (2009) 'Podcasting and tourism: an exploratory study of types, approaches and content', *Journal of Information Technology and Tourism,* 10(2): 173—80.

Xinhua (2007) 'Lhasa to build mini Potala Palace amid tourist boom', *People's Daily Online* (14 March), http://english.peopledaily.com.cn/200703/14/ eng20070314_357 519.html (accessed 3 November 2008).

Yeoh, B.S.A., Tan , E.S., Wang, J. and Wong, T. (2001) 'Tourism in Singapore: an overview of policies and issues', in E.S. Tan, B.S.A. Yeoh and J. Wang (eds) *Tourism Management and Policy: Perspectives from Singapore,* Singapore:

World Scientific Publishing.

Yeoman, I. and McMahon-Beattie, U. (2005) 'Developing a scenario planning process using a blank piece of paper', *Tourism and Hospitality Research,* 5(3): 273-85.

Yeoman, I., Munro, C. and McMahon-Beattie, U. (2006) 'Tomorrow's: World, consumer and tourist', *Journal of Vacation Marketing,* 12(2): 173-90.

Zhang, J. and Marcussen, C. (2007) 'Tourist motivation, market segmentation and marketing strategies', paper presented at 5th Biannual Symposium of the International Society of Culture, Tourism, and Hospitality Research, June, Charleston, SC, USA, http://www.crt.dk/media/Tourism_Motivation_and_Marketing_Strategies_Denmark_ Jie_Zhang_Carl_Henrik_Marcussen_CRT_2007.pdf (accessed 8 May 2008).

Zhang, Y. and Lew, A.A. (1997) 'The People's Republic of China: two decades of tourism', *Pacific Tourism Review,* 1(2): 161-72.

Zimmermann, E.W. (1951) *World Resources and Industries,* rev. edn, New York: Harper.

译后记

2016年上学期期末，在某次会后，保继刚老师留下我们仨（陈钢华、翁时秀、梁增贤），说商务印书馆邀请他组织、推荐翻译《旅游影响研究与管理》(*Understanding and Managing Tourism Impacts*)一书，并拿出出版社寄给他的样书给我们翻阅。说实话，我们当时是既充满期待，又颇感压力巨大。期待的是，作为高校青年教师，翻译英文原版著作是一个深度学习的过程；感到压力巨大是因为翻译是一件劳心劳力但不怎么讨好的事情。特别是，在现行的职称和考核体系下，翻译工作不仅要占据大量的原本可以用于科研、教学、社会服务和家庭生活的时间，而且还不算"成果"。还有一个更大的忧虑是，正如保老师在推荐序中所说的，在已有杰夫里·沃尔和阿利斯特·马西森出版的两本经典的旅游影响著作的情况下，为什么还要翻译这本书？我们仨怀着既期待又忐忑的心情，专门去比较了杰夫里·沃尔和阿利斯特·马西森的两本书以及C.迈克尔·霍尔和刘德龄的这本书。最终发现，我们打算翻译的这本书还是有许多不同之处和优点的，是一本值得翻译并介绍给中文读者的书。

本书翻译工作断断续续地持续了两年多的时间，直到2018年9月底才完成了所有稿件。本书能得以顺利翻译完成、出版，首先要感谢保老师的推荐和大力支持，感谢中山大学给予的宽容的学术氛围和优越的科研条件；还要感谢商务印书馆的敦促和理解；最后，感谢C.迈克尔·霍尔和刘德龄两位教授欣然应允为本书写序。

本书三位译者分别是：中山大学旅游学院陈钢华副教授、中山大学地理科学与规划学院翁时秀博士和中山大学旅游学院梁增贤副教授。在具体的分工方面，梁增贤提供了第一、五章的初稿。翁时秀翻译了第二、三章，

译后记

并对全书做了审读工作。陈钢华翻译了第四、六和七章以及中文版序、前言和致谢、缩略语，对第一、五章进行了重新翻译，并负责全书翻译进度、协调、统稿和校对等工作。此外，华南师范大学罗鲜荣博士提供了第四章的部分初稿。中山大学几位研究生（翁李胜、钟迪茜、陈求隆、陈宇斌、邓粒子、李凯、刘艳平、卢昱帆、奚望、辛晓东和朱敏敏）和本科生（杜昕、黄沁、陆思敏、马双儿和彭显童）为本书的翻译做了大量资料收集工作。

尽管我们三位译者对全书的内容至少进行过两轮审读和校对工作，但囿于水平，难免存在欠妥当之处，敬请读者不吝指正。

陈钢华　翁时秀　梁增贤
于中山大学
2018 年 9 月 30 日

图书在版编目(CIP)数据

旅游影响研究与管理:一种综合方法 /(新西兰)C. 迈克尔·霍尔,(美)刘德龄著;陈钢华,翁时秀,梁增贤译. — 北京:商务印书馆,2019
(当代旅游研究译丛)
ISBN 978-7-100-17767-2

Ⅰ. ①旅… Ⅱ. ①C… ②刘… ③陈… ④翁… ⑤梁… Ⅲ. ①旅游经济—经济管理 Ⅳ. ①F590

中国版本图书馆 CIP 数据核字(2019)第 263178 号

权利保留,侵权必究。

旅游影响研究与管理:一种综合方法
〔新西兰〕C. 迈克尔·霍尔　著
〔美〕刘德龄
陈钢华　翁时秀　梁增贤　译

商 务 印 书 馆 出 版
(北京王府井大街 36 号　邮政编码 100710)
商 务 印 书 馆 发 行
艺堂印刷(天津)有限公司印刷
ISBN　978-7-100-17767-2

2019 年 12 月第 1 版　　开本 787×1092　1/16
2019 年 12 月第 1 次印刷　印张 27½
定价:75.00 元